美国儒学史

A History of American Confucianism

程志华 著

人民出版社

国家社科基金后期资助项目
出版说明

后期资助项目是国家社科基金项目主要类别之一，旨在鼓励广大人文社会科学工作者潜心治学，扎实研究，多出优秀成果，进一步发挥国家社科基金在繁荣发展哲学社会科学中的示范引导作用。后期资助项目主要资助已基本完成且尚未出版的人文社会科学基础研究的优秀学术成果，以资助学术专著为主，也资助少量学术价值较高的资料汇编和学术含量较高的工具书。为扩大后期资助项目的学术影响，促进成果转化，全国哲学社会科学规划办公室按照"统一设计、统一标识、统一版式、形成系列"的总体要求，组织出版国家社科基金后期资助项目成果。

全国哲学社会科学规划办公室
2014 年 7 月

前　言

一

　　“夫学术者,天下之公器。”①历史地看,在西学东渐、走入中国并走向世界的同时或更早,发端于中国本土的儒家学术,不仅由一种地方性学术渐而成为一种全国性学术,并且还跨出国门,走向世界。对此,杜维明曾有过相关的论述。他认为,儒学的历史发展大致分为三期,而此三期发展均体现出一定的空间变化。具体来讲,第一期指由先秦至两汉之儒学。在此期间,儒学从鲁国的一种地方文化扩展为整个华夏文明的思想主流。第二期指宋明清之儒学。在此期间,儒学从中国的民族文化扩展为整个东亚文明的体现。第三期则是民国以来现当代之儒学。在此期间,儒学面临的任务是如何走向世界,从而成为世界性多元文化的一元。②显而易见,无论从时间上看,还是从空间上看,儒学可以不仅是中国的,而且也可以是世界的。正因为如此,除了中国儒学外,还有日本儒学、韩国儒学、印度尼西亚儒学等东方儒学,甚至也有法国儒学、德国儒学、荷兰儒学等西方儒学。由此来讲,随着中美文化交流的开展,美国儒学作为一门学问渐而兴起便是顺理成章的事情了。

　　历史地看,美国与中国的直接接触始自18世纪末。1784年2月,美国开往中国的第一艘商船从纽约(New York)驶出,从而开启了中美的直接通商。③ 19世纪30年代,美国传教士开始到达中国传教。为了推进传教的开展,美国传教士在传教的同时,也开展了对中国文化的研究,从而开启了美国儒学研究的历程。由此来看,美国对中国文化的研究还不到两百年的时间。对此,金耀基说:“美国在中国文化的研究上,较之西方欧洲许多国家,

---

　　①　黄节:《李氏焚书跋》,张建业主编:《李贽文集》第一卷,北京:社会科学文献出版社2000年(下同),第245页。

　　②　参见郭齐勇、郑文龙编《杜维明文集》第五卷,武汉:武汉出版社2002年(下同),第420页。

　　③　参见[美]卫三畏著,陈俱译,陈绛校《中国总论》,上海:上海古籍出版社2005年(下同),第910页。

历史是最短的……"①马森(Mary Gertrude Mason,1900—1951年)则说："美国人在汉学领域的研究工作是非常落后的。诸如卫三畏(Samuel Wells Williams)、毕治文(Bridgman)(即裨治文——引者)一类的学者型传教士和其他一些人对中国语言和文学感兴趣,但是迟至1875年,美国的学院和大学中的汉学研究并没有取得真正的进展。这些情况都是真实的。"②但是,就美国的历史而言,汉学却可以说是美国一门"古老"的学问,或者说是美国"轴心时代"的学问。③ 而且,美国的汉学研究发展很快,以至于到20世纪下半期,美国儒学已经成为海外汉学研究的重镇,甚至统领起海外的儒学研究。金耀基还说:"二十世纪三十年代之后,中美学术界交流加增,中国研究在美国在质与量上皆有大进,光景一变。二次大战之后,美国学术界对中国之兴趣有增无减,各著名学府多有中国学科之设,研究亦日趋多元化、精致化,大大越出传统汉学之范围,由于人才汇聚,资源丰沛,中国研究蔚成大国,成绩斐然可观,美国隐然已成为中国研究之重镇。"④当然,在多元的美国学术思想界,儒学研究并没有成为主流学术,甚至不能对美国主流思想形成挑战。

　　不过,要研究美国儒学史,需要区别"汉学""儒学""哲学"三个概念。就内涵来讲,所谓"汉学",指国外学界对中国文化研究的学问,它大致相当于中国学界所谓的"国学"。⑤ 所谓"儒学",指以"道德"概念为核心而展开

---

　　① 〔美〕狄百瑞著,李弘祺译:《中国的自由传统》,香港:中文大学出版社1983年(下同),第一三六页。

　　② 〔美〕马森著,杨德山译:《西方的中华帝国观》,北京:时事出版社1999年(下同),第24—25页。

　　③ 在此使用"轴心时代"为借用或类比。"轴心时代"一词来源于德国哲学家雅斯贝斯(Karl Jaspers)。他认为,在公元前6世纪左右,在古代中国、希腊、埃及、印度等国家几乎同时出现了一些重要思想家,他们的思想为人类文明的形成做出了巨大贡献,至今仍为现代文明提供着精神资源。因此,这个"巨人时代"乃可称为人类文明的"轴心时代"。参见〔德〕雅斯贝斯著,魏楚雄等译《历史的起源与目标》,北京:华夏出版社1989年(下同),第7—9页。

　　④ 〔美〕狄百瑞著,李弘祺译:《中国的自由传统》,第一三六页。

　　⑤ 在清乾隆年间,学界形成了重考据的"朴学"即"汉学"。它主要分为两支:一支称"吴派",成于惠栋,主张收集汉代经师注解,加以疏通,以阐明经书大义;一支称"皖派",成于戴震,主张从音韵、训诂、历算、地理、制度等方面,阐明经典大义。这两派主要以汉儒经说为宗,推崇东汉许慎、郑玄之学,所以也称之为"汉学"。皮锡瑞对清朝的学术曾总结道:"国朝经学凡三变。国初,汉学方萌芽,皆以宋学为根柢,不分门户,各取所长,是为汉、宋兼采之学。乾隆以后,许、郑之学大明,治宋学者已息。说经皆主实证,不空谈义理。是为专门汉学。"(皮锡瑞著,周予同注释:《经学历史》,中华书局1959年,第341页)本著作中所谓"汉学"非此"汉学"。

的学问。所谓"哲学",指对于事实和价值进行超越研究的学问。① 很显然,就外延来讲,"汉学"要大于"儒学",而"儒学"要大于"哲学";反过来讲,"儒学"是包含于"汉学"之中的部分,"哲学"是包含于"儒学"之中的部分。对于这样一种区分意义下的"汉学",李学勤曾说:"汉学一词,在英语是 Sinology 或 Chinese studies,而前者的意味更古典些,专指有关中国历史文化、语言文学等方面的研究。汉学的'汉',是以历史上的名称来指中国,和 Sinology 的词根 Sino - 来源于'秦'一样,不是指一代一族。汉学作为一门学科,词的使用范围本没有国别的界限。外国人研究中国历史文化是汉学,中国人研究自己的历史文化也是汉学。因此有人把中国人讲的'国学'就译作 Sinology。……实际上,按照国内学术界的习惯,汉学主要是指外国人对中国历史文化的研究而言……"② 之所以进行上述区分,在于由"汉学""儒学"或"哲学"之不同角度切入,所理解的美国儒学史内容是不相同的。对此,笔者的研究是,以"汉学"为视域,以"儒学"为主体,以"哲学"为落脚点。或者说,是以哲学为核心,来统领美国儒学及美国汉学的。因此,本研究虽名为"美国儒学史",其核心乃"美国儒家哲学史"。

二

关于海外对中国文化的研究即"汉学"的开展,牟宗三、唐君毅、张君劢等人所发表的《为中国文化敬告世界人士宣言》曾将其大致分为三个阶段:第一个阶段是出于传教需要而进行研究;第二个阶段是出于现实政治需要而进行研究;第三个阶段是出于"兴趣"而进行纯粹学术研究。关于第一阶段,是指"中国学术文化之介绍入西方,最初是三百年前耶稣会士的功绩";关于第二阶段,是指"近百年来,世界对中国文化之研究,乃由鸦片战争,八国联军,中国门户逐渐洞开,而再引起";关于第三阶段,则是指"至最近一二十年之世界之对中国文化学术之研究,则又似发展出一新方向。此即对于中国近代史之兴趣"。③ 历史地看,这样一种概括是有事实根据的,因为它不仅在"欧洲汉学"发展历程中得到了验证,而且亦在美国儒学发展历程中得到了体现。不过,若以这样三个阶段来理解美国儒学史太过简要,不足以反映其丰富的内容,对其发展理路的揭示也过于简要。依着笔者的理

---

① 参见程志华《哲学概念三解》,保定:《河北大学学报》(哲学社会科学版)2011 年第 1 期,第 1—6 页。

② 李学勤主编:《国际汉学著作提要·序》,南昌:江西教育出版社 1996 年(下同),第 1—2 页。

③ 参见唐君毅《中华人文与当今世界》,台湾:学生书局 1975 年,第 868—870 页。

解,美国儒学的发展大致可细分为五个阶段;这五个阶段展示为一个不断深化和发展的过程。

第一阶段:汉学研究的兴起时期,大约指 19 世纪 30 年代至 20 世纪初叶。19 世纪 30 年代起,裨治文(Elijah Coleman Bridgeman,1801—1861年)、卫三畏(Samuel Wells Williams,1812—1884 年)、明恩溥(Arthur Henderson Smith,1845—1932 年)等一批传教士先后来华。他们在传教的同时,也学习中国语言、了解中国文化,从而揭开了美国海外汉学研究的"序幕"。传教士对中国文化虽主要停留在描述层面,但亦有一些较深入的学术研究。前者如裨治文通过《中国丛报》对中国文化的介绍、卫三畏在《中国总论》中对中国文化的描述,后者如丁韪良(William Alexander Parsons Martin,1827—1916 年)对中国伦理哲学、儒道佛三教以及儒耶会通的研究,林乐知(Young John Allen,1836—1907 年)对儒教"所保守"之"谬误"的批判,明恩溥对中国人素质的研究等。总的说来,裨治文、卫三畏、丁韪良、林乐知、明恩溥等传教士或汉学家开启了美国汉学研究,从而为以后美国儒学研究的开展奠定了基础。

第二阶段:美国汉学研究的开展阶段,时间大致在 20 世纪初叶到 80 年代。在海外传教士之后,美国本土亦出现了汉学研究。劳费尔(Berthold Laufer,1874—1934 年)曾数次来中国考察,其对从中国获得的器物和典籍的研究,以"具体而微小"的问题为特征,故被称为"微观汉学"。此外,他将中国文明基本观念概括为"重视家庭""平均分配"等六个方面。这样两个方面的研究,使劳费尔成为美国本土汉学研究的开拓者。德效骞(Homer Hasenpflug Dubs,1892—1969 年)曾在中国传教,回国后长期致力于中国文化研究,并将《汉书》等中国典籍译成英文。卜德(Derke Bodde,1909—2003 年)认为,中国神话已经"历史化"和"碎片化",即神话融入了人类历史,而且呈现出"零星碎片"的特征。此外,他基于考证研究了汉语言文字对中国科学的负面影响。更为重要的是,卜德从对"超自然世界""自然世界"和"人的世界"三个方面,表达了中国文化的"主导观念"。杨联陞从实证主义立场出发,主张"训诂治史"。他认为,"报"作为人际关系的"交互报偿"原则,具有"家族主义""现世理性主义"和"道德分殊主义"三个方面的特征;这些特征对中国社会关系的形成产生了重要影响。

第三阶段:儒学研究与"中国学"的分化与并容时期,时间大致在 20 世纪 40 年代中期至 90 年代。1925 年,以研究亚太地区政治、经济、文化为宗旨的美国"太平洋国际学会"(Institute of the Pacific Relation)在檀香山成立,该团体"孕育"了美国汉学研究的分化:在传统汉学研究之外,出现了

"中国学"（Chinese Studies）研究。1947 年，费正清（John King Fairbank，1907—1991 年）在哈佛大学（Harvard University）推行"地区研究"（regional studies），正式确立起"中国学"的研究理路和基本框架。1948 年，"美国远东协会"（The Association for Far Eastern）成立，为现实政治服务的亚洲研究、中国研究成为其研究重点。[①] 20 世纪 60 年代，伴随着"越战""文革"等重要历史事件的发生，"中国学"研究更是快速发展而独成一脉。渐渐地，美国汉学界形成了两大派别"并驾齐驱"的格局：一派是由传统汉学转向儒学研究的学者群体；另一派是以费正清为首的"哈佛学派"。就前一个派别来讲，以陈荣捷、顾立雅（Herrlee Glessner Greel，1905—1994 年）、狄百瑞（William Theodore de Bary，1919—2017 年）和倪德卫（David Shepherd Nivison，1923—2014 年）等为代表的一批美国学者不再进行"宽泛的"汉学研究和"中国学"研究，而是选择作为汉学一部分的儒学开展研究。而且，他们致力于纯粹学术性研究。或者说，以前美国学者是把汉学作为一个整体进行研究，而自此他们开始将其中的儒学作为一门学问进行单独研究。陈荣捷致力于探讨儒家的人本主义，认为"人本主义"并非西方文化的独有内容，其实它乃儒家的一种基本精神，而且是整个中国哲学的基本精神。关于儒家的形上学，他认为"有与无""理与气""一与多""人与天""善与恶"和"知与行"的"综合"乃其特征。顾立雅非常重视孔子的哲学思想，认为具有强烈的"现实性"，它虽在历史上发挥了积极作用，但不可能持久地发挥作用。顾立雅反对把孔子说成是一个"崇古者"，而认为他乃一个"革命者"，其思想对欧美民主思想发生过历史影响。狄百瑞则认为，儒学蕴含丰富的自由主义传统，其中有很多内容与自由主义相通。正因为如此，儒学不仅在历史上为中国发展做出了贡献，而且也为东亚的现代崛起发挥了巨大作用。倪德卫则重点探讨了儒家的心性之学，其关于"德性的悖论"和"意志无力"的探讨对儒学研究颇有启迪意义。对于这一阶段的儒学研究，陈荣捷说："近二十年美国研究中国思想，跃进甚大。"[②]就后一个派别来讲，在研究内容上，他们突破了传统汉学研究的"樊篱"，创建了以为现实政治服务的"地区研究"。在研究方法上，他们引入社会科学的研究方法，对中国文化进行跨学科研究。例如，柯文（Paul Cohen，1934—　　）曾说："热情欢迎历史学以外诸学科（主要是社会科学，但也不限于此）中已形成的各种

---

① 参见［美］费正清著，陆惠勤等译《费正清对华回忆录》，北京：知识出版社 1991 年（下同），第 115 页。

② ［美］陈荣捷：《王阳明与禅》，台湾：学生书局 1984 年（下同），第 114 页。

理论、方法与技巧,并力求把它们和历史分析结合起来。"①具体来讲,费正清提出的"冲击—反应说"和列文森(Joseph Richmond Levenson, 1920—1969年)提出的"传统—现代说"都认为,儒学是僵化的封闭的思想体系,故而是中国实现现代化的障碍。不过,随着"冷战"的结束和意识形态的淡化,尤其是在费正清逝世后,美国汉学界开始对"中国学"研究进行全面反思,尤其对其理论所体现的思维模式产生了质疑。例如,柯文就一改"西方中心主义",而以"中国中心观"来"同情地理解"和研究中国文化。需要说明的是,在这个学派当中,史华慈对儒家思想"修身"与"平天下"、"内"与"外"、"知"与"行"三对"极点"的探讨颇有新意。对于这样两个派别,杜维明说:费正清等人"主要是把儒家当作一种政治意识形态、一套政治运作性能很强的基本价值理念……另一批学者如陈荣捷等感到要深入儒家的人格和思想内部的哲学课题,于是与当时还是助教授(Assistant Professor)的狄百瑞(Wm. Theodore de Bary)合作,通过哥伦比亚大学开创了另一路径"②。

第四阶段:美国儒学研究的纵深发展,时间大致为20世纪80年代至21世纪初叶。进入20世纪后半叶以来,伴随着中国的崛起和中美关系的正常化,由于一些学者的不懈努力,美国儒学研究渐渐走向深入,呈现出明显的"学术化""精细化"特征:一个方面,研究主体发生了变化。以前的汉学研究者多是传教士或汉学家,至此儒学研究者则多为大学中的专业学者。另一个方面,研究内容发生了变化。陈荣捷曾指出,战后美国的中国哲学研究呈现出两种变化趋势:其一,由部分到全体。以前学者的研究范围局限于先秦时代,并将先秦哲学等同于整个中国哲学;战后研究范围逐渐扩大至宋明理学甚至整个中国哲学。其二,自宗教至哲学。以前学者只把儒学当作宗教"处理";战后学者开始把宗教与哲学分开,并把儒学作为哲学加以研究。③ 陈荣捷的这一概括虽针对美国的整个中国哲学研究而言,但它亦准确揭示出美国儒学研究内容的变化——20世纪中叶两种变化趋势渐渐兴起,到20世纪后半叶两种变化则凸显出来。这个时期的代表人物主要包括余英时、墨子刻(Thomas A. Metzger, 1933—)、傅伟勋、林毓生、成中英、南乐山(Robert C. Neville, 1939—)等。总的看,之所以称

---

① [美]柯文著,[美]林同奇译:《在中国发现历史——中国中心观在美国的兴起》,北京:中华书局2002年(下同),第201页。

② [美]杜维明:《东亚价值与多元现代性》,北京:中国社会科学出版社2001年,第19页。

③ 参见[美]陈荣捷《王阳明与禅》,第106—109页。

这个阶段为美国儒学研究的"纵深发展",在于其"学术化""精细化"所体现的"哲学化"倾向,即从哲学层面开展儒学研究。在这些学者当中,如果说余英时、墨子刻的思想在这方面还不明显的话,那么傅伟勋的"创造的诠释学"、成中英的"本体诠释学"、南乐山为代表的"波士顿儒学"则明显地体现出这种倾向。质言之,这些学者注重以西方哲学理论对儒学进行研究,并在中国哲学中寻求解决西方哲学问题的资源。对此,陈荣捷评论说:"谓西方研究儒学已进入讲求理学之阶段,亦无不可也。"①总之,这个时期美国的儒学研究迅速发展,甚至一举成为中国海外的儒学研究中心。陈荣捷说:"理学研究之中心,昔在欧洲,今则已移美国。"②

　　第五阶段:后现代时期美国儒学的新动向。自 20 世纪后半叶以来,后现代主义逐渐兴起、发展而形成"气候",并对西方的哲学研究产生了深刻影响。在后现代主义的影响下,美国的儒学研究也表现出许多新动向。之所以谓"新",不仅在于它是儒学史上没有过的,而且在于它是在与后现代思潮互动中产生的。比如,儒学史上许多相沿成习的看法被重新考量,甚至一些所谓的"定论"在后现代语境下被重新诠释。其中,一个重要的问题就是儒学价值的现代诠释:在现代化语境下,儒学在民主、科学方面因表现出"无奈"而备受批评。但是,在后现代语境下,面对西方社会的一些新问题,儒学的现代价值成为许多学者热衷的课题。因此,许多学者与后现代思潮进行了充分互动,借鉴其反对本质主义和理性主义等思想,对儒学研究的观点和内容有许多新创。这些新的动向主要体现在杜维明、郝大维(David L. Hall,1937—2001 年)、安乐哲(Roger T. Ames,1947—　)、艾尔曼(Benjamin A. Elman,1946—　)、包弼德(Peter Kees. Bol, 1948—　)和艾文贺(Philip J. Ivanhoe, 1954—　)等人的研究之中。这当中,杜维明的思想颇具有代表性。他认为,与西方哲学相比,中国哲学的"基调"体现在"存有的连续""有机的整体"和"辩证的发展"三个方面,而这三个方面分别反映着中国哲学本体论、宇宙论和方法论的特征。另外,杜维明认为,历史上"轴心时代"为人类文明做出了巨大贡献。在现代社会,面对人类社会所暴露的主要问题,不同文明之间若展开积极"对话",便可能促生一个伟大的"新轴心时代"。此外,郝大维、安乐哲着重探讨了中西哲学之差异,并以"理性秩序"与"审美秩序"之别、"超越"与"内在"之别、"本质"与"典范"之别三个方面来表达。他们还在西方"自由主义民主"模式之外,提出

---

① ［美］陈荣捷:《王阳明与禅》,第 114 页。
② ［美］陈荣捷:《王阳明与禅》,第 115 页。

了一种儒家民主模式——"社群主义民主",并对其主要内容特征进行了诠释。艾文贺关于"美德伦理"与儒家传统的研究亦很有新意,它将"美德伦理"作为一种伦理模式看待,并认为这种模式与儒家传统是相通的。此外,他还对中国哲学的产生及核心特征进行了探讨。

很明显,上述几个阶段之间在时间上有交叉,尤其是第四、五两个阶段在时间上基本上是重叠的。对此,需要说明的是,一个方面,美国儒学发展史的历程较短,在这样一个较短区间内区分出阶段性难免产生时间上的交叉。另一个方面,之所以区分出第四、五两个阶段,意在凸显第五个阶段"新动向"的意义。即,第五个阶段除了具有第四个阶段的特征之外,还具有一些"新动向",而恰是这些"新动向",或可成为美国儒学发展的新方向。因此,为了通过阶段性而透显美国儒学发展的脉络,本著作还是坚持了五个阶段的区分。

由上述可以看出,美国儒学研究所走过的历程并不长,但较短的历史却表现出明显的发展脉络。具体来讲,这个发展脉络表现于研究主体、研究内容和研究内容三个层面。就研究主体来讲,第一、二两个阶段的研究者多是传教士,后来是职业汉学家;第三、四、五阶段的研究者则多为大学中的专业学者。就研究内容来讲,第一、二两个阶段为汉学研究,第三、四两个阶段为儒学研究与"中国学"研究,第四、五两个阶段则为哲学研究。就研究目的来看,第一个阶段是以宣教为根本目的,汉学研究仅仅是宣教的手段。第二个阶段的汉学研究以对汉学进行学术研究为目的。第三个阶段,汉学研究转向了以对儒学进行学术研究为目的,"中国学"则以为美国现实政治服务为目的。第四、五个阶段以对儒学进行哲学研究并致力于儒学创新为目的。很显然,这样几个阶段大致反映出是一种由外部到内部、由浅入深、由形下到形上、由现象到本质的深化过程。质言之,这个过程所体现的是由"非哲学"而"哲学"的趋向。在此意义下,前三个阶段是"非哲学"的阶段,后两个阶段是"哲学"阶段。因此,前两个阶段的研究所涉及的内容非常广泛,基本上包括文化的整个范围。对此,李学勤曾说:"尤其要注意,汉学家的思想观点常与哲学、社会学、文化人类学等学科存在密切的联系。因此,即使是研究一位汉学家,甚至他的一种论著,也需要广博的知识和深入的分析。"[①]相对来讲,后两个阶段的研究所涉及的内容则"纯粹"很多;它主要是思想理论的范围,而且主要是以哲学为主。关于这种趋向,若从原创性的角度来看,对照中国哲学史上的两个概念——"哲

---

① 李学勤主编:《国际汉学著作提要·序》,第 3 页。

学在中国"和"中国哲学"——来描述:前三个阶段是将儒学作为一个客观对象进行研究,故可称为"儒学在美国";后两个阶段是基于西方哲学的理路而对儒学进行创造性诠释,故可称为"美国的儒学"。①

三

公允地讲,百多年来的美国儒学史取得了令学术界瞩目的成就,而这些成就具有重要的学术价值:其一,美国儒学对美国学术的发展起了一定的推动作用。儒学对于西方学术来讲是一种异质文化,它在美国学术界的"立足""生根"并"结果",无疑为传统的美国学术增加了新内容。可以说,美国学术之所以有今天的繁荣,其中也有儒学的一份贡献。其二,美国的儒学研究可为化解西方文明之困境提供一种借鉴,而且,它也为东西方文明的交往搭建起一座"桥梁"。对此,安乐哲指出:"鉴于世界各文化之间的相互依存关系,求助于被正确理解的儒家资源可以为一种更加切实可行的新型的美国民主指出一个可能的方向。至少,美国当代的社会问题可以向那些倾向于抛弃儒家遗产的亚洲文化敲响警钟,告诫它们不要过分急于这样做,否则它们将无法探索儒家对于一种更加安全的亚洲式民主可能作出贡献。"②其三,更重要的是,研究成果为儒学的"现代性转生"提供了一种参考路径。面对现代化的世界潮流,传统儒学必须实现形态上的"现代性转生",否则将会被历史所淘汰,真正成为"博物馆哲学"。在这方面,美国的儒学研究具有相当强的借鉴意义,因为经过美国学者百多年的努力,儒学在现代和后现代的美国从无到有,从有到大,现在已然成为与西方哲学互动的学术力量。分析、总结其学术历程,定会益于儒学的现代化和未来发展。

既然美国的儒学研究具有如此重要的学术价值,那么,对美国儒学史进行研究就显得非常必要。然而,尽管学界目前对美国儒学已有诸多研究成果,但从学术史的角度来研究整个美国儒学史却还不尽如人意。李学勤说:"作为中国人去看外国的汉学,不仅要知道汉学的具体研究成果,还应当研究汉学产生和发展的历史过程。从这一点而言,我们的国际汉学研究也就是汉学史的研究。这种研究最好采取学术史研究的理论和方法,将汉

---

① 这样两个概念受"哲学在中国"与"中国哲学"的概念启发而形成。所谓"哲学在中国",是指外来的"哲学"在中国只是一门被研究的学问,与中国问题本身并没有内在的关联。所谓"中国哲学",是指针对中国问题本身开展超越研究而形成的专门学问。

② [美]安乐哲:《儒家学说与社会进步》,青岛:《东方论坛》2006年第6期,第10页。

学的发展演变放在各国社会与思想文化变迁的大背景中去考察。只有这样做，才可能正确评估汉学各种流派的意义和特点。可惜的是，汉学史的研究一直没有很好地建立起来。"①侯且岸也说："从当前关于国外汉学的研究来看，我感到存在着诸多缺陷：其一，缺乏深入的学术史分析，对于国际汉学的历史过程没有进行整体的探讨和总结；其二，对于典型性的国别汉学史研究尚未展开；其三，对于汉学的分化，即汉学与中国学、古典汉学与近现代汉学的分化乃至并存，没有专门的研究；其四，对于各个学术发展时期有代表性的汉学家及其成果，还没有围绕学术史的演变来揭示其研究特点。……有鉴于此，我认为，有必要在已有的研究基础上进一步深化、完善，以美国汉学为个案，从国别学术史角度入手，研究'美国汉学史（1830—2000）'。据我掌握的资料，目前国内外学术界还没有人从事这种研究。做好这项研究，将为今后更全面的国际汉学史研究提供初步的探索和借鉴。"②无疑，无论是李学勤所提及的"国际汉学史"，还是侯且岸所主张的"美国汉学史"，它们均包括海外儒学史和美国儒学史在内。因此，其上述分析自可适用于美国儒学史的研究。

　　面对这种情形，笔者拟以上述美国儒学史的阶段发展为时间节点，以由"汉学"到"儒学"而"哲学"即由"儒学在美国"而"美国的儒学"为主要脉络，以比较哲学和结构主义为主要方法，对美国儒学的发展历程进行系统疏解。所谓比较哲学的方法，是指将中国儒学和美国儒学"相对分立"，以中国儒学为参照，在系统疏解美国儒学代表人物思想的基础上，反映美国儒学一百多年来独立发展的"轨迹"。所谓结构主义方法，是指把每位研究对象的思想都视为有结构的，并力求将其系统地、逻辑地解释出来；尽管其儒学研究尤其是早期汉学研究多是零散的、不成系统的。除上述两种方法之外，笔者还秉承自己一贯主张的"内在诠释"理路展开研究。通常来讲，治哲学史者往往采取两种进路：一种是"外在诠释"，指以时代背景去寻求哲学思想的根据，这是一种"即存在论本质"的进路；另一种"内在诠释"，指以概念的关联去寻求义理迁延的理路，这是一种"即本质论本质"的进路。从本质上看，"外在诠释"不是严格意义下的哲学方法，而是"社会学"的研究方法。因此，哲学史研究应采取"内在诠释"的进路。③从内容和结

①　李学勤主编：《国际汉学漫步·序》，石家庄：河北教育出版社1997年，第2页。
②　侯且岸：《论美国汉学史研究》，北京：《新视野》2000年第4期，第75页。
③　参见程志华《中国哲学史研究的诠释理路》，成都：《西南民族大学学报》（人文社科版）2008年第9期，第81—87页。

构上看,本著作主要包括"美国汉学研究的兴起""美国汉学研究的开展"
"美国儒学研究的开展""美国的'中国学'研究""美国儒学研究的纵深发
展"及"后现代时期美国儒学研究的新动向"六章。

　　在此需要说明的是,任何一门学问都是共时性与历时性的统一,其义
理均表现为一个诠释过程。由此意义言之,此一美国儒学史虽是学界填补
空白的,但笔者无意宣布它是内容最全的、水平最高的,实际上它乃学界已
有相关成果中的一种新理解。或者说,笔者并不想把自己的研究当作终极
的定论,而是把它视为"路"和"桥",以启迪或就教他人之哲学智慧,从而推
动美国儒学史研究的进一步开展。

目　　录

第一章　美国汉学研究的兴起

历史地看,中国曾长期居于世界文化和文明的中心。因此,西方世界的汉学(Sinology)研究亦有着很长的历史。根据现有的资料来看,西方的汉学研究肇端于18世纪的法国。不过,汉学研究在西方世界的开展并不均衡。尽管美国现在是世界头号经济大国,但由于其特殊的历史状况,美国开始对中国文化的研究则要比欧洲晚出许多。而且,最早从事中国文化研究的是来华传教士、外交官和商人,故其并没有形成真正的研究团队,相关研究也多是偏重实用层面的观感和介绍,而不属于真正的学术性研究。相较而言,如果说当时的"欧洲汉学"已进入"职业化阶段",那么美国传教士的研究则处于"非职业化阶段"。尽管如此,在美国学术研究的概念之下,他们对于中国研究的开拓却功不可没。具体来讲,这个时期来华的美国传教士包括裨治文、卫三畏、丁韪良、林乐知、明恩溥等,他们对中国文化的介绍和研究开启了美国汉学的先河。

裨治文是第一位美国汉学家,其一生多有写、译,不仅促进了其传教事业,亦促进了中美文化交流。他最大的贡献是《中国丛报》的创办和编辑。以《中国丛报》为平台,他对中国文化进行了多方面介绍。卫三畏被称为"美国汉学之父",其代表作《中国总论》把中国研究作为一种"纯粹文化"进行研究,是标志美国汉学开端的"里程碑"。此外,他还对作为中国文明核心的儒家思想进行了剖析。丁韪良不仅探讨了儒家伦理哲学的特点,而且对于儒、释、道三教进行了批判,并基于此比照基督教教义对儒家思想进行了"格义"。林乐知对儒家思想亦持批判态度,分析了儒家"所保守"的"谬误",主张以基督教来替代儒教,并倡导通过教育来实现传教目的。明恩溥对中国文明进行了剖析,认为儒家思想是中国文明"停滞"的重要原因。他着重探讨了中国人的素质,并主张通过基督教来改造中国人的素质。

第一节　裨治文

裨治文(Elijah Coleman Bridgeman),又名高理文,"美国海外传教部总会"(简称"美部会")(American Board of Commissioners for Foreign Missions)

传教士。1801 年出生于美国马萨诸塞州贝勒塞镇(Belchertown)的一个农民家庭。1823—1826 年在安默斯特学院(Amherst College)学习,毕业后到安多弗神学院(Andover Theological Seminary)深造。受"美部会"的差遣,1829 年 10 月自纽约上船,1830 年 2 月到达广州,成为到达中国的第一位美国传教士。1832 年,他于广州创办英文月刊《中国丛报》(*Chinese Repository*)①。1841 年获纽约大学(New York University)荣誉神学博士学位。1847 年移居上海。1857 年参与创立"上海文学与科学会"(Shanghai Literary and Scientific Society),并担任首任会长;翌年该会归属"英国皇家学会"(The Royal Society),更名为"皇家亚洲学会华北分会"(North - China Branch of the Royal Asiatic Society)。1861 年因病于上海逝世。

裨治文是第一位美国汉学家,其一生多有写、译,不仅促进了其传教事业,亦促进了中美文化交流。他最大的贡献是《中国丛报》的创办和编辑。他用中文编写了《美理哥合省国志略》,用以帮助中国人了解外面的世界。此书对于美国历史沿革、政治制度等进行了详细介绍。成为当时中国人认识美国的主要"教科书"。他编辑的《广州方言中文文选》(*Chinese Chrestomathy in the Canton Dialect*)则是当时介绍中国文化最具系统的书籍。此外,裨治文还把《孝经》译为英文,并与他人把《圣经》合译为中文,成为较早的《圣经》中文译本之一。

一、客观报道中国

裨治文认为,虽然欧洲国家已经在从事中国文化研究,但开展的程度远没有达到这个帝国应该被重视的程度。而且,以往欧洲的研究有很多不准确之处,甚至"充满了错误"。他说:"这个国家和它的人民没有也从来没有被外国人正确地理解。此前欧洲人写的关于中国和中国人的大部分书籍都充满了错误。包括地理、历史、政府、道德、宗教等情况,不是有欠缺,就是充满错误,或者兼而有之。"②正因为如此,在华传教士与中国人的接触经常产生误解,以至于好意并不能被中国人理解,"甚至善意的行动被当成仇视,友好被视为对他们的侮辱"③。在他看来,这种情况严重阻碍了传教事业的开展,而造成这种情况的原因在于对中国缺乏了解。他说:"迄今为

---

① 《中国丛报》(*Chinese Repository*)曾译作《中国文库》、《中华丛刊》,旧译作《澳门月报》。不过,此刊与林则徐编译的《澳门月报》无关。参见吴乾兑、陈匡时《林译〈澳门月报〉及其它》,《近代史研究》1980 年第 3 期,第 264—277 页。

② Intellectural Character of the Chinese, *Chinese Repository*. Canton, Vol. Ⅶ, 1838(5), p. 2.

③ Intellectural Character of the Chinese, *Chinese Repository*. ibid. Vol. Ⅶ, 1838(5), p. 3.

止,我们同中国人交往失败的最主要的原因之一,就是没能了解他们的个性,因而无法同他们交流,并对他们施加积极的影响。"①裨治文的意思是,以往西方人对中国的了解之所以不准确,在于他们缺乏"在场"的观察与调查。很显然,在华传教士应该而且可以克服这个缺欠,利用"在场"的条件对中国进行准确的观察和调查。裨治文因此说:

> 从这个角度来说,至关重要的是,我们需要全面了解中国的情况,不仅了解其语言和国土,而且要了解它的人民;不仅要了解他们的外在体魄,还要了解他们的内在思想。②

就当时的政治情况来讲,清朝政府并不允许公开宣教。鉴于这种情况,出于传教的需要,也为了"客观"报道中国情况,在英国传教士马礼逊(Robert Morrison,1782—1834 年)和美国商人奥立芬(David. W. C. Olyphant,? —1851 年)的帮助下,裨治文于 1932 年建立了"广州美国海外传教委员会出版社",编辑出版相关的书籍。在此基础上,他同年又在广州创办了汉学期刊——《中国丛报》。裨治文既是该刊主编,又是主要撰稿人。此外,随着该期刊影响的不断扩大,其他传教士、学者、外交官及少数中国人也成为撰稿者。后来,另一名美国来华传教士卫三畏也参加了《中国丛报》的编辑工作。1851 年《中国丛报》停刊。该刊办刊 20 年累计出刊 20 卷、232 期。就其内容来看,《中国丛报》的主要任务是对中国的国情和文化等进行报道,同时对外国人的相关书籍进行评论。关于《中国丛报》办刊的宗旨,裨治文说:

> 本刊物的目的之一是对外国人写的关于中国的书籍进行评论,尤其是对于中国发生的变化、变化的方式和变化的时机,在是与非之间寻求真相。③

具体来讲,《中国丛报》以介绍中国国情和传统文化为主,以中国、欧美和东南亚国家的读者为主要对象。当然,向传教士介绍相关情况,帮助他们了解中国文化,是其更主要的目的。因此,《中国丛报》的内容涉及从最

---

① Intellectural Character of the Chinese, *Chinese Repository*. ibid. Vol. Ⅶ, 1838(5), p. 3.

② Intellectural Character of the Chinese, *Chinese Repository*. ibid. Vol. Ⅶ, 1838(5), p. 8.

③ Introduction, *Chinese Repository*. ibid. Vol. Ⅰ, 1832(5), p. 2.

高统治者到各级地方官吏;从国家的法律到秘密社会的教规;从孔孟之道到"三字经""百家姓""千字文"以及歇后语;从古典名著到民间传说等诸多方面。总之,凡是有关中国宗教、历史、文学、风俗,甚至行政区划、地理区域、名川大山,都在《中国丛报》的报道范围之内。概括地讲,《中国丛报》所发表的文章主要涉及四个方面的内容:其一,中国地理位置、自然经济的情况;其二,中国商业发展的情况,特别是中外通商贸易的情况;其三,中国的社会发展情况,包括政治、军事、文化、历史、法律等;其四,中国宗教事业的发展状况,包括儒、道、佛、耶诸教的情况。① 需要说明的是,《中国丛报》关于中国的报道多是引经据典,立论力求客观、公允。关于此刊的报道内容,裨治文曾说:

> 《中国丛报》的内容将包括所有关于中国人的重要的、值得记录下来的描述与事实,他们的典制、教育、风俗、社会交往、礼仪、宗教、迷信、历史、艺术等等。我们希望藉此能让人们远比现在更多更精确地了解这个帝国的状况、它的人民的特点和要求……②

《中国丛报》无论在当时还是在历史上都产生了一定影响。就当时来讲,该刊的一些文章曾在中国内外产生了影响。例如,该刊曾刊文批评中国妇女缠足,称其为"邪恶的做法"。其中写道:"在中华民族及其家庭风俗中,能找到表明他们违反伦理制度的足够证据。这是邪恶的做法,不仅人民的思想被歪曲了,而且他们的肌体也摧残得畸形了。"③在此刊的影响下,反对和废除缠足成为外国女传教士努力的目标。此外,《中国丛报》还刊登了大量反对鸦片贸易的文章,在美国社会引起了强烈反响。其中,裨治文本人就写有《中国的鸦片贸易史》(*History of the Traffic in Opium to China*)、《鸦片贸易危机》(*Crisis in Opium Traffic*)等文章,揭露和批判鸦片贸易的罪恶。就历史来讲,《中国丛报》所刊载的内容后来成为许多西方学者研究汉学的重要资料来源。卫三畏在写作《中国总论》时就曾参考了大量《中国丛报》的资料。他说:"这一著作(指《中国总论》——引者)中,几乎每一部分的资料来源,都是亲自观察和对当地权威性典籍的研究,还来自裨治文博士编辑、在广州连续出版的《中国丛报》各卷。"④

---

① 参见 Introduction, *Chinese Repository*. ibid. Vol. Ⅰ, 1832(5), pp. 3 - 4。
② European Periodicals beyond the Ganges, *Chinese Repository*. ibid. Vol. Ⅴ, 1836(8), p. 160.
③ Small Feet of the Chinese Females, *Chinese Repository*. ibid. Vol. Ⅲ, 1835(4), p. 537.
④ [美]卫三畏著,陈俱译,陈绛校:《中国总论·初版序》,第3页。

二、中国文化之缺欠

在裨治文看来,古代中国文化有其灿烂的方面,比如中国有辉煌的文学传统;在这一点,恐怕连古希腊、罗马也难以企及。① 然而,正是因此,中国人对外来的基督教天然会有一种文化抵触心理。就外来的传教士来讲,这种文化抵触心理是传教事业的巨大阻碍。在此意义下,裨治文甚至认为中国是"和平的障碍"。他说:"不管我们如何看待中国历史,我们无论是考察其统治者和人民的道德品质,还是其政府的结构,我们都能从其中发现建立永久和平的严重障碍。这些障碍并非晚近才产生的,而是与这个民族最早的历史同时出现的;降至当代,它们不仅没有减少,反而因为改朝换代,以及不断骚扰和搅动这个帝国的革命和反革命而变本加厉",结果,这种"对于和平的障碍""从未像今天这样巨大"。② 不过,正是这种阻碍的存在,迫使传教士不得不"正视"中国文化。于是,为了更好地开展传教活动,裨治文从西方近代化的角度审视了中国文化。在他看来,中国文化的确有其明显的缺欠,这些缺欠主要有三个方面。

其一,厚古薄今,僵化停滞。裨治文认为,在中国人看来,古圣先王已经取得了人类能够取得的最高成就,因此,人们不希望未来有新的事物出现,故也从来没有变革发展的愿望。因此,他们的时间观念是停滞不前,人们向往的是自然状态的生活。就连被称作"万世师表"的孔子也只是"述而不作"③,只着意于删定和传播之前的经典,且对于没有生活在之前的所谓"黄金时代"而遗憾。④ 于是,人们无论在思想上还是在行动上都倾向于转向过去寻找根据。在裨治文看来,被历代中国文人学者视作是"黄金时代"、太平盛世典范的"三代",实际上并没有描述的那样美好,而是充斥着争权夺利、杀伐不断的历史时期。而且,学生们所书写的是 2000 多年前所使用的文字,学习的内容也是 2000 多年前的法则、规训和格言。与西方语言相较,中文单字数量少、语法简单,这些特点使西方人难以掌握中文,而这从侧面说明中文存在着严重缺点。⑤ 总之,在中国,无论是日常行为规

① 参见 The Chinese Language , *Chinese Repository*. ibid. Vol. Ⅲ , 1834(5),p. 7。

② 参见 Universal Peace, *Chinese Repository*. ibid. Vol. Ⅲ , 1834(3),pp. 518 – 526。

③ 何晏注,邢昺疏,朱汉民整理,张岂之审定:《论语注疏》,北京:北京大学出版社 1999 年(下同),第 84 页。

④ 参见 Intellectural Character of the Chinese, *Chinese Repository*. ibid. Vol. Ⅶ , 1838(5),pp. 1 – 4。

⑤ 参见 The Chinese Language , *Chinese Repository*. ibid. Vol. Ⅲ , 1834(5),p. 6。

范,还是政府治理原则,乃至语言文字,都是世代相传、陈陈相因的产物。他说:"这里,……思想本身也是一成不变的,历朝历代它们没有一点变化。"①关于中国文化的厚古薄今与僵化停滞,他说:

  在两千多年的历史中,中国人似乎没有任何发展的愿望,也不探讨超越先人的可能,因为它们在任何一个领域中都被认为是异端。②

  其二,妄自尊大,盲目排外。裨治文在传教过程中深深感受到,中国人虽然落后无知和崇拜偶像,但有着强烈的"天朝自大"的心理,从官方至民间均有着蔑视外国人的心态。在中国人看来,自己的国家处于世界文明的核心,是无与伦比的"天朝上国";皇帝也自称是"天"的代言人而为"天子",自己拥有至高无上权威。他说:"皇帝视天下为一个大家庭,他则是这个大家庭的家长。"③因此,中国人普遍存在着"天朝抚有万邦"的观念,故其他国家"万国来朝"是应该的。在裨治文看来,这实是一种傲慢无知的表现,而傲慢无知的"恶性膨胀"导致了"夷夏大防"的狭隘心态——中国人认为外国人不通典制、不晓礼法,所以应该蔑视并排斥他们。④ 正因为如此,尽管传教士们和中国人已有长期的交往,但中国人仍然公然蔑视传教士,认为中国高于其他国家,并视其他民族为"蛮夷之民"。不过,这种傲慢无知不仅影响了在华外国人的利益,也妨碍了中国人与西方世界的交往,故而也影响了中国人自身的利益。因此,必须破除这种妄自尊大和盲目排外的心理,否则中国人将永远处于落后民族之列。裨治文说:"我们不相信中国永远处于落后状态。"⑤他还说:

  我们要打破她的盔甲,将她带到我们的面前来接受我们的帮助,我们要帮助中国人战胜他们身上最强大的邪恶,战胜他们的妄自尊大和盲目排外。⑥

  其三,重人伦,轻宗教。裨治文认为,中国人将德行作为学问的主题,

----

① Alvarez Semedo's History of China, *Chinese Repository*. ibid. Vol. Ⅰ, 1833(4),p. 480.
② Education among the Chinese, *Chinese Repository*. ibid. Vol. Ⅳ, 1835(5),pp. 4–5.
③ Education among the Chinese, *Chinese Repository*. ibid. Vol. Ⅳ, 1835(5),p. 1.
④ 参见 Education among the Chinese, *Chinese Repository*. ibid. Vol. Ⅳ, 1835(5),p. 4。
⑤ Education among the Chinese, *Chinese Repository*. ibid. Vol. Ⅳ, 1835(5),p. 9.
⑥ Education among the Chinese, *Chinese Repository*. ibid. Vol. Ⅳ, 1835(5),p. 9.

认为德行理论比任何哲学都要崇高。因此,儒家鼓励人们去思考一些思维难以企及的命题,并力图解决一些实际上不能解决的问题。质言之,学术活动的目的不是为了增长人类的物质利益。① 因此,他们反对任何发明创造,鄙视专门从事生产活动的人;认为发明创造是没有价值的、属于下人干的事务,因为这类活动虽然看起来经历了辛勤耕耘,可最终没有任何道德价值。② 不过,虽然中国文化重人伦,但中国人并不知晓真理和正义,自大、欺骗、撒谎、偷盗、抢劫、谋杀、包办婚姻、纳娶小妾等道德沦丧的行为比比皆是。③ 更为严重的是,中国实际上没有真正的宗教,因为中国人对"独一真神"一无所知;中国的宗教只是一种对超越神圣的"假想",故盛行偶像崇拜,缺乏恐惧、希望、爱心和同情心,其实质上乃一种"从虚无到虚无"的信仰。例如,中国的佛教徒是"最无知、最邪恶、最迷信、最懒散"的社会阶层,他们"大字不识,就会念几句经;而且他们道德败坏,作恶多端"。④ 正因为缺乏真正的宗教,整个中国历史充斥着黑暗、邪恶、残酷和混乱。裨治文说:

> 这里的人们悟性很低,良心也似乎枯萎了;残忍、错误、暴行在上层社会随处可见,与之相伴的则是下层社会的悲哀和痛苦。⑤

三、传播知识,兴办教育

裨治文作为一位传教士,无论是对中国情况的报道,还是对中国文化的研究,均是以传教为宗旨的。在他看来,传教士负有将中国从"落后"中拯救出来的责任,而拯救的方案乃西方宗教文明。他说:"在整个中华帝国,没有像大多数的西方国家那样,具备引发变革的源泉和力量。"⑥因此,只有用基督教文化"取代"中国文化,中国才能步入近代化的历程。他说:"中国是否很快就进入近代化的进程,还是要经过漫长的时间,在很大程度上取决于外国人所追求的事业。"⑦为了这样一种宗旨,裨治文除了直接传

---

① 参见 Intellectural Character of the Chinese, *Chinese Repository*. ibid. Vol. Ⅶ, 1838(5), p. 4。
② 参见 Intellectural Character of the Chinese, *Chinese Repository*. ibid. Vol. Ⅶ, 1838(5), p. 4。
③ 参见 Mohammedans in China, *Chinese Repository*. ibid. Vol. Ⅰ, 1832(5), p. 15。
④ 参见 Description of Shanghai, *Chinese Repository*. ibid. Vol. XVI, 1847(11), p. 557。
⑤ Intellectural Character of the Chinese, *Chinese Repository*. ibid. Vol. Ⅶ, 1838(5), p. 6。
⑥ Education among the Chinese, *Chinese Repository*. ibid. Vol. Ⅳ, 1835(5), p. 9。
⑦ Intellectural Character of the Chinese, *Chinese Repository*. ibid. Vol. Ⅶ, 1838(5), p. 1。

教外,还主张通过传播西方科技文化知识以吸引中国人对基督教的热情。在他看来,中国的近代知识状况实令人担忧。他说:"在中国这个古老的帝国,情况却恰好相反,由于其知识上的退步,她在以不小的幅度走向衰落。中国人拥有大量的学校和有高级头衔的文人,这为求知提供了驱动因素。可是,尽管很多人在学习,但他们的知识却没有增长。"①为此,裨治文参与创办了"在华实用知识传播会"(Society for the Diffusion of Useful Knowledge in China,简称"益智会")和"上海文学与科学会"(后该会更名为"皇家亚洲学会华北分会")。关于在中国传播知识,他说:

> 尽管战争可以为社会进步开路,但它不会改变社会现状。……知识的传播可以有效地实现道德和宗教目标,可以净化政治,预见暴动的爆发,防止非法的惩罚,避免帝国的瓦解,从而将国家置于其恰当的行列。②

在裨治文看来,在西方科技文化知识当中,要优先向中国人介绍世界天文、地理和历史知识,因为中国人在这方面的知识是混乱、不准确的,尽管中国在这些方面曾有辉煌的历史。他说:"中国近代天文学史几乎完全是空白的"③;"我们发现,中国人对于世界地理的主要原理是无知的,他们借助于占卜来确定地理位置"④。因此,"益智会"出版了一批相关书籍,包括郭士力(Karl Friedrich August Gutzlaff/Charles Gutzlaff,1803—1851年)的《古今万国纲鉴》《万国地理全集》以及期刊《东西洋考每月统记传》,裨治文的《美理哥合省国志略》等。《美理哥合省国志略》是第一部中文美国史著作。该书介绍了当时最新、最全的美国概况,尤其是美国历史沿革、政治制度的介绍填补了中国人对美国认识的空白,成为当时中国人认识美国的主要"教科书"。他在书中指出,美国是西方国家的代表,其文明程度并不逊于中国。他还表达了"四海为一家"的意愿,目的在于瓦解中国人的"天下""中国"和"四夷"观念,使中国人抛开中华文化优越感。他说:

> 从来以天下为一家,中国为一人,是则宇宙之士,肢胲肤体,莫不

---

① Introductory Remarks, *Chinese Repository*. ibid. Vol. Ⅱ, 1833(5), p. 4.
② The Chinese Language, *Chinese Repository*. ibid. Vol. Ⅲ, 1834(5), p. 9 – 10.
③ Education among the Chinese, *Chinese Repository*. ibid. Vol. Ⅳ, 1835(5), p. 3.
④ Education among the Chinese, *Chinese Repository*. ibid. Vol. Ⅳ, 1835(5), p. 4.

皆同也。故凡天下者,亦如一人,各国分据一方,亦如人身一窍。古之邻邦通好,易地皆然。故有邂逅相逢异客,萍水忽作知交。①

此外,裨治文还充分利用教育途径传播福音。在他看来,教育是最省钱、最有效的传教布道方法,也是培养宗教人才的重要途径。然而,中国几千年来虽然已形成了一套教育体制,但这套体制导致的是失败的教育。一个方面,其教育的唯一目的是培养人们作为道德存在的社会义务感,故诸如历史、地理等科学知识则被完全忽略了。他说:"整个人接受教育的目的是在身体上、智力上和道德上适应创造他的社会伦理。"②更为严重的是,由于抛弃了"全能""全知"和"无所不在"的上帝,代之而起的则是偶像崇拜。裨治文的意思是,中国人广泛接受的是社会伦理,但最重要的关系——"人神关系"——却被漠视了;结果,教育的崇高目的既不被欣赏,也不被认可。在此意义下,"中国人的宗教体系与正确的教育和真理的传播完全背道而驰"③。因此,科举制度把人们引向经典研究,但经典研究与生活技能的指导和训练不相适应;它们带给知识分子的是没有实际意义的沉重负担,而不是在基督教原则指导下所形成的可以增长人类物质利益的科学知识。总之,裨治文说:

> 在中国,无论是教育的目的,还是教育的方法,都是同样有缺欠的。④

正因为如此,通过教育传播福音并非指中国传统教育,而是指西方的近代教育。裨治文说:"反面典型与不良教育大行其道,良好的规范与优良操守几乎被摧毁。这是中国人的教育方式所带来的必然后果,如果不对此加以革新,我看不出他们有任何发展进步的可能。"⑤依着他的理解,中国教育虽然对于这个国家的风俗、习惯、政策都产生了决定性影响,但由于它"贬低和戕害了人性"⑥,故已经不适应近代化的需要。因此,中国的教育需

① 〔美〕裨治文:《美理哥合省国志略》,中国社会科学院近代史研究所近代史资料编辑部编:《近代史资料》(总92号),北京:中国社会科学出版社1997年,第3页。
② Education among the Chinese, *Chinese Repository*. ibid. Vol. Ⅳ, 1835(5), p. 7.
③ Education among the Chinese, *Chinese Repository*. ibid. Vol. Ⅳ, 1835(5), p. 8.
④ Education among the Chinese, *Chinese Repository*. ibid. Vol. Ⅳ, 1835(5), p. 7.
⑤ Education among the Chinese, *Chinese Repository*. ibid. Vol. Ⅳ, 1835(5), p. 5.
⑥ Education among the Chinese, *Chinese Repository*. ibid. Vol. Ⅳ, 1835(5), p. 7.

要改良,但改良又不可能通过自身完成。他说:"中国的改良必须借助外来的力量才能实行;或者说,至少是在受到了外部的冲击之后,所产生的改良才能达到预期效果。"①于是,裨治文致力于在中国举办、倡导或资助举办西式近代教育。不过,对于在中国推行教育,裨治文采取实事求是的态度。他说:"中国外交关系的改进与中国人的改进是不可分的。当然,这两个方面的加速、延迟或停顿,应与外国人的工作进程相一致。"②总之,关于兴办近代教育的意义,裨治文说:

> 教育肯定可以在道德、社会、国民性方面,比在同一时期内任何陆海军力量,比最繁华的商业刺激,比任何其他一切手段的联合行动,都会产生更为巨大的变化。③

第二节　卫三畏

卫三畏(Samuel Wells Williams),美国基督教"美部会"传教士。1812年出生于美国纽约州伊萨卡市(Ithaca)。曾就读于伦斯勒理工学院(Rensselaer Polytechnic Institute)。1833年受"美部会"差遣到达广州后,便开始了在中国长达40多年的生涯。在前20年,他的主要工作是编辑和印刷《中国丛报》。1853年、1854年他两次作为翻译随美国舰队远征日本。1856年开始在美国驻华使团任职,1858年随美国公使赴天津订立《中美天津条约》。1862年迁居北京。1856—1876年曾多次代理美国驻华公使职务。1877年回美国后,被耶鲁大学(Yale University)聘为该校首任也是美国第一位中国语言与文学教授,并被授予荣誉文学硕士学位。后来,被美国联合学院(Union College)授予荣誉法学博士学位。1884年逝世于康涅狄格州纽黑文市(City of New Haven)。

卫三畏作为"美国汉学之父",把中国研究作为一种"纯粹文化"进行研究,代表作《中国总论:中华帝国的地理、政府、文学、社会生活、艺术、历史及其居民概观》(*The Middle Kingdom: A Survey of the Geography, Government, Literature, Social Life, Arts, and History of the Chinese Empire and Its In-*

---

① Education among the Chinese, *Chinese Repository*. ibid. Vol. Ⅳ, 1835(5), p. 9.
② Mohammedans in China, *Chinese Repository*. ibid. Vol. Ⅰ, 1832(5), p. 8.
③ Morrison Education Society, *Chinese Repository*. ibid. Vol. Ⅴ, 1836(12), pp. 378 - 379.

habitants)是标志美国汉学开端的"里程碑"。他还著有《简易汉语教程》（*Easy Lessons in Chinese：or Progressive Exercises to Facilitate the Study Of That Language：Especially Adapted to the Canton Dialect*）、《英华韵府历阶》（*An English and Chinese Vocabulary in Court Dialect*）、《中国地志》（*A Chinese Topography*）、《中国商业指南》（*A Chinese Commercial Guide*）、《英华分韵撮要》（*A Tonic Dictionary of the Chinese Language in the Canton Dialect*）、《汉英韵府》（*A Syllabic Dictionary of the Chinese Language*）、《我们同中华帝国的关系》（*Our Relations with Chinese Empire*）等著作。

一、《中国总论》的主要内容及其影响

为了适应美国对中国进一步了解的需要,经过长期的材料积累和精心写作,卫三畏关于中国国情的概要性著作《中国总论：中华帝国的地理、政府、教育、社会生活、艺术、宗教及其居民概观》（*The Middle Kingdom：A Survey of the Geography，Government，Literature，Social Life，Arts，and History of the Chinese Empire and Its Inhabitants*）于 1848 年由纽约 Wiley & Putnam 公司出版。《中国总论》出版后多次再版,甚至在英国出现了盗版。后来,随着卫三畏对中国了解的加深,加上中国社会发生了巨大变化,他决定对此书进行修订。他说:"这一段岁月里,中国在政治上和思想上的发展可能超过先前历史的任何一个世纪"①,所以对此书进行修订显得非常必要。在其子卫斐列（Frederick Wells Williams, 1857—1928 年）的帮助之下,《中国总论》的修订本终于在 1883 年出版。修订版标题仍叫《中国总论》,但副标题改为"中华帝国的地理、政府、文学、社会生活、艺术、历史及其居民概观"。与初版相比,修订本内容的时间跨度一直持续到修订之时,并参考了大量最新汉学研究成果,故在内容上比初版增加了大约三分之一。

《中国总论》共两卷,包括全国区划与特征、地理、人口与统计、中国法律与政府概略、教育与科举考试、中国语言文字结构、中国经典文献、中国人的建筑、中国人的社会生活、中国科学、中国宗教和中国的对外交往等 26章,内容囊括了中国文化的方方面面,是一部关于中国的"百科全书"。当然,作为一名传教士,他写作此书的最终目的是促进其传教事业。围绕着此最终目的,卫三畏致力于通过"朴实无华的描述,就像讲述其它国家一样,将他们放在适当的位置"②,对于中国人在思想和行为上的特性及其文

---

① ［美］卫三畏著,陈俱译,陈绛校:《中国总论·修订版序》,第 1 页。
② ［美］卫三畏著,陈俱译,陈绛校:《中国总论·修订版序》,第 3 页。

明持续数千年的原因,努力给美国民众一个"理智而满意"的回答。他说:
"本书的另一个目标在于,要为中国人民及其文明洗刷掉如此经常地加予
他们的那些奇特的、几乎无可名状的可笑印象……中国人有着关于土地和
人民的谬误而自傲的观念,这是可以谅解的,他们很少有欲望、更没有机会
去弄清其实际情况如何……"①他还说:

> 为中国人民及其文明洗刷掉古怪的、模糊不清的可笑印象,这种
> 印象是如此通常地由外国作家加给他们的。我致力于展示他们民族
> 性格中更美好的品质,迄今为止他们没有机会学习那些现在他们正在
> 迅速领会的东西。②

《中国总论》在内容上体现出鲜明的特点:其一,把"汉学"作为一种文
化进行"整体研究"。通常来讲,对于一种异质文化进行研究时,先从总体
上把握乃合乎逻辑之举。也正因此,《中国总论》才被称为关于中国的"百
科全书"。其二,把"汉学"作为一种"纯粹文化"进行研究。通过这种研
究,卫三畏从"业余汉学家"转变成"职业汉学家"。也正因此,《中国总论》
代表了19世纪国际汉学的较高成就,堪称当时国际汉学的集成之作。其
三,卫三畏的研究理路深受"欧洲汉学"的影响。总的看,《中国总论》的总
体框架和具体内容都有着"欧洲汉学"的"影子"。之所以如此,在于美国汉
学没有英、法、德等国那样悠远的历史根底;要展开相关研究,就不得不参
考、借鉴已有的研究成果。比如,卫三畏引用了英国汉学家理雅各(James
Legge,1815—1897年)翻译的《中国经典》(*Chinese Classics*)的大量内容,
并对理雅各的翻译赞不绝口。他说:"理雅各在译本的导言中作了认真公
正的评论,对本书的起源、价值以及古代中国这一珍贵遗物的特点,提供了
最令人满意的结论。他的学术性著作《经典》一书,已赢得每一个中国文献
学者的衷心感谢。"③总之,有学者评论《中国总论》说:

> 在美国,他是第一个由美国人出任的中国语言文学教授,其出版
> 于一八四八年的《中国总论:中华帝国的地理、政府、教育、社会生活、
> 艺术、宗教及其居民概观》,试图把中国文明作为一个整体去研究,也

---

① 〔美〕卫三畏著,陈俱译,陈绛校:《中国总论·初版序》,第2页。
② 〔美〕卫三畏著,陈俱译,陈绛校:《中国总论·修订版序》,第4页。
③ 〔美〕卫三畏著,陈俱译,陈绛校:《中国总论》,第440页。

是美国最早的汉学研究著作。①

《中国总论》对美国汉学的发展产生了巨大影响。它不仅长期作为美国多所大学的中国史课本,而且也成为数代美国人了解中国的"英文模板"。比如,《中国总论》深深影响了明恩溥和马森的汉学研究。明恩溥在《中国人的素质》(*Chinese Characteristics*)中多次直接引用《中国总论》的观点。例如,在谈到"礼"概念时,他说:"人人都会同意卫三畏博士对这段话的评论,他认为:'把中国的"礼"翻译为英语的"ceremony"不够全面,因为'礼'不但包括外在行为,同时也包括所有礼仪的正确原则。'"②同样,马森的著作《西方的中华帝国观》(*Western Concepts of China and the Chinese*,1840—1876)也多处直接引用《中国总论》的内容。此外,美国汉学在"二战"后出现了所谓"区域研究"的理路③,而这则可以从《中国总论》中找到渊源。不仅如此,《中国总论》对国际汉学也有巨大的影响,如马克斯·韦伯(Max Weber,1864—1920 年)完全不懂汉语,却写成一部关于中国的名著《儒教与道教》;他主要是依靠二手资料来写的,其中就包括卫三畏的《中国总论》。总之,《中国总论》在美国汉学史上占有"令人尊敬"的地位。马森评价说:

> 也许有关中国问题的最重要的一本作品是卫三畏(Wells Williams)的《中国总论》(*Middle Kingdom*)(1848),它在西方广为传阅并受到好评。……这部描写中国人生活方方面面的著作,是对这一时期普通作品中所涉及的问题的范围和种类的最好说明,卫三畏用如此清晰、系统、博学的方式为读者呈现了他的资料,以至于他的著作在今天的有关中国问题的美国文献中仍占有令人尊敬的地位。④

二、儒家思想与中国文明

卫三畏认为,儒家学说和佛教、基督教以及伊斯兰教一样,均有着悠久历史和重要价值。就原始儒家来看,孔子和孟子为主要代表。关于孔子的思想,卫三畏认为,"他(指孔子——引者)的著作总趋向是好的,能适应他

---

① 张宏生:《传薪美利坚》,北京:《读书》2001 年第 2 期,第 108 页。
② [美]明恩溥著,秦悦译:《中国人的素质》,上海:学林出版社 2001 年(下同),第 150 页。
③ 即费正清所代表的"中国学"研究。
④ [美]马森著,杨德山译:《西方的中华帝国观》,第 38—39 页。

所生活的社会,突出的务实品格,超过了西方哲学家"①。不仅如此,孔子的伦理学说不仅是一套基本原则,而且可落实于人们的现实生活。他说:"孔子说的'君子'……这般描绘的形象对后世产生不可估量的影响,证明了他所定的标准多么崇高,从此以后,民族意识同这样的标准取得一致。"②后来,孟子以其思想的原创性成为儒家的重要人物。卫三畏说:"他(指孟子——引者)表现出思想的独创性,目标的坚定性,观点的广泛性,在许多方面还超过孔子,因此必须看作亚洲国家所产生的最伟大人物之一。"③具体来讲,"他总是坚持臣民有权反对不公道的统治者,激励并引导这一很得人心的主张,他赞赏能够按正义实行治理的统治者。他认为,正当的义务和权利属于国内的两方。"④由此来讲,孔子和孟子等原始儒家并不逊于柏拉图(Plato,前427—前347年)、亚里士多德(Aristotle,约前384—前322年)等"西方圣人"。关于儒家思想的特征,他说:

> 孔子哲学的首要特征是,对上级和家族的从属关系,对人类的正直态度;对所有人都应尊重的看不见的力量采取不相干的态度,人们凭自己的良知来看待今生世界,使君王对更高级的法庭只负有部分的义务。⑤

卫三畏对儒家经典非常重视,他分别评述了"五经"和"四书"。关于《易经》,其重心在于"对法则和方法的偏爱"和对实验科学的"漠不关心"。他说:"像《易经》这样的著作的持续影响,说明了对于法则和方法的民族偏爱,同样也说明了对实验研究和从博物学研究来推论事实采取漠不关心的态度。"⑥关于《书经》,其重点在于对中国人价值观的塑造,从而成为中国政治制度、历史、宗教、兵法、音乐、天文的基础。⑦关于《诗经》,其特点在于早期中国人习惯和感情的表达"年代久远""含有宗教特征"。⑧关于《礼记》,其特点是塑造与保持了中国人的性格与制度特征。他说:"'礼'不仅包含外在行为,而且包括一切真实的道德规范和教养所依据的正确原则。国家宗教、家庭治

---

① [美]卫三畏著,陈俱译,陈绛校:《中国总论》,第461页。
② [美]卫三畏著,陈俱译,陈绛校:《中国总论》,第461页。
③ [美]卫三畏著,陈俱译,陈绛校:《中国总论》,第462—463页。
④ [美]卫三畏著,陈俱译,陈绛校:《中国总论》,第463—464页。
⑤ [美]卫三畏著,陈俱译,陈绛校:《中国总论》,第460—461页。
⑥ [美]卫三畏著,陈俱译,陈绛校:《中国总论》,第439页。
⑦ 参见[美]卫三畏著,陈俱译,陈绛校《中国总论》,第441—442页。
⑧ 参见[美]卫三畏著,陈俱译,陈绛校《中国总论》,第441—442页。

理、社会规矩,全都建立在'礼',也就是事物的真实关系之上"。① 关于《春
秋》,其内容"其实不过是历史的单调记载"②。关于《大学》,其内容在于"修
身""齐家""治国""平天下"四个要点。③ 关于《中庸》,其核心在"正确适
中",即"真正的德行在于永不走向极端"④。关于《论语》,其核心在于恢复
"古人"的道理,但这种努力难以被时人所接受。⑤ 关于《孟子》,孟子的性格
"同通常描述的亚洲人尤其是中国人中的奴性和卑怯大异其趣;他似乎作好
了为了信仰而牺牲一切的准备。……他有着天生的勇气,轻易指责别人,这
一点他超过孔子"⑥。总之,卫三畏对儒家经典评价很高。他说:

　　　　就其内在本质上和别的著作比较而言,"四书五经"应当被看作他
　　们的古代文献中的珍宝,对如此众多的人们心中灌注了不可比拟的影
　　响;从这一点来说,除了《圣经》以外,任何书籍都不会有这样的好处。⑦

进而,卫三畏对于中国人的"国民性"进行了探讨,而这种探讨是以对
社会生活的观察为依据的。在他看来,中国人的"主要正业"很有特点。他
说:中国人"为科举等级和官阶而竞争,热衷于追求商业利益,呆滞的日复
一日的手工和农业劳动,这些就是中国人的主要正业"⑧。依着卫三畏的理
解,中国人的"国民性"实际上是一个"优""短"结合的"混合体"。他说:
"中国人表现为奇特的混合体:如果有些东西可以赞扬,也有更多的应予责
备;如果说他们有某些显眼的罪恶,他们比大多数异教国家有更多的美
德。……黑暗与光明并存的品质,奇异地结合在一起。"⑨具体来讲,就
"优"的方面来讲,由于高度的道德教育,中国人遵行和平与良好秩序,社会
各阶级能够和平相处;由于普遍重视财产的合法权益,生命财产有高度的
安全保障。就"短"的方面来讲,中国人无视法律,往往只是知道法律而不
去实行;中国人无视事实,常常虚伪甚至忘恩负义。⑩ 而且,他们"不懂得从

① ［美］卫三畏著,陈俱译,陈绛校:《中国总论》,第449页。
② ［美］卫三畏著,陈俱译,陈绛校:《中国总论》,第451页。
③ ［美］卫三畏著,陈俱译,陈绛校:《中国总论》,第454页。
④ ［美］卫三畏著,陈俱译,陈绛校:《中国总论》,第455页。
⑤ 参见［美］卫三畏著,陈俱译,陈绛校《中国总论》,第456页。
⑥ ［美］卫三畏著,陈俱译,陈绛校:《中国总论》,第465—466页。
⑦ ［美］卫三畏著,陈俱译,陈绛校:《中国总论》,第461—462页。
⑧ ［美］卫三畏著,陈俱译,陈绛校:《中国总论》,第546页。
⑨ ［美］卫三畏著,陈俱译,陈绛校:《中国总论》,第583页。
⑩ 参见［美］卫三畏著,陈俱译,陈绛校《中国总论》,第580—581页。

书本中和同博学之士交谈中享受知识的乐趣,没有我们所理解的有教养的风度……中国人沉湎于骰子筒、鸦片枪,或是到青楼寻欢作乐,这样一来就在同伴中丧失了名声"①。总之,"他们住的并不舒适,生活方式并不文明,个人也不清洁。……这是一个体系的组成部分,需要整个地进行重建,才会变得平安幸福"②。因此,卫三畏说:

> 不能否认,迷信、自负而虚弱的大众是进步的阻碍,每一步的改革必须推着大伙向前;同样并不奇怪的是,感兴趣的外国人处于更文明的优越地位,时常为令人厌烦的进程和复兴途中的种种错误而惋惜。③

卫三畏还对整个中国文明进行了研究。他认为,中国是一个农业国家,其文明形态亦以农业为基础。他说:"农业在各行业中摆在第一位,对农业的尊重……有其深刻意义……长期经验表明,实现更稳定的治理,其根基在于农业,而不是工商或军事。"④也许正因为以农业为基础,中国文明乃是一种相对封闭的独立形态。他说:"他们几乎没有必要依靠别的地区和国家来满足自己的需要。这个国家的文明完全是在自己的组织和制度之下发展起来的;其政府的形成,不必模仿或参照别的国家;其文学也无需借鉴他国学者的才华和研究成果;其语言的音符、结构以及年代久远,都是独一无二的。"⑤对于这样一种文明形态,卫三畏既肯定其优长,亦批评其缺欠:在空间上是闭塞的,在时间上则是停滞的;造成这些缺欠的原因"除了地理上的孤立之外,中国语言也使它在理智上同其他人种相分离"⑥。更为严重的是,中国文化中不存在神的"统治集团";质言之,没有宗教,缺乏幻想。⑦ 因此,中国社会到处存在着"触犯上帝尊严"的行为。他说:

> 在潮水平缓的时候在这些街上四处走走,你会看到触犯上帝尊严的种种令人厌恶的行为。上帝曾经要求"你们在我面前不能有其他神",但这些人却自行其是。一个热情的基督教徒不可能不被这个智

---

① ［美］卫三畏著,陈俱译,陈绛校:《中国总论》第546页。
② ［美］卫三畏著,陈俱译,陈绛校:《中国总论》,第545页。
③ ［美］卫三畏著,陈俱译,陈绛校:《中国总论》,第1108页。
④ ［美］卫三畏著,陈俱译,陈绛校:《中国总论》,第585页。
⑤ ［美］卫三畏著,陈俱译,陈绛校:《中国总论》,第1页。
⑥ ［美］卫三畏著,陈俱译,陈绛校:《中国总论》,第714页。
⑦ 参见［美］卫三畏著,陈俱译,陈绛校《中国总论》,第679页。

慧民族的堕落程度而深深触动。①

三、基督教可以改变中国

作为一名传教士,卫三畏强调宗教在中国历史文化中的作用。因此,他一方面对中国古代文化表示景仰。如前所述,他认为"四书五经"是"古代文献中的珍宝",是除《圣经》外最重要的典籍。② 另一方面,他又认为中国传统文化已进入了"停滞"状态,需要用西方的文明模式来进行改造。他说:"中国人介于文明与野蛮之间——中国在现存的制度和文学方面,是最文明的异教国家。"③在他看来,中国人虽然有很多美德可以赞扬,但亦有很明显的缺欠应予纠正。基于这样一种认识,卫三畏甚至认为"鸦片战争"的起因主要是"自觉的优越感"与"无知的自负"之冲突。他说:"这次战争是异乎寻常的,它的起因主要出于商业上的误解,在其进程中表现出强与弱之间,自觉的优越感与无知的自负之间的较量……战争结果形成了重大开端,双方在承担义务的基础上,东西两半球之间,胜利一方没有傲慢的要求,战败一方也没有屈辱的让步。这是中国的民族生命的转折点……"④进而,根据其传教的宗旨,卫三畏将中国归类于"未开化"的"异教国家"之列。⑤ 因此,他主张通过基督教来"拯救"中国。他说:

> 在更早些以及稍晚的年代里,心中出现的希望激励着我,传教事业可能得到发扬。在这一事业取得成功的基础上,中国作为一个民族,在道义和政治两方面,将会得到拯救。⑥

为此,他对与基督教有密切关系的"太平天国"运动进行了专门研究。关于运动的爆发,他认为,国民缺乏"道德力量"和"法律义务"观念是重要原因。他说:"这场在海外称为太平军叛乱的持久骚动,延续时间之长,原因在于政府内部腐败,对外斗争软弱;同时还有其他原因在起作用。……

---

① [美]卫斐烈著,顾钧等译:《卫三畏生平及书信》,桂林:广西师范大学出版社2004年,第23页。
② 参见[美]卫三畏著,陈俱译,陈绛校《中国总论》,第461—462页。
③ [美]卫三畏著,陈俱译,陈绛校:《中国总论·初版序》,第3页。
④ [美]卫三畏著,陈俱译,陈绛校:《中国总论》,第915页。
⑤ 参见[美]卫三畏著,陈俱译,陈绛校《中国总论》,第583页。
⑥ [美]卫三畏著,陈俱译,陈绛校:《中国总论·修订版序》,第4页。

基督教国家视为社会秩序和公道政府的根基——道德心的力量和遵守法律的义务,在中国没有这样的基础……"①因此,虽然"太平天国"起义的旗帜是基督教,但洪秀全及其追随者们对基督教教义的认识却是片面的、不准确的;虽然"拜上帝教"吸引了很多人,但他们的"虔诚"却被一种"狂热"所驱使。正因为如此,"太平天国"运动注定是要失败的,而这次失败对中国意味着一次重要机会的丧失。②也就是说,如果"太平天国"能建立一个真正掌握基督教教义的政权,并争取广泛的上层知识分子作为基础,他们就能赢得这场战争,进而能够"改写"后来的中国历史。对此,卫三畏说:

> 中国社会最严重的灾难是由不法分子所致,而不是由贪婪的统治者造成;这两部分的人都只能靠更高的准则才能消除和改造;要提高行为的准则,使之成为义务而不是权宜之计。③

按照卫三畏的观点,中国其实没有通常意义的宗教;其所谓"教"不是指"宗教"之义,而是指"教导"或"教义"之义。他说:"中国没有通常意义上的'宗教'一词。'教'字的意义是'教导'或'教义',适用于所有具备信条、信念或仪式的派别和会社……在中国人中,找不到教导人们以流血来赎罪的宗教体系……"④然而,中国要摆脱落后与"停滞"状态,获得新的发展,必须要依赖真正的宗教所提供的动力,而真正的宗教只能来自外部。他说:"中国人中间,宗教的一般情况已老化;皇帝崇拜的庄严仪式,孔子的教义,佛教的礼拜,道教的巫术,已经不能起到抚慰和引导的作用。一切阶级都成为虚幻的恐惧和迷信的俘获物,躲进无知与谬误的迷雾之中,唯有真正宗教与知识之光才能将其驱散。"⑤显而易见,卫三畏研究中国文化、进而写作《中国总论》,都是服务于推进基督教传播的目的的。他说:"请允许我表达卑微的希望,这对在中国人中推进基督教文明的事业将有所帮助……如果这样的知识有助于任何人进一步激起自己的愿望,去传播我们的文明和宗教自由的主要源泉,鼓励目前从事这一事业的人进行更大的努力,那么,在著作过程中所经历的艰苦就会得到增长无已的补偿。"⑥关于在

---

① [美]卫三畏著,陈俱译,陈绛校:《中国总论》,第1001页。
② 参见[美]卫三畏著,陈俱译,陈绛校《中国总论》,第1028—1029页。
③ [美]卫三畏著,陈俱译,陈绛校:《中国总论》,第1001页。
④ [美]卫三畏著,陈俱译,陈绛校:《中国总论》,第717页。
⑤ [美]卫三畏著,陈俱译,陈绛校:《中国总论》,第767页。
⑥ [美]卫三畏著,陈俱译,陈绛校:《中国总论·初版序》,第3—4页。

中国传教的宗旨,他则说:

> 毫不足怪的是,我确信汉人的子孙有着伟大的未来;但是,唯有纯
> 粹基督教的发展才是适当的手段,足以拯救在这一进步中的各个冲突
> 因素免于互相摧残。①

不过,对于在中国传播基督教,卫三畏并不主张不顾中国文化实际而
"蛮干"。也就是说,在中国传播基督教并不意味要摧毁中国文明,而是要
进一步完善它,使它更具有价值。之所以如此,在于中国社会具有强烈的
"务实性"特征。他说:"希望的另一根据——这些话今天说来同35年前一
样贴切——在于中国人务实的习惯。他们缺少激情,不乐于变动,这样对
他们发展成大社会倒很有利。"②正因为如此,唯有对于中西文化冲突采取
折中方法,方可为西方文明在中国找到适当的位置。卫三畏说:"中国人的
一般性格是漠视宗教的,他们关心得多的是金钱和权力,而不是哪一种宗
教仪式……这类原因是从人们的性格和政治与宗教组织的特点产生出来
的,使我们能够希望真理的酵素将渗透到社会大众之中,使之革新、纯化、
增强,而不必削弱、瓦解或破坏政府。"③总之,对于在中国传教,卫三畏虽充
满了信心,但亦认为此乃长期而艰巨的任务。他说:"中国从半野蛮状态朝
着她在各国中的适当地位迅速前进,这样的过程现在已经被一些人们所理
解,因为他们的利益引导他们将注意力投向这个地方。"④他还说:

> 改造异教社会,按基督教原则进行重建,是一个重大而长期的任
> 务,一切从个人工作做起。⑤

第三节　丁韪良

丁韪良(William Alexander Parsons Martin),字冠西,号惪三。美国基督
教"长老会"(Presbyterian Church)传教士。1827 年生于美国印第安那州华

---

① [美]卫三畏著,陈俱译,陈绛校:《中国总论·修订版序》,第4页。
② [美]卫三畏著,陈俱译,陈绛校:《中国总论》,第1110页。
③ [美]卫三畏著,陈俱译,陈绛校:《中国总论》,第833页。
④ [美]卫三畏著,陈俱译,陈绛校:《中国总论》,第1108页。
⑤ [美]卫三畏著,陈俱译,陈绛校:《中国总论》,第843页。

盛顿县（Washington County）。1846 年毕业于印第安纳州立大学（Indiana State University），后入新奥尔巴尼长老会神学院（Presbyterian Theological Serninary at New Albany）研究神学。1850—1860 年在中国宁波传教。1860 年回到美国，获拉斐特学院（Lafayette College）神学博士学位。1863 年起再度来到中国后定居北京。同年，开始翻译美国人惠顿（Henry Wheaton，1785—1848 年）的《万国公法》。1864 年任北京同文馆英文教习，1869—1894 年为该馆总教习，并曾担任清政府国际法顾问。1870 年被纽约大学授予荣誉法学博士学位。1885 年被授予三品官衔。1898—1900 年任京师大学堂第一任西学总教习，并被授予二品官衔。1916 年逝世于北京。

丁韪良的主要著作有《汉学菁华：中国人的精神世界及其影响力》（The Lore of Cathay or The Intellect of China）、《中国觉醒：国家地理、历史与炮火硝烟中的变革》（The Awakening of China）、《北京被围目击记》（The Siege in Peking—China against the World）、《中国古世公法论略》（International Law in Ancient China）、《开封之犹太人纪念碑》（The Jewish Monument At Kaifung-fu）、《天道溯原》、《花甲忆记——一位美国传教士眼中的晚清帝国》（A Cycle of Cathay or China，South and North，with Personal Reminiscences），译著有《万国公法》（Elements of International Law）。

一、儒家的伦理哲学

在丁韪良看来，孔子潜心于古代作品的编纂，基本上是"述而不作"[①]，《大学》是他亲自创作的少数作品之一。[②] 正因为如此，《大学》的内容可作为孔子思想的代表。所谓"大学"乃"大人之学"的简称，指以伦理道德为核心的统治艺术，这种统治艺术居于各种学问之首。他说："'大人之学'特指以修身为本的统治艺术，而不是指书本知识。这一名称，确实显示了一个其权威性毋庸置疑的圣人睿见，促使中国人将伦理道德置于各种学问之首。"[③] 就"大学"的具体内容看，其展示为一个人际关系"链条"：国家道德依赖于家庭道德，家庭道德依赖于个人道德；个人道德不仅依赖于正确情感，而且最后还依赖于正确知识。故《大学》有言："古之欲明明德于天下者，先治其国。欲治其国者，先齐其家。欲齐其家者，先修其身。欲修其身

---

① 何晏注，邢昺疏，朱汉民整理，张岂之审定：《论语注疏》，第 84 页。
② 参见［美］丁韪良著，沈弘等译《汉学菁华》，北京：世界图书出版公司 2010 年（下同），第 135 页。
③ ［美］丁韪良著，沈弘等译：《汉学菁华》，第 137 页。

者,先正其心。欲正其心者,先诚其意。欲诚其意者,先致其知。致知在格物。"①丁韪良认为,《大学》"包含着极深刻的智慧,因此受到人们的高度推崇"②,对于中国文化产生了深远影响。他说:"对于它所造成的影响,实在是怎么高估也不为过的。可以肯定,正是它所体现的教义在很大程度上有效地使中国变成它今天的样子……"③关于《大学》所代表的孔子的思想,丁韪良评价说:

> 应该说,孔子所反复灌输的这些原则已几乎成为占全人类三分之一人口的社会的生活模式。④

不过,丁韪良认为,尽管孔子思想"包含着极深刻的智慧",但其中却有着重大缺失。依着他的理解,孔子思想体系中不仅没有对于人类义务的重大区分,而且也缺乏更高的"启示性"和"强烈动机",因为它没能把"链条"的最后一环与"天"即"上帝"连接起来,而此乃所有人际关系当中最高的一类。他说:"至于道德义务……孔子似乎是从对这些关系的理解以及对万物之理莫不相宜的感悟中推导得来的。正是在这一点上,我们发现一个引人注目的缺失。"⑤在此,"引人注目的缺失"即是"人与上帝的关系"。他说:"夫中华儒教言人而不及神,言人有五伦,而不知神与人实为首伦。"⑥因此,与其说孔子是一位对所有材料进行精密分析的"化学家",毋宁说他是一位试图建造一座宏伟大厦的"建筑师"。质言之,孔子的天才不在于寻根问底,而在于建构一种"美德伦理"。正是在此意义上,丁韪良说:"孔子致力于宣扬的是哲学而非宗教。"⑦不过,孔子所宣扬的哲学并非形上学,而是一种"美德伦理"。他说:

> 如果哲学家仅仅指那些穿过心理和形而上学的迷宫去追踪真理线索的人,那也称不上是一个哲学家;但如果有一个热爱智慧的人凭

---

① 郑玄注,孔颖达疏,龚抗云整理,王文锦审定:《礼记正义》,北京:北京大学出版社1999年(下同),第1592页。
② [美]丁韪良著,沈弘等译:《汉学菁华》,第135页。
③ [美]丁韪良著,沈弘等译:《汉学菁华》,第138页。
④ [美]丁韪良著,沈弘等译:《汉学菁华》,第134页。
⑤ [美]丁韪良著,沈弘等译:《汉学菁华》,第136页。
⑥ [美]丁韪良著,[日]中村正直训点:《天道溯原》,明治八年版本(下同),第四十六页。
⑦ [美]丁韪良著,沈弘等译:《汉学菁华》,第114页。

直觉找到了智慧,并令人信服地推荐这种智慧的人也是哲学家的话,那么古往今来很少有人配得上享有比他更高的地位。拿詹姆士·麦金托什爵士评论苏格拉底的话来说,他"与其说是一个真理的探索者,不如说是一个美德的传授者"。①

作为孔子的"私淑弟子"②,孟子发展了孔子的"美德伦理",率先明确提出了"性善论"。孟子说:"人性之善也,犹水之就下也。人无有不善,水无有不下。"③与孟子同时代的告子则认为,人性中根本就没有任何道德倾向,道德完全是依靠后天教育而形成的。④荀子则认为,人性是恶的,美德是长期教化的结果,而罪孽是放任人性的后果。他说:"人之性恶,其善者伪也。"⑤因此,荀子极力宣扬教育的作用,甚至比告子还有过之而无不及。在丁韪良看来,历史地看,在这场争论中,孟子的观点之所以"赢得胜利",在于"性善论"赋予人一种崇高本性,而这种本性可以激励人行善。然而,"性善论"其实仍是一种"权宜之计"。他说:"性善论虽然受到了关于事实的一种片面观点的支持,但它似乎更多是出于权宜之计而被提出来的。"⑥也就是说,在缺乏"天启"的情况下,没有比这更好的方法。丁韪良说:"在原始而纯洁的状态下,它给人们一种天赋的和原本完美无瑕的本性。就良心的至高无上性来说,它承认了一个人们主要赖以支持其学说的事实;关于人性因罪孽而堕落,它给出了在人们的良心中可以得到大量证明的一系列事实;而在对道德败坏进行修正和振兴的计划中,它能够激起希望并满足理性。"⑦但是,"性善论"既为"权宜之计",它的动机虽然可以"满足理性",但因它并非根本或本源,故这种动机远没有信仰上帝来得"强烈"。因此,丁韪良又说:

　　　虽然信仰自己是一种强烈的动机,信仰上帝的动机则更为强烈;而虽然认为人具有高贵的本性,只需根据其丰富的天性去发展这种高

---

① 〔美〕丁韪良著,沈弘等译:《汉学菁华》,第 139 页。

② 孟子说:"予未得为孔子徒也,予私淑诸人也。"赵岐注,孙奭疏,廖名春等整理,钱逊审定:《孟子注疏》,北京:北京大学出版社 1999 年(下同),第 226 页。

③ 赵岐注,孙奭疏,廖名春等整理,钱逊审定:《孟子注疏》,第 295 页。

④ 参见赵岐注,孙奭疏,廖名春等整理,钱逊审定《孟子注疏》,第 295 页。

⑤ 王先谦撰,沈啸寰等点校:《荀子集解》,北京:中华书局 1988 年(下同),第 434 页。

⑥ 〔美〕丁韪良著,沈弘等译:《汉学菁华》,第 141 页。

⑦ 〔美〕丁韪良著,沈弘等译:《汉学菁华》,第 141 页。

贵本性的看法是崇高的;还有一种看法更加崇高,即堕落的人在努力争取恢复其神圣本质时,必须满怀恐惧和战栗地工作,因为上帝与他同在。①

依着丁韪良的理解,受孔子、孟子等原始儒家的影响,"美德伦理"乃成为整个中国文化的核心,而且这种伦理哲学取得了巨大成就,它塑造了中华民族的高度文明。然而,中国的伦理哲学就像其自然哲学一样,也有着明显的缺陷——仅仅是对外部观察现象的记录,缺乏对现象原因、本质和根据的探讨。他说:"虽然他们详细地描述了各种德行,但几乎不曾研究过美德的本质;尽管他们强调各式各样的道德义务,但从未讨论过这些义务有何根据……"②那么,何以会造成这样的缺陷呢? 一个重要原因是中国人"缺乏分析能力",这也正是丁韪良否认孔子为"化学家"的原因。他说:"中国人缺乏分析能力,这一不足之处,由于下述情况而表现得更加明显:在他们通晓有字母的梵文之前,他们从未对其语言的声音作过任何分析;直到今天,还没有任何可以称之为语法的研究去考察语言的形式,也没有任何与我们的逻辑学相当的对推理过程的研究。"③很显然,"缺乏分析能力"乃一个严重缺陷。不过,宗教的力量可以克服这种缺陷。丁韪良说:"它显示了人类的美德已意识到了自身的弱点:在攀登最陡峭的悬崖时,人会感到必须仰赖宗教的力量。"④他还说:

> 必须承认,在这个民族的心灵中有一种奇怪的缺陷。……这些桎梏只能借助基督教之手来加以破除,我们可以毫不过分地预言,一场巨大的思想革命即将来临。⑤

二、儒释道三教批判

在传教的道路上,丁韪良不仅须面对中国文化的主流儒家思想,还须正视道教和佛教思想。在中国历史上,虽然儒家思想长期居于领导地位,但亦有例外的情形,以至于出现了"以儒治世""以道治身""以佛治心"的

---

① ［美］丁韪良著,沈弘等译:《汉学菁华》,第141—142页。
② ［美］丁韪良著,沈弘等译:《汉学菁华》,第148页。
③ ［美］丁韪良著,沈弘等译:《汉学菁华》,第149页。
④ ［美］丁韪良著,沈弘等译:《汉学菁华》,第146页。
⑤ ［美］丁韪良著,沈弘等译:《汉学菁华》,第149页。

"分工论"。① 也就是说,从整个中国历史来看,佛教和道教思想对于中国文化亦有着重要影响,甚至在某些时期主导过中国文化。因此,为更好地开展传教事业,丁韪良对于儒、道、佛"三教"进行了具体研究。

丁韪良认为,儒教并非由孔子首创,而是始于尧、舜时期。不过,孔子在儒教史上处于重要地位,因为他乃在社会生活中留下"痕迹"的伟人。丁韪良说:"有两类伟人在他们所归属的社会生活中留下了痕迹:一类人在没有任何远见的情况下改变了历史的进程,这就像一道崩溃的悬崖改变了溪流的方向;另一类人就像是技艺高超的工程师,为后代的思想开辟了渠道。孔子是后一类伟人中的佼佼者。……他的影响随着岁月的流逝而愈见深远,并随着中国人口的繁衍而更显得广阔。"②就孔子来讲,他所留下的"痕迹"不是教导人们追求真理,而是教导人们追求道德。丁韪良说:"尽管孔子的作品充满了对道德的赞美,却没有一句话是教导人们去追求真理。他的理论体系所追求的目标是义,而不是真。"③与孔子不同,耶稣基督也是在社会生活中留下"痕迹"的伟人,但他教导人们的不是追求道德,而是追求真理。因此,在基督教文化当中,"真理的精神"是耶稣最宝贵的遗产。此为一个方面。另一方面,耶稣基督的风格是"诉诸理性",这种风格则塑造了西方人的"理性思维"习惯。与之不同,孔子的风格是"武断的"教条主义,这种风格深深影响了中国人的"非理性思维"习惯。丁韪良说:

> 孔子的风格是武断的(ipse – dixit)教条主义,中国人非理性思维的习惯就是它留下的印记。④

在丁韪良看来,孔子所开辟的"渠道"把视野"限制"在人类生活的现实领域,而且他并不打算去破除民间的迷信。例如,他告诉弟子们要"敬鬼神",尽管又补充道"而远之"。⑤ 对此,丁韪良说:"冷眼嘲笑不足以根除现实存在的偶像崇拜。孔子的教诲给许多偶像崇拜的做法都赋予了权威性和优越性,而这些偶像崇拜的做法在孔子之前可能只是受到一部分人的认可。"⑥正是由于孔子的这种态度,儒教虽然最初承认"至尊"人格神的存

---

① 参见刘谧《三教平心论》,民国己未年合川会善堂慈善会刻本,第1页。
② [美]丁韪良著,沈弘等译:《汉学菁华》,第110页。
③ [美]丁韪良著,沈弘等译:《汉学菁华》,第114页。
④ [美]丁韪良著,沈弘等译:《汉学菁华》,第114页。
⑤ 何晏注,邢昺疏,朱汉民整理,张岂之审定:《论语注疏》,第79页。
⑥ [美]丁韪良著,沈弘等译:《汉学菁华》,第114—115页。

在,但后来却蜕化成泛神论的"大杂烩"。例如,除了有形宇宙之外,儒教还分别将"荣耀""赋予"太阳、月亮、星宿、河流和湖泊等。质言之,儒教祭拜的对象多达三类——"祖先""自然界诸神""英雄"。① 具体来讲,关于"祭拜祖先",在儒家的所有宗教仪式中,它被认为是最神圣的,因为中国人非常重视"孝"。关于"祭拜自然界诸神",按照儒家的"教诲",皇帝应该去祭拜宇宙之灵,而臣民只需祭拜祖先就足矣。关于"祭拜英雄",对象包括圣贤、君主、大臣、武士等,而孔子本人在其中居于首位。对于儒教这样的偶像崇拜,丁韪良持明确的否定态度。他说:

> 它最初承认至尊人格神的存在,但这种看法现已蜕化成一个泛神论的大杂烩,并且主要是在可视自然界的形式下尊崇一个非人格化的"世界灵魂"(anima mundi)。②

丁韪良认为,道教也是中国土生土长的宗教,它不仅与儒教一样大致起源于同一时期,而且"都继承了远古善恶杂陈的信条"③。不过,从教义和仪式来看,它在"荒谬"程度上比儒教有过之而无不及。他说:"道教名称取自'道',即理智,并且自称是理性主义者;然而,尽管道教的理论表面看上去极其深奥,但恐怕没有什么东西能比道教的教义和宗教仪式更荒谬了。"④具体来讲,道教的创始人李耳视野很开阔,并且发现了一些"极致真理",并用五千字把教义写成传世的《道德经》。关于《道德经》,丁韪良给予了较高的评价,认为它"发现了后世衰微的哲学与原始真理纯源泉之间的一种联系"⑤。他说:"实际上,中国典籍中的'上帝'尽管因厕身于一大堆神仙(dii superiores)之中而名声受到玷污,但是它的宝座仍然立于道教的奥林匹斯山之巅,其属性仍然比儒家经典中的任何其他人物都更表现绝对的神性。"⑥比如:"视之不见,名曰夷;听之不闻,名曰希;搏之不得,名曰微。此三者不可致诘,故混而为一。"⑦对此,有些欧洲学者认为其中有"三

---

① 参见[美]丁韪良著,沈弘等译《汉学菁华》,第 115 页。
② [美]丁韪良著,沈弘等译:《汉学菁华》,第 115 页。
③ [美]丁韪良著,沈弘等译:《汉学菁华》,第 115 页。
④ [美]丁韪良著,沈弘等译:《汉学菁华》,第 115 页。
⑤ [美]丁韪良著,沈弘等译:《汉学菁华》,第 116 页。
⑥ [美]丁韪良著,沈弘等译:《汉学菁华》,第 116 页。
⑦ 朱谦之撰:《老子校释》,北京:中华书局 1984 年(下同),第 52—53 页。

位一体"的思想,因为"夷希微"三个字连在一起乃"耶和华"的异体字。①
但是,这些宝贵思想在后人的诠释中被埋没了,以至于《道德经》成为这些
宝贵思想的"墓志铭"。丁韪良说:

> 在中国人的《神谱》中,排在最前面的三位称做"三清":元(原文
> 为无,应为别字——引者)始天尊、太上道君、太上老君。"上帝"据说
> 曾经创造了"三重世界":他创造了人和神;使天上的恒星移动起来;并
> 且使行星围绕着恒星转。但可惜的是,这份充满崇高头衔和神圣属性
> 的单子只是一个被埋葬的墓志铭。②

在丁韪良看来,道教之所以"荒谬"的原因具体有四个方面:其一,道教
的最高神实际上被忽视了。在道教,最高神称为"三清":"元始天尊""太
上道君"和"太上老君"。本来这里有"上帝"的"影子",但在中国人的实际
观念中"三清"已"退居二线""深居简出","玉皇大帝"却变成了真正的"统
治者""上帝",而"玉皇大帝"乃"羽化成仙"的凡人张三丰。③ 其二,道教是
"彻头彻尾"的唯物主义。丁韪良说:"他们把灵魂本身视为一种物质存在,
尽管比它所寄寓的肉体质量更为精妙。由于它跟肉体一样会腐朽解体,所
以必须事先经过修炼,才能使它经受得起毁坏。"④其三,道教是多神论者。
道教认为所有物体都有灵魂,灵魂一旦脱离"粗俗"的肉体,就会变成统治
自然界不同部门的神仙。于是,道教塑造了诸如"雨神""火神""药神""灶
神""农神"等多种神祇。⑤ 其四,道家还演变出一套"迷信艺术",即占卦
和风水学。它"宣称"能够根据"科学原则"来选择建房和造墓的地点,从
而可以避免恶魔的侵扰。对此,丁韪良说:"道教的哲学不仅催生了一门
宗教,而且还堕落成为一种靠魔术骗人的系统,其教主是一位跟国君的地
位一样显赫的大巫师,像皇帝统治全国臣民一般,统治着阴间所有的
鬼魂。"⑥
　　关于佛教,丁韪良认为,与道教相比,佛教尽管是一种外来宗教,但它
在中国社会深受欢迎。从教义来看,佛教的核心是"否定人的欲望"。他

---

① 参见[美]丁韪良著,沈弘等译《汉学菁华》,第116页。
② [美]丁韪良著,沈弘等译:《汉学菁华》,第117页。
③ 参见[美]丁韪良著,沈弘等译《汉学菁华》,第117页。
④ [美]丁韪良著,沈弘等译:《汉学菁华》,第117页。
⑤ [美]丁韪良著,沈弘等译:《汉学菁华》,第117—118页。
⑥ [美]丁韪良著,沈弘等译:《汉学菁华》,第118页。

说:"佛教哲学有些类似斯多葛派的理论,它旨在使灵魂免受侵蚀,而非武装,以此与罪恶对抗。这理论由一系列精神训练构成,包括一套形而上的精神体系和一套相对纯净的伦理准则。这套理论不是为了使感情受到控制,而是从根本上否定人的欲望。"①根据佛教的义理,万物都是虚幻的,人生是连续的变化无常的"幻觉"。因此,宇宙实际上是一个"真空",故空虚是冥想的最高目标。对此,丁韪良批评道:"他们是一个奇异的悖论——笃信宗教的无神论者! 他们并不承认有造物主或自觉的统治力量,坚持认为人的灵魂永远在命运之瓮中盘旋,可能会遭受无穷尽的不幸,并且享受不了真正的好处。由于它不能够停止存在,对付这种无休止痛苦的状态就是消灭意识——隐藏于灵魂内部的结局方法,他们试图以苦修的方法来做到这一点。"②正因为如此,佛教主张信徒的苦修乃不断的祈祷,而祈祷的目的并是为了让被无意识的神祇听到,而是为了对崇拜者施加"自我影响"。质言之,其实质乃"根本什么都不想"③。对此,丁韪良评论说:

> 这样做会使生命之源枯竭,将灵魂包裹在坟墓的裹尸布里,并旨在把一个活生生的人变成一具精神木乃伊,以便能历经各种变化,而不受它们的影响。④

进而,丁韪良从"教义""修行""鬼神"三个方面对佛教进行了批判。关于"教义","轮回报应说"是佛教的重要思想,指"业因"必然生起相应的"果报",即所谓"有因必有果""有果必有因"。丁韪良对于这套理论不以为然,因为它最终会导致"灵蠢贵贱,将有混而不分者矣"⑤。他说:"人物大相悬殊,岂有所谓转生人世,互相变易者哉?"⑥关于"修行",丁韪良认为,佛教所主张的"诵经"纯粹是"徒有虚名",根本没有实际意义。他说:"若释教,口不茹荤,心常念佛,以为久之可望升天……虽屡朝崇尚,而为徒者,入门未守其戒,诵其经未谙其义,是有其名而无其实也。"⑦关于"鬼

---

① ［美］丁韪良著,沈弘等译:《花甲记忆——一位美国传教士眼中晚清帝国》,桂林:广西师范大学出版社 2004 年(下同)第 155 页。

② ［美］丁韪良著,沈弘等译:《汉学菁华》,第 119 页。

③ ［美］丁韪良著,沈弘等译:《汉学菁华》,第 119 页。

④ ［美］丁韪良著,沈弘等译:《汉学菁华》,第 120 页。

⑤ ［美］丁韪良著,［日］中村正直训点:《天道溯原》,第七十三页。

⑥ ［美］丁韪良著,［日］中村正直训点:《天道溯原》,第七十三至七十四页。

⑦ ［美］丁韪良著,［日］中村正直训点:《天道溯原》,第四十二页。

神",他认为"佛教设立偶像,不过以目之所见者,恐吓人心",就像"农置草偶,以防啄粒之鸟",最终会被民众废置不奉。① 他说:"佛老谓愚民畏在斧钺。妄言地狱诸刑以惊惧之。思愚民安于乐土,特言天堂之福以引诱之,所演无据,人疑杜撰。"② 总之,佛教信徒必然会"腐化堕落",因为佛教的"精神动机"是错误的。丁韪良说:"尽管从理论上说,和尚应当清心寡欲、虔诚而圣洁,但事实上他们当中大多数非常懒惰无知,道德败坏。……他们腐化堕落是不可避免的,因为他们并非出于精神动机而归隐,而是像行会学徒那样被收留。"③ 总之,佛教乃"典型的异教思想"。他说:

> 这儿所用的语言似乎在表达一种基督教的思想,但实际上没有比这更典型的异教思想了。④

在丁韪良看来,每一门宗教都源于一个哲学流派,这一事实在中国文化中表现得非常明显。具体来讲,儒教的背后是伦理哲学,而伦理哲学的特点是对伦理道德的关注。他说:"儒家哲学的显著特点是它注重伦理道德,主要关注社会关系和民事职责,刻意回避所有涉及本体论奥秘和怪力乱神的问题。"⑤ 道教背后是道教哲学,它的主张可以概括为"具有注重物质的特点"⑥。具体来讲,它要求个人进行严格的自我修炼,且在非真正科学的意义下,"充满了各种隐藏在元素和大自然内部的无穷尽资源的观念"⑦。当然,"佛教的哲学主要是形而上学"⑧。具体来讲,佛教哲学主要关注的是对自然和人类思想感觉的真实性,认为对于外部世界独立存在的观念是虚幻的。就这样,由于哲学基础的不同,儒、道、佛三者表现出明显不同的特征:道教是"彻头彻尾"的唯物主义,佛教是纯粹的唯心主义,儒教则持中立和超脱的态度。⑨ 然而,它们之间又具有某些显而易见的共同之处,即,它们都为偶像崇拜做出了一定的"贡献"⑩。关于三种宗教的共同特征,丁韪良说:

---

① 参见[美]丁韪良著,[日]中村正直训点《天道溯原》,第四十七页。
② [美]丁韪良著,[日]中村正直训点:《天道溯原》,第四十七页。
③ [美]丁韪良著,沈弘等译:《花甲记忆——一位美国传教士眼中晚清帝国》,第153页。
④ [美]丁韪良著,沈弘等译:《汉学菁华》,第121页。
⑤ [美]丁韪良著,沈弘等译:《汉学菁华》,第122页。
⑥ [美]丁韪良著,沈弘等译:《汉学菁华》,第122页。
⑦ [美]丁韪良著,沈弘等译:《汉学菁华》,第122页。
⑧ [美]丁韪良著,沈弘等译:《汉学菁华》,第122页。
⑨ 参见[美]丁韪良著,沈弘等译《汉学菁华》,第122页。
⑩ 参见[美]丁韪良著,沈弘等译《汉学菁华》,第122页。

最早见于典籍记载的中国宗教是对于一个上帝的崇拜,偶像崇拜则是后来的发明。即使是当前,中国的万神殿中还在不断地出现新的偶像。这一倾向在中国是如此的强烈,几乎每一种宗教都是由哲学先打下基础,然后再由偶像崇拜来完成整个宗教结构的。①

三、"孔子加耶稣"的传教方式

在中国,基督教是一种外来文化,因此,如何会通中外文明是传教士面对的重要问题。在丁韪良看来,要会通基督教文明与其他文明,需要在认识上具备三个前提:一方面,基督教文明在世界各种文明中有着绝对的优越性,因此基督教应征服世界、拯救人类。他说:"多么美丽的基督福音象征! 它拯救人性于野蛮,使此生更加丰富和甜蜜,并预先体验那无限美好的来生!"②另一方面,对于基督教的理解应把握其精神实质,而不应拘泥于字句和教条的形式。质言之,基督教教义在形式上可以变通。而且,儒家思想会助于对基督教神学的理解。他说:"好学深思的基督徒在读了中国经典著作之后,再回过头来研读《新约》时,就会对《新约》的神圣权威性产生最强烈的信念。"③再一个方面,外来宗教在中国是可以落地生根的。他说:"即使是按现状来看,佛教的成功显示了外来的信仰在中国的土壤里扎根、发芽和生长的可能性。"④基于这样三个方面,丁韪良认为基督教与儒家是可以会通的。为此,他大量借用"格义"手法,将基督教思想与儒家思想进行"比附",以推进其传教活动的开展。具体来讲,"比附"的内容主要包括四个方面。

其一,"天"与"上帝"。丁韪良认为,早期的中国人根本不缺乏关于"上帝"的知识,对"上帝"存在"从没表达过任何的质疑"。⑤ 但是,后来"上帝"的"权能"被转移,"创造物""分享"了"上帝"的荣耀,于是产生了各种各样的偶像崇拜。就此而言,孔子是一个关键人物。丁韪良充分肯定孔子的文化贡献,认为它是"一位技艺高超的工程师","为后代的思想开辟了渠道"。⑥ 但是,孔子对于现实生活领域的"过度关注",却是后来中国文化诸

① [美]丁韪良著,沈弘等译:《汉学菁华》,第123页。
② [美]丁韪良著,沈弘等译:《花甲记忆——一位美国传教士眼中晚清帝国》,第308页。
③ [美]丁韪良著,沈弘等译:《汉学菁华》,第113页。
④ [美]丁韪良著,沈弘等译:《汉学菁华》,第121页。
⑤ 参见[美]丁韪良著,沈弘等译《汉学菁华》,第108—109页。
⑥ 参见[美]丁韪良著,沈弘等译《汉学菁华》,第110页。

多错误观念的根源。丁韪良说:"此前的人们在崇拜自然之神时曾将称其为'上帝'(最高主宰),而孔子则采用'天'这样一含糊的称谓。这一方面为无神论打开了方便之门,致使后来中国哲学深受无神论之困扰;另一方面也为偶像崇拜打开了方便之门……"①对此,丁韪良大不以为然,并且致力于"纠正"这种"错误"。在他看来,儒家"天即理"的观点是错误的,因为"理"只是上帝的"造物之旨",它并不直接等同于"上帝"。他说:"理究何谓哉? 物之理即物之性,物之性即天之命,天即主宰之谓。……宋儒有云天即理也,其说之误亦由于此。"②丁韪良的意思是,儒家的"天"即是基督教的"上帝"。他说:

　　夫道之大原出于天,斯言最为确论。其所谓天,非苍苍之天,乃宇宙之大主宰也。③

其二,"创世说"。就古代儒家的宇宙观来讲,"太初""太素"所表述的是关于天地万物起源的观念。对此,汉代《易纬》有言:"夫有形者生于无形,乾坤安从生。故曰:有太易,有太初,有太始,有太素也。太易者,未见气也。太初者,气之始也。太始者,形之始也。太素者,质之始也。……易变而为一,一变而为七,七变而为九。九者,气变之究也……清轻者上为天,浊重者下为地。物有始,有壮,有究,故三画而成乾。"④丁韪良对儒家这样一套观念非常重视,并将"太初""太素"予以"格义",将它们与基督教教义进行"比附"。他说:"当太初之世,天父欲降生烝民,先创世界,以安其身。"⑤"天父于太初造成始祖二人。"⑥很显然,在"创世"问题上,这样一种"格义"会通了基督教教义与儒家宇宙观。不过,丁韪良虽然承认"太初"的存在,但出于基督教的立场,他并不认同儒家的"阴阳说",因为实际上否定了上帝的存在,故而与"上帝创世说"相悖。他说:"竟谓阴阳两气,一若雌雄交通以生物,无神以主宰之,其说殊为大谬。"⑦总之,儒家的宇宙观与基督教的"创世说"大略为同指。他说:

① [美]丁韪良著,沈弘等译:《汉学菁华》,第113—114页。
② [美]丁韪良著,[日]中村正直训点:《天道溯原》,第十二页。
③ [美]丁韪良著,[日]中村正直训点:《天道溯原》,第一页。
④ 林忠军:《〈易纬〉导读》,济南:齐鲁书社2002年,第八十一至八十二页。
⑤ [美]丁韪良著,[日]中村正直训点:《天道溯原》,第二页。
⑥ [美]丁韪良著,[日]中村正直训点:《天道溯原》,第三十一页。
⑦ [美]丁韪良著,[日]中村正直训点:《天道溯原》,第十二页。

物之理,即物之性,物之性即天之命。天即主宰之谓,则谓理生物
与主宰生物之论何以异乎?①

其三,人性论。在儒家,"性善论"首先由孟子明确提出,后来成为儒家
的重要传统。在传教士进入中国以后,他们当中许多人也对这个问题产生
了兴趣。有的人认为"性善论"与基督教精神相近,有的人则批评儒家的这
种观点。丁韪良基本上赞同前一种观点。他说:"圣书言,天父于太初造成
始祖二人。性本善,身亦无病。"②不过,他虽然承认人类生来是本善的,但
认为"人性善"乃"天父灵光"在人身上的反映。他说:"人之本初,性善德
备,实籍天父灵光,昭临于其心也。"③此外,相对于"性善论",丁韪良还解
释了"恶"的来源。他说:人类始祖"虽有善性,仍有情欲存焉"④,故"善性"
"自亚当一失,而性遂变而为恶"⑤。因此,人间社会便形成了善、恶并存的
局面。那么,人们该如何"扬善去恶"呢? 根本在于确立"是非之心"。丁韪
良说:"人之所以别善恶者,其智也。其所以甘为善而不甘为恶者,是非心
也。"⑥进而,他认为,基督教的目的正是为了培养人类的"是非之心"。很
显然,这样一种"格义"把基督教思想与儒家"性善论"联系了起来。不过,
基督教关于人性的思想比儒家思想要"完整"。丁韪良说:

> 有关人性的这种公认的学说(指儒家的性善论——引者)并不像
> 我们原先想象的那样,会对人们接受基督教教义时构成严重的障碍,
> 尽管有理由担心,它可能会改变基督教神学的面貌。那些坦率而富有
> 思想的人将会在《圣经》中发现有关人性这一主题的一种完整的观念,
> 而中国那些形形色色的理论只不过是些支离破碎的说法。⑦

其四,道德修行。历史地看,中国多数朝代是以儒家伦理为立国原则
的,故而儒家伦理乃整个中国文化的主流。丁韪良不仅对儒家伦理有较高

---

① ［美］丁韪良著,［日］中村正直训点:《天道溯原》,第十二页。
② ［美］丁韪良著,［日］中村正直训点:《天道溯原》,第三十一页。
③ ［美］丁韪良著,［日］中村正直训点:《天道溯原》,第八十七页。
④ ［美］丁韪良著,［日］中村正直训点:《天道溯原》,第七十七页。
⑤ ［美］丁韪良著,［日］中村正直训点:《天道溯原》,第八十七页。
⑥ ［美］丁韪良著,［日］中村正直训点:《天道溯原》,第二十八页。
⑦ ［美］丁韪良著,沈弘等译:《汉学菁华》,第141页。

的评价,且认为"中国人道德的整体风格与基督教精神是一致的"①。具体来讲,儒家的"五常"即"仁""义""礼""智""信",其实就是基督上帝所具备的品德。他说:"真神之德,分之为五常,散之为万善,而合之则曰圣。如日光分为五色,合之则为太素也。"②另外,儒家虽然主张人有"五伦",但儒家所论却有明显缺失,因为神与人乃为"首伦",而"五伦乃行乎其下而有序"。③ 尽管如此,儒家伦理之许多方面与"耶稣之道"是相通的。例如:儒教言"孝悌",而"耶稣之道"主张"既孝亲,又孝天父"④。其中,儒家之"孝"实具有"强烈"的宗教感情。他说:"通过祭祀祖先的活动,中国人已经将孝心凝聚成为一股强烈的宗教情感……在适用的广泛性这一点上,孝类似于基督徒通过他的'精神之父'上帝的关系而获得的激励。"⑤但是,丁韪良反对儒家以"自省"来实现道德完善,因为这种方法虽然为人们提供了某种动力,但这种动力的来源乃"一种想象的虚构之物"⑥,故很难激发人们追求美德的"热忱"。对此,他说:

> 如果幻想能如此有效,那么信仰——上升为知识,使一个人认识到他是在一个无处不在的神的注视下行动的这种信仰——岂不是会更加有效!⑦

　　基于上述四个方面,丁韪良认为,在中国传教虽然有许多阻力,但这些阻力不是不可消除的,因为传教确实可以使中国人受益。他说:"中国人现在使用的现代科学教科书多数都归功于传教士;中国一位著名学者因此认为,基督教传教团要比外国贸易使中国获益更多。"⑧更为重要的是,基督教与儒教并没有"必然冲突",此乃传播基督教"福音"的重要保障。他说:"他们狭隘的保守主义一旦消失,尤其当他们认识到基督与孔子之间没有必然冲突,就像圣保罗与柏拉图之间没有冲突一样,他们就会同情基督教会的教育与人道机构,就会非常容易受到基督精神的感召。"⑨为此,丁韪良

① ［美］丁韪良著,沈弘等译:《汉学菁华》,第143页。
② ［美］丁韪良著,［日］中村正直训点:《天道溯原》,第五十页。
③ 参见［美］丁韪良著,［日］中村正直训点《天道溯原》,第四十七页。
④ ［美］丁韪良著,［日］中村正直训点:《天道溯原》,第五十页。
⑤ ［美］丁韪良著,沈弘等译:《汉学菁华》,第137页。
⑥ ［美］丁韪良著,沈弘等译:《汉学菁华》,第146页。
⑦ ［美］丁韪良著,沈弘等译:《汉学菁华》,第146页。
⑧ ［美］丁韪良著,沈弘等译:《花甲记忆——一位美国传教士眼中晚清帝国》,第308页。
⑨ ［美］丁韪良著,沈弘等译:《花甲记忆——一位美国传教士眼中晚清帝国》,第307页。

主张"孔子加耶稣"的传教方式,取代原来"孔子或耶稣"的传教方式。所谓
"孔子或耶稣"的传教方式,指认为基督教与儒教势不两立,主张完全以基
督教替代儒教。所谓"孔子加耶稣"的传教方式,指认为基督教与儒教可以
会通,主张面对中国实际情况推行基督教。他说:"我们应该看到中国本土
的说教作品所取得的成就,它们为我们宣扬基督教教义铺平了道路。正是
由于本土作家们在这方面所作出的努力,我们所做的事情才能进展得如此
顺利。因此,我们应该尊重本土说教作品中的精华和做法,虚心学习,以便
能更有效地推进我们的传教事业。"①总之,对于在中国传教,丁韪良充满了
信心。他说:

> 如果说最光辉、最激动人心的事业是——肯定是——将世界皈依
> 基督,那么,毫无疑问,最光辉的传教区域就是大清帝国。②

第四节　林乐知

林乐知(Young John Allen),美国基督教"监理会"(The Methodist Epis-
copal Church, South)牧师。1836 年生于美国佐治亚州伯克县(Burke Coun-
ty),1854—1858 年在埃默里学院(Emory College,埃默里大学的前身)学习。
1860 年到上海。到中国后,先使用中文名字林约翰,后更名为林乐知,字荣
章。曾在"上海广方言馆"教书,后任上海江南制造总局翻译。1868 年创办
《教会新报》(The Church News, or The News of Churches),1874 年该报更名
为《万国公报》(The Globe Magazine and a Review of the Time)。1882 年在上
海创办"中西书院"(Anglo - Chinese College),并担任校长。1892 年与他人
合作在上海创办"中西女塾"(McTyeire School)。1900 年在苏州创办东吴
大学,并担任董事长。1906 年回美国时受到美国总统罗斯福(Theodore
Roosevelt, 1858—1919 年)接见。1907 年逝世于上海。

林乐知的主要著作有:《中国专尚举业论》《中美关系略论》《中东之战
关系地球全局说》《欧华基督教益叙》《险语对》《印度隶英十二益说》《中西
关系略论》《中东战纪本末》《文学兴国策》《全地五大洲女俗通考》(Women
in All Lands)等。此外,译著主要有:《欧罗巴史》《万国史》《东方交涉记》

---

① 〔美〕丁韪良著,沈弘等译:《汉学菁华》,第 102 页。
② 〔美〕丁韪良著,沈弘等译:《花甲记忆——一位美国传教士眼中晚清帝国》,第 307 页。

《列国岁计政要》《列国陆军制》《格致启蒙博物》《格致启蒙化学》《格致启蒙天文》《格致启蒙地理》等。

一、儒教"所保守"之"谬误"

为了传教事业的开展,面对和了解已维系中国社会达数千年之久的儒学,是林乐知的重要课题。不过,在他看来,儒学是与基督教一样的宗教,故他以"儒教"称儒学。经过了解,他认为,中国社会有诸多"弊端",此与基督教文明形成鲜明的反差。不过,要"对治"这些"弊端",需要"察其病情之所伏",即找到其背后的根源。他说:"夫农学师之治田也,必审其土质之所阙;地学会之之治河也,必究其水势之所钟;是故仆之欲救中国也,必察其病情之所伏,庶几对证发药两无遗憾。"①在林乐知,尽管儒教有诸多积极的意义,但它亦是诸多社会"弊端"的根源。他说:"自孔子删定五经,而儒教于以倡明,此诚为中华学术极盛之时矣。然而中国教化之长进,固于当时见为功。中国未教化之恶俗,乃仍留而未去,则于当时犹有遗憾也。一切无稽之谈,不经之训,荒唐之学术,虚假之恶俗,皆为儒教所保守,谓非白圭之玷乎!"②依着林乐知的理解,儒教"所保守"之"谬误"有如下四个方面。

其一,只重人伦,忽视"天伦"和"物伦"。林乐知认为,儒教特别强调"人伦之道",此乃中国文化的重要特征。他说:"中国教化,以孝弟忠信为本,以仁义礼智为德,以推己及人为恕,是皆为人伦中之要道。中华所以称为东方有教化之宗国者,此也。"③在一定意义上讲,强调"人伦之道"是可取的,但仅仅如此并不够,因为人须面对"人伦""物伦"和"天伦"之"三伦"。他说:"人生有三大伦焉,一曰神,一曰人,一曰物。"④"中国专重人事,有五常之德,而发之于五伦。不知天之生人,厥有三大伦焉:天人一也,人人二也,人物三也。"⑤由此可见,儒教不免尚有缺憾存在,而"缺憾"在于"上交误,下交疏"⑥。所谓"上交误",指"有敬神之名而上无究神之实";所

---

① 〔美〕林乐知:《险语对上》,李天纲编校:《万国公报文选》,北京:生活·读书·新知三联书店 1998 年(下同),第三四三页。
② 〔美〕林乐知辑译,吴江、任保罗译述:《全地五大洲女俗通考》第十集上卷,上海:华美书局 1903 年(下同),第二十一页。
③ 〔美〕林乐知辑译,吴江、任保罗译述:《全地五大洲女俗通考》第十集上卷,第二十页。
④ 〔美〕林乐知著,蔡紫黻抄:《险语对下之上》,《万国公报》第 86 卷,台湾:华文书局 1968 年影印合订本(下同),第 15875—15876 页。
⑤ 〔美〕林乐知译,蔡尔康撰录:《险语对下之中》,《万国公报》第 87 卷,第 15951 页。
⑥ 〔美〕林乐知著,蔡紫黻抄:《险语对下之上》,《万国公报》第 86 卷,第 15879 页。

谓"下交疏",指"有格物之说而下不穷物之源"。①　"上交误"导致"释道二教得而混之,于是卜筮、星命、堪舆诸伪说杂然并作";"下交疏"导致"无以参天地之化育,财之遗于内而流于外"。②　当然,林乐知所更关心者在于"天伦",因为讲与不讲"天伦"乃基督教与儒教的根本区别。他说:

> 所异者,则在于儒教之但论人事耳。其于伦理道德之原,则语焉必详,其于天人物相通相资之理,则尚未能见及之,有如性与天道,不可得而闻,则其所谓尽人之性,尽物之性者,可知其徒托空言矣。……他教之宗旨,虽非一律,莫不有求神赦罪之虔心,及死后得入天堂之盼望。惟孔子则但言人道,而不言天道。③

其二,主张"人性自足",忽视人之"原罪"。基督教认为,人类由于始祖偷吃禁果犯下"原罪",致使后代一生下来就有罪,故而人性乃不完满的。也就是说,只有超验的神是完满的、自足的,人永远不能企及神的高度。然而,儒教却认为人性本善,罪乃后天之"缘起";这种观点引发种种"妄念",进而导致人们错误地诉诸释道二家。林乐知说:"至于儒书之论罪,皆以为人性本善,犯罪皆缘于后起,不知罪根于心。犯国法者,亦必诛其心。身所犯者,皆为违背国法之罪;心所犯者,即为违背帝命之罪。儒教不明此意,遂生二种妄念:一为昧于赎罪之理,或欲将功以抵过,或欲积功以自赎。……一为不得安慰与盼望。孔子曰:获罪于天,无所祷也。故当知罪求赦之时,既无安慰,又无盼望,遂迫而求诸释道二教中人,使之代为忏悔,于是始生建坛设醮,超度亡人。"④质言之,上帝即是"真理",人无法依靠自己获得"真理";若想获得"真理",必须依赖上帝的"恩典"。然而,儒家却主张"人性自足",认为依靠自身可以获得"真理";此乃儒教之重大谬误。他说:

> 儒教之论修身,必先正心诚意。试问人之心意,若何而能正能诚乎? 人若但求一己,率性而行,安能无误乎!⑤

其三,维护君权,束缚人心。具体来讲,儒教未正确理解政府与人民的

---

① 参见[美]林乐知著,蔡紫黻抄《险语对下之上》,《万国公报》第86卷,第15876页。
② 参见[美]林乐知著译,蔡尔康撰录《险语对下之中》,《万国公报》第87卷,第15951页。
③ [美]林乐知辑译,吴江、任保罗译述:《全地五大洲女俗通考》第十集上卷,第五十页。
④ [美]林乐知辑译,吴江、任保罗译述:《全地五大洲女俗通考》第十集上卷,第五十一页。
⑤ [美]林乐知辑译,吴江、任保罗译述:《全地五大洲女俗通考》第十集上卷,第五十一页。

关系,故其存在"不言民之权利"的缺点。林乐知说:"其最大之缺点在于君民之权利不甚分明。论为君之职,则曰保民牧民,皆视如赤子如牛羊,而不望民之自由长进也。其论君臣之名分,则曰君臣之义无所逃于天地之间,岂非束缚之极则乎?"①在儒教,"但言君之权利"导致了对民权的忽视,从而束缚人民的自主精神;此"谬误"的根源在于孔子。他说:"其矢口之间,皆心乎君,而未尝有一念及于民也。君当行仁政,孔子言屡之矣。君不行仁政,则奈之何? 孔子未尝言之也。统观儒书,但言君之权利,不言民之权利。其立论之偏,流弊之多,谁能为之解免乎? ……孔子一生,绝口不言限制君权之法,甚至以庶人议政为无道,岂非缚人以投于虎,复籍口使之不敢出声乎?"②林乐知的意思是,"但言君之权利"束缚了人民自主、自由精神,而一个国家的长进却端赖于人民的自主、自由精神。由此来看,束缚人心乃中国长期积贫积弱的重要原因。关此,他说:

> 五伦为儒教之善道,但其论君权太重,尊为天子,而无对于天之责任,遂永成为专制之政体矣。又其论父权亦太重,几使为子女者,全失其地位,大垂上帝好生之心。即其论夫权亦然,娶妾不禁,出妻有条,苟于妇人,宽于丈夫,不但家室恒失其和,即国家亦隐受其害矣。③

其四,"厚古薄今",不重视现在和未来。林乐知说:"又其教化,务守过去之陈迹,不察现在之情势,更不问将来之效验,无论一言一行,必则古昔,称先王,……欲除一弊,则曰:古之人皆行之也。欲兴一利,则曰:古之人未尝行之也。又谁能破其藩篱乎!"④历史地看,儒教"厚古薄今"的"渊源"在于孔子。也就是说,孔子自己"述而不作""信而好古",而中华民族又世代敬奉这位圣人,故而形成了"厚古薄今"的传统。林乐知说:"孔子之生,在西历前五百五十一年,其于中国大有关系。……或云,孔子为万代之师表,自有孔子,则不但前无圣人,即后世亦永不能有圣人矣。或又云,孔子之德,与天地同侔,是言天地所赐于世人之益,则孔子亦能赐之,天地不变,则孔子之道亦不变。嗟乎! 是二说也,实为中国守旧者之口实,亦即为中国教化阻滞之大原因也。"⑤关于儒家之"厚古薄今",林乐知说:"总而论之,

① ［美］林乐知著,任保罗译:《论中国之学术》,《万国公报》第192卷,第23101页。
② ［美］林乐知著,任保罗译:《论中国之学术》,《万国公报》第192卷,第23102页。
③ ［美］林乐知辑译,吴江、任保罗译述:《全地五大洲女俗通考》第十集上卷,第五十一页。
④ ［美］林乐知辑译,吴江、任保罗译述:《全地五大洲女俗通考》第十集上卷,第二十一页。
⑤ ［美］林乐知辑译,吴江、任保罗译述:《全地五大洲女俗通考》第十集上卷,第五十二页。

中国自定儒教为一尊之后,而学问进步之路顿阻。春秋以降,所论之学,古如何,则今亦如何,因儒学从古教化得来。古之教化如何,则其学亦必如何,积习相沿,牢不可破。"①他还说:

> 中国则以率由旧章,为不违先王之道。而不知先王之道宜于古,未必宜于今。今之时势,非先王之时势矣。中国士人何食古不化若斯哉?②

二、基督教的优长之处

在林乐知看来,儒教"所保守"之上述"谬误"是非常严重的,它不仅造成了中国社会诸多"弊端",而且进而造成了中国的积贫积弱。质言之,中国赔款割地、丧权辱国,根本原因即在于儒教。因此,要解决中国社会之"弊端","导民之正路""兴国之大原",进而促进国家的繁荣富强,应"求助于基督之圣教"。他说:"是中国之行西法,有百利而无一弊,有百益而无一损,有百盛而无一衰者也。"③他还说:"今为中国计,惟有基督之道足以救人。……自今以往,吾知中国穷则思变,不得不求助于基督之圣教,为导民之正路,兴国之大原矣。昔之所以兴不遽兴,至丧师割地,而贻笑于邻邦者,中国旧教之误人也。今日之可以欲兴即兴,虽富国强兵,而能期于一旦者,基督圣教之救世也。秉国钧者,如欲惩其弱而复其初,岂有他道哉? 去其旧教,以从圣教而已矣。"④依着林乐知的理解,之所以需要将儒教代之以基督教,在于基督教有明显的优长之处。

其一,基督教"三伦"皆备。在他看来,儒教有多方面的"谬误",而"谬误"的根源在于只重"中伦",而忽视"上伦"和"下伦"。在此,所谓"上伦"即"天伦","中伦"即"人伦","下伦"即"物伦"。他说:"孔子至圣,上不讲神……下亦不讲物。"⑤由此以降,儒教便形成了"只重人伦"的传统。与儒教不同,基督教对"上伦""中伦"和"下伦"均有观照,其"三大纲领"比儒教要周全得多。他说:"尝考基督教法,厥有三大纲领。上帝为创造天地万物、无始无终、全智全能、独一无二、昔时今时异时永在之真神。人当以敬

---

①　[美]林乐知辑译,吴江、任保罗译述:《全地五大洲女俗通考》第十集上卷,第五十六页。
②　[美]林乐知:《中西关系略论》,李天纲编校:《万国公报文选》,第一七九至一八○页。
③　[美]林乐知:《中日两国进止互歧论》,李天纲编校:《万国公报文选》,第三一七页。
④　[美]林乐知译述:《基督教有益于中国说》,《万国公报》第83卷,第15671—15672页。
⑤　[美]林乐知著,蔡紫黻抄:《险语对下之上》,《万国公报》第86卷,第15878页。

之者爱之。其道一也。爱人如己,实为圣诫中切要之条。世人皆为在天之一父所生,故凡同类者,皆有相爱之情。其道二也。天照本身之形以造人,使为万物之灵,而以全地之鸟兽鱼虫,付之管辖。是人有治理万物之权,不当使一物失其所用。于是乎格物之学兴,而万物之利亦与之俱兴。其道三也。"①在林乐知看来,若接受如此周全的义理,即以基督教来取代儒教,儒教之"谬误"所引发的弊端便可消除。他说:

> 其崇真道以黜邪,设医院以救贫,立学塾以教人,著书籍以广学,一切有益于中国之事,皆推本于此三端(指三大纲领——引者)而扩充之耳。②

其二,基督教为"释放教化"。在此,所谓"释放",指激发国民的自主、自由精神。在林乐知看来,儒教虽重"人伦",但其"人伦"却重君权而轻民权,以束缚人心见长。与儒教不同,基督教乃以"释放教化"见长。在基督教义理下,世俗统治者并无特权,其与民众一样也为上帝所创造,因此民众之自主、自由精神可得到激发。由此来看,"释放""最大之本源"乃"基督大道也"。③ 他说:"释放自主者,基督之道也,得之则兴,失之则衰,自古有明征矣。"④既然如此,就需要以基督教替代儒教,"释放"民众之自主、自由精神。关于"释放"的重要性,林乐知认为,它会为中国"开出新天地"。他说:"然则要其总意,不过以不释放之心,阻塞中国之进步而已矣。故余之论中国也,千条万绪,而归结必在于释放。人心不可不释放,风俗不可不释放,政治不可不释放。即至文字语言,亦不可不释放。释放而有改革,改革而后长进。隆冬严寒,则万类凋落,一得释放,而后春和至矣。新天新地,新人新物,莫不由释放而来。"⑤在他看来,若能以基督教替代儒教,发扬其"释放教化"功能,中国不但会赶上世界强国,而且还可超过世界强国。他说:

> 一言以蔽之曰,中国无论如何,但能以基督之福音广传于庸众人之心中,则可望遍国之中皆为释放自由之人,而无推行多阻之弊,行见

---

① ［美］林乐知译述:《基督教有益于中国说》,《万国公报》第83卷,第15670页。
② ［美］林乐知译述:《基督教有益于中国说》,《万国公报》第83卷,第15670页。
③ 参见［美］林乐知译,范祎述《论二十周之前途》,《万国公报》第161卷,第21024页。
④ ［美］林乐知译述,任保罗译:《欧亚释放长进论衡》,《万国公报》第163卷,第21143页。
⑤ ［美］林乐知著,范祎述:《新名词之辨惑》,《万国公报》第184卷,第22596页。

不数十年,不但能媲美欧洲诸国之文明,虽超出于文明诸国之上,亦为意计中之事矣。①

其三,基督教"以真实无妄为宗"。林乐知认为,在基督教文明,道德的最高准则是"真",虚伪乃道德的"大敌"。他说:"要之之三伦者,名虽别其为三,实则皆一以贯之者也。泰西之教化,以真实无妄为宗……"②然而,尽管儒教重人伦、重道德,但"美中不足"的是缺乏"信德"。他说:"其论信德,则美犹有憾矣!非不知信之必使可复,信之必不可去,惜其徒托空言,未能显于躬行耳。即孔子一生,亦尝负约于蒲人而适卫(见《史记·孔子世家》),又尝托疾于孺悲而鼓瑟,信于何有哉!又何怪华人之与人交接,不能常存忠信之心哉!更何怪西人之视华人,常称为无信之人,而不敢以诚实待之哉!"③具体来讲,在儒教,其所谓"信"只停留于口头,并未真正落实于"躬行",故实际上其并不重"信德"。林乐知说:"泰西教法,戒打诳语。倘若甘冒不韪而为证人所破,甚至予以重罪,终身不齿。华人则习为故常,任意铺张,凭空结撰。……试问于何凭信,不过妄言妄听而已。"④关于"以真实无妄为宗",林乐知认为其对于中国殊为重要。他说:

> 中国诚能洞谙乎天人之伦,而灼知人与神交之理,则风水等一切虚伪之说自各退处于无权。明乎物伦之真,则得其权而心无所格,举凡日月之蚀,风雷之警,毫无恐怖。明乎人伦之真,则凡仁义礼智信之五常因之而益显,其有能补足人之用者。……天人物三伦,悉归于真实无妄,然后国势日以强,民心日以明,本分尽而诸事备矣。⑤

不过,尽管基督教有上述优长之处,但林乐知并未完全否定儒教的"人伦之道",而是认为其与基督教有相通之处。比如,关于"五伦""五常"等,儒教与基督教即是相通的,因为儒家经典与《圣经》均有相似主张。他说:"摩西十诫于克尽天伦之后,即诫人以事亲不可不孝,事君不可不忠。然则

① [美]林乐知译述,任保罗译:《欧亚释放长进论衡》,《万国公报》第163卷,第21143页。
② [美]林乐知著译,蔡尔康撰录:《险语对下之中》,《万国公报》第87卷,第15952页。
③ [美]林乐知辑译,吴江、任保罗译述:《全地五大洲女俗通考》第十集上卷,第五十二页。
④ [美]林乐知:《险语对上》,李天纲编校:《万国公报文选》,第三四〇至三四一页。
⑤ [美]林乐知著译,蔡尔康撰录:《险语对下之中》,《万国公报》第87卷,第15952页。

大本大原两无所负,岂徒儒者之劝忠教孝独冠古今哉!"①因此,儒教的相关主张不仅有其价值,而且可"推于四海""传于万世"。他说:"儒教……所讲之道为五伦,即君臣、父子、夫妇、兄弟、朋友是也;又有五常之德,即仁、义、礼、智、信是也;又有所谓《大学》之道,以明德、新民、止至善为纲,以诚意、正心、修身、齐家、治国、平天下为目,其修己之功不外一敬字,其与人交不外忠恕二字。是皆儒教中之所谓至德要道,可推于四海,可传于万世,虽历四千余年而亘古如新者,实与西方基督教之真道无异矣。"②既然如此,在推行基督教时,就须正视儒教之价值,不能简单采取"孔子或耶稣"的传教方式,而须采取"孔子或耶稣"的传教方式。即,把基督教教义和儒家文化"有机地融合"起来,逐渐地以基督教文化替代儒家文化。此为不可引发剧烈反抗且切实有效的办法。③

三、"智民之要务在兴学校"

在林乐知看来,教育乃人类与禽兽的重大区别。之所以如此说,在于禽兽只有"自然生理",而人则"别有"思想和能力。他说:"人则于自然生理之外,别有思想,别有能力,能自主以养其所欲,给其所求,是皆出于人生固有之特性也。"④不过,人虽然"别有"思想和能力,但"人之良知良能"需依靠教育来"滋长"。他说:"人之所异于禽兽者,以其有教育功能也。禽兽生而有自然之知觉运动,无待于学,亦无所谓教,惟人则否。人之良知良能,全赖教育以滋长,非可任其自然也。"⑤质言之,"人类固有之特性"需要依靠教育"扩充而光大",此乃教育之"首务"即使命。林乐知说:"是故学之首务,在于引伸人类固有之特性,扩充而光大之,使其知识,有与年俱进之功也。"⑥而且,掌握知识的人才乃社会发展的前提。他说:"要之有治人,斯能有治法,事非徒托诸空言,而有治法尤贵有治人,功乃莫隳于末路。"⑦当然,"若论兴学之法,则学堂为学术之总汇,选就人才必从此出"⑧。基于前述,林乐知进而认为,教育的内容应以"智学""辩学"和"格致学"为主。

---

①　[美]林乐知、蔡尔康译撰:《中东战纪本末》(二),《台湾文献汇刊》第六辑第九册,北京、厦门:九州出版社、厦门大学出版社 2004 年(下同),第 305—306 页。

②　[美]林乐知辑译,吴江、任保罗述:《全地五大洲女俗通考》第十集上卷,第五十页。

③　参见李喜所《林乐知在华的文化活动》,成都:《社会科学研究》2001 年第 1 期,第 106 页。

④　[美]林乐知辑译,吴江、任保罗译述:《全地五大洲女俗通考》第十集下卷,第七页。

⑤　[美]林乐知辑译,吴江、任保罗译述:《全地五大洲女俗通考》第十集下卷,第七页。

⑥　[美]林乐知辑译,吴江、任保罗译述:《全地五大洲女俗通考》第十集下卷,第七页。

⑦　[美]林乐知:《中西关系略论》,李天纲编校:《万国公报文选》,第一八三页。

⑧　[美]林乐知著,任保罗译:《论中国之学术》,《万国公报》第 192 卷,第 23106 页。

所谓"智学",大致指知识论;所谓"辩学",大致指"逻辑学";所谓"格致学",大致指科学技术。依着他的看法,西方教育即以此为主要内容;此内容之教育既可增长知识,又可培养才能。他说:

> 考泰西学术,以智学为最要,即致知之功夫也。……更进而上之,则为辨学。辨学者,分辨事理,期于众非之中得其是,或于众假之中得其真也,能增长知识者,赖有此学;能培养才能者,亦赖有此学。……格致家之功夫,不外是耳;又进一层,则不但当求知,更当求行。①

历史地看,中国有完善的科举制度,似乎非常注重教育,但实际上在教育对象、教育内容和教育宗旨诸方面均有偏差。关于教育对象,科举考试所面向的阶层只有"士","农""工""商"以及女性都被排除在外。这样,大多数中国人并不能接受教育。林乐知说:"四万万人,男女参半,女子无学,则已坐废其半数矣。男子中,官吏士人有学,农工商贾无学。此可见中国学问中人,不过于四百兆人之中,得数兆人而已,安能与泰西之学术,较短论长哉。"②关于教育内容,学生背诵的是"四书""五经",所学乃"六德""六艺",而对"智学""辩学""格致学"则很少涉及。林乐知说:"若论辩学,则本为中国所无,设执读书人而问之曰,汝明辩学乎,彼必茫然无以应矣。"③然而,"四书""五经"实际上却"空疏而无用"。他说:"至其名为士者,所读惟四书五经,所作惟五言八股,但守祖宗之旧制,不谙经世之新猷。"④关于教育宗旨,"修齐治平"之宗旨不仅在内容上"空而莫解",而且也难以令人信服。林乐知说:"所伪为知者,诚正修齐治平之事耳。言大而夸,问其何为诚正,何为修齐,何为治平,则茫乎莫解,与未学者等。谓之为士,其信然耶?"⑤具体来讲,西方教育的宗旨在于追求真理,而中国教育的宗旨在于"考取功名"。他说:"方今泰西文明诸国,公学遍设与城乡,故能人无不学;其教授之方法甚善,故能学无不成。教育之宗旨,皆以真道真理为归。"⑥

---

① 〔美〕林乐知辑译,吴江、任保罗译述:《全地五大洲女俗通考》第十集下卷,第八页。
② 〔美〕林乐知辑译,吴江、任保罗译述:《全地五大洲女俗通考》第十集上卷,第五十七页。
③ 〔美〕林乐知辑译,吴江、任保罗译述:《全地五大洲女俗通考》第十集下卷,第八页。
④ 〔美〕林乐知、蔡尔康译撰:《中东战纪本末》(二),《台湾文献汇刊》第六辑第九册,第267页。
⑤ 〔美〕林乐知:《中西关系略论》,李天纲编校:《万国公报文选》,第一八○页。
⑥ 〔美〕林乐知辑译,吴江、任保罗译述:《全地五大洲女俗通考》第十集下卷,第十页。

"中国之读书,视为士子之专业,且除考取功名之外,无宗旨也。"①总之,中国的科举制度"有害无利"。林乐知说:"专尚举业有害无利固已彰明较著,不待智者而知也。"②他还说:

> 中国开科取士,立意甚良,而惟以文章试帖为专长。其策论则空衍了事也。无殊拘士之手足,而不能运动;锢士之心思,而不能灵活;蔽士之耳目,而无所见闻也。③

基于上述,林乐知认为,中国要想走上富强之路,必须要改革传统教育,而兴办新式教育。实际上,清政府对兴办新式教育已有所举措,但并未取得明显的实际效果。他说:"政府之讲维新者,士夫之谈时务者,亦皆汲汲注意于教育。然而此议之兴,已数年矣,而教育之实,至今未举……恭读朝廷之诏敕,历考大吏之奏陈,莫不有州县设小学,府设中学,省会及京师,皆设大学之阶级。乃中学、小学至今未见施设,惟京师大学堂,则规模略具,各省大学堂,亦纷纷筹办。"④之所以未取得明显实际效果,在于这些举措违背了教育规律。即,由蒙学到大学乃不可躐越的过程,故须以兴办中小学为始基,而不可以兴办大学为先。他说:"学堂之次第,以蒙学为始基,以大学为止境。乃其开办之始,先设大学堂,或设速成学堂,而于中小学常则置为缓图。是犹空中楼阁,不可阶而升,安能收其实效乎?"⑤他还说:"从初等公学入手……初学既立,则中学大学不过扩而充之耳,有何难哉!"⑥质言之,一个国家要想富强,办新式教育乃"正路"。林乐知说:"所谓维新之正路者,何也? 一为新教育,一为新教道,二者缺一不可。"⑦他还说:

> 民为邦本,本固邦宁。中国不欲变法则已,欲变法,必须从智民入手,以造就他日皆能自主之民智。智民之第一要务在兴学校。⑧

---

① 〔美〕林乐知辑译,吴江、任保罗译述:《全地五大洲女俗通考》第十集下卷,第八页。
② 〔美〕林乐知:《中国专尚举业论》,李天纲编校:《万国公报文选》,第二五〇页。
③ 〔美〕林乐知:《中西关系略论》,李天纲编校:《万国公报文选》,第一八〇页。
④ 〔美〕林乐知辑译,吴江、任保罗译述:《全地五大洲女俗通考》第十集下卷,第十页。
⑤ 〔美〕林乐知著,任保罗:《论中国之学术》,《万国公报》第 192 卷,第 23105—23106 页。
⑥ 〔美〕林乐知辑译,吴江、任保罗译述:《全地五大洲女俗通考》第十集下卷,第十页。
⑦ 〔美〕林乐知辑译,吴江、任保罗译述:《全地五大洲女俗通考》第十集下卷,第七页。
⑧ 〔美〕林乐知命意,任廷旭遣词:《广求兴学以救世策》,《万国公报》第 146 卷,第 19981 页。

不过,林乐知虽然深感改革中国教育的必要性,但他并非不顾中国的文化传统,将中西教育完全对立起来。具体来讲,他主张兴办美国式的近代教育,改变中国人的教育内容和知识结构,传播以基督教为核心的西方文化,改变中国教育的宗旨。但是,因为儒学已经不是单纯的一种学说,而是"渗入中国人血液"的意识形态,故要想使中国人"立即"抛弃传统来接受西方文化是不现实的。换言之,在历史悠久的中国,只有通过"中学"才能理解文化遗产,只有通过"中学"才能接受西学。因此,中国经典仍是新式教育必不可少的内容,就像西方经典在美国教育中的位置一样。总之,"中学"已不适应时代需要,故需要西学以为替代;西学要在中国生根发芽,亦需要"中学"来帮助。正是基于这样一种认识,"格致书院"除了"陈列""泰西格致诸书","又备中国经史子集,以期酌古证今,广见博闻"。① "中西书院"的课程也设置为"半日教西学,半日读儒书"②。质言之,在林乐知,举办新式教育应该"中西并教"。他说:

> 书院章程,舍西法而专重中法不可,舍中法而专重西法亦不可。本书院中西并重,毋稍偏枯。惟冀诸生努力前修,副余厚望。③

第五节　明恩溥

明恩溥(Arthur Henderson Smith),又名明恩普,美国基督教"公理会"(Congregational Church)来华传教士。1845 年生于美国康涅狄格州维郎城(Vernon)。1864 年后先后就读于威斯康星州毕洛依特学院(Beloit College)、新英格兰安得弗神学院(Andover Theological Seminary)、纽约协和神学院(Union Theological Seminary)。1872 年来华在天津传教。1877 年起到鲁西北传教,并在恩县庞庄先后建立起教会、小学、中学和医院;同时兼任上海《字林西报》(North - China Daily News)通讯员。1905 年他辞去宣教之职。在明恩溥等人的推动之下,1908 年美国宣布退还中国部分"庚子赔款"④,作为资助中国赴美留学生之用。第一次世界大战后,明恩溥返回美

---

① 参见[美]林乐知《记上海创设格致书院》,李天纲编校:《万国公报文选》,第四五一页。
② [美]林乐知:《设立中西书院启》,李天纲编校:《万国公报文选》,第四九一页。
③ [美]林乐知:《中西书院课规》,李天纲编校:《万国公报文选》,第四九七页。
④ 1901 年所签订的《辛丑条约》规定,清朝政府因义和团运动(庚子年)向西方十一国进行赔偿。这笔赔款史称"庚子赔款"。

国。1932 年逝世于加利福尼亚的克莱蒙特（Claremont）。

明恩溥写有大量有关中国的著作，有的多次重印或被译成其他文字出版。其主要著作包括《中国文明》（*Chinese Civilization*）、《中国人的素质》（*Chinese Characteristics*）、《中国乡村生活》（*Village Life in China*）、《动乱中的中国》（*China in Convulsion*）、《王者基督：中国研究大纲》（*Rex Christus*：*An Outline Study Of China*）、《中国之进步》（*The Uplift of China*）、《今日的中国与美国》（*China And Ameriea Today*）、《汉语谚语俗语集》（*Proversbs and Common Sayings from the Chinese*）、《来华年轻教士指南》（*Manual For Young Missionaries To China*）等。

一、中国文明与儒家思想

在明恩溥看来，中国文明虽然非常悠久，但它所呈现的是一种"停滞"状态。具体来讲，"停滞"体现在几个方面：一个方面，中国文明呈现出明显的"单一性"，国民人数虽然众多但却毫无个性。明恩溥说："中国人，毫无什么个性可言，成群的中国人看起来与草窝里整窝的蜜蜂、地面上的成堆蚂蚁、空中飞舞的黑压压的虫子简直就没有什么两样。……他们一色的辫子、一色的服饰、一色的表情又极大地造成了他们彼此之间的混同。这是一个确凿无疑的客观事实，无论你怎样地扩大范围的考察，都改变不了。"①另一方面，在漫长的历史长河中，虽有许多朝代不断更迭，但这些更迭乃简单重复的"千篇一律"。他说："这些王朝的建立者们是实干家和实力派，他们通过集中权力于一身，逐渐平定和统一帝国。在经过一段时期之后，在堕落的子孙后代那里，最初的推动力耗尽了，随着弊端的兴起，起义和混乱又开始了，天命不再眷顾，新的王朝遂逐渐建立起来。再过几十或几百年，类似的过程又一次重复。"②总之，中国文明是一种"同一"的、"停滞"的文明。明恩溥说：

> 不管怎样，我们还是很确信，我们所得出的结论，越来越明显地显示出其合理性，即从总体上看，中国人还是同一的这一论断是正确的。③

---

① ［美］明恩溥著，匡雁鹏译：《中国人的特性》（全译本），北京：光明日报出版社 1998 年（下同），第 299 页。

② Arthur H. Smith. *The Uplift of China*, New York：Eaton & Mains, 1907. pp. 32 – 33.

③ ［美］明恩溥著，匡雁鹏译：《中国人的特性》（全译本），第 302 页。

明恩溥进一步认为,中国文明的"停滞"与中国人的古代崇拜有关。他说:"厚古薄今的倾向不限于中国和中国人,全世界都是如此,只是中国人对此深信不疑的程度,则是其他民族'无与伦比'的。"①例如,中国人总是习惯于向历史事件"学习"。他说:"普遍的对古代经典的牢记,对常见的戏剧表演——中国人对此很有激情,随处可见的茶馆、说书人和流行的历史小说,所有这些因素一起使两千年以来发生的事就象发生在当下的一样真实,并具更多的尊严和重要性。"②因此,中国人形成了按照古代先人的方式生活的传统,而这种传统实是一种"古代崇拜"。他说:"追溯现代历史延展的开端,她一定会发现过去与现在相比几无差异。……他们重复做着祖先曾做过的事,不多不少,也无不同。"③在一定意义上讲,"如今的中国人同他们的古人没有太大区别"④。他说:"时代发生了变化,我们随时代而变化。与此对照,在中国,时代未曾变化,人们也没有变化。"⑤质言之,"古代崇拜"塑造了中国人因循守旧的习惯。明恩溥说:

> 中国人风俗习惯从起源一成不变。不难看出,原因在于人们一直假定既成事实是正确的。长期以来确立下来的习惯,是可怕的暴君。无以数计的人习惯于这种风俗习惯,从来不问其起源和原因。他的责任是遵守,于是也就只管遵守不问其他了。⑥

在明恩溥看来,中国文明实际上是一种家庭文明。或者说,中国的国家是"放大"的家庭,家庭是"缩小"的国家。他说:"家庭是中国社会生活的单元。"⑦在此意义下,中西差别很大:"在西方,个人就是一个单位,而国家则是个人的大集合。在中国,社会的单位则是家庭、村庄、宗族,这些词语常常还可以交替使用。成千上万的中国村庄,各自都由同一个姓氏同一个宗族的村民所组成。"⑧正因为如此,中国社会乃一张基于血缘的"伦理网络",而这个"伦理网络"的基础是父子关系。因此,所有伦理关系最终均由

---

① [美]明恩溥著,秦悦译:《中国人的素质》,第 99 页。
② Arthur H. Smith. *The Uplift of China*. ibid. pp. 45 – 46.
③ [美]明恩溥著,午晴等译:《中国乡村生活》,北京:时事出版社 1998 年(下同),第 305—306 页。
④ [美]明恩溥著,秦悦译:《中国人的素质》,第 233 页。
⑤ [美]明恩溥著,秦悦译:《中国人的素质》,第 123 页。
⑥ [美]明恩溥著,秦悦译:《中国人的素质》,第 103 页。
⑦ [美]明恩溥著,午晴等译:《中国乡村生活》,第 311 页。
⑧ [美]明恩溥著,秦悦译:《中国人的素质》,第 196 页。

"孝"来规定,故"孝"在中国文明有很大范围的外延。明恩溥说:"中国人被特别地教导,一切道德败坏,根源都是缺乏孝心。违反礼节,是缺乏孝心。不忠君,是缺乏孝心。为官不尽职,是缺乏孝心。不诚心待友,是缺乏孝心。杀敌不勇,是缺乏孝心。我们因此可以发现,有关孝的教义,不仅包括行为本身,而且追溯动机,乃至觉察全人类。"①在明恩溥看来,这种基于"孝"而扩充起来的伦理关系存在着许多方面的缺陷。他说:

> 中国社会的结构,是按照家长制的模式建立起来的,具有严重的弊病。它压抑了人们内心自然本性,而另一些本性却可能驯化到了极端。②

在中国,虽然号称儒、释、道三教并立,但实际上儒家思想是中国文化的主流,或者说是儒家思想"塑造"了中国文明。明恩溥说:"正统的中国人看待'四书五经',就好比虔诚的基督教徒看待希伯来语的《圣经》一样……古代的经典造就了中华民族,也造就了政府体制……"③因此,要探讨中国文明,不能离开对儒家思想的探讨。关于儒家思想,明恩溥认为其乃一套关于国家政治及社会伦理的学说体系,因此儒学经典被士大夫、儒生奉为"圭臬"。正因为如此,儒学是否宗教成为一个颇具争议的问题。对此,明恩溥认为,儒学具有某种宗教色彩,但并不是纯正的宗教。他说:"儒教部分地可以被看作政治和社会伦理,部分地可以被看作一种国家宗教,包括对自然、已故圣贤的灵魂和祖先崇拜。因此,从一种观点说,它是宗教;从另一种观点说,它又不是。儒学缺乏人的精神属性与其所依赖的超越存在相联系的观念。"④在他看来,儒学与其说是一种宗教,毋宁说是一种道德哲学,因为儒学里没有关于人与神、灵魂与肉体之关系以及祈祷的内容。因此,明恩溥说:

> 儒学正是这样,混合着多神论和泛神论,把这个帝国带到目前这种状况。……中国人本性上就对最为深奥的精神原理绝对冷漠,这是中国人心灵中最可悲的特点。他们随时乐于接受一个没有灵魂的肉

---

①　[美]明恩溥著,秦悦译:《中国人的素质》,第151页。

②　[美]明恩溥著,秦悦译:《中国人的素质》,第159页。

③　[美]明恩溥著,秦悦译:《中国人的素质》,第99页。

④　Arthur H. Smith. *The Uplift of China*. ibid, p. 88.

体,接受一个没有心智的灵魂,接受一个没有生命的心灵,接受一个没有缘由的秩序和没有上帝的宇宙。①

　　尽管如此,儒家思想与基督教的某些思想仍有相似之处。对此,明恩溥说:"在孔子愿意教育别人做的四样东西——文、行、忠、信之中,后三样的说法,却与律法和福音不谋而合。"②他的意思是,儒家思想亦有许多有价值的内容。他说:"儒学经典是一张航海图,中国的许多统治者正是靠它来驾驶国家这艘航船的。这是人类绘制的最好的航海图。"③不过,儒家思想的价值已"消耗殆尽",或者说它已是"明日黄花"。因此,儒家思想必将被基督教的"福音"所替代。他说:"它(指儒学——引者)所能做的,已经做了,再不会有新的成果了。他们已经取得了人力之所能及的一切,比任何国家任何情况下都有过之而无不及。"④他还说:"儒家学说曾经是一种创建和积蓄的强大力量。尽管它创造过巨大的功绩,但它也犯下了许多'不赦之罪',如此它最终必须承受处罚。作为一种发展的力量,儒家学说已经被消耗殆尽。或早或晚,它必将让位给某种更强大、更智慧也更有效的全新学说。"⑤从根本上讲,正因为儒家思想的价值已经"消耗殆尽",以儒家文化为骨干的中国文明才停滞不前。对此,明恩溥说:

　　　　西方国家都面临未来的黎明,而中国却时时处处面对着遥远过去的黑夜。⑥

二、中国人的素质

　　明恩溥非常关注中国乡村的实际状况,故中国人的素质给他留下了深刻印象。关于中国人的整体素质,他曾用"美丽如画"和"气味难闻"两面来描绘。他说:"中国社会就像中国的许多景色迷人的地方,远看美丽如画,可是,走近点,总会发现破旧与可憎之处,空气中弥漫着难闻的气味。"⑦具

---

① 　[美]明恩溥著,秦悦译:《中国人的素质》,第276页。
② 　[美]明恩溥著,秦悦译:《中国人的素质》,第253页。
③ 　[美]明恩溥著,秦悦译:《中国人的素质》,第277页。
④ 　[美]明恩溥著,秦悦译:《中国人的素质》,第284—285页。
⑤ 　[美]明恩溥著,午晴等译:《中国乡村生活》,第302页。
⑥ 　[美]明恩溥著,秦悦译:《中国人的素质》,第283页。
⑦ 　[美]明恩溥著,秦悦译:《中国人的素质》,第280页。

体来讲,若"远看"时,中国人尊重道德礼仪,此为"美丽如画"之面。他说:"在作为道德秩序解释天地人三者之间关系的宇宙理论指引下,中国人对于法和理以及作为内心外在表现的礼仪非常尊重。一旦认为任何一件事是符合理的,他们将它作为事物必备体系的一部分。……甚至是思想的象征也同样受到尊重。"①但是,若"近看"时,中国人存在着许多与文明相抵触的令人厌恶之处,此为"气味难闻"之面。他说:"我们愿意相信,儒学造就了一批道德高尚的人。那是人们对如此美好的道德体系所应有的期望。但它是否造就出了很多这样的人物呢?……阅读到此的读者已经知道这些测试题的答案。如今的中国人对己对人都无真诚可言,对他人缺少利他主义;他们与崇拜对象的关系是多神论、泛神论和不可知论。"②进而,他从儒家"仁""礼""智""信"和"义"等几个方面,分析了中国人的素质。

关于"仁",明恩溥反对一些西方人认为中国人不存在"仁"的看法。他认为,不仅中国经典有"仁"的论述,并且在中国社会中也存在种种仁慈之举。例如,为穷困的死者买棺材,把活鸟和活鱼买来放生;免费为人们接种疫苗,提供廉价或免费的书籍等。"这些都是积德的善举,它们在中国人的行善中占有十分重要的地位……"③不过,中国人的生活中也存在诸多"不仁"的情况。比如,人们对身体残疾的人有偏见,父母为了生存卖儿卖女,对囚犯的严惩缺乏人性,"典型的中国教师有时是个完完全全的文化暴君"④,等等。之所以有这样两面,在于中国人思维中虽有"报应观念",此可促使中国人"行仁";但又对做善事后的回报往往无法预见,此又催生了其"不仁"的言行。明恩溥说:"没有人能预见自己的好心好意在日后会有什么样的结果,而大家又都知道承担责任的风险……我们必须承认,'诚心诚意行善'在中国人生活中是很少碰到的。"⑤质言之,中国人的"仁"实际上"行之无诚心"。他说:

　　中文的"仁"字,不像其他与情感有关的字那样有"竖心旁",它也根本没有"心字底"。中国的善,也是行之而无诚心可言……本能地从事实际的慈善活动,不管何时何地,都自觉地要求有机会展示这个本

①　Arthur H. Smith. *The Uplift of China*. ibid. pp. 44 – 45.
②　[美]明恩溥著,秦悦译:《中国人的素质》,第278—279页。
③　[美]明恩溥著,秦悦译:《中国人的素质》,第164页。
④　[美]明恩溥著,午晴等译:《中国乡村生活》,第78页。
⑤　[美]明恩溥著,秦悦译:《中国人的素质》,第165页。

能——这种心理状态中国人完全没有。①

　　关于"礼"，明恩溥同样既有赞扬，又有批评。通常来讲，中国号称"礼仪之邦"，中国人非常注重礼节。对此，不能视而不见。他说："中国问题方面最为挑剔的批评家也被迫承认，中国人已经把礼节的实践带到了一个完美境界。此种境界，在西方闻所未闻，在亲眼目睹之前简直是不可思议、无法想象的。……中国人对待礼仪就像对待教育，使之成为一种本能而非刻意去学的东西。"②而且，注重礼节对于人际关系确实发挥了"奇妙作用"。他说："中国人还把这些表达方式当做一种润滑剂，用来调节人际交往。……礼节好比气垫，里面没有东西，但它奇妙地减轻了震荡。"③不过，中国人的礼节其实有严重的缺陷，因为其与"行仁"一样都"并非发自内心"。他说："礼节是用友好的方式表达的友好。……但中国的礼节却不是这样。它是一种演示专门技术的仪式，像所有的技术一样，虽然意义重大，却并非发自内心，而只是一个复杂整体的单个部分。"④因此，这些礼节其实难以被人真正接受。明恩溥说："中国人对外国人的礼貌（如同中国人对中国人的礼貌一样）经常是想要表示自己的确懂礼节，而不是希望客人舒服。"⑤关于中国人注重礼节的这种"两面性"，他说：

　　　　中国人的礼节，通常还有东方人的礼节，有两个截然不同的方面值得考察——一方面是称赞，另一方面是批评。……⑥

　　关于"智"，在明恩溥看来，中国人的智力并不逊于其他民族。他说："从整体上来看，中国人似乎有足够的能力同其他民族相抗衡。他们在智力上当然没有表现出弱点，连这种倾向都没有。"⑦但是，科举制度却造成了中国人的"心智混乱"。所谓"心智混乱"，是指"中国人的心智活动既不作自然的分析也不进行综合"⑧。具体来讲，中国教育的内容主要是圣贤们的

---

① ［美］明恩溥著，秦悦译：《中国人的素质》，第167页。
② ［美］明恩溥著，秦悦译：《中国人的素质》，第28页。
③ ［美］明恩溥著，秦悦译：《中国人的素质》，第29—30页。
④ ［美］明恩溥著，秦悦译：《中国人的素质》，第29页。
⑤ ［美］明恩溥著，秦悦译：《中国人的素质》，第30页。
⑥ ［美］明恩溥著，秦悦译：《中国人的素质》，第28页。
⑦ ［美］明恩溥著，秦悦译：《中国人的素质》，第71页。
⑧ ［美］明恩溥著，午晴等译：《中国乡村生活》，第98页。

伦理教训,而不是近代的知识体系;目标主要是培养"修身""齐家""治国""平天下"之官僚,而不是拥有科学知识的专门人才。因此,"按照中国的标准,能够写出一篇完美的文章,是人的心智所能具有的最高成就之一"①。这样一种制度对中国人所产生的影响是巨大的。一方面,它在保持中国人"思想统一"方面到了令人惊叹的程度,有力地维持了帝国的生存和延续。②另一方面,它却没有培养中国人实际生存的能力,因为它没有教授科学知识方面的内容。因此,"在中国,一个人的学问愈大,他在环境中谋求生存的数学能力就愈弱"③。关于中国人"心智混乱",明恩溥说:

> 我们说"心智混乱"是中国人的一种特点,但我们并不是说这种特点是中国人特有的,也不是说每个中国人都具有这个特点。……但中国人……已经到了最为显著的"心智混乱"的地步,他们也许应该对此有所愧疚。④

关于"信"和"义",通常来讲,中国人由于以"性善"观念为主导,强调发挥"自主自律"的精神,故应特别重视"信"与"义"的品德。但是,明恩溥却强烈地感受到,中国人却明显表现出"言而无信"的特性。一方面,人们的谈话让人"难以得知真相"。他说:"中国人的日常谈话,尽管还算不上完全虚假,却已让人难以得知真相了。真相在中国是最难获得的。……诚信的缺乏,再结合我们已经讨论过的猜疑,就足以解释为什么中国人常常交谈了很长时间,却没有一点实质性内容。"⑤另一方面,中国人不具备"守约的道德"。他说:"很少有中国人具备守约的道德。……但不管失约的真正原因是什么,人们会有趣地看到各式各样的借口。"⑥总之,中国人全民族均缺"信"少"义",因为假秤、假钱、假货的现象比比皆是。正因为如此,明恩溥说:"中国人的礼貌流于表面,流于虚伪……中国人表里不一,无论男女,他们的自谦都是装出来的。……"⑦进而,他认为:"无庸置疑的是,诡诈是

---

① [美]明恩溥著,午晴等译:《中国乡村生活》,第108页。
② 参见[美]明恩溥著,秦悦译《中国人的素质》,第254页。
③ [美]明恩溥著,午晴等译:《中国乡村生活》,第101页。
④ [美]明恩溥著,秦悦译:《中国人的素质》,第71页。
⑤ [美]明恩溥著,秦悦译:《中国人的素质》,第237页。
⑥ [美]明恩溥著,秦悦译:《中国人的素质》,第238页。
⑦ [美]明恩溥著,秦悦译:《中国人的素质》,第242页。

中国人的第二本性。这种本性纵横贯穿于他们生活的方方面面。"①对于中国人的"信"和"义",明恩溥说:

> 不管通过何种途径,只要诚实和信义恢复在中国人道德中的理论地位,不久之后,中国人就会获得由他们无与伦比的勤劳所带来的全部回报。②

在明恩溥看来,上述方面当然并非中国人素质的全部,不过这些"点"连成"线"大概可以反映中国人素质的"整个轮廓"。他说:"选出来谈的各种素质,只不过是些可以连成线的点,而线可用来勾画整个轮廓。"③那么,若把上述的"点"连成"线",中国人素质的"整个轮廓"是什么样子呢? 明恩溥认为,中国虽是一个"锦绣帝国",但中国人的素质可以用"思想贫乏"来概括。他说:"当我们认真考虑中国人口的绝大部分居住在农村,而那里的精神产品非常贫乏时,就会有这样一个突出印象,中国是一个思想贫乏的锦绣帝国。"④质言之,中国人虽然有很多方面的美德,但其却表现出明显的"思想贫乏",而"思想贫乏"的实质在于"缺少人格和良心"。明恩溥说:"中国人并不缺少智慧,也不缺少忍耐、务实和乐天性格,在这些方面,他们都非常杰出。他们真正缺少的是品格和良心。"⑤不过,由于本质上"人格"即是"良心",故所谓"思想贫乏"的实质在于"缺少良心"。当然,此"良心"不是一般道德意义上的,而是基督教背景的"上帝信仰"。明恩溥还说:

> 让我们重复一遍,中国所需甚少。只需要人格和良心。甚至可以说,这两者实际是一样东西,因为人格就是良心。⑥

三、基督教与中国人素质的改造

在明恩溥看来,对中国人素质缺陷的"揭露"和批判并不是目的,目的在于帮助有着"举世无双的过去"的中国人"纠错改正",以创造一个"美好

---

① ［美］明恩溥著,午晴等译:《中国乡村生活》,第 326 页。
② ［美］明恩溥著,秦悦译:《中国人的素质》,第 27 页。
③ ［美］明恩溥著,秦悦译:《中国人的素质》,第 277—278 页。
④ ［美］明恩溥著,午晴等译:《中国乡村生活》,第 309 页。
⑤ ［美］明恩溥著,秦悦译:《中国人的素质》,第 279 页。
⑥ ［美］明恩溥著,秦悦译:《中国人的素质》,第 283 页。

的未来"。他说:"作者在中国有过丰富的生活经历之后,对中国人无数的优秀品质深表尊重,并对大多数中国人怀有强烈的个人敬意。中华民族不仅有着一个举世无双的过去,也必将有着一个美好的未来。然而,在这个美好的未来实现之前,还存在着许多必须克服的缺陷。一个人愈是了解中国,愈会强烈地感受到这一点……中国乡村是这个帝国的缩影,通过对它的考察,我们将会更好地提出纠错改正的建议。"①那么,如何帮助中国人"改进"呢? 他认为,"中国人的问题"已是一个"国际问题",所谓"国际问题"指要需要依靠外力。他说:"'中国人的问题'如今已经远远不是一个国家的问题了。它是一个国际问题。我们有理由相信,到了20世纪,这个问题要比现今更有压力。任何一个对人类抱有良好愿望的人都会关注究竟用什么方法来使人类中那么大一部分人取得进步。"②质言之,中国人素质的提高,中国社会的进步,唯一可依靠的途径是"借助外力"。他说:

　　　　"……总之,中国必须开化。要完成这一切,一千年都太短,除非借助一些外力去加速它。"不"借助外力",而要改革中国,就如同在海水中造船;海风和海水不会让这事办成。凡是始于并终于一部机器的力,不能带动这部机器。③

　　在明恩溥看来,如前所述,中国人的素质之所以存在诸多缺陷,与儒学的长期"塑造"关系密切。依着他的理解,儒学作为人类宝贵的"学术成就",对于维护和保持中华民族的统一发挥了重要作用。他说:"儒学作为一种思想体系,是全人类最值得一提的学术成就。……我们不仅要仔细阅读这些经典,还要思考这些经典所发挥的作用,这样,我们就会接受中国经典的强大影响力。中国人生于斯长于斯,是世人聚居人口最多的一个民族,'据知是历史记载最为悠久,唯一至今完整的民族,从未被赶离自己的发祥地',一切都很古老。"④然而,也正因为儒学有着如此重要的影响,故其弊端亦是造成中国人素质缺陷的重要原因。具体来讲,儒学所包含的"多神论"和"泛神论"等是形成上述缺陷的"罪魁祸首",此亦即是他所谓中国人"缺少良心"之所指。他说:"儒学正是这样,混合着多神论和泛神论,把

---

① ［美］明恩溥著,午晴等译:《中国乡村生活》,第1页。
② ［美］明恩溥著,秦悦译:《中国人的素质》,第316页。
③ ［美］明恩溥著,秦悦译:《中国人的素质》,第287—288页。
④ ［美］明恩溥著,秦悦译:《中国人的素质》,第252页。

这个帝国带到目前这种状况。"①那么,儒学自身能否解决中国人的素质问题呢? 明恩溥的答案是否定的。他说:"中国人自己也完全明白,无论儒教还是同它在一起的各种宗教,都不能给人以新生,让人有更高尚的生活和作为。"②在他看来,在解决问题的众多方案当中,唯有基督教文明才是最佳的选择。对此,明恩溥说:

> 中国的每一个个人、每一个家庭以及社会,都需要一种新的生活。我们发现,中国的各种需要只是一种需要。这种需要,只有基督教文明,才能永恒而又完整地给以满足。③

基督教文明之所以是最佳的选择,在明恩溥看来,在于它可以"满足"中国人之实际需要。其一,"它能更好地关怀他们"④。具体来讲,基督教能够唤醒父母和子女之间的同情心,从而减少人性中"潜伏"的自私力量。其二,"基督教将变革中国的教育制度"⑤。基督教主张男女平等,它可助于革除一夫多妻及纳妾等陋习,从而"净化"和"柔化"家庭。此外,基督教注重培养学生的想象力和判断力,从而实现对学生道德和心智的启蒙。其三,"基督教将在中国人的朋友关系中引入一种全新的要素"⑥。基督教主张上帝的"父性"和人的兄弟关系,主张"待人如待己"及"四海之内皆兄弟";这可改变中国人以利己为基础的朋友关系,祛除朋友之间嫉妒和猜疑的根源。其四,基督教将"授予中国人真正的爱国主义精神"⑦。许多中国人不关心国家的命运,民族情感亦处于一种盲目冲动状态,而信仰基督教的人对国家大事却相当敏感,因为基督教与爱国主义精神是"携手并进"的。其五,基督教能够"使人性变得尊严,同时净化各种社会条件"⑧。即,基督教将给人以新的见识和新的眼界,从而使中国人成为"新人"。总之,他说:"传统对于弊端来说是一个强大势力……一旦传统势力逐渐被基督教势力占领,进步的趋势将大大加速步伐。"⑨他还说:

---

① [美]明恩溥著,秦悦译:《中国人的素质》,第276页。
② [美]明恩溥著,秦悦译:《中国人的素质》,第274页。
③ [美]明恩溥著,秦悦译:《中国人的素质》,第293页。
④ [美]明恩溥著,午晴等译:《中国乡村生活》,第335页。
⑤ [美]明恩溥著,午晴等译:《中国乡村生活》,第336页。
⑥ [美]明恩溥著,午晴等译:《中国乡村生活》,第342页。
⑦ [美]明恩溥著,午晴等译:《中国乡村生活》,第343页。
⑧ [美]明恩溥著,午晴等译:《中国乡村生活》,第343页。
⑨ [美]明恩溥著,午晴等译:《中国乡村生活》,第346页。

中国需要的是正义,为了获得正义,必须了解上帝,对人要有新的概念,要了解人与上帝的关系。①

明恩溥对于他所开出的"药方"是持乐观态度的。他说:"我们希望基督教在西方所做到的一切也将在中国做到。"②"或许有多种改进的力量能够获得不同程度的成功,但事实上,就我们眼前所知,唯有一种力量一直在发生作用,这就是基督教。"③不过,他对此并非盲目的乐观,而是体现出谨慎的一面。他认为,中国文化虽然已有较充分的发展,但由于中国人的素质存在致命缺陷,故变革的过程会相当漫长。为此,他为基督教在中国的传播列出了一个时间表。他写道:"从中国于 1860 年全面开放算起,五十年时间将足够产生一个好的开端,接下来三百年的时间将用于基督教的全面传布,再有五百年时间,基督教将明显地战胜所有其他的信仰。"④之所以明恩溥有如此两面之思想,原因主要有两个:其一,他的传教士身份决定了他的基督教信仰,此引发了他"乐观"的一面;其二,他认识到改造一个国家国民素质的艰难性,此又引发了他"谨慎"的一面。关于明恩溥的"药方",鲁迅曾说:"我至今还在希望有人译出史密斯的《支那人的气质》(即《中国人的素质》——引者)来。看了这些,而自省,分析,明白那几点说得对,变革,挣扎,自做工夫,却不求别人的原谅和称赞,来证明究竟怎样的是中国人。"⑤

---

①　[美]明恩溥著,秦悦译:《中国人的素质》,第 293 页。
②　[美]明恩溥著,午晴等译:《中国乡村生活》,第 345—346 页。
③　[美]明恩溥著,午晴等译:《中国乡村生活》,第 335 页。
④　[美]明恩溥著,午晴等译:《中国乡村生活》,第 346 页。
⑤　鲁迅:《鲁迅评〈中国人的素质〉》,[美]明恩溥著,秦悦译:《中国人的素质》,第 297 页。

第二章　美国汉学研究的开展

　　20 世纪初叶至 80 年代,随着美国经济的高速增长,美国的国际地位迅速提升,其与亚洲国家的联系日益密切,因此美国学界关注中国的学者渐渐增多。而且,在第一次世界大战后,中国大批文献资料流往美国。这些文献资料大多为珍贵图书,其中不乏稀世孤本、珍藏秘稿。因此,美国许多大学便逐渐成为研究中国文化的重要基地。同时,也因为中国国内时局的动荡,当时许多中国学者学成后不能回国而滞留美国,这种情况客观上弥补了美国本土汉学研究者的不足,而且也在一定程度上对美国汉学研究起了"检察官"的作用。上述几个方面的因素综合在一起,促使美国本土的汉学研究渐渐地开展了起来,且专业化研究队伍逐步形成,原来以传教士、外交官和商人为主体的研究队伍代之以专家、教授和学者为主体的队伍;这支队伍的代表人物主要包括劳费尔、德效骞、卜德和杨联陞等,其中尤以劳费尔具有开拓之功。

　　就美国本土汉学研究队伍来看,他们努力摆脱传教士之零散的见闻式介绍,开始进行系统的理论研究。尽管如此,此时的研究仍主要是把汉学作为一种文化现象进行总体研究,而不是作为一门学问进行专门研究。当然,对于儒学的专门研究则还没有提上日程。具体来讲,劳费尔一方面通过研究所收集的文物和书籍,开启了以"具体而微小"问题为特征的"微观汉学",另一方面基于对中国文明起源的研究,疏解了中国文化的基本观念;两个方面的开拓,使他成为美国本土汉学研究的奠基者。德效骞对荀子进行了系统研究,认为是荀子而非孟子乃儒学之"塑造者"。他还对儒学在西汉逐渐获得正统地位的过程进行了梳理和研究。卜德不仅疏解了中国神话之"历史化"和"零星碎片"的存在状态,而且分析了汉语言文字对中国近代科学的影响。他还从对待宗教、物质世界以及人类自己三个方面的态度,表达了中国文化的"主导观念"。杨联陞以"训诂治史"为基本学术理路,一方面研究了作为中国社会关系基础的"报",另一方面研究了与"朝代循环"相关的"朝代形态"。

第一节　劳费尔

劳费尔(Berthold Laufer),又译劳佛尔、罗佛,1874 年生于德国科隆。1893—1895 年在柏林大学学习,肄业。之后,转入莱比锡大学,1897 年获得该校哲学博士学位。1898 年移居美国,就职于美国自然历史博物馆(American Museum of Natural History)。1905—1907 年,在哥伦比亚大学(Columbia University)担任讲师。1908 年开始在芝加哥(Chicago)菲尔德自然历史博物馆(Field Museum of Natural History)任职,曾担任人类学分馆馆长。19 世纪末到 20 世纪初叶,他多次参加或领导包括中国在内的远东考察活动,带回大量的文物和书籍。劳费尔不仅精通汉语,而且还会满语、日语、藏语、梵文、蒙语等多种语言。1931 年被芝加哥大学(University of Chicago)授予荣誉法学博士学位。同年,担任美国东方学会(American Oriental Society)主席。曾担任美国科学史学会(History of Science Society)主席、新东方学会(New Orient Society of America)名誉副会长。1934 年在芝加哥跳楼自杀。

劳费尔被称为"几乎是当时美国唯一的汉学家"①。其相关的主要著作包括:《中国汉朝的陶器》(Chinese Pottery of the Han – dynasty)、《中国的基督教艺术》(Christian Art in China)、《玉器:中国的考古学和宗教研究》(Jade:A Study in Chinese Archaeology and Religion)、《中国汉代时期的墓雕》(Chinese Grave Sculptures of the Han Period)、《中国国名考》(The Name China)、《孔子和他的肖像》(Confucius and His Portraits)、《中国文化的一些基本观念》(Some Fundamental Ideas of Chinese Culture)、《藏文中的借词》(Loan – Words in Tibetan)、《中国伊朗编——中国对古代伊朗文明史的贡献》(Sino – Iranica. Chinese Contributions to the History of Civilization in Ancient Iran)、《中国篮篓》(Chinese Baskets)、《食土癖》(Geophagy)、《鸬鹚在中国和日本的驯化》(The Domestication of the Cormorant in China and Japan)等。其著作被后人辑为《劳费尔文集》。

一、美国本土汉学研究的奠基

劳费尔在柏林和莱比锡求学期间,将东亚选定为自己的研究领域,并为此花费大量精力学习相关语言知识。1893—1895 年,劳费尔在柏林大学

---

① Arthur W. Hummel. Berthold Laufer:1874 – 1934. Arlington:*American Anthropologist*. New Series, Vol. 38, No. 1, 1936, p. 101.

学习期间,参加了柏林市的"东方语言高级研修班"。1897 年从莱比锡大学毕业,导师是威廉・顾路柏(Wilhelm Grube,1855—1908 年),博士学位论文题目是《十万黑白龙经的简略本》,内容是对此藏文文本的考证、分析。此外,他先后学习了波斯语、梵文、马来语、汉语、日语、满语、蒙古语以及藏语等。具体来讲,他跟随导师威廉・顾路柏学习汉语,师从弗兰克(Otto Franke,1863—1946 年)学习佛教和梵文,师从格贝勒茨(Gabelentz,1840—1893 年)学习马来语,师从胡斯(Georg Huth,1867—1906 年)学习藏语,等。经过这些名师的指点和自身的努力,劳费尔为日后的学术研究打下了坚实的语言基础。同时,由于出生于欧洲,他对欧洲的大多数语言都很了解,并且可以用英文、法文、德文三种语言熟练地写作。博士毕业后,在顾路柏的建议下,劳费尔应聘到位于纽约市的美国自然历史博物馆,成为该馆的独立研究人员。[①]

　　在美国自然历史博物馆和芝加哥菲尔德自然历史博物馆工作期间,他曾参加或领导了四次远东考察活动,主要目的是进行人类文化学、考古学和语言学研究。第一次是 1898—1899 年的"杰苏普北太平洋考察队"(Jesup North Pacific Expedition)的考察,活动范围为萨哈林岛和西伯利亚阿姆尔河(即黑龙江)入海口地区。第二次是 1901—1904 年的"席福考察队"(Jacob H. Schiff Expedition)的考察,活动范围为整个中国。第三次为 1908—1911 年的"布来克斯通考察队"(Blackstone Expedition),活动范围为中国的西藏及西北地区。第四次为 1923 年的"马歇尔费尔德赴中国探险队"(Marshan Field Expedition),活动范围为中国的北京和上海。通过这些考察,劳费尔不仅收集了大量的中国历史文化器物,而且还收购了大量与中国研究有关的书籍。历史地看,劳费尔所带回的大量青铜器、玉器、书画、陶器、书籍、拓片等,既反映了 20 世纪初中国古董市场的情况,也反映了他本人的学识趣味。[②] 可以说,这些器物和书籍不仅为劳费尔本人,也为其他美国学者从事汉学研究提供了重要资料。有学者说:

　　　　劳费(即劳费尔——引者,下同)的远东之行,尤其是对中国的实地考察,对劳费的汉学研究产生了重要影响。劳费的许多著作,都是

---

　　① 参见 Arthur W. Hummel. Berthold Laufer:1874 - 1934. Arlington:*American Anthropologist*. Ibid. p. 101。

　　② 参见 Arthur W. Hummel. Berthold Laufer:1874 - 1934. Arlington:*American Anthropologist*. Ibid. pp. 102 - 103。

建立在这些实地考察基础上的。……这些著作中提到的器物，都是他亲手收购而来；西藏的语言，他曾亲耳聆听；中国的民间艺术，他也曾亲眼目睹；那些有形无声的艺术品，他买回国；那些有形有声的艺术，他还录制下来。[①]

具体来讲，在器物方面，劳费尔在中国收购的器物一部分放在美国自然历史博物馆，绝大部分收藏于芝加哥菲尔德自然历史博物馆。后者的中国藏品累计包括数万件，尤以纺织品、石碑铭文拓片以及装饰品等居多。其中，由劳费尔所收集的占整个中国藏品的四分之三，所以劳费尔被称为该馆"中国收藏之父"。[②] 此外，劳费尔所带回来的中国器物并未完全存放在上述博物馆，其中一部分还移交到他曾任教的哥伦比亚大学。就哥伦比亚大学汉学研究的历史来看，这些中国器物对该校汉学研究的开创起到了重要作用。在图书资料方面，劳费尔所收集的图书除了部分藏文图书和手稿收藏在菲尔德自然历史图书馆外，其余大量图书被转手到其他一些相关研究机构。如，劳费尔为芝加哥约翰·克瑞尔图书馆（John Crerar Library）收集的东方藏书于 1928 年全部移交给了美国国会图书馆（The Library of Congress）；芝加哥纽百瑞图书馆（Newberry Library）所藏劳费尔"东方文藏"于 1943 年移交给了芝加哥大学，收藏于该大学约瑟夫·瑞根斯坦图书馆（Joseph Regenstein Library）。[③] 历史地看，无论这些器物和书籍收藏于何处，它们都成为美国汉学发展的"奠基石"。

从个人的学术背景来看，劳费尔的加入，确定了美国本土汉学研究的领域。20 世纪 20 年代末 30 年代初，美国本土的汉学研究渐渐兴起。然而，就当时的情况来看，美国从事汉学研究的人员却参差不齐：一类是受过正规的学术训练但缺乏中文语言基础的人员。另一类是虽然懂中文但缺乏正规学术训练的人，这些人多由传教士转换而来。[④] 不过，劳费尔的到来改变了这种研究格局——他既懂汉语和多门东方语言，又接受过正规的学术训练。因此，如果说之前的美国汉学研究为"非职业化研究"，那么劳费尔则开创了作为"职业化研究"的美国汉学研究。具体来讲，劳费尔非常注重实地考察，获取第一手资料，反对使用第二手资料的学风。在相关的通

---

① 参见龚咏梅《劳费汉学研究述评》，《探索与争鸣》2008 年第 7 期（下同），第 61 页。

② 参见龚咏梅《劳费汉学研究述评》，第 63 页。

③ 参见 Arthur W. Hummel. Berthold Laufer: 1874 – 1934. Arlington: *American Anthropologist.* Ibid. p. 102。

④ 参见龚咏梅《劳费汉学研究述评》，第 62 页。

信中,他经常对那些使用二手资料或不可靠原则的汉学家提出严厉批评。①
质言之,劳费尔意识到掌握中国语言和第一手资料的重要性,故不想跟在
"欧洲汉学"后面亦步亦趋,而是要开创美国本土的汉学研究。有学者回
忆说:

> 他对于所寄居之地的感情日益加深,后来他经常评论说,这个国
> 家(指美国——引者)的中国研究和日本研究必须依照美国的传统开
> 展,而斩断与欧洲汉学研究模式的联系。②

从研究内容上看,劳费尔的研究大致包括五个方面:一是关于中亚和
东亚民族语言、文本和文学艺术等的语言学研究;二是关于中亚和东亚诸
民族源流、民间传说、宗教习俗等的民族学研究;三是关于中亚和东亚科学
史前史的历史学研究;四是关于印度、伊朗、中国和中国西藏之间的文化交
流的文化学研究;五是考察报告和博物馆文物收藏方面的博物馆学研究。③
对于这样五个方面,进而可以归纳为三个方面:一是汉学,二是人类学,三
是博物馆学。对此,有学者说:"在三个相对独特的领域里,他(指劳费
尔——引者)已经成为国际名人:博物馆学、人类学和基于文献的亚洲
学。"④关于劳费尔对美国汉学的贡献,有学者说:"以劳费卓越的学识而论,
担任一名博物馆的馆长,无疑是空前绝后的。即使按照现在的标准,劳费
也是任何一个美国博物馆历史上第一位真正的汉学家。优秀的汉学素养
和博物馆丰富的藏品,使劳费……成为继夏德之后美国最重要的汉学
家。"⑤有学者则说:

> 作为一名汉学家、中国尤其是西藏文化的专家,劳费尔是一位显
> 要的人物,但同时又有些高处不胜寒。……"在他那个时候,就其对语
> 言的娴熟和对 19 世纪前东亚文化研究的渊博学识,美国没有哪一位
> 汉学家能与他相提并论。"在这个领域,他比北美或欧洲其它博物馆的

---

① 参见龚咏梅《劳费汉学研究述评》,第 62 页。
② Arthur W. Hummel. Berthold Laufer: 1874 - 1934. Arlington: *American Anthropologist*. Ibid.
p. 101.
③ 参见龚咏梅《劳费汉学研究述评》,第 61 页。
④ [美]班内特·布朗逊著,王东波译,方辉校:《汉学家劳费尔与中国》,《四川文物》2007 年
第 3 期(下同),第 90 页。
⑤ 龚咏梅:《劳费汉学研究述评》,第 61 页。

同辈人了解的要多得多。……劳费尔是一个非凡的人物,在当时是他那个领域最伟大的人,至今有少有人能与之匹敌。①

二、"微观汉学"研究的开启

劳费尔一生的学术视野十分宽广。比如,他认为,哥伦布(Christopher Columbus,1451—1506 年)之所以发现美洲新大陆,与他的中国知识及对于马可·波罗(Marco Polo,1254—1324 年)笔下的中国无比向往有关。因此,中国对于哥伦布发现美洲大陆起了重要作用。② 劳费尔认为,东方诸文明之间并不是相互隔绝的,而是从远古开始就有着密切联系。他说:"在苏美尔—巴比伦、印度—伊朗和中国文化的早期……我们会发现它们之间许多惊人的一致的特性……显而易见的是,这三个民族的经济制度同样奠基于农业和饲养业。也就是说,那时如同现代经济制度一样已经有了共同基础。"③不仅如此,美洲与亚洲也由一条"共同纽带"紧密地联系在一起,因此东方学家对于解释美洲的早期历史是能够做出贡献的。质言之,他非常关注人类文明的缓慢发展,并从这一角度来展开研究。因此,他说:"如果我们发现有大量传说和神话通过北方和南方路线从亚洲传入美洲,那么我们也可以想见在其他文化特性之间也有相似的传播过程,如天文学观念尤其是十二宫图、历法和编年系统、技术方法和艺术动机。这些研究仍然处于肇始阶段。"④总之,劳费尔坚持不同文明之间相互影响、相互作用的"大文明观",将研究对象置于不同文化背景下予以观照。对此,有学者说:

> 虽为汉学家,但劳费的学术研究并不局限在汉学的范围内,他所关注的是人类文明,尤其是中国文明。他研究的领域颇为广泛,却又浑然一体。⑤

---

① [美]班内特·布朗逊著,王东波译,方辉校:《汉学家劳费尔与中国》,第 91 – 92 页。

② 参见 Berthold Laufer. Columbus and Cathay, and the Meaning of America to the Orientalist, *Journal of American Oriental Society*, Vol. 51(2). 1931, pp. 88 – 89.

③ Berthold Laufer. Some Fundamental Ideas of Chinese Culture, *The Journal of Race Development*, Vol. 5, No. 2, 1914, pp. 164 – 165.

④ Berthold Laufer. Columbus and Cathay, and the Meaning of America to the Orientalist, *Journal of American Oriental Society*, ibid. p. 103.

⑤ 龚咏梅:《劳费汉学研究述评》,第 62 页。

在这样一种认识之下,劳费尔展开了东西文化交流史的研究。在其研究成果中,重要的一本著作是《中国伊朗编——中国对古代伊朗文明史的贡献》。这本著作可以说是他探讨东方名物、语言、制度等方面问题的成果总汇。该书主要介绍的是中国和古代西域植物的传播关系,包括"苜蓿""葡萄树""胡瓜""大米""西瓜"和"香料"等,也涉及中亚纺织品、矿物包括"锦缎""石绵""钻石"以及"黄连""纸"等,还涉及汉籍著录中伊朗萨珊王朝①的官衔。基于上述研究,劳费尔认为,中国书籍中保存着许多关于古代伊朗名物、制度、语言等方面的重要资料,这些资料可以补充伊朗在古代史料方面的不足。书后还附有关于语言学的文章,其中包括中国境内不同民族语言相互影响的考证。比如,"烟斗"这个词是汉语对"阿勒台语"的借用,而"突尔吉语"中的"冻""桶""板"等词则是对汉语的借用。② 在此书中,劳费尔的学术兴趣和实证学风表现得淋漓尽致。关于中国和伊朗的古代文化交流,他说:

> 伊朗人在东西文化交流中起了很大作用,他们把希腊思想遗产传播到亚洲中、东部,又把珍贵的中国植物和商品带到地中海地区。他们所从事的活动具有世界历史意义。但是,若没有中国人的记载,我们就无法了解当时的完整情况。③

虽然劳费尔的研究领域非常广泛,但他的学术贡献主要在中国文化史。而且,他的相关研究具有明显特点,此一特点可称为"微观汉学",即,注重对于"具体而微小"的汉学问题进行"专门化"研究。有学者说:"概言之,劳费的汉学研究体现了'微观汉学'的特点。"④因此,他不仅关注从地中海到太平洋的有关钻石的民谣,也曾追溯栽培植物在亚洲大陆的移植,还曾概述盔甲发展的阶段。总之,他的兴趣主要在于这些"具体而微小"的问题,而并非中国政治、经济、文化中的重大问题。如《阿穆尔部落的装饰艺术》《中国的昆虫音乐家和斗蟋蟀游戏》《金刚石——中国和希腊民间传说》《古代中国的纸和印刷》《中国的变性手术和两性人》《中国的鱼符号》

---

① 萨珊王朝(Sassanid Empire)(公元224—651年)是前伊斯兰时期的最后一个波斯帝国。

② 参见 Berthold Laufer. *Sino - Iranica. Chinese contributions to the history of civilization in ancient Iran*. Chicago：Field Museum of Natural History, 1919. pp. 577 - 578。

③ Berthold Laufer. *Sino - Iranica. Chinese contributions to the history of civilization in ancient Iran*. ibid. p. 185.

④ 龚咏梅:《劳费汉学研究述评》,第62页。

《中国篮篓》等文章,都是这方面的代表性成果。通过对这些"小问题"的研究,劳费尔向西方人展现了中国文化中一些有趣的侧面,且在一定程度上"还原"了中国人历史生活的真实面貌。比如,经过详细的考证,他认为,"苜蓿"是公元前后由伊朗传入中国的植物。[①] 而且,他还认为,汉语对于保护一些濒临灭绝的外来词汇做出了贡献。劳费尔说:

> 有一件事必须提及:中国人最早接触到的东伊朗各种族,也就是伊朗本部的"前卫",他们的语言向来没有记录,所以几乎失传。只有在土话里或许还保存一些珍贵的语言材料。我们更应该感谢中国人,因为他们把已经绝迹了的方言保留下来几个字……[②]

在劳费尔的"微观汉学"研究中,语言学研究是一个重点。从当时美国汉学界的情况来看,很多人感兴趣的是中国政治、经济和社会问题,而不是中国历史学、语言或考古学。劳费尔则更关注于后者:语言学既是其汉学研究的内容,又是其从事汉学研究的工具。就其翻译的作品来讲,包括《一位藏族王后的小说》《苯教[③]的赎罪诗》《密勒日巴》藏文本等。就其语言学研究来讲,包括《藏文中的外来词》《关于女真族的语言》《西夏文字——印中语言学研究》《藏族人语言科学研究——宝箧经》《藏族文字的起源》等。他关于语言学研究的内容十分广泛,有的专门研究阿尔泰语系中所有格问题,有的专门探讨印度支那语系中 a - 这个前缀,有的则专门研究月氏语,等等。总的看,劳费尔所开展的语言学研究,在同行学者尤其是美国学者中,鲜有能与之匹敌者,而且,他利用他的东方语言专长为美国汉学的开拓做了奠基性工作。对于劳费尔的语言学贡献,有学者说:

> 美国中国学的发展,其中一个很大的障碍就是掌握中文、藏文、蒙文等东方语言的人太少。劳费在这方面进行了大量的奠基工作,利用他的东方语言专长,为美国汉学和中国学日后的发展,做出了重要贡献。[④]

---

① 参见 Berthold Laufer. "Origin of Tibetan Writing", *Journal of American Oriental Society*, Vol. 38, 1918。

② Berthold Laufer. *Sino - Iranica. Chinese contributions to the history of civilization in ancient Iran.* ibid. p. 213.

③ 又称"本教",为藏族地区的一种古老宗教。

④ 参见龚咏梅《劳费汉学研究述评》,第 63 页。

　　劳费尔"微观汉学"研究的对象虽然小而集中,但他却使用了多学科的研究方法。比如在《食土癖》一文中,为了纠正原有的关于"食土癖"的说法,他选取了中国、印度、日本、朝鲜、南美洲南部、欧洲和非洲等国家和地区,从历史、地理、医学、宗教甚至文学等多方面考证了"食土癖"现象。经过考证,他认为,黏土是灾荒时的一种替代食品,或者可以作为调味品、药物,甚至这种现象可能与宗教礼仪有关。[①]　在《毛毡的早期历史》一文中,劳费尔综合历史学、人种学和考古学方法,把西藏人制作毛毡的早期历史重现出来,对其生产流程进行了详细介绍。[②]　比如,关于"苜蓿"这种植物从伊朗向外传播的考证,他不仅通过历史、地理等多个角度进行考证,而且还着重从语言学角度探讨了多个语系中相关词语的关系。[③]　再比如,对藏文起源问题的研究,他除了提出语言学和文献学的论据外,还从历史学的角度进行考察,指出吐蕃与和阗开始交往的时间与藏文形成的时间相悖,从而否定藏文起源的"和阗说"。[④]　总之,除了结合语言学、历史学以外,劳费尔的研究还涉及地理、医学、宗教、文学等多个学科。历史地看,劳费尔的跨学科研究方法对美国汉学产生了深远影响。因此,有学者说:

　　　　人们普遍认为,美国中国学是二战结束以后由费正清开创的……费正清提倡地区研究、历史学与社会科学的联合——跨学科的研究方法,区别于之前研究中国历史文化和古典文献的汉学(Sinology)。实际上,跨学科的研究方法早在劳费等汉学家那里就已经存在了,费正清无疑是欧洲汉学的学生。[⑤]

三、中国文化的基本观念

　　劳费尔认为,"关于中国的研究有众多问题,其中关于中国文明的起源

---

　　①　参见 Berthold Laufer. *Studies in Cutural History*. Anthropological Series. Vol. XVIII(1928 – 1931). Chicago, Field Museum of Natural History, pp. 97 – 199。

　　②　参见 Berthold Laufer. The Early History of Felt, *American Anthropologist*, New Series. Vol. 32. No. 1. 1930. pp. 1 – 18。

　　③　参见 Berthold Laufer. *Sino – Iranica. Chinese contributions to the history of civilization in ancient Iran.* ibid. pp. 208 – 219。

　　④　参见 Berthold Laufer. "Origin of Tibetan Writing", *Journal of American Oriental Society*, ibid。

　　⑤　龚咏梅:《劳费汉学研究述评》,第64页。

和发展是最重要和最有魅力的"①。因此,他对于这两个问题均进行了探讨。

关于中国文明的起源,西方曾经出现过两种截然不同的观点:其一,"外来说"。比如,德经(Joseph de Guignes,1721—1800 年)认为中国人是埃及人的移民,拉克伯里(Terrien de Lacouperie,1844—1894 年)认为中国人是巴比伦王国的移民,哥比诺(Joseph Author. de Gobineau,1816—1882年)认为中国文化源于印度。② 劳费尔不赞同这种观点,因为它不仅"低估"了古代文明的"基本元素",而且也缺乏考古学证据,故实为"纯粹想象"的观点。他说:"在最早关于中国人的记载中,我们没有发现关于外来移民的说法。"③"简单地把中国文化归为对西方文化借用观点的主要错误在于,古代文明基本元素被严重低估了,关于部落迁徙的纯粹想象的戏剧也没有任何事实根据。"④其二,"孤立说"。这种观点认为"中国只为中国人而存在",即中国文明完全"孤立"于世界文明。⑤ 劳费尔认为,尽管这种观点"想象力不那么丰富",比前种观点要"严谨"一些。然而,大量史实证据表明,中国文明虽是原发的,但并非"孤立"的。他说:"这种古代中国文化与世隔绝或孤立的理论不再被支持了;因为我们开始越来越多地认识它在历史上、史前与亚洲其他文化的联系,也开始理解中国人亦是人类大家庭的一群人。"⑥总之,关于文明起源问题,劳费尔主张应坚持"普遍性立场",否则便不能得到问题的正解。他说:

　　　这个星球上没有哪种文化是永远排外的或孤立的,也没有哪种文化是纯粹靠自身因素的推动而发展的。文化的成长和传播归因于历史,故必须结合整个人类历史来理解。如果注意力局限在一个特

---

① Berthold Laufer. Some Fundamental Ideas of Chinese Culture, *The Journal of Race Development*, ibid. p. 160.

② 参见 Berthold Laufer. Some Fundamental Ideas of Chinese Culture, *The Journal of Race Development*, ibid. p. 160。

③ Berthold Laufer. Some Fundamental Ideas of Chinese Culture, *The Journal of Race Development*, ibid. p. 161.

④ Berthold Laufer. Some Fundamental Ideas of Chinese Culture, *The Journal of Race Development*, ibid. p. 161.

⑤ 参见 Berthold Laufer. Some Fundamental Ideas of Chinese Culture, *The Journal of Race Development*, ibid. p. 160。

⑥ Berthold Laufer. Some Fundamental Ideas of Chinese Culture, *The Journal of Race Development*, ibid. p. 160.

定的排外的文化领域内,没有任何一个历史问题有望成功地被理
解和解决。即使在最小的专业领域,我们也不要忘记普遍性的
立场。①

　　关于中国文明的起源,基于"普遍性立场",劳费尔赞同源于黄河中下
游流域的观点。他说:"保守的历史学家稳妥的主张是,中国人在肥沃的黄
河及支流中下游流域开始了生活,然后渐渐从这个早期中心栖息地扩
展……"②不仅如此,中国文明发源之后,还经历了长期的独立发展。他说:
"在确定中国在人类文明史的地位时,还有明显的现存证据支持这种信念:
史前时期,中国文明经历了几千年完全独立于任何西方影响的发展。"③这
些明显的"现存证据"包括:其一,对奶产品消费态度不同。关于奶产品消
费,古代亚洲及其欧洲属地分成两大阵营:印欧语系民族都把奶当食物,而
东亚包括中国都不把奶当食物,甚至对其表示"根深蒂固"的厌恶。④ 其二,
对羊毛、面包态度不同。中国人不像西方那样用羊毛制作衣服,而是用植
物纤维和丝来制作服装。烤制面包是埃及人、希腊人、罗马人的传统,却一
直不被中国人所接受。⑤ 其三,缺乏史诗。史诗存在于印欧语系民族,但中
国没有产生过任何史诗。对此,劳费尔说:"巧合的是,有史诗的这些民族
也是奶产品消费者,而拒绝奶产品的民族也缺乏史诗。我的意思并非说,
奶产品和史诗之间有相互关系,而只是指出这种令人好奇的巧合。"⑥关于
中国文明的"独立性",劳费尔说:

　　　　当我们试图通过比较方法重现这一亚洲古代文明的最初形式时,
　　最终导致了这样一种结果:在一个不确定的史前时期,一种伟大的大

　　① Berthold Laufer. Some Fundamental Ideas of Chinese Culture, *The Journal of Race Development*, ibid. pp. 160 - 161.

　　② Berthold Laufer. Some Fundamental Ideas of Chinese Culture, *The Journal of Race Development*, ibid. p. 161.

　　③ Berthold Laufer. Some Fundamental Ideas of Chinese Culture, *The Journal of Race Development*, ibid. p. 167.

　　④ 参见 Berthold Laufer. Some Fundamental Ideas of Chinese Culture, *The Journal of Race Development*, ibid. pp. 167 - 168。

　　⑤ 参见 Berthold Laufer. Some Fundamental Ideas of Chinese Culture, *The Journal of Race Development*, ibid. pp. 169 - 170。

　　⑥ Berthold Laufer. Some Fundamental Ideas of Chinese Culture, *The Journal of Race Development*, ibid. p. 170.

一统的文化类型就已存在于"旧世界"①的北部或中部,它与我们所遇到的亚洲、非洲和美洲其他原始部落的文化形成鲜明对照。②

不过,劳费尔认为,所谓中国文明"独立发展"并非意味着其"孤立"于其他文明。历史地看,在南方,中国人曾与暹罗人、缅甸人、安南人、高棉人、孟邦人有过密切接触;在北方,与来自土耳其、通古斯部落的游牧民族亦有过经常接触。族群之间接触的结果是导致了文化的交流与融合。他说:"关于迁徙的问题,不是部落而是文化观念一直处于迁徙的路途之中;这些文化在人们之间传递,从而丰富和提升了人类的生活。"③因此,中国文明是吸收、融合了其他文化的文明。由此来讲,"中国""并非一个民族或种族的单位,而是一个政治的单位"④。不仅如此,古代苏美尔—巴比伦、印度—伊朗和中国,其文明存在一些共同的"基本元素"——经济制度均奠基于农业和饲养业——"这些典型特征,特别是经济制度,是文明的基本原则和要素,准确地讲,它仍然是我们现代生活的基础"⑤。质言之,中国文明不是"孤立"的文明。他说:"就我们所思考的问题来讲,主要结论在于,早期中国文化不可能是与世隔绝之处的产物,而是在促进亚欧文明一般类型的共同基本观念中有其应有份额和根源。这种观点肯定不意味着早期中国文化的基础仅仅来源于西方,而是说它有自己的观念基础,并与亚洲其他文化族群并存。"⑥他还说:

> 一个方面,这种认识正在逐渐凸显出来,即在其物质和经济基础上,中国文化与我们有着共同的根……⑦

---

① "旧世界"指在哥伦布发现新大陆之前欧洲所认识的世界,包括欧洲、亚洲和非洲。与此相区别,"新世界"主要指美洲大陆。

② Berthold Laufer. Some Fundamental Ideas of Chinese Culture, *The Journal of Race Development*, ibid. p. 164.

③ Berthold Laufer. Some Fundamental Ideas of Chinese Culture, *The Journal of Race Development*, ibid. p. 161.

④ Berthold Laufer. Some Fundamental Ideas of Chinese Culture, *The Journal of Race Development*, ibid. p. 163.

⑤ Berthold Laufer. Some Fundamental Ideas of Chinese Culture, *The Journal of Race Development*, ibid. p. 166.

⑥ Berthold Laufer. Some Fundamental Ideas of Chinese Culture, *The Journal of Race Development*, ibid. p. 167.

⑦ Berthold Laufer. Some Fundamental Ideas of Chinese Culture, *The Journal of Race Development*, ibid. p. 170.

在劳费尔看来，并非"孤立"的中国文明仍然具有一些特征，而形成这些特征的根源在于中国文化的基本观念：其一，重视家庭。他说："基于宗教性的祖先崇拜制度而建立的家庭组织，家庭生活神圣性、纯粹性的观念，孝文化、个人对家庭和国家理想的服从，必须被视作中国之种族和国家连续的主要因素，他们的文化和组织具有不可摧毁的生命力和韧性。"①其二，平均分配。中国所实行的是"公平的经济制度"②，主要体现为在个人之间平均分配土地。或者说，虽然大的不动产拥有者是少数，但多数人可以每人得到一份财产。基三，重视农业。农业被认为是社会的"支柱"，它始终被政府所鼓励和促进。因此，在"四民"的社会分工中，"农"排位于"学"和"官"之后，但排位于"工"和"商"之前。③　其四，文化吸收能力强。历史上的多次军事失败从没有对这个民族造成深刻"烙印"，反而是外来民族被吸收融合进中华民族。对此，劳费尔说："消极抵抗的杰出能力、无限的吸收能力，是这种文明的显著特征，它的生命力已被检验过多次。"④其五，实用技术发达。中国人发明了指南针、火药、爆竹、粗纸、丝、瓷器、茶等，这些东西对于人类日常生活非常实用。对此，他说："仅次于希腊人，他们（指中国人——引者）是为科学知识做出大量可靠贡献的民族。"⑤其六，历史意识强。古印度人"陶醉"于神话，却没有留下历史线索。相反，中国人却客观、公正地记录了历史事件。劳费尔说："他们通过二十四史所建构的传统持续性很有特点……是世界最伟大的奇迹之一，这种巨大工程是他们所建造的最永久的丰碑。"⑥不过，上述六个方面有一个共同的"基调"，即孔子所诠释的"美德伦理"。劳费尔说：

> 另一个方面，它（指中国文明——引者）长期沿着自己的道路独自

---

① Berthold Laufer. Some Fundamental Ideas of Chinese Culture, *The Journal of Race Development*, ibid. p. 170.

② Berthold Laufer. Some Fundamental Ideas of Chinese Culture, *The Journal of Race Development*, ibid. p. 171.

③ 参见 Berthold Laufer. Some Fundamental Ideas of Chinese Culture, *The Journal of Race Development*, ibid. p. 171。

④ Berthold Laufer. Some Fundamental Ideas of Chinese Culture, *The Journal of Race Development*, ibid. p. 171.

⑤ Berthold Laufer. Some Fundamental Ideas of Chinese Culture, *The Journal of Race Development*, ibid. p. 172.

⑥ Berthold Laufer. Some Fundamental Ideas of Chinese Culture, *The Journal of Race Development*, ibid. p. 172.

前行、革新它的观念,直到这个民族脱离史前生活而走向完全成熟。历史上其快速发展的基调主要以社会和公民美德的健康发展为标志,最终由圣人孔子所诠释的政治和伦理体系而达到高峰。①

关于中国文明的发展,劳费尔一仍坚持前述之"普遍性立场"。因此,他专门探讨了历史上的中西方文化交流。他非常欣赏早期中国的对外交往,尤其对张骞出使西域给予了极高评价,认为其代表了中国文明发展的方向。历史地看,中国人在对外交流中不仅保留下交往国的贸易情况,而且记录下交往国的地理、风俗和习惯,甚至为开展印度和佛教以及蒙古的研究留下宝贵文献。② 其中,"张骞是第一位在自己国家之外经历另外一个伟大光明世界的人"③。他不仅在中国之外发现了西方文明,而且把西方文明带给了国内同胞。因此,张骞可以称为"第一个现代中国人"④。遗憾的是,中国后来却长期闭关锁国,一直到康有为出现之前,张骞为"吸收"西方文明所"播下的种子"始终没有"结果"。对此,劳费尔说:"在思考中国文化与古代世界直接交往时受到何种影响和改进,有充分的材料资源以供反思。很遗憾,它被推迟了,而张骞最先播下的种子到今天才结出果实。"⑤他的意思是,中国文明要继续发展,必须要"吸收"西方文明。劳费尔说:

> 古代中国人关于这个国家的信条在这一格言中达到顶点,即,中国及其文明与世界是完全同一的,它反映的就是这个被蛮夷包围的普遍无限帝国。这种政治哲学到最近一直被政府所维持,直到康有为第一个给予这种理论以致命打击,并向他的同胞们证明,在现代条件下单个民族国家才拥有存在权利和持续下去的保证。在这种颇有想象力的观念指引下,这个民族的复兴已经开始,而民族振兴无疑也会引发一个新的民族文化的重塑。⑥

---

① Berthold Laufer. Some Fundamental Ideas of Chinese Culture, *The Journal of Race Development*, ibid. p. 170.

② 参见 Berthold Laufer. Some Fundamental Ideas of Chinese Culture, *The Journal of Race Development*, ibid. p. 172。

③ Berthold Laufer. Some Fundamental Ideas of Chinese Culture, *The Journal of Race Development*, ibid. p. 174.

④ Berthold Laufer. Some Fundamental Ideas of Chinese Culture, *The Journal of Race Development*, ibid. p. 174.

⑤ Berthold Laufer. Some Fundamental Ideas of Chinese Culture, *The Journal of Race Development*, ibid. pp. 173 – 174.

⑥ Berthold Laufer. Some Fundamental Ideas of Chinese Culture, *The Journal of Race Development*, ibid. p. 174.

第二节　德效骞

德效骞（Homer Hasenpflug Dubs），中文名字为德效骞，号闵卿，又名德和美。1892 年出生于美国伊利诺伊州迪尔菲尔德（Deerfield）的一个传教士家庭。1914 年毕业于耶鲁大学，获得哲学学士学位。1916 年毕业于哥伦比亚大学，获得哲学硕士学位。1918 年以"圣道会"（Evangelieal Church）传教士身份来华。1924 年回国继续学习，次年获得芝加哥大学哲学博士学位。后来曾在明尼苏达大学（University of Minnesota）、马歇尔学院（Marshall College）、杜克大学（Duke University）、哥伦比亚大学、哈特福德神学院（Hartford Seminary）等校任教。1947 年因翻译《汉书》前两卷获国际汉学界的"诺贝尔奖"——"儒莲奖"（Prix Stanislas Julien）①。1947 年和 1958 年分获牛津大学硕士和博士学位。1947 年后在英国牛津大学（University of Oxford）担任中文教授，1959 年退休，其间获得该校荣誉文学博士学位。1962—1963 年担任夏威夷大学客座教授。1969 年在英国牛津（Oxford）逝世。

德效骞关注对中国哲学中有神论和自然主义的研究，他还将部分先秦典籍译成英文，并根据史料作了思想分析。其代表作包括著作《荀子：古代儒学之塑造者》（*Hsüntze：The Moulder of Ancient Confucianism*）、译著《荀子》（*The Works Of Hsüntze*）、《汉书》（*The History of the Former Han Dynasty/by Pan Ku. A Critical Translation with Annotations*）。其中，《汉书》英译本被杨联陞誉为"标准的中国史著英译本，在西方汉学界应处于一流地位"。② 此外，德效骞还著有《中国天文学的发端》（*The Beginings of Chinese Astronomy*）、《中国，人文学术之地》（*China，The Land of Humanistic Scholarship*）、《古代中国的一座罗马人的城市》（*A Roman City in Ancient China*）等。

一、荀子乃古代儒学的"塑造者"

德效骞认为，荀子哲学的主要特色是它乃一种实践哲学。具体来讲，"天"和"道"是古代儒学之两大形上学概念。不过，老子将"天"等同于

---

① "儒莲奖"是以法国汉学家儒莲的名字命名、由法兰西文学院颁发的汉学奖项，被称为汉学界的"诺贝尔奖"。1872 年设立，1875 年起每年颁发一次。

② 参见 YANG LIEN－SHENG. Review on The History of the Former Han Dynasty，*Havard Journal of Asiatic Studies*，Vol. 19. No. 3/4（Dec.，1956），p. 437。

"道",使"天"成为"非人格化之法则"①。荀子借鉴了这一思想,将儒家
"天"概念的含义转变为"法则",从而实现了"天"的"去人格化"。质言之,
"天"作为不变的"法则",其意义等同于"自然"概念。德效骞说:"按照荀
子的说法,'天'是不变的法则。"②于是,过去"天"所担负如祸福、善恶、臧
否之责任,如今只能落在人类身上。正因为如此,荀子反对任何鬼神或非
人力量的信仰,而致力于现实的社会组织和社会生活。恰是这一理路,构
成了其哲学的实践特点。德效骞说:"我们知道,荀子哲学的主要特征是,
它不是理论的而是实践的,他感兴趣的是作为社会秩序中的人而非宇宙论
思辨的人。此一特质表现在荀子拒绝所有在人类生活中无实践目的之思
辨。……而更明显的是,荀子反对墨辩等知识论的思辨。……思辨是无益
的,它放弃了人类最重要的特色——社会组织与社会生活。因此,荀子为
了道德和政治哲学而反对思辨哲学。"③他还说:

> 荀子的哲学明显的是一种实践哲学。依此,理论上的问题,诸如,
> 知识论和形上学皆被排挤到幕后,政治哲学成为哲学的顶点和目的。
> 对于政治哲学而言,所有其余问题都成为了次要问题。伦理问题成了
> 适应别人的社会问题,并且在社会问题中,阶级的权力和区分及正当
> 行为的准则成为了指导原理。④

依着德效骞的理解,荀子的实践哲学落实于政治哲学,而其政治哲学
奠基于"历史诠释"和"人性"两种理论。他说:"荀子的哲学建立在两个基
本概念上,其一是某种人性概念;其二是一种特别的历史诠释。"⑤关于"历
史诠释",德效骞认为,其主要内容是指:在中国历史上,每一朝代皆创始于
一智德兼具之君主,而堕落和衰败于一"邪恶化身"之暴君,最后暴君被推
翻而又代之以有德者。这样一种"历史诠释"有充分的史实根据。德效骞
说:"此一理论对荀子而言,并非历史的诠释而是一历史事实,是藉由历史
证据而建立的。此一理论为孔、孟、墨及所有儒者所接受。"⑥在德效骞看

---

① Homer H. Dubs：*Hsüntze*：*The Moulder of Ancient Confucianism*，London：Arthur Probsthain，
1927. p. 61.

② Homer H. Dubs：*Hsüntze*：*The Moulder of Ancient Confucianism*，ibid. p. 62.

③ Homer H. Dubs：*Hsüntze*：*The Moulder of Ancient Confucianism*，ibid. pp. 57 – 58.

④ Homer H. Dubs：*Hsüntze*：*The Moulder of Ancient Confucianism*，ibid. p51.

⑤ Homer H. Dubs：*Hsüntze*：*The Moulder of Ancient Confucianism*，ibid. p. 48.

⑥ Homer H. Dubs：*Hsüntze*：*The Moulder of Ancient Confucianism*，ibid. p. 54.

来,儒家的这样一种"历史诠释",其实质意义在于"善之终极征服"。他说:
"依荀子而言,善之终极征服并非是一信念而是一事实……此一历史理论
是荀子哲学的基础之一。"①关于"人性",德效骞认为,荀子以为形成社会
组织的能力是人性中的基本要素。即,"群居性"是人类区别于禽兽的特
征,而群居则需要形成社会组织,进而产生社会生活。因此,荀子说:人"力
不若牛,走不若马,而牛马为用,何也? 曰:人能群,彼不能群也"②。正因为
上述两种理论作为基础,荀子哲学不可能是永恒的、非尘世的、思辨的形上
学,而必定只能是目的论的、尘世的、实践的伦理学。

关于"人性"理论,荀子并没有停留于"群居性"层面,而是深入探讨并
提出了"性恶论"。之前,老子、孔子、墨子、庄子和孟子等多崇尚自然,孟子
还基于此提出了"性善论"。然而,荀子却极力反对此种崇尚自然之态度,
而是基于"心理分析"而提出人性本恶的观点。对此,德效骞说:"对荀子而
言,欲望是人性之一种最根本的特征。因此,很自然的,他应该会归结出人
性根本上是恶的。"③不过,在德效骞看来,荀子的"性恶论"并非意指人性
完全邪恶且无望成善;恰恰相反,其意味着指每个人都必须努力以趋向于
善。他说:"荀子此一学说并非意谓人性完全邪恶,且无望成善,而是正好
相反,因为,荀子意指人性是倾向于恶,因此,每个人都必须格外努力去发
展其本性以趋向于善。人性仅仅是倾向于恶;人具有无限的能力朝着善的
方向发展。"④质言之,荀子"性恶论"的目的在于促使人们努力去向善。德
效骞说:"荀子之所以主张性恶说的理由之一是,此一学说可以迫使人们努
力去成德。"⑤对于如此一种"人性"理论,德效骞认为它乃荀子"最富创意"
的思想,因为它采用了人性的"心理学分析"。他说:

在欲望分析中,荀子引入个人的心理学分析,这可能是荀子最富
创意的作品之一。……在荀子之前,从未有过诸多此一主题的讨论,
且几乎未有任何人性的心理学分析。⑥

德效骞的意思是,荀子基于"心理学分析"得出了"性恶论",而由"性

---

① Homer H. Dubs: *Hsüntze: The Moulder of Ancient Confucianism*, ibid. p. 56.
② 王先谦撰,沈啸寰等点校:《荀子集解》,第 164 页。
③ Homer H. Dubs: *Hsüntze: The Moulder of Ancient Confucianism*, ibid. p. 77.
④ Homer H. Dubs: *Hsüntze: The Moulder of Ancient Confucianism*, ibid. p. 77.
⑤ Homer H. Dubs: *Hsüntze: The Moulder of Ancient Confucianism*, ibid. p. 78.
⑥ Homer H. Dubs: *Hsüntze: The Moulder of Ancient Confucianism*, ibid. p169.

恶论"又必可推出对教育即"学"的重视,因为"无伪则性不能自美"①。具
体来讲,荀子将灵魂二分为"心"或"意志"和"欲望"或"情感"。关于"欲
望"或"情感",荀子认为,"感情"是人性的本质,"欲望"是"感情"的反应。
他说:"性者,天之就也;情者,性之质也;欲者,情之应也。"②因此,"欲望"
或"情感"作为人类的天性,它是无法被移除的。德效骞说:"对荀子而言,
欲望是人性的基本要素之一。在他看来,欲望不但意指有目的的行为方
面,而且意指人类对满足的追求。在欲望分析中,荀子进入个人的心理学
分析,这或许是他最富创意的作品之一。……在荀子之前,从未有过诸多
此一主题的讨论,也几乎未有任何关于人性的心理学分析。"③不过,荀子赋
予"心"或"意志"以统摄"欲望"或"情感"的"权力"。当然,一般人的"心"
不能控制"欲望",因为它可能误入歧途。因此,"心"就需要"礼"的指导。
既然"心"需要"礼"的指导,教育就是绝对必要的,因为用以指导的"礼"由
"学"而来。故荀子说:"礼者,法之大分,类之纲纪也,故学至乎礼而
止矣。"④

　　不过,此时有一个问题必然凸显出来——普通人所需要学习的"礼"来
自何处呢? 德效骞认为,荀子的回答是"圣王"。荀子说:"君者,民之原也,
原清则流清,原浊则流浊。"⑤"礼义者,圣人之所生也,人之所学而能,所事
而成者也。"⑥然而,"圣王"是如何获得"礼"的呢? 为了回答此问题,荀子
发展出"虚""壹""静"的认识论。他说:"人何以知道? 曰:心。心何以知?
曰:虚壹而静。"⑦尽管一般人也可依"虚""壹""静"来认识真理,但只有"圣
王"才能真正做到"虚""壹""静"。对此,德效骞说:"荀子以为,知'道'的
三个条件是:没有成见、心之专一或专注于道和免除欲望。……心必须免
除成见和欲望且专注于真理之问题……如此才能获得真理。……唯有圣
人能克服这些限制且满足知'道'的条件……因此,人们必须依赖权威。"⑧
这样,荀子为"圣王"即"权威"之地位提供了理论基础,而对"权威"地位之
强调后来成为儒家传统,"教条主义和权威主义便成了儒学的特色"⑨。在

　　① 王先谦撰,沈啸寰等点校:《荀子集解》,第 366 页。
　　② 王先谦撰,沈啸寰等点校:《荀子集解》,第 428 页。
　　③ Homer H. Dubs: *Hsüntze*: *The Moulder of Ancient Confucianism*, ibid. p. 169.
　　④ "王先谦撰,沈啸寰等点校:《荀子集解》,第 12 页。
　　⑤ 王先谦撰,沈啸寰等点校:《荀子集解》,第 234 页。
　　⑥ 王先谦撰,沈啸寰等点校:《荀子集解》,第 435 页。
　　⑦ 王先谦撰,沈啸寰等点校:《荀子集解》,第 395 页。
　　⑧ Homer H. Dubs: *Hsüntze*: *The Moulder of Ancient Confucianism*, ibid. pp. 98 – 100.
　　⑨ Homer H. Dubs: *Hsüntze*: *The Moulder of Ancient Confucianism*, ibid. p. 86.

此意义下,此乃荀子为儒家做出的重要贡献。关此,德效骞说:"在荀子,人性有无限的能力。……若人性是恶,则教育和训练甚至权威皆成为逻辑的必要。反之,若人性是善,则教育和权威等皆无其必要。"①他还说:

> 荀子伦理学之基础主要是接受权威之伦理学……他不得不为道德之权威完成哲学之基础。②

总之,德效骞认为荀子在儒学史上的地位非常重要,其堪比亚里士多德在西方哲学史上的地位。③ 因为依着他的理解,荀子赋予了孔子哲学以理论基础。德效骞说:"从荀子对儒学发展的贡献来看,荀子是一位真正的儒者。在他所赞同的孔孟学说的精髓中,荀子是一位阐释孔子学说之涵义并赋予孔子哲学以一理论基础的天才。"④具体来讲,一方面,荀子哲学虽为实践哲学,但其"性恶论"可以促使人们"向善",从而为儒家的道德哲学奠定了理论基础。另一方面,荀子通过"礼"的探讨而"逼显"出"权威"的地位,从而为儒家重视"权威"的传统奠定了理论基础。对于这样两个方面,德效骞说:"他(指荀子——引者)最著名的学说是,人性的倾向是恶,需要教化以向善。因此,需要由权威提出行为的规范。这样,荀子为儒学的权威传统提供了哲学基础。"⑤基于上述,德效骞认为,荀子实际上乃古代儒学的"塑造者"⑥,"荀子较孟子更像儒家"⑦。他说:"他(指荀子——引者)为孔子的整个教义奠定了基础。在很多方面,尤其在儒学的权威主义奠基方面,他比孔子或孟子显示出真正中国人的态度。"⑧他还说:

> 作为哲学家,荀子胜于孔子、孟子。……他思维严谨、学识广博,他无情地攻击儒学的敌人,在分析人性和历史的基础上建立起系统的儒家哲学。⑨

---

① Homer H. Dubs:*Hsüntze*:*The Moulder of Ancient Confucianism*, ibid. p. 103.
② Homer H. Dubs:*Hsüntze*:*The Moulder of Ancient Confucianism*, ibid. p. 109.
③ 参见 Homer H. Dubs:Preface, *Hsüntze*:*The Moulder of Ancient Confucianism*, ibid. p. xix。
④ Homer H. Dubs:*Hsüntze*:*The Moulder of Ancient Confucianism*, ibid. p. 291.
⑤ Homer H. Dubs:Preface, *Hsüntze*:*The Moulder of Ancient Confucianism*, ibid. p. xxviii.
⑥ 参见 Homer H Dubs:Preface, *Hsüntze*:*The Moulder of Ancient Confucianism*, ibid. p. xx。
⑦ Homer H. Dubs:*Hsüntze*:*The Moulder of Ancient Confucianism*, ibid. p. 90.
⑧ Homer H. Dubs:Preface, *Hsüntze*:*The Moulder of Ancient Confucianism*, ibid. p. xviii.
⑨ Homer H. Dubs:Preface, *Hsüntze*:*The Moulder of Ancient Confucianism*, ibid. p. xvii.

二、儒学在西汉"取得胜利"的原因

对于儒家学说的历史发展,德效骞进行了细致的梳理。关于儒家学说的整个历史,德效骞所梳理的脉络为:面对春秋末年"礼坏乐崩"的年代,孔子发展了周公的礼治思想,提出了以伦理道德改善社会秩序的儒家思想。之后,孟子和荀子分别从不同方向发展了儒家学说,从而使儒家成为"诸子百家"的重要一家。秦始皇实行"以法治国",但过于严苛的刑罚让秦王朝两代而"寿终正寝"。到了汉朝,西汉时期是儒学逐步发展的时期,但在东汉末期儒学则走向了衰退。唐朝建立之后,虽然唐朝皇帝自称是老子后代,但儒学又渐渐重新兴盛起来。到了宋代,儒学再次迎来了发展高峰,创建了"心学"和"理学"两大体系。然而,到了近代,中国的专制主义被彻底打破,儒学也因此走向了衰退。[1] 以此整个历史脉络为背景,德效骞重点对儒学在西汉的发展进行了考察。在他看来,儒学在西汉的发展是儒学在历史上所取得的"胜利",不过,这"胜利""是一个循序渐进的过程"[2]。即,儒学的发展开始于汉高祖时期,经文帝、武帝、宣帝一直到元帝,最终确立起在西汉的统治地位。具体来讲,儒学在西汉时期的发展大致经历了六个阶段。

第一个阶段是汉高祖时期,此是儒学"走向中央政权"的初始阶段。客观地讲,这个阶段的初始并不"顺利"。就当时的情况看,儒学一开始并不受统治者的喜爱,刘邦起初对儒学很厌恶。比如,《汉书》记载:"沛公不喜儒,诸客冠儒冠来者,沛公辄解其冠,溺其中。与人言,常大骂。未可以儒生说也。"[3]在刘邦看来,"乃公居马上得之,安事诗书!"[4]"为天下安用腐儒?"[5]不过,在楚元王刘交、谋臣张良以及三位儒家郦食其、叔孙通和陆贾的不断影响下,刘邦对儒学的态度渐渐发生了变化。公元前195年的一个事件非常重要,它反映了刘邦对儒学态度的变化:当时汉高祖刘邦过鲁地,以"太牢"[6]祭奠孔子,开创了中国帝王祭孔的先例。此外,汉高祖晚年著名

---

① Homer H. Dubs, *The History of the Former Han Dynasty/by Pan Ku*, *A Critical Translation with Annotations*. Vol. 2, Baltimore: Waverly Press, 1944. p. 353.

② Homer H. Dubs, *The History of the Former Han Dynasty/by Pan Ku*, *A Critical Translation with Annotations*. Vol. 2, ibid. p. 351.

③ 班固撰:《汉书》,北京:中华书局1962年(下同),第2105—2106页。

④ 班固撰:《汉书》,第2113页。

⑤ 司马迁撰:《史记》,北京:中华书局1959年(下同),第2603页。

⑥ 古代帝王祭祀社稷时,牛、羊、豕三牲全备为"太牢"。

的"废太子事件"①,更直接证明其不仅开始重视儒学,还不得不屈从于儒学的影响力。质言之,在德效骞看来,此时的儒学已经走上了同汉代政治"相结合"的道路。具体来讲,汉高祖的成功体现了如下之儒家思想:"君权有限","其功能在于利民","其行使应当以公正、公平为基本原则"等。②

汉惠帝和吕后时期是西汉儒学发展的第二阶段。德效骞认为,与前一时期不同,这一时期儒学是遭受打击的一个阶段。吕后厌恶儒家思想,丞相曹参好"黄老之学",这些都对儒家思想的发展形成巨大障碍。不过,随着吕后的去世和文帝即位,儒学迎来了继续发展的阶段。由此来看,汉文帝时期成为西汉儒学发展的第三个阶段,这个阶段以儒学在政治上开始发挥作用为特征。德效骞说:"相对于其他各学派来讲,儒家思想对汉文帝的影响更大。"③在德效骞看来,汉文帝完全接受儒家的一些基本观点,比如国家的功能在于"利民"的观念。更为重要的是,他将这些观念付诸实践。④因此,"儒学开始在政治上发挥作用开始于汉文帝时期"⑤。例如,他以儒学为主设置博士,并且设立《诗》《书》《公羊春秋》专经博士。作为第一个博士,贾谊"改正朔,易服色,法制度,定官名,兴礼乐",为儒学的发展起到了关键作用。在德效骞看来,尽管如此,由于当时其他诸学派也在发展,所以儒学的政治地位并未凸显出来。到了景帝时期,景帝对儒学的热情远不如其父,其母窦太后又好"黄老之学",因此这一时期的儒学又走入"低谷"。⑥

西汉儒学发展的第四个阶段是汉武帝时期。这个时期是儒学史上非常重要的一个时期,因为儒学在此时达到"被独尊"的空前程度。德效骞认为,汉武帝时期儒学"独尊地位"的获得并非偶然,它乃之前数代人努力的结果。当然,汉武帝是确定儒学"独尊地位"的主导者,是他"引导"儒学一步步走到了"核心位置"。就汉武帝本人来讲,一方面,其老师王臧作为儒

①　刘邦晚年本想废太子刘盈,但在张良、叔孙通以及其他大儒的影响下,最终收回了废太子之意。

②　参见 Homer H. Dubs, *The History of the Former Han Dynasty/by Pan Ku. A Critical Translation with Annotarions*, Vol. 1, Baltimore：Waverly Press. 1938. p. 15。

③　Homer H. Dubs, *The History of the Former Han Dynasty/by Pan Ku*, *A Critical Translation with Annotations*. Vol. 2, ibid. p. 342.

④　参见 Homer H. Dubs, *The History of the Former Han Dynasty/by Pan Ku. A Critical Translation with Annotarions*, Vol. 1, ibid. p. 282。

⑤　Homer H. Dubs, *The History of the Former Han Dynasty/by Pan Ku*, *A Critical Translation with Annotations*. Vol. 1, ibid. p. 218.

⑥　参见 Homer H. Dubs, *The History of the Former Han Dynasty/by Pan Ku. A Critical Translation with Annotarions*, Vol. 1, ibid. p. 297。

门弟子对他发生了潜移默化的影响。另一方面,身边一些大臣对儒学的态度也成为汉武帝确立儒学正统地位的"助力"。再一方面,汉武帝的魄力也决定了他不拘于传统的革新精神。不过,德效骞也认为,汉武帝虽然确定了"独尊儒术"的方略,但在实际治国方略中他并非"独尊儒术",而是多家思想并用。比如,他穷兵黩武,繁刑重敛,"盐铁官营","均输平准"①,所体现的便是法家的治国思想。他信惑神怪,无度巡游,又体现出道家思想的特点。因此,德效骞说:"表面上看汉武帝个人是儒家"②,"其实他受到了法家、道家和其他非儒学思想的影响"③。

　　汉宣帝时期为西汉儒学发展的第五个阶段,属于儒学发展继续保持"良好势头"的时期。德效骞认为,"良好势头"与皇帝的个人喜好有很大关系。汉宣帝因"巫蛊之祸"④,从小寄养民间,熟读《论语》《孝经》《诗经》《谷梁春秋》等经典,因而对于儒学比汉武帝有更深的了解。即位后,汉宣帝主要任用儒者为官。在德效骞看来,"石渠阁经学会议"⑤是一次重要事件,它成为儒学在汉宣帝时期所获得发展的标志。召开此次会议的背景是,汉武帝喜欢《谷梁春秋》,但当时其地位不高。为了统一思想,从而为政权稳固服务,汉宣帝遂召集名儒共同讨论"五经"的异同。历史地看,经过这次会议,儒家作为正统思想的地位大大推进了。但是,德效骞也指出,汉宣帝并不完全信奉儒家思想,他对儒家的态度存在矛盾的一面。之所以如此,在于他登基之前曾经为平民,故其行事、为官相当实际。质言之,汉宣帝之治国方略乃"以霸王道杂之"。德效骞引用《汉书》的记述来表达他对汉宣帝对待儒学的看法:

　　　　汉家自有制度,本以霸王道杂之,奈何纯任德教,用周政乎! 且俗

---

　　① 汉武帝时期实行的由政府控制重要商品的运销、以增加收入、减少支出、平抑物价的一项措施。

　　② Homer H. Dubs, *The History of the Former Han Dynasty/by Pan Ku*, *A Critical Translation with Annotations*. Vol. 2, ibid. p. 7.

　　③ Homer H. Dubs, *The History of the Former Han Dynasty/by Pan Ku*, *A Critical Translation with Annotations*. Vol. 2, ibid. p. 196.

　　④ "巫蛊之祸"是汉武帝晚年发生的一次宫廷事件。巫蛊为一种巫术。当时人认为使巫师祠祭或以桐木偶人埋于地下,诅咒所怨者,被诅咒者即有灾难。"巫蛊之祸"受牵连者上至皇后太子、下至普通平民,达数十万人。

　　⑤ 汉宣帝时为了进一步统一儒家学说,于公元前 51 年诏萧望之、刘向、韦玄成、薛广德、施雠、梁丘临、林尊、周堪、张山拊等儒生,在长安未央宫北的石渠阁讲论"五经"异同,由汉宣帝亲自裁定评判。石渠讲论的奏疏经过汇集,辑成《石渠议奏》一书。

儒不达时宜,好是古非今,使人眩于名实,不知所守,何足委任!①

在德效骞看来,儒学在西汉时期的真正"胜利"是在汉元帝时期,这一时期形成了西汉儒学发展的第六个阶段。在这一问题的阐述上,他借用班固对汉元帝"柔仁好儒"②的评价,认为汉元帝才真正做到了"独尊儒学",最终确立起儒学作为正统思想的地位。③ 德效骞认为,汉元帝和长期生活在民间的父亲不同,他从小在宫中饱读经书,深受儒学熏陶,且其教师多为博学鸿儒,包括当时大儒萧望之、周堪、疏广等人。因此,汉元帝的儒学功底比其父亲更为深厚。即位后,他即放弃其父"霸王道杂之"的治国方略,转而专以儒治国。具体来讲,一方面,他尊师重儒,敬崇孔子,重德治,尚教化,以儒家思想为治国方略。另一方面,他扩充太学博士子弟数量,准其每年考试,合格者授予官职,使得读儒书做官成为入仕的重要途径。汉元帝之后的汉成帝继承了这一方略,使儒家仍然居于官方的正统地位。在西汉以后,王莽时期以至东汉时期,儒学的地位得以确定并保留下来。

基于上述梳理,德效骞对于儒学在西汉最终"取得胜利"的原因进行了探讨。在他看来,原因主要有四个方面:其一,儒家思想适合了统治者的需要。儒家思想重视"仁""礼",提倡"德治""礼治",宣传忠孝、责任感等,这些对于统治者来说是十分需要的,同时也能满足人民的精神慰藉。其二,儒家思想不仅作为一种"政治规范"进入政治领域,它还是一种"学术成就"进入思想领域。具体来讲,在战争时期学术也许不那么重要,故儒家思想的意义可能不被认可。但是,在和平时期学术思想的重要性便会被"重新认可"。这是儒学在汉代"取得胜利"的根本原因。其三,朝廷的重视促进了儒学发展的"良性循环"。例如,在汉文帝时期,朝廷通过考试方式选拔人才,而被选拔的人才需要受过儒学训练。同时,从太学毕业的人会成为官员,而太学的教学内容多为儒家思想。这些举措反过来均强化了儒学的发展。其四,国家"大一统"需要儒家思想。董仲舒曾建议汉武帝通过排斥非儒家学说来统一全国思想,经过汉武帝的努力,这一理想在汉元帝时期确实实现了。④

---

① 班固撰:《汉书》,第 277 页。

② 班固撰:《汉书》,第 277 页。

③ 参见 Homer H. Dubs, *The History of the Former Han Dynasty/by Pan Ku, A Critical Translation with Annotations.* Vol. 2, ibid. p. 353。

④ 参见 Homer H. Dubs, *The History of the Former Han Dynasty/by Pan Ku, A Critical Translation with Annotations.* Vol. 2, ibid. pp. 352 – 353。

三、罗马军团失踪与骊靬城之建立

公元前53年,古罗马"三巨头"之一的克拉苏(Crassus, 前115—前53年)率领大军东征安息国①,在卡尔莱②被安息国军队击败。战争发生33年后,罗马帝国与安息签订了和约。然而,当罗马帝国要求遣返在卡尔莱战争中的战俘时,安息国却不承认存在大批罗马战俘。自此,罗马军团的消失成了罗马史上的一桩悬案,千百年来一直困扰着史学界。历史上第一次全面、系统地把罗马军团作为课题研究的是德效骞,他也是最早提出罗马军团溃军残部逃到中国的西方学者。具体来讲,他在翻译、研究《汉书》的过程中,发现了罗马军团消失后的一些踪迹。他说:"公元5年,在中国的郡县志中记载了一个用中国最早对罗马的称呼来命名的县城,这确实是一件令人瞠目惊叹的事实。然而无论是过去还是现在,中国人都没有用外国国名来命名自己的城市。……由此可以推知,这座城市(以汉代对罗马的称呼命名的)一定是罗马帝国的民众迁徙到中国后,定居此地而建立的。"③他还说:

> 大约到公元746年,吐蕃占领了该地区,该城可能因毁坏而遭废弃,从此关于该城再也没有任何记载。正如其他伟大的民族一样,中国是一个多民族的国家,对这样一个常常与其他民族相互融合的大国,为数不多的几百罗马人对其影响自然甚微。然而古代中国存在的罗马人表明,即便是在那个时代,这个世界是何等的渺小。④

德效骞认为,西汉时中国称罗马帝国为"骊靬",到东汉时又改称"大秦"。因此,中国版图上出现"骊靬"自然与外国侨民有关。他通过史料考证说明,"骊靬"最早在中国版图上出现是公元前20年,这正是罗马帝国向安息要求遣返战俘的时间。这说明,在卡尔莱战役中,罗马军团的部分战俘成功突围并逃亡。因此,当罗马帝国寻觅他们的时候,这部分战俘已经到中国并在祁连山下落脚了。德效骞对此的推理是:当时,罗马军团突围逃跑的战俘成了匈奴人的雇佣兵。公元前36年,汉朝军队与匈奴发生战

---

① 安息即"帕提亚王国"(Parthia),地处伊朗高原东北部,原为波斯帝国属地。

② 即今叙利亚的帕提亚。

③ 〔美〕德效骞著,屈直敏译:《古代中国一座罗马人的城市》,兰州:《敦煌学辑刊》2001年第2期(下同),第102页。

④ 〔美〕德效骞著,屈直敏译:《古代中国一座罗马人的城市》,第111页。

争,在清点战俘时,中国人发现有 145 名罗马士兵。中国人收留了这些士兵,并将他们安置在现今的甘肃永昌县。① 关于这些士兵之来到中国,德效骞的解释是,他们主要是"自愿"前来的。他说:"这些罗马人可能是自愿选择了跟随甘、陈到中国。对他们来说,逃进茫茫沙漠就意味着死亡,因为他们不是游牧民族,没有在草原上求生的能力。若回到安息也同样意味着死亡,因为他们是从边防据点上逃走的,而汉朝则欢迎这些勇敢的士兵为其戍边。到达汉朝的罗马人被安置在一个专门为他们在边境建立的城镇,该城即被冠以罗马之汉名——骊靬。"②

　　德效骞的推理并非没有根据,其根据是《汉书》的记载。他认为,罗马和安息在卡尔莱战役中的罗马战俘被转移到安息东境、中亚的马尔吉安纳(即今霍腊散)后,可能有一部分逃到了匈奴,并定居在都赖水畔(药杀河与巴尔喀什湖之间)的郅支城。按照《汉书·陈汤传》的记载,公元前 36 年,甘延寿与陈汤发兵围击郅支城时发现了一些"特别事物":其一,匈奴军队中有百余人在"讲习用兵"时操练"鱼鳞阵",而"鱼鳞阵"可能就是罗马的"龟甲阵"。其二,郅支城外用栅栏做成了"重木城",而"重木城"则"恰好体现了罗马城防的文化特征"。其三,用图画来记载、描绘军事征伐,这种习俗常见于"罗马式的凯旋",而中国却从未有过此习俗。对于这样三个方面,德效骞认为,这些"特别事物"并非中国军队所有,而是当时罗马军队所特有,所以,当时汉朝所生俘的 145 人就是罗马士兵。③ 在被俘后,这些罗马士兵跟随中国人到达了中国内地,并被安置到永昌地区一个"特设"的边境城市,这个城市便根据中国对罗马帝国的称呼命名为"骊靬"。他说:

　　　　公元前 36 年,甘延寿和陈汤在中亚与克拉苏罗马军团的残余相遇,并将其带到了中国。描绘那次出征中所见军事战阵的词语不见于其他任何汉文文献,这种战阵与罗马军队独有的龟甲阵极为相似。同时,汉军围攻匈奴时在城外见到的重木城,也不见于中国和希腊,但却常为罗马所用。用图画来记载、描绘军事征伐的习俗,常见于罗马的凯旋式而中国却从未有此习俗,此次却构成了西汉军队征讨匈奴奏章的部分内容。这就更有力地证明了在公元前 79 年至公元 5 年之间,在

---

　　① 其遗址在今甘肃省永昌县西南的者来寨。参见 1989 年《人民日报》12 月 15 日,郤永年、孙雷钧:《永昌有座西汉安置罗马战俘城》。

　　② [美]德效骞著,屈直敏译:《古代中国一座罗马人的城市》,第 108 页。

　　③ 参见[美]德效骞著,屈直敏译《古代中国一座罗马人的城市》,第 106—110 页。

中国建立了一座用西汉对罗马的称呼来命名的县城——骊靬,这表明居住该城的民众是来自罗马帝国的移民。[1]

德效骞的观点在中外学术界产生了重要影响。比如,英国著名中国科技史专家李约瑟(Joseph Terence Montgomery Needham, 1900—1995 年)赞同德效骞的观点。他说:"这一证据表明,残余的罗马人曾聚居在古代丝绸之路沿线,他们在那里与中国女子结婚,度过了他们的一生。"[2]后来,《甘肃省志》亦记载道:汉以北地郁郅(今庆阳一带)人甘延寿为西域都护骑都尉。当时匈奴郅支单于困辱汉使,并欲降服乌孙、大宛、康居等国。甘延寿与副校尉陈汤以为郅支不除,终为西域大患,遂矫诏发戊己校尉屯田吏士和西域多国合 4 万余人远征郅支,杀单于及阏氏、太子、名王等,俘获千余人,其中有部分罗马残军。西汉政府在现永昌境内设置骊靬城,安置了这批罗马战俘。[3]此外,1998 年 11 月 10 日的《羊城晚报》则报道,永昌县城西南 20公里的者来寨骊靬古城遗址上已经立碑,碑文曰:"公元前 36 年汉朝西域都护陈汤、甘延寿将军率军越葱岭征匈奴,克郅支单于。汉帝下诏将罗马降人安置于番禾县南照面山下,置县骊靬。"可见,"永昌为罗马战俘城"之说已被国内史学界部分学者视为史实。关于德效骞的这一研究,有学者评价说:

> 总之,这部著作(指《古代中国一座罗马人的城市》——引者)非常重要,它会激励古典学者去研究中国,深入地研究中国和罗马的接触。像德效骞认为的那样,我们会发现,即使在那个时代,世界比我们认为的要小得多。[4]

不过,有些学者对德效骞的观点一直存在质疑或批评。在德效骞《古代中国一座罗马人的城市》发表的当年,有学者即发表评论,认为骊靬城的设置应该在公元 5 年奥古斯都统治时期,与克拉苏的军团根本无关。[5]后

---

① [美]德效骞著,屈直敏译:《古代中国一座罗马人的城市》,第 110 页。
② [英]李约瑟著,王铃协助:《中国科学技术史》第一卷,北京、上海:科学出版社、上海古籍出版社 1990 年,第 248—249 页。
③ 参见甘肃省地方史志编纂委员会《甘肃省志》,兰州:甘肃人民出版社 1989 年,第 16 页。
④ Samuel Lieberman. Book Reviews. *Classical Philosophy*, Vol. 53, No. 3(Jul.,1958), p. 211.
⑤ 参见汪受宽《古罗马军团东归伪史案的终结》,兰州:《西北民族研究》2013 年第 1 期(下同),第 19 页。

来,余英时则认为,"德效骞教授所描述的 145 个罗马人在中国的定居,似乎与汉朝政府通常用来处置归降蛮夷人的整套制度方式背道而驰。"①1994年,葛剑雄亦发表文章《天涯何处罗马城》②,对德效骞的观点进行了批评。他认为,在甘肃设置骊靬县的原因并不是安置罗马战俘,而是为了安置安息国王献给汉朝的"黎轩善眩人"③。而且,根据《汉书·陈汤传》的文字,德效骞"龟甲阵""重木城"和罗马战俘的说法都"站不住脚",根本得不出陈汤将罗马俘虏带回安置在骊靬县的结论。因此,葛剑雄说:"把未经证实的假设当作事实来宣扬,把洋人对中国史料的误解作为新发现的证据,或者明知不会有什么结果却先骗了读者再说,那就只会丧失自己的学术信誉。"④汪受宽也对德效骞的观点持激烈批评态度。他总结说:"在这一系列文章中,凭借丰富的史料,严谨的论证,从多方面对古罗马安置骊靬说作学术检验,指出罗马军团东归骊靬说充满矛盾,毫无历史根据,是彻头彻尾的伪历史。"⑤

第三节　卜　　德

卜德(Derk Bodde),又名伯德,1909 年生于中国上海。1930 年毕业于哈佛大学,获文学学士学位。1931—1937 年,以第一批"哈佛—燕京学社"(Harvard - Yenching Institute For Chinese Studies)研究生的身份来中国留学,主攻中国古代思想制度史。1938 年获荷兰莱顿大学中国哲学博士学位,同年开始任教于美国宾夕法尼亚大学(University of Pennsylvania)。1942—1945 年曾兼职于美国战略局和战时情报局。1948—1950 年在"富布赖特项目"(Fulbright Program)⑥资助下到中国从事研究,翻译冯友兰的《中国哲学史》。1968—1969 年任美国东方学会主席,1968—1971 年任美国亚洲研究协会(Association for Asian Studies)理事。1974—1977 年应李约瑟邀请,在英国剑桥大学(University of Cambridge)从事与《中国科学技术

---

① 　[美]余英时著,邬文玲等译:《汉代贸易与扩张》,上海:上海古籍出版社 2005 年,第79 页。

② 　参见葛剑雄《天涯何处罗马城》,北京:《读书》1994 年第 2 期(下同),第 144—151 页。

③ 　汉代对罗马魔术师的称呼。

④ 　葛剑雄:《天涯何处罗马城》,第 151 页。

⑤ 　汪受宽:《古罗马军团东归伪史案的终结》,第 20 页。

⑥ 　1946 年,美国参议员富布赖特(James William Fulbright,1905—1995 年)提出建立教育交流项目的议案,最终获国会批准。

史》有关的汉学研究。1975 年任宾夕法尼亚大学荣誉中文教授。曾获 1985 年亚洲研究协会"杰出学者奖"。2003 年在美国逝世。

卜德致力于推动美国汉学的独立发展。其主要著作包括:《中国思想、社会和科学:前近代中国科学技术的思想文化与社会背景》(*Chinese Thought，Society，and Science：The Intellectual and Social Background of Science and Technology in Pre – modern China*)、《中国思想西传考》(*Chinese Ideas in the West*)、《中国第一位统一者:从李斯的一生研究秦朝》(*China's First Unifier：A Study of the Ch'in Dynasty as Seen in the Life of Li Ssǔ*)、《古代中国的神话》(*Myths of Ancient China*)、《中国的文化传统》(*China's Cultural Tradition：What And Whither*)、《中华帝国的法律》(*Law in Imperial China*)(合著)、《古代中国的庆典:公元前 206 年至公元 220 年汉代的新年和其他年例仪式》(*Festivals in Classical China：New Year and Other Annual Observances During the Han Dynasty，206B. C. – 220A. D.*)、《中国文明论集》(*Essays on Chinese Civilization*)。此外,卜德还翻译了富察敦崇的《燕京岁时记》、冯友兰的《中国哲学史》等。

一、中国神话的存在状态

在大多数西方学者眼里,中国古代神话"神性"不明确,至少没有西方文化中的"神话体系",因此可以说中国实际上没有"神话传统"。具体来讲,之所以有如此认识,大致源于两个方面的原因:其一,中国古代神话与历史文献混杂于一体,且大都呈零散状态。因此,中国神话逐渐与历史"相混同",最终"消解"了神话本身应该具有的"神性"。与此不同,西方神话则在历史之外形成了独立发展的体系。因此,两者相较,西方学者否认中国存在独立的"神话传统"。其二,近代以来的世界文化由欧洲强势文化所主导,包括神话领域在内的大部分学术研究都打上了欧洲基督教文化的"烙印"。与欧洲文化相较,中国神话的存在状态则有明显差别。① 对此,卜德认为,其实中国是存在神话的,只不过中国神话与西方神话的存在状态不同。为此,他专门探讨了中国神话独特的"实际存在状态"。关于卜德的研究,有学者评论说:

德克·卜德关于中国神话的论述纠正了某些西方学者认为中国

---

① 参见蔡慧清、刘再华《中国神话的存在状态——德克·卜德中国神话研究述评》,《求索》2006 年第 8 期(下同),第 185 页。

古代没有神话的偏见。卜德把注意力主要放在探讨古代中国神话的实际存在状态之中,竭力寻找已经"历史化"或者变成为"零星碎片"的古代中国神话,并考察其与世界其他民族神话的原初相通性。①

为了解释西方许多学者否认中国"神话传统"的原因,卜德区分了"古代中国"与"后古代中国"两个时期。所谓"古代中国",指汉代以前的中国;所谓"后古代中国",指汉代以后的中国。以此为分界,"后古代中国"的神祇数量多,起源多种多样;既有佛家的,也有道家的,还有大量的"地方性"神灵;他们大多被赋予清晰的"人格化"特征。然而,"古代中国"的神祇数量要少得多,且很少甚至根本不以"艺术的形式"出现;其"个性"通常都模糊不清或者过于简单,有时甚至连性别都含糊不清。很显然,西方学者是根据"古代中国"的状况而得出中国没有"神话传统"的结论的。② 不过,在卜德看来,不仅"古代中国"产生过内容丰富的神话故事,而且这些神话并不是中国所独有的。因此,所谓中国没有神话的观点是错误的,因为中国与其他国家一样,在古代有着"普遍相似"的"世界神话"。③ 为此,他考证了"盘古创世""造物神女娲""太阳神"等五组神话。不过,尽管中国存在"神话传统",但其存在状态却以"神话历史化"和"零星碎片"为主要特征。质言之,中国神话没有形成"体系",此为不可否认之事实。对此,卜德说:

> 单个的神话的确产生了,只是没有形成体系。与此相反,这些神话记载通常都是如此零碎,以至于把它们重新组合成单个的神话都极其困难,且不说是充分发展的神话体系了。④

所谓"神话的历史化",指在真实的人类历史中去寻找神话起源,将神话中的神视为历史上的真实人物。质言之,"神话历史化"的实质是将神话"溶解"于人类历史之中,视其为人类历史进程的一部分。正因为如此,"神话历史化"引发了神话内容不断被篡改,以至于最终可能导致了神话的消亡。对于这样一种特征,卜德进行了具体的诠释:其一,中国神话的"历史

---

① 蔡慧清、刘再华:《中国神话的存在状态——德克·卜德中国神话研究述评》,第185页。
② 参见 Derk Bodde. Myths of Ancient China. *Essays on Chinese Civilization*. Princeton, New Jersey: Princeton University Press. 1981. p. 46。
③ 参见 Derk Bodde. Myths of Ancient China. *Essays on Chinese Civilization*. ibid. pp. 58-78。
④ Derk Bodde. Myths of Ancient China. *Essays on Chinese Civilization*. ibid. p. 46.

化",主要是神话和神祇向表面上看起来是真实的历史和人物的转化;许多
中国早期历史都是通过这种"历史化""建构"出来的。其二,中国神话的
"历史化"源远流长,在周代就已经成为普遍认同的方法,且在后代一直延
续下来。其三,造成中国神话"历史化"的主要原因在于孔子的"人文转
向",故可以说是"孔子制造了神话历史主义的解释者"①。其四,神话"历
史化"对中国历史、文化与文学的影响是消极的;一方面,它既妨碍了神话
的"纯粹性",使得神话亡佚或消解于历史之中;另一方面,人们长期接受的
是由神话"转化"而成的早期历史,故关于中国文明起源的认识是"失真"
的。② 他说:

> 　　在我们所接触到文献中,有一些零碎的史料表明,人们根据"神话
> 即是历史"的原则,将神话中的神、半神半人及妖怪们转虚为实,变成
> 似乎在历史上确实存在过的贤明君主、英雄或者叛逆者。③

所谓"零星碎片",指中国古代神话不如西方神话完整而系统。在卜德
看来,"零星碎片"作为中国古代神话存在的重要特征乃事实。那么,是什
么原因造成了"零星碎片"的特征呢? 卜德认为,主要有两个方面的原因:
其一,社会意识形态的原因。作为"国学"的儒学学者在历史上"篡改"了神
话,而其他学派对于神话的记载也"支离破碎"。也就是说,儒家出于现实
需要塑造的"理想人格"改造了神话,而道家等虽对民间宗教有浓厚兴趣,
他们的表达方式富有形象性,但是他们并非真正对神话感兴趣,而只是追
求哲学和艺术的效果,故其所具有的神话也是不完整的、零碎的。④ 其二,
中国古代语言的原因。汉语中多义词和容易混淆的形近字太多,文言文自
身"电报式"的简缩,再加上缺少词形变化,没有性别、时态等变化,都造成
了神话记载和解释两个层面的不完整。对此,卜德说:"这种零星碎片的记
录(如《楚辞》中关于彭祖的片段记载)造成的将神话连缀成整体的困难,由
于中国古代语言的特性所决定的语言学上的困难而大大加深。"⑤总之,关
于中国古代神话的"零星碎片",卜德说:

---

　　① Derk Bodde. Myths of Ancient China. *Essays on Chinese Civilization*. ibid. p. 49.

　　② 参见 Derk Bodde. Myths of Ancient China. *Essays on Chinese Civilization*. ibid. pp. 48–49。

　　③ [美]D·布迪、[美]C·莫里斯著,朱勇译,梁治平校:《中华帝国的法律》,南京:江苏人民
出版社1995年(下同),第8—9页。

　　④ 参见 Derk Bodde. Myths of Ancient China. *Essays on Chinese Civilization*. ibid. p. 51。

　　⑤ Derk Bodde. Myths of Ancient China. *Essays on Chinese Civilization*. Ibid. p. 53.

汉代以前的文献中,不仅没有可以称为神话的专门体裁,就连一则记叙连贯、完整的神话故事的文学作品也没有发现。我们能看到的只是一些不经意间记录下来的片言碎语,以及散落在各个时代、各种思想的文献中的断简残篇。正因为如此,学术界对于怎样才能将这些碎片连缀成为一个整体,很少能取得一致意见。①

二、汉语言文字对中国科学的影响

卜德汉学研究的一个重要特点是,从汉语言文字中寻求对中国文化的理解。具体来讲,他通过分析汉字本义、构字方式、字音关联以及文字变迁等来诠释中国文化现象。例如,他根据"法""刑""律"三个字的本义及变迁探讨了中国法律的起源。关于"法",卜德认为,其本义指式样、典范和准则等,引申义为应遵循的方式和程序等。以此为基础,中国法律理论中"法"的概念得以形成:"法是最高统治者强制制定的、人们必须服从的准则。"②关于"刑",他认为,"刑"即表示"罚",尤其侧重于"体罚"。而且,"体罚"乃"刑"的最初含义,因为"刑"字结构中包括一个"刀"作为偏旁。因此,中国很早就存在诸如"刖""宫"等体罚方法。卜德说:"'刑'这一概念……表现了古代中国人这样的一种法律意识:法就是刑,成文法的最初含义就是刑法。"③关于"律",卜德认为,它乃从音乐领域转化而来。在法律领域,它一种含义指"制定法",另一种含义指"法典"。④ 很显然,由这样三个字所表达的法律起源可以看出,中国文化不重视"超自然学说",而具有明显的"世俗性"特点。卜德说:

中国的历史理论和哲学理论皆具有一个显著特征,即注重现实的社会生活。这一特征在中国历史的早期即已显示出来。一般说来,中国的理论家们在阐释人世间的现象时,宁可采用理性主义(或在它看来是合乎理性的)原则,而不借助超自然的学说。⑤

---

① Derk Bodde. Myths of Ancient China. *Essays on Chinese Civilization.* ibid. p. 52.
② ［美］D. 布迪、［美］C. 莫里斯著,朱勇译,梁治平校:《中华帝国的法律》,第7页。
③ ［美］D. 布迪、［美］C. 莫里斯著,朱勇译,梁治平校:《中华帝国的法律》,第8页。
④ 参见［美］D. 布迪、［美］C. 莫里斯著,朱勇译,梁治平校《中华帝国的法律》,第8页。
⑤ ［美］D·布迪、［美］C·莫里斯著,朱勇译,梁治平校:《中华帝国的法律》,第8页。

　　基于对中国文化"世俗性"的认定,卜德认为,汉语言文字作为表意文字,其"丰富意义"和"感染力"是不容忽视的。他说:"我必须强调,我……丝毫没有否定其对诗歌和文学的表达之美和力量的意思,也丝毫不否定汉字独一无二的感染力及其固有的丰富意义。"①此外,他还认为,汉语言文字是中国文化统一的重要因素。也就是说,中国幅员辽阔,地理上有重重分割,但中国文化却始终保持着统一,重要原因是汉语言文字的作用。具体来讲,因为汉语中口语和书面语是相对分离的,口语在语音及其他方面不断变化,而古典书面语却基本上没有变化,始终保持着稳定的表达方式。这种稳定的表达方式对中国文化产生了重要影响:其一,在时间上保证了中国文化持久的延续。读书人一旦掌握了书面语,不仅可以阅读当代著作,亦可以阅读古代经典,因为古代书面语与当代书面语并无不同。这种情况意味着,古代经典作为风格和思想的最高典范,可以持续地影响后世学者的思想意识。其二,在空间上保证了中国文化的统一性。尽管中国有许多差异性很大的方言,但以古典书面语为基础的文言文的统治地位有效地"扼制"了地方性文化,因为唯有相同的书面语才能实现人们之间的交流。②

　　进而,卜德还探讨了汉语言文字与中国科学的关系。对此,学界的流行观点是持否定态度,即"中国的表意文字阻碍了现代科学在中国的发展"③。对于这种观点,卜德从书面语的角度进行了论证。在他看来,不可否认的是,汉语书面语对科学知识的记载和积累做出了贡献。他说:"对书写文字的膜拜早在帝国之前……就已经出现……狭义地说,这肯定都促成了对自然现象的持续不断的记载,因而积累了科学知识。"④但是,亦不可否认的是,书面语与口语的分离,促进了中国官僚制度的发展,而官僚制度的发展对科学发展是一种阻碍。卜德的意思是,书面语与官僚制度之间是一种"相互促进"的关系,而这种关系会阻碍科学的发展。他说:"很明显,中国官僚体制国家的发展肯定鼓励强调书面文字,但是,我也想说明,对书写

---

　　① Derk Bodde. *Chinese Thought*, *Society*, *and Science*: *The Intellectual and Social Background of Science and Technology in Pre - modern China*. Hawaii: University of Hawaii Press, 1991. p. 96.

　　② 参见 Derk Bodde. The Chinese Language as a Factor in Chinese Cultural Continuity. *Essays on Chinese Civilization*. Ibid. p. 44。

　　③ Derk Bodde. *Chinese Thought*, *Society*, *and Science*: *The Intellectual and Social Background of Science and Technology in Pre - modern China*. ibid. p. 93.

　　④ Derk Bodde. *Chinese Thought*, *Society*, *and Science*: *The Intellectual and Social Background of Science and Technology in Pre - modern China*. ibid. p. 28.

文字的膜拜早在帝国之前——意在把认为重要的东西都写成文字之时——就已经出现，这可能也相互作用地促进了官僚主义国家的发展。"①具体来讲，卜德认为，文言文没有标点符号、文字具有多义性造成了表达的不精确，书面语只有读书人掌握而脱离大众，这些都阻碍了学术思想更好地记录、传播与普及，从而制约了科学在中国的发展。②

不过，在卜德看来，上述并非汉语言文字阻碍科学发展的根本原因，根本原因在于汉语言文字影响了中国人的思维方式。在卜德，所谓思维方式主要是指中国哲学的特点。关此，有一种观点认为，"汉语（尤其是文言文）对中国哲学和学术思想的影响很小，甚至不存在。"③卜德不以为然，而认为它们之间存在着密切关联。具体来讲，这种关联表现在两个方面：其一，书面语追求平衡的风格对中国人的宇宙观产生了深刻影响。他说："文言文中的并列可能是对中国分类思想的一种促进，甚至可能是对中国人寻求宇宙秩序与和谐的一种促进，这尤其体现在'人与自然相和谐'的概念中。"④其二，书面语的对照风格对中国人的辩证法也产生了深刻影响。他说："同样地，风格的对照可能刺激了中国的辩证思想，这种思想把宇宙看作一个永无止境的现象变化的过程。"⑤这里，卜德的意思是，中国人的宇宙观和辩证法阻碍了科学发展，从而造成了科学与近代中国失之交臂，而这与汉语言文字的影响有关。他说：

> 在很多方面，汉语书面语对于中国思想中科学思维方式的影响是阻碍大于促进……有证据表明这种抑制性的影响在很早就已经开始了。⑥

---

① Derk Bodde. *Chinese Thought*, *Society*, *and Science*：*The Intellectual and Social Background of Science and Technology in Pre - modern China*. ibid. p. 28.

② 参见 Derk Bodde. *Chinese Thought*, *Society*, *and Science*：*The Intellectual and Social Background of Science and Technology in Pre - modern China*. ibid. p. 25。

③ Derk Bodde. *Chinese Thought*, *Society*, *and Science*：*The Intellectual and Social Background of Science and Technology in Pre - modern China*. ibid. p. 92.

④ Derk Bodde. *Chinese Thought*, *Society*, *and Science*：*The Intellectual and Social Background of Science and Technology in Pre - modern China*. ibid. p. 91.

⑤ Derk Bodde. *Chinese Thought*, *Society*, *and Science*：*The Intellectual and Social Background of Science and Technology in Pre - modern China*. ibid. p. 91.

⑥ 参见 Derk Bodde. *Chinese Thought*, *Society*, *and Science*：*The Intellectual and Social Background of Science and Technology in Pre - modern China*. ibid. p. 96。

三、中国文化的主导观念

卜德认为,要准确把握浩如烟海的中国文化,可行的途径是研究其"主导观念",而研究这个问题会遇到诸多困难:一方面,美国与中国存在遥远的距离,因此空间限制是一个困难。另一方面,中国文化有诸多方面和不同层次,从哪个方面和层次入手进行概括也是一个困难。面对这些困难,他认为,前提问题是明确中国文化的"主导观念"的定义。依着他的理解,所谓中国文化的"主导观念",是指中国文化中真正属于中国的、具有根源性、发生过历史影响且至今仍在发生作用的重要观念。他说:"本文将要表达的'主导观念'是……确实对大多数中国人(无论是否受过教育)重要的观念;是作为中华文明根源且在起源上真正属于中国的观念;同时,是长期对中国人思想产生巨大影响并延续至今的观念。"①基于这样一个定义,卜德认为中国文化的"主导观念"包括三个方面:其一,对"超自然世界"的观念;其二,对"自然世界"的观念;其三,对"人的世界"的观念。关于这样三个方面,他概括说:

> 换言之,中国人对待宗教、对待物质世界、对待人类自己的流行的态度是什么?②

其一,对"超自然世界"的观念,即宗教态度。对此,卜德认为,中国多数思想家对"未知世界"持怀疑态度,对"死"这个主题亦予以回避。他们的基本主张是,"死"所对应的是一个"未知世界",故应将致思重点放于"生"。例如,弟子向孔子请教"死"的问题,孔子的回答是"未知生,焉知死"③。在卜德看来,这是"中国人对待超自然世界观念的最好概括"④。具体来讲,古代中国存在宗教形式:一是祖先崇拜。祖先崇拜在中国非常普遍,而且非常重要、必不可少。不过,祖先崇拜在一个家族内部即可完成,故这样一种形式没有像基督教等一样,发展成为全国性乃至国际性的宗教

---

① Derk Bodde. Dominant Ideas in the Formation of Chinese Culture, *Journal of the American Oriental Society*, Vol. 62, No. 4 (Dec., 1942), p. 293.

② Derk Bodde. Dominant Ideas in the Formation of Chinese Culture, *Journal of the American Oriental Society*, ibid., p. 293.

③ 何晏注,邢昺疏,朱汉民整理,张岂之审定:《论语注疏》,第 146 页。

④ Derk Bodde. Dominant Ideas in the Formation of Chinese Culture, *Journal of the American Oriental Society*, ibid., p. 293.

组织。二是自然崇拜。中国人一直崇拜自然物和自然力。不过,崇拜对象通常是非人格化的,即使至高无上的"天""地"也没有人格化,它们只是一种纯粹抽象的"伦理权威"。① 在卜德看来,这样两种宗教形式尽管也表现出虔诚的"宗教意识",但它们与基督教等存在很大差异。正因为如此,尽管中国比其他国家有更多的佛教徒,道教诸神也颇受广大民众的欢迎,但"中国人不以宗教观念和宗教活动为生活中最重要、最迷人的部分"②。对此,卜德说:"是伦理(尤其是儒家伦理)而不是宗教(至少不是那种正式组织形式的宗教)为中华文明提供了精神基础。……这些昭示了中华文明与世界上其他主要文明之间的根本差异,后者是寺院、僧侣发挥着主导作用。"③总之,卜德认为,这样一种宗教态度乃中外文明的重要差别。他说:

> 通常说来,相对于自然世界和人的世界,中国人很少关注超自然世界。④

其二,对"自然世界"的观念,即对物质世界的态度。关此,哲学家精辟的表述是"天人合一"⑤。即,对于中国人而言,"自然世界"不只是人类生活的"舞台"和"背景",而是与"人的世界"共同构成一个有机整体。具体来讲,"道"作为"第一因"或"原动力",表现为"阴"和"阳"两个方面,"阴""阳"相互作用形成"五行","五行"依次组合、变化便生成了自然界之万物。对于这样一种观念,卜德认为它虽有"理性主义"观念,但"由于它建立在主观的推理之上,而忽略了运用经验方法对自然世界的直接观察,最终未能走上真正的自然科学之路"。⑥ 他说:"它同时有助于解释:为什么……中国人发展了卓越的科学技术成就,但未能把这些技术应用于自然世界,从而创建起一个自然科学体系。"⑦不过,这样一种观念亦有其价值,因为它

---

① 参见 Derk Bodde. Dominant Ideas in the Formation of Chinese Culture, *Journal of the American Oriental Society*, ibid. , p. 294。

② Derk Bodde. Dominant Ideas in the Formation of Chinese Culture, *Journal of the American Oriental Society*, ibid. , p. 293.

③ Derk Bodde. Dominant Ideas in the Formation of Chinese Culture, *Journal of the American Oriental Society*, ibid. , pp. 293 – 294.

④ Derk Bodde. Dominant Ideas in the Formation of Chinese Culture, *Journal of the American Oriental Society*, ibid. , p. 293.

⑤ 章锡琛点校:《张载集》,北京:中华书局 1978 年(下同),第 65 页。

⑥ 参见 Derk Bodde. Dominant Ideas in the Formation of Chinese Culture, *Journal of the American Oriental Society*, ibid. , pp. 295 – 296。

⑦ Derk Bodde. Dominant Ideas in the Formation of Chinese Culture, *Journal of the American Oriental Society*, ibid. , p. 295.

可引导人们发现人与世界合一从而"安贫乐道"。他说:"这一在中国得到广泛认同的观念可进一步解释,为什么中国人不论是否受过教育,当处于西方人无法忍受的贫穷、原始生活境况时,仍然能够保持愉悦甚至幸福的心态。"①更为重要的是,这种观念颇具现代价值。他说:"与西方传统的善恶对立的二元论模式相比较,中国人的观念似乎更接近蕴含在现代科学之中的很多观念。"②总之,关于中国人对"自然世界"的观念,卜德说:

> 如果说相对于其他文明,超自然世界的观念在中国文化结构中居于次要位置的话,那么自然世界则截然相反。……它与人的世界共同构成一个巨大的、不可分割的整体。在中国人的眼中,人只是整个自然世界的一部分。③

其三,人对"人的世界"的观念,即对人类自己的态度。在卜德看来,它乃"中国哲学思想的核心部分"④。具体来讲,中国人关于"人的世界"的观念包括如下几个方面:其一,以家庭为基本单元。在中国社会,"家庭或者宗族是中国社会最基本和最重要的单元,每个个体都依附并首先忠诚于家庭或宗族……"⑤其二,强调国家观念。卜德说:"在家庭之外就是国家,国家只不过被认为是一个放大的家庭单元。过去的皇帝通常自称为'人民之父母',在当今的汉语中,'国家'一词从字面上可以解释为'国之家'。"⑥其三,以德治国。他说:"中国社会注重道德说教而不是法律强制,他们摒弃西方文明的基石——那种在某种程度上冷冰冰的、机械的依法治国模式。成文法典在中国当然是存在的,但中国人在相当程度上更易受个人判断和

① Derk Bodde. Dominant Ideas in the Formation of Chinese Culture, *Journal of the American Oriental Society*, ibid. , p. 295.
② Derk Bodde. Dominant Ideas in the Formation of Chinese Culture, *Journal of the American Oriental Society*, Ibid. , p. 296.
③ Derk Bodde. Dominant Ideas in the Formation of Chinese Culture, *Journal of the American Oriental Society*, ibid. , p. 294.
④ Derk Bodde. Dominant Ideas in the Formation of Chinese Culture, *Journal of the American Oriental Society*, Ibid. , p. 296.
⑤ Derk Bodde. Dominant Ideas in the Formation of Chinese Culture, *Journal of the American Oriental Society*, Ibid. , p. 297.
⑥ Derk Bodde. Dominant Ideas in the Formation of Chinese Culture, *Journal of the American Oriental Society*, Ibid. , p. 297.

理解的影响,这就是基于'礼'的传统经验和伦理。"①其四,强调个人典范。在中国社会,每个个体都居于特定位置,并被赋予完成相应职责的使命,故在公共生活中个人典范的作用非常重要。卜德说:"'人之初,性本善';'人世本无原罪';'人皆可以为尧舜'。这些被中国绝大多数思想家持有的信仰是中国社会道德伦理的基础。"②其五,科举制。相较而言,西方近代以前一直被世袭贵族、牧师、军阀等统治,而中国很早就建立起官府的科举考试制度。对此,他说:"所有这一切,孕育并产生了享有盛誉的科举制度,这曾经是中国官府最鲜明的特征。……因此,伏尔泰通过对比科举制度与欧洲启蒙时期的政治状况,称赞中国的社会组织机构是世界有史以来最好的,这就毫不足奇。"③总之,中国人对"人的世界"的观念与西方有很大不同,其所强调的并非个人主义,而是出于整体利益的和谐相处。卜德说:"确切地说,儒学旨在教导每一个个体如何在自己所处的社会群体中尽量减少摩擦,找到自身的位置。如何用同样的方式完成在群体内部担负的职责,并为群体带来最大的整体利益。"④他还说:

> 正如道教以如何协调人与外部世界关系问题为己任一样,儒学所要回答的问题是如何与周围的人和谐相处。作为常识,中国人很早以前就认识到,如果不能有效解决人际关系这个核心问题,物质方面的能力和成就只能增加人类的烦恼。⑤

如前所述,卜德对中国文化的"主导观念"分三个方面进行了疏解。关于这样三个方面,卜德认为,每个方面虽然各不相同,但其共同体现的是"和谐的世界观"。或者说,"主导观念"分为三个方面只是为论说方便,其实它们乃基于"和谐的世界观"的整体。他说:"我要重申中国人关于统一、和谐的世界观的重要性,我其实已不止一次地间接提到这一概念。在中国

---

①　Derk Bodde. Dominant Ideas in the Formation of Chinese Culture, *Journal of the American Oriental Society*, Ibid. , p. 297.

②　Derk Bodde. Dominant Ideas in the Formation of Chinese Culture, *Journal of the American Oriental Society*, Ibid. , pp. 297 – 298.

③　Derk Bodde. Dominant Ideas in the Formation of Chinese Culture, *Journal of the American Oriental Society*, Ibid. , p. 298.

④　Derk Bodde. Dominant Ideas in the Formation of Chinese Culture, *Journal of the American Oriental Society*, Ibid. , p. 297.

⑤　Derk Bodde. Dominant Ideas in the Formation of Chinese Culture, *Journal of the American Oriental Society*, Ibid. , p. 296.

人的观念里,超自然世界、自然世界和人的世界之间没有真正的区别。它们都限定于一个无所不包、和谐有序的统一体中。……这些中国先哲们的观念被运用于处理社会关系时,则强调对自身的克制、宽容、平和,以及对中庸之道的追求。"①关此,他引用了中国经典以为佐证。如,孟子说:"万物皆备于我。"②《中庸》指出:"中也者,天下之大本也。和也者,天下之达道也。致中和,天地位焉,万物育焉。"③在他看来,"和谐的世界观"具有非常重要的现代价值。卜德说:

> 当今世界处于一种可怕的纷争之中。当这些纷争结束后,我们西方人应该将这些准则铭记于心,并在一个新世界到来时努力践行——这将是一个亘古未有的、东西方人民共同努力、携手合作的新世界。确切地说,在这个新世界,东西方所有信仰和民族将建立在公正、平等和手足情谊的基础之上。④

第四节　杨联陞

杨联陞(Lien－Sheng Yang),字莲生,原籍浙江绍兴,1914 年生于河北保定。1933—1937 年就读于清华大学经济系。1940—1942 年就读于哈佛大学,获硕士学位。1946 年获哈佛大学博士学位。1947 年任哈佛大学远东语言文学系(后改称东亚语言与文明系)助理教授,1951 年任副教授,1958 年任教授。1965 年受聘"哈佛—燕京中国历史讲座教授"。1970 年获圣路易华盛顿大学(University of Washington in St. Louis)荣誉文学博士学位。1974 年获法国铭刻与文学学院"德卢恩奖"。1976 年获香港中文大学荣誉文学博士学位。杨联陞还曾担任美国《哈佛亚洲学报》编委和台湾新竹《清华学报》主编。1980 年在哈佛大学退休并荣膺荣休教授。1990 年逝世于纽约。

杨联陞作为海外汉学的华裔先驱,在中国文化尤其是中国史研究领域

---

① Derk Bodde. Dominant Ideas in the Formation of Chinese Culture, *Journal of the American Oriental Society*, Ibid, p. 299.

② 赵岐注,孙奭疏,廖名春等整理,钱逊审定:《孟子注疏》,第 353 页。

③ 郑玄注,孔颖达疏,龚抗云整理,王文锦审定:《礼记正义》,第 1422 页。

④ Derk Bodde. Dominant Ideas in the Formation of Chinese Culture, *Journal of the American Oriental Society*, Ibid. , p. 299.

做出了许多开创性贡献。余英时评价说："杨先生特别富于批评的能力，又以考证谨严著称于世。"①主要著作包括《简明汉语口语词典》(*Concise Dictionary of Spoken Chinese*)(合编)、《中国货币与信贷简史》(*Money and Credit in China, a Short History*)、《文白对照中文诗选》(*Selected Chinese Texts in the Classical and Colloquial Styles*)、《中国制度史研究》(*Studies in Chinese Institutional History*)、《汉学散策》(*Excursion In Sinology*)、《汉学论评集》(*Sinological Studies and Reviews*)、《国史探微》《中国文化中报、保、包之意义》等。另外，后人编选了《杨联陞论文集》《中国现代学术经典：洪业、杨联陞卷》《哈佛遗墨：杨联陞诗文简》等。

一、"训诂治史"

杨联陞之所以能在学术上有精深造诣，与他年轻时所受的学术训练有密切关系。林聪标说："近代中国史学的研究当然是由乾嘉史学因缘发展而成，由劄记考证、名物训诂而进以贯通史事，探究风俗典章，遂蔚为大观。但19世纪、20世纪中西交通发达，西洋史学的绵延扩大由考古史者所发扬，每以博闻广问、记诵考索为根本，自不免与乾嘉以降史法史识相互为用，而援引壮大。……在王国维、陈寅恪诸位大师的开拓下，在浓郁学风中，于民国初年熏陶出一批杰出的青年史学家。……就在这一段潜移潜化的日子里，先生(指杨联陞——引者)奠定了日后数十年研究的深厚基础。"②叶理绥也说："杨先生受过最严格的现代学术训练，是最杰出的中国史学家。"③具体来讲，杨联陞"出身"于中国史学传统，故讲求史料的考证；亦接受了美国史学主流思想，强调"价值中立"之史学研究。正因为此，他颇为重视作为训诂学之核心的语言学。不过，他对语言学的重视乃师承于赵元任。杨联陞作为讲师协助赵元任在美国陆军特训班讲授中文，并共同制订了汉语课程教学计划。赵元任对语言学的兴趣和造诣深深影响了杨联陞。对于杨联陞的学术理路，余英时评论说：

他特别强调任何理论都必须以基本史料的整理和考订为依据。这不仅是中国朴学的传统，而且也和美国史学主流派的观点相近。④

① 沈志佳编：《余英时文集》第五卷，第474页。
② 林聪标：《迎杨联陞教授到新亚书院讲学》，[美]杨联陞：《中国文化中报、保、包之意义》，贵阳：贵州人民出版社2009年(下同)，第58—59页。
③ 参见[美]余英时《钱穆与中国文化》，上海：上海远东出版社1994年(下同)，第164页。
④ [美]余英时：《钱穆与中国文化》，第173页。

　　基于所受到的严格学术训练,杨联陞之研究始终有明确的方法论意识。他认为社会科学的融入有助于研究中国史,故自觉于"实证主义知识论"的立场。所谓"实证主义知识论",它预设历史由"历史事实"所构成;"历史事实"是独立客观的,不受研究者主观解释的影响;如果研究者的解释与"历史事实"之间发生冲突,则必须尊重事实。①　不过,若准确地讲,杨联陞的立场乃其一以贯之的"训诂治史"的方法论。余英时说:"杨先生所走的'训诂治史'的一条路……即'从小处着手,从大处着眼'。"②所谓"训诂治史",核心在于强调掌握史料的文字意义,尤其要扣紧时代而得其本义,即,通过对史料的严格鉴定和准确理解,从而"建立"起可靠的客观史实。③　因此,杨联陞超然并中立于任何史学理论,而主张必须首先重视文献资料问题。他说:

　　　　要研究中国史的人必须具有起码的训诂学素养。够不上这种要求的研究者,只能算是玩票性质,而不会成为一个全健的汉学家。毕竟中国史的主要资料仍旧是典籍,虽然考古材料与口耳相传的掌故也很重要。训诂学的一大法宝——典籍考证学能够使研究工作者在使用文献的时候,保持高度的谨慎。一旦有了一份典籍,其他训诂学的技巧就能够帮助研究者正确地去了解它的意思。我得承认这些东西并不就构成汉学的全部,但它们确实是汉学的基础。④

　　不过,在杨联陞,"训诂"仅为手段,"治史"才是目的。他说:"西文 philology 指语文,即训诂。……汉学家须通训诂……更令我向往的是考据而兼义理的训诂创见。"⑤余英时也评论说:"杨先生考证精到而取材广博,但并不是传统意义下的考证学家;他的训诂和考证都能为更大的史学目的服务。"⑥基于这样一种"更大的史学目的",其"训诂治史"主要包括三个方面的内容:其一,以充分占有史料为基础,虽然浩繁的历史文献存在许多显而易见的局限。其二,要准确把握史料,故凡治中国史的学者必须具备起码的训诂学素养。训诂学能够使研究者在使用文献时保持高度"警醒",从而

---

① 参见[美]余英时《钱穆与中国文化》,第 175 页。
② [美]余英时:《钱穆与中国文化》,第 170 页。
③ 参见[美]余英时《钱穆与中国文化》,第 174—175 页。
④ [美]杨联陞:《国史探微》,北京:新星出版社 2005 年(下同),第 137 页。
⑤ [美]杨联陞:《中国文化中报、保、包之意义·引言》,第 2 页。
⑥ [美]余英时:《钱穆与中国文化》,第 170 页。

有助于正确地了解文献资料本义。其三,对史料要进行"高明的综合"。即,要透过各种表面上似无关联的现象,找出它们之间的内在关系,进而加以"富于条理"的综合。① 质言之,所谓"训诂治史",是指在掌握浩博资料并进行精密分析之基础上得出正确的结论。他说:

> 中国的各类历史文献(从制度到思想)都有其特殊的"训诂"问题,治中国史者首先必须深入中国文献的内部而尽其曲折,然后才能进一步提出自己的心得。②

基于"训诂治史"的方法,杨联陞除了著作论文的写作外,还有多篇精彩、"博雅"的书评发表。关于书评,余英时说:"杨先生的博雅在他的书评中显露无遗,《汉学论评集》所收四十几篇英文书评便遍涉语言、官制、考古、地理、边疆史、文学史、科技史、哲学史、经济思想史、书画史、佛教史、史学史、敦煌学等专门领域,包罗了中国文化史的全部。"③需要注意的是,他的书评常常指向一流汉学家的作品,且多为公允、客观之评论,而非应时、世俗喝彩之作。因此,其书评往往会深化相关研究,或纠正原作中的重大失误,或澄清学界困惑已久的关键问题。例如,在《原商贾——余著〈中国近世宗教伦理与商人精神〉序》一文中,他"原商""说儒",就关键问题进行探讨。在考证"商贾"与"殷商"之"商"的内在关联时,他在社会经济史和思想史两个领域之间探讨商人的历史演变。很显然,此一精神亦是其"训诂治史"方法论的具体体现。有学者评论杨联陞说:

> 他的学术触觉灵敏,境界很高,常能贯通各方面的知识……凡中外学人讨论中国学术问题,他发现谬论,必直言批驳,不留情面,为国际间公认的汉学批评名家。莲生亦自谓为"汉学的看家狗,看到人家胡说,必高叫一声",不啻为胡说的一股吓阻力量!④

就当时美国学界的状况来看,杨联陞以其"训诂治史"而成为"卓越的汉学家"。林聪标说:"联陞先生代表了博闻强记、学贯古今的通儒传

---

① 参见[美]余英时《钱穆与中国文化》,第166—170页。
② 参见[美]余英时:《钱穆与中国文化》,第176页。
③ [美]余英时:《钱穆与中国文化》,第169页。
④ 严耕望:《治史三书》,上海:上海人民出版社2011年,第281页页。

统,也代表了知识即乐趣、致知能自足的文士理想。……这样的人在当今学术界已逐渐稀少。……联陞先生的学问旨趣正在于此。不仅如此,联陞先生更是当世卓越的汉学家,是中国生活艺术和中华文化的最佳诠释者。"①不过,杨联陞的研究并未拘泥于"训诂治史",而是涉及多个人文社科领域。或者说,他是以"微观"的"训诂考证"来阐发"宏观"的人文社会科学。对此,余英时评论道:"杨先生的论著都是读书有得的产品,他所提出的问题无一不是从中国史料内部透显出来的真问题,不但有客观的基础而且具自然的脉络。另一方面,传统和现代的学术训练则为他提供了整理、批判、分析和综合的主观条件。因此他从不把西方的概念强加于中国材料之上,他的社会科学的修养融化在史学作品之中,而不露斧凿的痕迹:这是所谓'水中盐味',而非'眼里金屑'。"②正因为如此,有学者推许杨联陞是汉学界的"第一人"。③ 然而,他对此却深感不安,谦让未遑。他说:

> 论学问最好不要谈第一人,而谈第一流学人与第一线学人(或学徒)。凡治一门学问,有了基本训练,自己认真努力,而且对前人及时贤(包括国内外)的贡献,都有相当的认识的人,都是第一线学人或学徒。第一流学人则是已经卓然有所成就,他的工作同行决不能忽视的人……④

二、"报"与中国之社会关系

由于语言学乃当时汉学界的焦点,更由于与赵元任的师承关系,杨联陞始终对语言学非常重视。不过,杨联陞的语言学研究与赵元任既相同又有异:相同之处在于他们均非常重视语言学本身之研究,不同之处在于杨联陞常将语言放在历史情境下研究。或者说,赵元任所研究的是纯粹的语言问题,而杨联陞则把语言问题与历史问题结合起来。也正是因此,杨联陞才会对"训诂治史"的"创见"更加"向往"。如前所述,他说:"西文 philology 指语文,即训诂。……汉学家须通训诂……更令我向往的是考据而

---

①　林聪标:《迎杨联陞教授到新亚书院讲学》,[美]杨联陞:《中国文化中报、保、包之意义》,第 58 页。

②　[美]余英时:《钱穆与中国文化》,第 168 页。

③　参见[美]余英时《钱穆与中国文化》,第 164 页。

④　参见[美]余英时《钱穆与中国文化》,第 164—165 页。

兼义理的训诂创见。"①依着杨联陞的理解,语言文字并非单纯的符号,它有着丰富的文化含义;对这些文化含义进行挖掘,将是更具学术价值的任务。他说:"一个字牵涉许多重要事物,则其研究皆可构成一部(不必是全部,亦不可能是全部)文化史。寅恪先生之说甚是。"②在此意义下,语言学研究不仅具有纯粹的"训诂"意义,而且也是诠释时代思想的重要途径。他说:"语文与思想,关系甚密,有人说:不会德文则不能了解康德哲学。同样也可说不会古汉语,很难了解古代思想。"③基于如此认识,杨联陞考察了"报"这个字所代表的中国社会关系之重要基础。

　　杨联陞认为,"报"一字虽具有广泛含义,但核心含义乃"反应"或"还报"。他说:"中文里'报'这个字有很广泛的意义,包括'报告'、'报答'、'报偿'、'报仇'以及'报应'。这些名词的中心意义是'反应'或'还报',而此观念是中国社会关系中重要的基础。"④既然"报"乃中国社会有关系的基础,那么何谓"报"呢? 通常来讲,中国人主张行动的"交互性"。因此,当一个人有所行动时,他会"预期"对方有所"反应"或"还报"。也就是说,给别人好处通常被认为是一种"社会投资",因为他期待将来得到对方相当的"还报"。由此来看,"报"以"反应"和"还报"为核心含义,意指基于人际关系而言的一种"交互报偿"原则。杨联陞说:"中国人的'报',注重人的来往关系,总必先有两人:我可以先施,你后报;或你施我报,两者缺一不可。"⑤比如,《礼记》曰:"太上贵德,其次务施报。礼尚往来,往而不来,非礼也;来而不往,亦非礼也。"⑥在杨联陞看来,"报"作为一种"交互报偿"原则虽然被许多社会所认可,但却以中国社会为历史最为悠久、意识最为自觉、影响最为深刻。他说:

　　　　当然,实际上每一个社会中这种交互报偿的原则都是被接受的。而在中国,其不同之处是这项原则有由来久远的历史,高度意识到其存在,广泛地应用于社会制度上,而且产生深刻的影响。⑦

①　[美]杨联陞:《中国文化中报、保、包之意义·引言》,第2页。
②　[美]杨联陞:《中国文化中报、保、包之意义·引言》,第3页。
③　[美]杨联陞:《中国文化中报、保、包之意义·引言》,第2页。
④　[美]杨联陞:《中国文化中报、保、包之意义》,第67页。
⑤　[美]杨联陞:《中国文化中报、保、包之意义》,第3—4页。
⑥　郑玄注,孔颖达疏,龚抗云整理,王文锦审定:《礼记正义》,第17页。
⑦　[美]杨联陞:《中国文化中报、保、包之意义》,第67页。

　　具体来讲,"报"的观念遍及于所有社会关系,而且被认为是合理的主流的思想。武侠或游侠的"报"的观念在中国文化中有重要影响,他们坚持一定得报答别人的恩惠,对于给别人的恩惠却不期望任何报偿,这种德行称作"义"。不过,这种观念在中国文化中并不占主流,主流乃儒家之"报"所代表的"交互报偿"原则。也就是说,因为"恕"在儒家思想中占有重要地位,故儒家的最高理想乃帮助别人而不求报偿。不过,儒家同时认为这"有点不合实际"①,实际上"儒家着重的是公正的原则,不可受慈善的影响"②。或者说,儒家虽然主张"厚之至"的"劳而不怨"之理想原则,但同时主张"以市道接"之"报"的现实原则。因此,就"五伦"之首——君臣关系来看,儒家甚至将"报"视为"德政"之基。杨联陞说:"在古代就已经知道,报恩是德政的基础。"③为此,董仲舒发展出一套"天人合一"的理论,认为国家社会系统与宇宙结构是相应的,它们都遵循"报"的原则,故政府制度的运转应该模仿天道而行。对此,杨联陞说:"'天'不论是人格化或非人格化的,中国人相信它都守遵循还报的原则。"④总之,中国文化中的"报"通常是以"交互报偿"为原则的。他说:

　　　　在长时间内,这种社交收支则必须保持平衡。其中极重要的一点是所欠的"人情",这不但包括感情在内,也包括种种社交的表示,如庆贺、吊唁,以及适当场合的送礼等,如果没注意保持平衡,就是没尽到社会义务,将使别人看不起他的家族。⑤

　　在杨联陞看来,"报"具有如下三个方面的特征,而这些特征形成了中国社会关系的重要基础。

　　其一,"家族主义"(familism)⑥。杨联陞认为,"报"是在家族系统的范围上行使的,即,赏与罚、赐福与诅咒全都可以在家族内转移。此乃源于中国文化中一个"深植"的传统,即相信自然或神的报应。如,《尚书》所言"天道福善祸淫"⑦"上天孚佑下民,罪人黜伏"⑧。重要的是,中国人相信这

---

① ［美］杨联陞:《中国文化中报、保、包之意义》,第70页。
② ［美］杨联陞:《中国文化中报、保、包之意义》,第70页。
③ ［美］杨联陞:《中国文化中报、保、包之意义》,第74页。
④ ［美］杨联陞:《中国文化中报、保、包之意义》,第76页。
⑤ ［美］杨联陞:《中国文化中报、保、包之意义》,第69页。
⑥ ［美］杨联陞:《中国文化中报、保、包之意义》,第81页。
⑦ 孔安国传,孔颖达疏,廖明春等整理,吕绍纲审定:《尚书正义》,北京:北京大学出版社1999年(下同),第200页。
⑧ 孔安国传,孔颖达疏,廖明春等整理,吕绍纲审定:《尚书正义》,第200页。

些"报应"是降在家族身上的。如《周易》有言："积善之家,必有余庆。积不善之家,必有余殃。"①因此,中国的思想家大多认为,命运是由同一家庭、家族或住在同一地区的人共有的。而且,这种家族或同乡"连带负责"的原则自古以来即落实于政治与法律之中。例如,在政治与法律制度中有很多如下的例子——"荫"或"荫叙",即恩泽及于家中后代子孙;"封赠",即把爵位赠与二三代的祖先。当然,这样一种做法反过来又强化了家族系统。在杨联陞看来,"孝道"是"报"原则之"家庭主义"最恰当的说明——"养儿防老,种树求荫"——即使以最严格的"交易"来说儿女也应该孝顺,因为他们受到了父母太多的照顾。在此意义下,杨联陞说:

　　养育儿女可视为最普通的社会投资,一个不孝子同时也是一个不高明的生意人,竟不能偿付他父母的老年保险。②

　　其二,"现世的理性主义"(worldly rationalism)③。在《礼记》中,作为"报恩"意义的"报"多次出现,用以说明牺牲献祭的宗教制度。由此来看,似乎"报"具有"超越"的宗教崇拜之义。不过,在杨联陞看来,就中国文化来讲,牺牲献祭所体现的"报恩"主要目的是"现世的",而不是"超越的";是"理性主义"的,而不是"信仰意义"的;此乃中国文化异于西方者。对此,梁启超有一段恰当的论述,以说明"祭"的实质乃"报"的原则。即,尽管超越的鬼神不能直接影响世俗人间祸福,但一般大众仍然期望从祭祀中得到降福。他说:"《论语》说:'非其鬼而祀之,谄也。''其鬼'和'非其鬼'的分别,和西洋人的看法不同。意思只是鬼神不能左右我们的祸福,我们祭他,乃是崇德报功。祭父母,因父母生我养我;祭天地,因天地给我们许多便利,父母要祭,天地山川日月也要祭。推之于人,则凡为国家地方捍患难、建事业的人也要祭;推之于物,则猫、犬、牛、马的神也要祭。只此,'报'的观念便贯彻了祭的全部分。"④总之,"现世的理想主义"乃"报"的重要特征。杨联陞说:

　　将用于人世的推理也同样用于上天,由此,将上天带到人间,而非

　　① 王弼注,孔颖达疏,李申等整理,吕绍纲审定:《周易正义》,北京:北京大学出版社1999年(下同),第31页。
　　② [美]杨联陞:《中国文化中报、保、包之意义》,第82页。
　　③ [美]杨联陞:《中国文化中报、保、包之意义》,第81页。
　　④ 梁启超撰,沈志钧导读:《中国历史研究法》,上海:上海古籍出版社1998年,第285页。

将人提升到那至高之处。神明报应与现世报应是携手合作的,以前者补充后者。①

其三,"道德的分殊主义"(ethical particularism)②。杨联陞认为,西方社会秩序的基础之一是道德的普遍主义,中国社会关系的基础之一则是"报"所体现的普遍主义。具体来讲,儒家坚持"二元道德标准",即,既赞扬"君子"道德,亦认可"小人"道德。也就是说,儒家把"理想主义"和"现实主义"结合于一身,故"允许"两种不同的道德标准同时并存。之所以如此,在于两种标准均以"交互报偿"原则为共同基础。对此,杨联陞说:"其中交互报偿一直是正常的标准,既然这在儒家看来是一个低下但却可以接受的标准,这个原则遂成为君子与小人二者共同的立足点——换言之,即是整个社会的基础,这里才是真正意义所在。"③不过,与西方道德的普遍主义不同的是,儒家"报"的普遍主义却导致了"分殊主义"。即,"报"作为一种"个别化的关系"有一种倾向,它"使得原来意图应用于普遍态度上的制度变得分殊化"④。因此,在中国传统中,即使办理公务,个人如果能从中得到利益,也须以感激之情对待办理公务的对方。很显然,"限于已经建立起来的个别关系,个人的还报很容易造成——或至少在表面上——偏袒徇私的结果"⑤。关于"道德分殊主义",杨联陞说:

> 这个原则的行使却是倾向于分殊主义,因为在中国任何社会还报绝少只是单独的社交交易,通常都是在已经建立个别关系的两个个人或两个家族之间——一本由来已久的社交收支簿上又加上的一笔。⑥

三、"朝代循环"与"朝代形态"

杨联陞认为,从事中国史研究的学者通常都同意:在朝代的兴亡更迭中,存在一个"周而复始"的"朝代循环"模式。他说:"西洋学者论中国史,常用'朝代循环'(Dynastic Cycle)一词。狭义指朝代兴亡相继,广义则指似

① [美]杨联陞:《中国文化中报、保、包之意义》,第82页。
② [美]杨联陞:《中国文化中报、保、包之意义》,第81页。
③ [美]杨联陞:《中国文化中报、保、包之意义》,第91页。
④ [美]杨联陞:《中国文化中报、保、包之意义》,第84页。
⑤ [美]杨联陞:《中国文化中报、保、包之意义》,第84页。
⑥ [美]杨联陞:《中国文化中报、保、包之意义》,第84页。

与朝代兴亡有关的其他类似循环的现象。"①实际上,关于"朝代循环"的思想古已有之。比如,孟子认为,由尧、舜、禹至夏、商、周,"天下之生久矣,一治一乱"②,"五百年必有王者兴"③。对于"朝代循环",杨联陞亦持肯定的态度。他说:"狭义的朝代兴亡,正如人有生死,是一种无可否认的现象。"④不过,朝代兴亡是非常复杂的现象,因为一个朝代往往经历数次盛衰,然后才完成整个"循环"。杨联陞说:"研究历史,除掉兴亡外,还要看全部的盛衰得失,从各方面分看,再合拢起来看,这样画成若干条或再简化为一条起伏线,代表一朝的大势,才好作精细的比较。"⑤因此,对"朝代循环"研究的前提性问题是对"朝代形态"进行准确把握。所谓"朝代形态","不但考虑到该朝代整体的兴起与衰落,同时也考虑到其间的小起伏,我们就可以称之为朝代的形态"⑥。基于这样的理解,杨联陞认为,与"朝代形态"相关的问题包括如下几个方面:

其一,"哪些朝代包括在我们的研究之内"⑦。中国历史上的朝代情况很复杂,既有持续时间长的,亦有持续时间短的;既有汉族的政权,亦有异族的统治;既有统治全境的"大朝代",也有控制小部分的"小朝代"。面对这种情况,多数学者在探讨"朝代循环"时只关注"传国久远"的"大朝代"。对此,杨联陞认为:"现代学者讲到朝代循环的时候,差不多都只是指传国久远的朝代。这是可以接受的,因为很显然不是所有的朝代都能够用同一个尺度来处理。"⑧不过,将持续时间短的"小朝代"和"异族政权"的"形态"也描绘出来,杨联陞认为也是非常有价值的。比如,关于"战国时代"之"七雄"或"五代时期"之十国,"如果我们能找出形态的差异与领土的差异两者之间的相互关系,那将是件极其有趣的事情"⑨。此外,中国有区分"正统朝代"与"僭伪朝代"之传统,但判定二者的标准却因时代而不同。因此,"一定要切记不要让正统的观念限制住历史研究的视野"⑩。例如,关于魏、蜀、吴三国,在西晋时代魏国被认为是"正统",但在宋代蜀国则被认为是"正

①　[美]杨联陞:《国史探微》,第30页。
②　赵岐注,孙奭疏,廖名春等整理,钱逊审定:《孟子注疏》,第176页。
③　赵岐注,孙奭疏,廖名春等整理,钱逊审定:《孟子注疏》,第125页。
④　[美]杨联陞:《国史探微》,第31页。
⑤　[美]杨联陞:《国史探微》,第31页。
⑥　[美]杨联陞:《国史探微》,第14页。
⑦　[美]杨联陞:《国史探微》,第14页。
⑧　[美]杨联陞:《国史探微》,第14页。
⑨　[美]杨联陞:《国史探微》,第14页。
⑩　[美]杨联陞:《国史探微》,第15页。

统"。总之,杨联陞的意思是,研究"朝代循环"时,不应把视野局限于"大朝代"和"正统朝代",而应将视野扩大及"小朝代"和"僭伪朝代"等所有朝代。

其二,"朝代的终始要怎么讲才好"①。在杨联陞看来,这个问题涉及如下几种情况:第一,通常是把朝代之如定位位于建立国号的时间,而实际上一个朝代在建立"国号"之前可能就以国家形式存在了。因此,"把朝代正式建号以前的情况也包括进来应该是合理的"②。第二,朝代的终结牵涉到"中兴"这个有趣的问题,因此,"只有把中兴与残存的局面一并包括到朝代形态的研究里来,才显得公平"③。第三,为了把握大小朝代和朝代成立前的状况,还须考虑不同朝代在时间上的"内部重叠"或"外部重叠"。所谓"内部重叠",是指经由"禅位"方式而来的朝代变迁。④ 所谓"外部重叠",是指两个朝代或者不同王朝之间的更迭。⑤ 第四,传统学者常常把汉族朝代当作"孤立的实体"研究,实际上汉族朝代与异族邦国往往有直接或间接的关系。因此,"从事中国史研究的学者,如果将视野放宽,也研究所有的非汉族邦国的形态,一定会受益不浅的"⑥。总之,在杨联陞,不仅要考虑建立国号之后的情况,亦须考虑建立国号以前的情况;不仅要考虑"中兴"的情况,也须考虑"残存"的情况;不仅要单独考虑"朝代形态"问题,亦须考虑"形态"之间"重叠";不仅要考虑汉族政权,亦须考虑异族邦国政权;唯有如此,才可准确把握"朝代的终始"问题。

其三,"分级的基点,或说衡量的尺度是什么"⑦。对此,杨联陞认为,衡量"朝代形态"的标准通常有两种情况:一种是,对于"创业之君"的衡量标准是"武功";另一种是,对于"守在之主"的衡量标准是"文治"。他说:"两组明显的标准是统一与扩张、和平与繁荣,换句话说,也就是文治与武功。当然,这两种功绩,多少是互相对立的,因为统一与扩张总会卷入战争,而这必然破坏和平。总之,中国人一向期待皇朝的建立者有武功,而其继位者有文治,这也就是'创业之君'与'守成之主'的分野。"⑧此外,亦有史学

---

① ［美］杨联陞:《国史探微》,第15页。

② ［美］杨联陞:《国史探微》,第16页。

③ ［美］杨联陞:《国史探微》,第17页。

④ 参见［美］杨联陞《国史探微》,第17页。

⑤ 参见［美］杨联陞《国史探微》,第18页。

⑥ ［美］杨联陞:《国史探微》,第18页。

⑦ ［美］杨联陞:《国史探微》,第18页。

⑧ ［美］杨联陞:《国史探微》,第19页。

家从文化角度来衡量"朝代形态",即从哲学、艺术以及文学等角度来衡量。对此,杨联陞有两个方面的主张:一方面是要明确"文化"的定义。即,不仅要区分"一种文化活动或文化的单一部门",还要区分"该部门的一种特殊形式或种类",更要注意"就整体而言的文化活动",因为这三种"文化""形态"并不一致。① 另一方面是要考虑"文化"的"质"与"量"。通常来讲,史学家所关心的是"质",而不是"量"。在个别范围里,这种研究是有效的。然而,若从整个文化史的角度来讲,它则很有局限性。因此,正确的做法是,不但要了解杰出大师们所体现的"质",也要了解文化活动全部参与者所体现的"量"。②

在杨联陞看来,已往对于"朝代循环"的研究已很有成效,为中国史研究做出了很大贡献。但是,这些研究有的并不全面,有些研究在断定"朝代形态"方面甚至存有偏颇。因此,应依着上述标准,并透过"正史",来判断一个"朝代形态"的"基本面貌"。他说:"用我们界定过的标准,首先透过正史的本纪,我们便可以掌握该形态的基本面貌。历史家在本纪末尾的批评,即所谓的论赞中,经常讨论那位皇帝在该朝代历史中的地位。这种讨论在形式上通常都已样板化了。虽然如此,它们还是相当重要,因为它们代表了传统的评价。"③杨联陞的意思是,只有在讨论完上述三个问题之后,才可以对"朝代形态"进行诠释或比较。只有这样,才可以断定,中国历史上各朝代之间是重复着同样的循环,还是展开着不同的循环。也只有这样,才可以进一步讨论朝代兴衰所包含的"循环"与"非循环"因素,而这是一个颇有学术价值的问题。总之,"讨论朝代循环而置形态于不顾,也显得太过玄虚,反而可能一点用处也没有"④。当然,讨论"朝代循环"本身并不是目的,目的在于从中"获取教益"。杨联陞说:

> 朝代有兴亡,正如人有生死。重要的是要从朝代兴亡的得失成败——换句话说,就是业绩——中获取教益。⑤

---

① 参见[美]杨联陞《国史探微》,第19—20页。
② 参见[美]杨联陞《国史探微》,第20页。
③ [美]杨联陞:《国史探微》,第22页。
④ [美]杨联陞:《国史探微》,第29页。
⑤ [美]杨联陞:《国史探微》,第29页。

第三章　美国儒学研究的开展

由前述所知,美国学界最初所开展的是对中国文化的介绍和研究,后来渐渐接受了从欧洲传入的传统汉学研究,将中国文化进行分门别类的研究。在这些研究当中,历史、地理、语言、神话等是其中的主干。20世纪40年代至90年代,随着研究的逐渐深入,由于儒学在中国文化中的主流地位,在传统的汉学研究中,渐渐生发出独立的儒学研究。即,将儒学作为一个独立领域进行研究。当然,这并非某个人某一时刻的独立创造,而是一个长时期的积累和发展过程。在这个过程中,陈荣捷、顾立雅、狄百瑞、倪德卫是几个重要的"先行者"。其中,陈荣捷和顾立雅更起到了"拓荒者"的作用。历史地看,尽管这些"先行者"对儒学的研究多是依凭个人兴趣开展,而且其研究亦为断断续续的缓慢发展,但儒学研究毕竟在美国学界开始占据一席之地。在一定意义上讲,此乃美国儒学史的真正开端,而之前的中国文化研究只是渊源。因此,儒学研究从中国文化研究中独立出来是美国儒学发展过程中的一次跨越。

陈荣捷以宋明理学研究尤其以朱熹研究为主干,为儒学在美国的传播做出了重要贡献。同时,他对于儒家的"人本主义"、儒家哲学的"综合"及儒学的宗教性有颇为深入的研究,对于儒家哲学提出了诸多理论新创。顾立雅对于孔子哲学的"现实性"、孔子的教育思想及孔子思想的民主倾向有诸多探讨。狄百瑞所侧重的是在中西比较语境下的儒学研究:他探讨了儒学的"困境"及"现代新生"的谋求,还探讨了儒家的自由传统。他反对儒学与现代化对立的观点,认为儒学在现代社会中仍有其价值,但儒学要生存、发展,还必须迎接现代工业社会的"挑战"。倪德卫则从人性论入手,对早期儒学中"德性的悖论"进行了探讨,进而探讨了"意志无力"的问题。此外,他关于王阳明哲学乃一种与宗教有关又有别的"自我转化论"的观点别出心裁。

第一节　陈荣捷

陈荣捷(Wing-tsit Chan),1901年生于中国广东省开平市。1920—1924年在岭南学院(后更名为岭南大学)学习,获学士学位。1924—1929

年在美国哈佛大学学习,先后获硕士和博士学位。同年,回岭南大学执教,
1930 年任教务长。1933 年出任中国基督教高等教育评议会主席。1935 年
到夏威夷大学(University of Hawaii)任访问教授,1937 年任教授。1939 年
与哲学界知名人士发起创设"东西方哲学家会议"(The East‒West Philoso-
phers Conference)。1940 年任夏威夷大学哲学系主任。1942 年任达特茅思
学院(Dartmouth College)教授,并曾任该学院人文学院院长。后任教于匹
兹堡(Pittsburgh)查坦姆学院(Chatham College)、哥伦比亚大学。1966 年退
休。1978 年当选台湾"中央研究院"院士。1980 年被选为美国亚洲研究与
比较哲学学会(Society for Asian and Comparative Philosophy)会长。1994 年
在美国匹兹堡逝世。

陈荣捷作为美国第一位华裔中国哲学家,为在美国介绍中国哲学和文
化做出了重要贡献。代表性著作包括《现代中国的宗教趋势》(*Religious
Trends in Modern China*)、《中国哲学历史图表》(*Historical Charts of Chinese
Philosophy*)、《中国哲学大纲及附注参考书目》(*An Outline and An Annotated
Bibliography of Chinese Philosophy*)、《近思录——新儒学文选》(*Reflections
on Things at Hand：The Neo‒Confucian Anthology*)、《朱学论集》《朱子门人》
《朱子新探索》《王阳明〈传习录〉详注集评》《王阳明与禅》《西方对儒学的
研究》《宋明儒学之概念与历史》《中国哲学论集》《新儒学论集》等。此外,
译著包括《道德经》《传习录》《近思录》以及《六祖坛经》等英译本,最重要
的译著是《中国哲学资料书》(*A Source Book in Chinese Philosophy*)。

一、儒家的人本主义

在西方,"人本主义"(humanism)产生于"文艺复兴"时期,它是基于对
中世纪"神性"压抑"人性"之反叛而形成的一种思想。因此,它以对人的关
怀为出发点,以高扬人的价值、强调人的尊严为宗旨。这样看来,似乎"人
本主义"是西方文化的独有内容。不过,陈荣捷认为,虽然中国原典没有
"人本主义"这个词,但中国的"人本主义"思想却很悠久。历史地看,中国
的"人本主义"起源于西周时代——当周朝推翻了商朝以后,便发现了"人
力"的重要性,进而发现了"人"的重要性。[①] 后来,孔子把源于西周的"人

---

　　① 参见[美]陈荣捷著,黎登鑫译,万先法校订《中国哲学之理论与实际——特论人本主义》,
方东美等著,东海大学哲学系编译:《中国人的心灵:中国哲学与文化要义》,台湾:联经出版事业股
份有限公司 1984 年(下同),第 8—9 页。

本主义"推向高峰,其"未知生,焉知死"①与"人能弘道,非道弘人"②等观点,不仅表达了对现实人生的关怀,也表示了对人的价值的肯定。在此意义下,陈荣捷说:"将中国之人本主义带到最高之境地者,当然首推孔子。"③在孔子以后,几乎后世的所有儒者,从孟子、荀子到朱熹、王阳明,再到康有为、谭嗣同,他们都是"人本主义者",因为他们都以关心"人事"为首务,都热衷于政治与社会事务。陈荣捷认为,中国的"人本主义"具体体现在两个方面:其一,人居于政府之中心地位;其二,人事实上亦被认为重要。④ 对于这样一种"人本主义",他说:

> 除了少数哲学家……以外,全都是热衷于社会与政治之人物。孔子当然是树立此一典型之人物。……除少数例外,凡属名儒,几乎都是积极入世之从政人物。……今日,中国哲学家也都亲身卷入社会与政治运动之中。⑤

显而易见,陈荣捷是以对关怀现实人生来界定"人本主义"的。正因为此,他高度评价孔子的"人本主义",并通过"君子"和"仁"两个概念对其进行了阐发。关于"君子",原义是"君之子",即统治者的后代,但孔子赋予它全新的含义,即"道德高尚的人"。在孔子心目中,一个人是否"君子",不取决于血统或身份,而取决于个人品质。即,"君子"不是先天决定的,而是后天习得的。自孔子以后,"君子"渐而成为儒家乃至整个中华民族的人格范式。对此,陈荣捷说:"'君子'一词,其字面乃指君王之子。孔子改之为人格高贵者。此一观念之急遽改变,实际达到一场社会革命,其对封建之日益式微,确有贡献。"⑥关于"仁",作为包容众德的最高德性,它相当于英文的"perfect virtue";这个概念因所关怀者乃人伦关系的和谐,故它可为纠正社会中过度的个人主义做出贡献。具体来讲,儒家注重恰当处理个人与社

---

① 何晏注,邢昺疏,朱汉民整理,张岂之审定:《论语注疏》,第146页。
② 何晏注,邢昺疏,朱汉民整理,张岂之审定:《论语注疏》,第216页。
③ [美]陈荣捷著,黎登鑫译,万先法校订:《中国哲学之理论与实际——特论人本主义》,方东美等著,东海大学哲学系编译:《中国人的心灵:中国哲学与文化要义》,第9页。
④ 参见[美]陈荣捷著,黎登鑫译,万先法校订《中国哲学之理论与实际——特论人本主义》,方东美等著,东海大学哲学系编译:《中国人的心灵:中国哲学与文化要义》,第14—17页。
⑤ [美]陈荣捷著,黎登鑫译,万先法校订:《中国哲学之理论与实际——特论人本主义》,方东美等著,东海大学哲学系编译:《中国人的心灵:中国哲学与文化要义》,第7—8页。
⑥ [美]陈荣捷著,黎登鑫译,万先法校订:《中国哲学之理论与实际——特论人本主义》,方东美等著,东海大学哲学系编译:《中国人的心灵:中国哲学与文化要义》,第10页。

会的关系,从而在其间求得一种平衡;而这种平衡主要通过家庭这种社会"细胞"来实现。陈荣捷说:"个人虽然完全被认为重要,但其重要却不得掩盖社会之重要。两者之平衡必须加以维持。事实上,道德纪律之目标正可充当此一平衡。最高之伦理目标为仁。……仁字乃由两部分构造,其一为人本身,另一则表示众多而为社会之意。"①他还说:"数世纪来,有一基本组织,亦即家庭,便一直为此目的而存在。"②

　　陈荣捷进而认为,儒家的"人本主义"对"真理"的理解异于西方哲学。通常来讲,西方哲学的真理观主要有"符合论"和"一致论"两种形式;前者认为,"真理"是观念与实在的符合;后者认为,"真理"与实在无关,只是观念与观念之间的逻辑一致。然而,儒家的真理观则是一种"道德真理论"。具体来讲,一方面,"真理"并不是逻辑地蕴含的,也不是观念地把握的,它乃在实际生活中"体证"出来的。陈荣捷说:"真理并不被了解……为一抽象原则,不论其多合逻辑。相反地,真理只是人间事物上一项可被发现与可指示之原则。换言之,真理之真正考验乃在人间历史上。……由于真理只能在事件——主要为人事——中加以发现以体证,其必然之结果,厥为一真理之记载,乃见于历史文件当中。"③另一方面,"真理"非科学意义等其他形式的真理,而乃"道德真理"。陈荣捷说:"儒家经典之被接受为人间活动之最高准则,此一事实之隐含之意为此等经典所包含之永恒真理主要为道德真理。此为中土之真理观念之另一重要方面……"④对于这样两个方面之综合所形成了"道德真理论",他说:

　　　　仅读古籍,进而为了解其中所包含之道德真理,还有所不足。只有个人在人事当中实际磨炼而真正体认真理时,此一真理才赋有生命。⑤

---

　　①　[美]陈荣捷著,黎登鑫译,万先法校订:《中国哲学之理论与实际——特论人本主义》,方东美等著,东海大学哲学系编译:《中国人的心灵:中国哲学与文化要义》,第18页。
　　②　[美]陈荣捷著,黎登鑫译,万先法校订:《中国哲学之理论与实际——特论人本主义》,方东美等著,东海大学哲学系编译:《中国人的心灵:中国哲学与文化要义》,第18页。
　　③　[美]陈荣捷著,黎登鑫译,万先法校订:《中国哲学之理论与实际——特论人文主义》,方东美等著,东海大学哲学系编译:《中国人的心灵:中国哲学与文化要义》,第2页。
　　④　[美]陈荣捷著,黎登鑫译,万先法校订:《中国哲学之理论与实际——特论人本主义》,方东美等著,东海大学哲学系编译:《中国人的心灵:中国哲学与文化要义》,第3—4页。
　　⑤　[美]陈荣捷著,黎登鑫译,万先法校订:《中国哲学之理论与实际——特论人文主义》,方东美等著,东海大学哲学系编译:《中国人的心灵:中国哲学与文化要义》,第4页。

在陈荣捷看来,"人本主义"不仅是儒家的一种基本精神,而且是整个中国哲学的基本精神。或者说,由于儒家在中国哲学中长期处于"主干地位","人本主义"遂成为中国哲学各家各派之共同的"理论特色"。他说:"吾人必须找寻一长久流行而为儒家、道家与佛家所共具、最足代表三家之学说。……大部分探究中国思想之学者会立刻提到人本主义为三大传统思想体系之特色,因为人本主义很明显地表现在中国人生各层面,且在中土达数世纪之久。"①具体来讲,道家虽属"自然主义",但亦有"人本主义"。即,老、庄表面上提倡从人类社会隐退,但实际上理想人物是"圣人"而非"隐士"。道教追求延年益寿,其旨归更在于现实之人生。② 至于佛教,其"出世"思想固然很明显,但佛教的"中国化"过程却体现了佛教"人本主义化"的过程。印度佛教在传入中国以后,中国人不是以"佛性"来理解"佛性",而是以"人性"来理解"佛性",从而开创出具有中国特色的佛教派别。例如,最能体现中国佛教特色的禅宗完全把"佛性"放在"人心"上,主张"直指人心,见性成佛"③。总之,"人本主义"是整个中国哲学的基本"色彩"和"主调"。陈荣捷说:

> 吾人从上可清楚看出,中土境内,不单儒家,同时道家、佛家均具有深厚之人本主义色彩。吾人毋需再辩人本主义乃中土思想之主调。此一主调震颤着整个中土历史。④

二、儒家哲学的"综合"

陈荣捷梳理了中国哲学 2000 多年的发展脉络,进而探讨了中国哲学发展的主要特点。对此,他说:"古代与现代之中国哲学,其主要关怀者一向是伦理、社会与政治诸问题。形上学只有在从印度东传之佛教对儒家构成强大之挑战而后方才发展起来。"⑤因此,诸如"上帝""普遍性""时空"、物

---

① [美]陈荣捷著,黎登鑫译,万先法校订:《中国哲学之理论与实际——特论人本主义》,方东美等著,东海大学哲学系编译:《中国人的心灵:中国哲学与文化要义》,第 8—9 页。
② 参见[美]陈荣捷著,黎登鑫译,万先法校订《中国哲学之理论与实际——特论人本主义》,方东美等著,东海大学哲学系编译:《中国人的心灵:中国哲学与文化要义》,第 11—12 页。
③ 居顶编:《续传灯录》卷五,《永乐北藏》第一九六册,北京:线装书局 2008 年。
④ [美]陈荣捷著,黎登鑫译,万先法校订:《中国哲学之理论与实际——特论人本主义》,方东美等著,东海大学哲学系编译:《中国人的心灵:中国哲学与文化要义》,第 14 页。
⑤ [美]陈荣捷:《中国形上学之综合》,方东美等著,东海大学哲学系编译:《中国人的心灵:中国哲学与文化要义》,第 99 页。

质与精神等形上问题,中国哲学大多数学派不是不加讨论,就是偶尔基于伦理学加以讨论。而且,相关讨论也一向漫无体系,罕有基于假设与逻辑所展开之辨析。之所以如此,在于中国哲学有一倾向,即关注于美好人生与社会,而非有系统之知识,故它一向避开"抽象"与"概括"。由此来看,倘若依西方哲学所"仰仗"之理论基础和严密逻辑的标准来看,中国哲学在形上学方面所能贡献于世界者"委实有限"。陈荣捷说:"大部分当代中国哲学家,都觉得,中国哲学在伦理学上对世界大概有所贡献,但在形上学上却在接受之一方。"①尽管如此,并不能说中国哲学不存在"形上学"。实际上,后起的中国哲学"形上学"具有"独到"的特征,即"综合"。于是,对于这种"综合",陈荣捷分别从"纵向"和"横向"两个角度进行了诠释。所谓"纵向",是就历史发展之阶段性而言说;所谓"横向",是就六对主要概念之体现而言说。

关于"纵向"之言说,陈荣捷认为中国哲学史分为四个阶段,而每个阶段都"终结"于一种"综合"。具体来讲,第一阶段为汉朝时代的哲学之"综合"。在这个时期,不仅儒学自身"综合"而成为"国教",而且道家、阴阳家与《中庸》形上学也渐而趋于"综合",结果是儒家、道家及其他各家均接受了"变化哲学"。也就是说,道家"阴阳交感"理论、《中庸》"诚"的儒家哲学最终"综合"成一种"变化哲学"。② 第二阶段为汉唐之间的佛教之"综合"。"综合"的结果是,佛教之"虚无主义""实在主义""理想主义"与"否定主义"诸教派"综合"成华严宗之"整体主义";"整体主义"的核心是"理界"与"法界"圆融无碍,故"理论与实际""一与多""本体与现象"均相互交织、相互补足以至相互反映。③ 第三阶段为宋明儒学之"综合"。在这个时期,宋明"新儒家"将佛家与道家思想"同化"为儒家思想,从而使佛家与道家思想"综合"成为"儒家传统"之内涵。④ 第四阶段为现代正在进行之"综合"。尽管现代中国哲学仍在"褓襁"时期,但西方哲学与中国哲学之"综合"却成为哲学家们共同努力的方向。⑤ 关于上述四个阶段之"综合",陈荣捷说:

　　倘若吾人志在哲学之综合,则值得吾人审视中国哲学所发生者,是因中国哲学史上一项特出之事实乃其综合之倾向与能力。中国哲

① ［美］陈荣捷:《中国形上学之综合》,第116页。
② 参见［美］陈荣捷《中国形上学之综合》,第99—100页。
③ 参见［美］陈荣捷《中国形上学之综合》,第100页。
④ 参见［美］陈荣捷《中国形上学之综合》,第100页。
⑤ 参见［美］陈荣捷《中国形上学之综合》,第100页。

学史通常分为四期,而每一期均终于某种综合。①

不仅限于"纵向"之言说,陈荣捷认为"横向"之言说更有意义。他说:"吾人较感兴趣者,毋宁是各种观念之综合。"②于是,他对于哲学史上六对重要概念所体现的形上学"综合"一一进行了诠释。

其一,关于"有与无"。依据佛教理论,"有"乃不可能,"无"亦不可能;二者均为"空",故应同时被否定。原因有两个方面,一是若肯定"有",则意指物来自自身或他物,但两种情况均为荒谬。二是若肯定"有"与"无",则意指它们具有"自性",实际上它们只是"缘起"。就道家来看,它不同于佛教同时否定"有"与"无",而是将一切均"化约"为"无"。《道德经》曰:"天下万物生于有,有生于无。"③在陈荣捷看来,"有生于无"之"无"既非"无名",亦非"空",而是指"来自本身"。他说:"吾人该注意的是,道家并非倡导虚无主义。他们毋宁在倡导'自化'之说,意即物来自本身,而此即是道。"④与佛家和道家均不同,"新儒家并不否定有与无,反之,同予肯定"⑤。依儒家之见,"物性"或"人性"之本质乃在于"化育",而"化育"即是"变易"。关于"变易",《周易》曰:"易有太极,是生两仪。两仪生四象,四象生八卦。八卦定吉凶,吉凶生大业。"⑥在此,"两仪"为"阳"与"阴",而"阳"为"有","阴"为"无";"阴"与"阳"、"有"与"无"相互交感而形成生生之过程;在这个过程当中,"有"与"无"实现了"综合"。对此,陈荣捷说:

> 儒、道、佛三家大相径庭之有与无之问题。佛家同时否定有与无;道家则减约为无;而新儒家则予以综合。⑦

其二,关于"理与气"。在儒家,通常来讲,"理"是统摄万物之潜在的普遍法则。或者说,作为存有之因或形、质之理由,"理"乃自生,永恒而不毁;万物莫不有"理","理"处处显现。与"理"不同,"气"则为特殊法则,为"理"之具体化、表现与运作。或者说,"气"赋予万物以实质和个性,故依

① [美]陈荣捷:《中国形上学之综合》,第 99 页。
② [美]陈荣捷:《中国形上学之综合》,第 100 页。
③ 朱谦之撰:《老子校释》,第 165 页。
④ [美]陈荣捷:《中国形上学之综合》,第 101 页。
⑤ [美]陈荣捷:《中国形上学之综合》,第 102 页。
⑥ 王弼注,孔颖达疏,李申等整理,吕绍纲审定:《周易正义》,第 289 页。
⑦ [美]陈荣捷:《中国形上学之综合》,第 100 页。

"气"以区分万物。然而,宋明儒家对于"理"与"气"关系之解释却有严重分歧。程颐与朱熹代表一方,主张"理为形而上、气为形而下"①。陆九渊和王阳明代表另一方,主张"心即理"②。之后,颜元和戴震则主张"气即理之气,理即气之理"③。关于上述三派之异同,陈荣捷认为,前者为"理与气之二分法",中者为"将理与心合一",后者为"将理与气合一"。尽管它们的主张不同,但无一派认为只有"理"或"气"乃真实者。具体来讲,程颐、朱熹虽然声称"理"先于"气"并独立于"气",但他们亦言无离开"气"而存在之"理"。陆九渊、王阳明罕言"气",但他们视"气"为"理"之运作或功能。颜元和戴震否定"理"为先验或超越,但并未倡言"理"只是抽象之物。质言之,"理"与"气"实乃"相互存在",而"相互存在"即体现出"综合"特征。陈荣捷说:

> 吾人可以说,中国一般之立场是:理与气相互存在。中国形上学综合之倾向,再度确立。④

其三,关于"一与多"。陈荣捷认为,就学术史而言,"一"与"多"首先由佛教进行了讨论。依着佛教理论,"一"即"多","多"即"一"。如此来看,"一"与"多"似乎业已"综合"。然而,佛家却认为,"一"乃"真规"或"真心",即重要者才为"整全"亦即"一"。与佛家相似,道家也强调"太一"。但是,它们强调的结果却不同:佛家之强调导致了"一"与"多"的"分别论";道家之强调导致了"一"与"多"的"齐物论"。无论是"分别论",还是"齐物论",它们虽在伦理上促进了宽容与无私等美德,但在"形上学"上却引发了一物是否有"个性"即本性之严重后果。⑤ 与佛家和道家不同,儒家较好地表达了"一"与"多"的"综合"。陈荣捷说:"新儒家在此之综合是:一与多同为真实。"⑥例如,张载认为,由于"气"对每物之作用各异,故无一物相肖者;由于物为"气"所生,故万物在和谐中又均归为"一"。他说:"太虚无形,气之本体,其聚其散,变化之客形尔;至静无感,性之渊源,有识

---

① 参见黎靖德编,王星贤点校《朱子语类》,北京:中华书局1986年(下同),第3页。
② 王阳明撰,吴光等编校:《王阳明全集》,上海:上海古籍出版社1992年(下同),第2页。
③ 颜元著,王星贤等点校:《颜元集》,北京:中华书局1987年,第1页。
④ [美]陈荣捷:《中国形上学之综合》,第107页。
⑤ 参见[美]陈荣捷《中国形上学之综合》,第107—108页。
⑥ [美]陈荣捷:《中国形上学之综合》,第108页。

有知,物交之客感尔。客感客形与无感无形,惟尽性者一之。"①总之,陈荣捷认为,尽管具体主张有所不同,佛、道、儒实际上均主张"一与多"的"综合"。他说:

> 一与多之关系问题,乃中国哲学中之一基本问题……三家中无一家认为一吸收多而消除多,反之亦然。三家共同之信念,是一与多彼此相辅相依。②

其四,关于"人与天"。在陈荣捷看来,在中国哲学当中,个人与宇宙之关系非常重要。就其理论主张来看,一方面,个人自有其位置;另一方面,个人也可与宇宙合而为一。③ 具体来讲,道家认为,个人与宇宙乃"小宇宙"与"大宇宙"之关系;二者同为"宇宙",则定然可以合一。儒家认为,个人与宇宙更是一相互贯通之关系。就孔子来看,"他建立天人之间的平衡……为儒家天人合一的悠久传统铺好了发展的道路。两千年来,这个传统就这样历久不衰"④。后来,无论是在《孟子》,还是在《中庸》,均继承孔子的传统,对于天人关系进行了深入阐述:人性与宇宙之性既然相同,故能"尽己之性",亦能"尽人之性";能"尽人之性",亦能"尽物之性";能"尽物之性",亦能"尽全宇宙之性"。⑤ 历史地看,《孟子》和《中庸》之论述成为宋明儒学之理论基础,进而形成了整个儒家之传统。当然,宋明儒家比传统儒家又有所增进,主张仁者"以天地万物为一体"⑥。很明显,不论就道家来讲,还是就儒家来看,"天人合一"乃一以贯之之观念。陈荣捷说:

> 天人合一之观念,实际上贯穿整个中国哲学史。⑦

其五,关于"善与恶"。陈荣捷说:"此为中国形上学上最重要之问题。

---

① 章锡琛点校:《张载集》,第 7 页。

② [美]陈荣捷:《中国宗教中之个人》,方东美等著,东海大学哲学系编译:《中国人的心灵:中国哲学与文化要义》,第 285 页。

③ 参见[美]陈荣捷《中国形上学之综合》,第 109 页。

④ [美]陈荣捷著,廖世德译:《现代中国的宗教趋势》,台湾:文殊出版社 1987 年(下同),第 33 页。

⑤ 参见赵岐注,孙奭疏,廖名春等整理,钱逊审定《孟子注疏》,第 350 页;郑玄注,孔颖达疏,龚抗云整理,王文锦审定:《礼记正义》,第 1592 页。

⑥ 程颢、程颐著,王孝鱼点校:《二程集》,第 15 页。

⑦ [美]陈荣捷:《中国形上学之综合》,第 109 页。

此一形上问题,辩论最早,且亦最为广泛。"①在中国哲学,宇宙为善,而人与宇宙合一,故人性必善;此乃多数中国人所持有之信念。然而,历史地看,对于"恶"的解释却众说纷纭:佛家认为是"无明",道家则归因于"欲望",宋明儒者则归因于"私欲"。比如,朱熹认为,"理"是"善源",而"气"则为"恶源";二者乃对照之关系,故须"存天理""灭人欲"。他说:"人之性皆善。然而有生下来善的,有生下来便恶的,此是气禀不同。"②"圣贤千言万语,只是教人明天理,灭人欲。"③然而,自朱熹之后,随着时间之前进,越来越多的后世儒家认为"欲望"亦为善,因为"欲望"亦乃人性之部分。对此,陈荣捷认为,究极而言,不论"恶源"之理论为何,"恶"乃意指"中庸"之"岔出"。即,"理"与"欲"之和谐乃"中庸"之理想状态,而"恶"乃由于"私欲"而形成。质言之,"恶乃非自然、意外与暂时,主要由于个人本身之缺陷"④。既然如此,对"恶"之拯救则在于"尽"吾人天生之"善性"。如此来讲,"善"与"恶"实亦可理解为"综合"。对此,陈荣捷说:

> 职是之故,吾人必须寻出自己拯救之道。由于吾人天性本善,此不只可能,而且迫切。此外,由于人人共具宇宙之善性,因此,人人皆能成圣成贤。⑤

其六,关于"知与行"。在陈荣捷看来,"知与行的关系,长久以来一直是儒家关切的一个问题。这个问题在王阳明(一四七二~一五二八)'知行合一'的学说中发展到最高峰"⑥。事实上,大部分中国哲学家肯定"知与行为一",而这一命题之下包含着一连串的"综合"。首先,"有知者与所知者之合一"⑦。此"合一"之可能的理据在于"理一",即,"有知者"与"所知者"有此共性,故两者乃能"合一"。其次,"知兼需吾人知性之活动与实际之实践"⑧。即,"知"本身即含有"知"与"行"之两面,而非通常所谓"知"之一面。再次,"贯通"通常解作"直觉",而"真觉"即"知"与"行"之"贯

---

① 〔美〕陈荣捷:《中国形上学之综合》,第110页。
② 黎靖德编,王星贤点校:《朱子语类》,第69页。
③ 黎靖德编,王星贤点校:《朱子语类》,第207页。
④ 〔美〕陈荣捷:《中国形上学之综合》,第111页。
⑤ 〔美〕陈荣捷:《中国形上学之综合》,第111页。
⑥ 〔美〕陈荣捷著,廖世德译:《现代中国的宗教趋势》,第24页。
⑦ 〔美〕陈荣捷:《中国形上学之综合》,第111页。
⑧ 〔美〕陈荣捷:《中国形上学之综合》,第112页。

通"。不过,此"直觉"不是佛家之"顿悟",因为"真觉"乃透过理性而及,其间并无躐等和沉思等环节。①关于这样三个方面,陈荣捷说:"此一经验首先涉及吾人与所知之物之认同,其次涉及道德准备与社会行为,再次涉及合理与真觉之方法。总言之,此一经验结合形上学、认识论与伦理学而为一大和谐。"②对于"知"与"行"之"综合",他还说:

> 知与行之关系问题,仅次于人性之问题,在中国哲学里一向最受争论。哲学家对于知与行孰先孰后,与孰较困难,颇多出入,但大部分均同意,本质上,知与行合而为一。③

陈荣捷认为,"综合"体现了中国哲学尤其是儒家"形上学"特有的运思方式,它与西方哲学之"二元论"有明显不同。在西方哲学,"二元论"把"共相"与"殊相"、"本质"与"现象"、"物质"与"精神"等视为互不相容的两面。比如,柏拉图的"共相"与"殊相"、笛卡尔(René Descartes, 1596—1650 年)的"心"与"物"是"二元论"的代表。然而,在中国哲学,"共相"与"殊相"、"本质"与"现象"、"物质"与"精神"等并非不相容的两面,而是像"车之两轮""鸟之两翼"一样"综合"共存。在此意义下,中国哲学之"形上学"可谓之为"两轮哲学"。比如,朱熹既"道问学",又"尊德性",认为二者"废一不可"。陈荣捷说:"彼(指朱熹——引者)生平著作教人,均以'两脚'为主。如知行并进,居敬穷理,明诚两进,敬义夹持,博文约礼,持敬致知,皆是两轮两翼,废一不可。……'此两言者,如车两轮,如鸟两翼。未有废其一而可行可飞者也。'"④在他看来,"二元论"与"两轮哲学"之分野体现了中西哲学之异,而恰就是这种差异或许使儒家形上学可具有现代价值,比如可助于解决科学与伦理、人与社会、法治与德治等紧张关系。关于中国哲学之"综合",陈荣捷说:

> 作者(指陈荣捷——引者)业已强调中国哲学综合之倾向。并非所有综合均告成功……然而,吾人必须记取之教训是,显然相反之观念,可能并非不能相容。⑤

---

① 参见[美]陈荣捷《中国形上学之综合》,第 112—113 页。
② [美]陈荣捷:《中国形上学之综合》,第 114 页。
③ [美]陈荣捷:《中国形上学之综合》,第 113—114 页。
④ [美]陈荣捷:《朱子新探索》,第 189—190 页。
⑤ [美]陈荣捷:《中国形上学之综合》,第 114 页。

三、儒学的宗教性

自明朝末年西方传教士来华以后,儒学是否宗教便渐渐成为一个颇受关注的问题。通常来讲,有教规、教堂、教会、教典以及严密组织往往作为人们衡量宗教的标准。陈荣捷认为,如果参照此标准来衡量,儒学的道德原则不是教规,孔庙不是教堂,"四书五经"也不是教典。重要的是,儒者所具有的是"人文主义",没有非理性的狂热信仰。因此,完全有理由说儒学不是一种宗教。他说:"所谓'教'之一字有三个意义,那就是教育、文化与宗教。这个字如果用在道家或佛教,它可以是这三个意义的全部。但是用在儒家上面,它只是文化与道德教育,几乎完全没有宗教的意义。……儒家学说含有宗教的元素,但却不是一个有组织的、制度化的宗教。"①不过,在他看来,在讨论儒学是否宗教时,应该把"宗教"(religion)和"宗教性"(religious)两个概念区分开来。他的意思是,说儒学不是一种宗教,并不意味着它不具有"宗教性"。质言之,儒学虽然不是一种宗教,但它却具有"宗教性"。对此,陈荣捷说:

　　我们能说的只是儒家具有宗教性质,却不能由此证明儒家就是宗教,尤其更不要说是西方意义之下那种有组织的教会;因此跟佛教或道教不可同日而语。时至今日,中国人皆一致认为儒家不是一种宗教。②

在陈荣捷,儒家之"宗教性"具体体现在宗教性目的、宗教性实现途径、个人与究极实体之关系三个方面。他说:"首先于审视中国宗教之目的为何;其次在于审视企及此一目的之途径;第三则在于审视个人与究极实体——在儒为天,在道为道,在佛为涅槃或真如——之关系位置。"③对于这样三个方面,陈荣捷一一进行了诠释。

关于第一个方面,儒家"宗教性"的目的乃"自我体现之目标"④。陈荣捷说:"像其他任何民族一般,中国人民在其宗教信仰与行为当中,亦志在多端,但其终极目标,只是个人之延续与其本性之体现。"⑤具体来讲,儒家

---

①　[美]陈荣捷著,廖世德译:《现代中国的宗教趋势》,第178—179页。
②　[美]陈荣捷著,廖世德译:《现代中国的宗教趋势》,第12页。
③　[美]陈荣捷:《中国宗教中之个人》,第272页。
④　[美]陈荣捷:《中国宗教中之个人》,第272页。
⑤　[美]陈荣捷:《中国宗教中之个人》,第272页。

之"终极目标"涉及两个方面:其一是个人"生命之延续";其二是"本性之体现"。关于"生命之延续",中国人很早即相信此等观念。比如,商朝甲骨文关于祭祀祖先之记载所反映的即是死后生命延续的观念。周朝所流行的风俗说明,死者的灵魂虽已升天,但经过"召唤"可能返回受祀。如《尚书》有言:"如惟天无亲,克敬惟亲。民罔常怀,怀于有仁。鬼神无常享,享于克诚。"①关于"本性之体现",指人之不朽不在于外在身体,而在于内在本性和自我实现。儒家"宗教性"目的的这种变化源于孔子,即,是孔子把儒家"宗教性"目的由"生命之延续"调整为"本性之体现"。如孔子说:"未能事人,焉能事鬼?⋯⋯未知生,焉知死?"②对此,陈荣捷说:"不论孔子有意或无意,他即使不摧毁,但也削弱了死后个人延续的信仰。"③自孔子之后,儒家所谓"不朽乃在于社会之不朽或影响力之不朽"④。正因为如此,孟子说:

> 尽其心者,知其性也。知其性,则知天矣。存其心,养其性,所以事天也。夭寿不贰,修身以俟之,所以立命也。⑤

关于第二个方面,儒家"宗教性"的实现途径为"自我体现之道"⑥。陈荣捷认为,儒、道、佛三家之实现途径各不相同:"此三大宗教各有自己之途径,但一言以蔽之,道家为虚,佛教为定,而儒家则为诚。"⑦关于儒家之"诚",陈荣捷认为,"诚"字兼有"诚"与"实"两义。⑧ 孔子说:"祭如在,祭神如神在。⋯⋯'吾不与祭,如不祭。'"⑨在此,"诚"不单使"与祭者"感觉鬼神真实,此为"诚";同时也使鬼神本身"真实",此为"实"。对此,儒家有详细之解释:鬼神乃宇宙元气,特别是阴、阳二气。张载说:"鬼神者,二气之良能也。"⑩正因为如此,"诚"能使气交感而结合,甚至结合到有若真人。质言之,物物皆为阴、阳二气所生,故"诚"可使祭祀对象为真实。对此,陈荣捷说:"诚不单是体

---

① 孔安国传,孔颖达疏,廖明春等整理,吕绍纲审定:《尚书正义》,第 213 页。

② 何晏注,邢昺疏,朱汉民整理,张岂之审定:《论语注疏》,第 146 页。

③ [美]陈荣捷:《中国宗教中之个人》,第 274—275 页。

④ [美]陈荣捷:《中国宗教中之个人》,第 276 页。

⑤ 赵歧注,孙奭疏,廖名春等整理,钱逊审定:《孟子注疏》,第 350—351 页。

⑥ [美]陈荣捷:《中国宗教中之个人》,第 279 页。

⑦ [美]陈荣捷:《中国宗教中之个人》,第 279 页。

⑧ 参见[美]陈荣捷《中国宗教中之个人》,第 281 页。

⑨ 何晏注,邢昺疏,朱汉民整理,张岂之审定:《论语注疏》,第 35 页。

⑩ 章锡琛点校:《张载集》,第 9 页。

现自家德性之道,抑为体现物性之道。《中庸》上说,'诚者非自成己而已也,所以成物也。'诚因而具有形上意义。"①依照陈荣捷的理解,既然"诚"具有"诚"与"实"两义,故它可为实现"宗教性"目标之途径。他说:"吾人意诚而后便能心正,则德性生活,便臻完美。"②总之,陈荣捷认为:

> 从上所述,吾人可以明显看出,中国宗教乃基于心意,亦即个人自己心意之诚。③

关于第三个方面,儒家之"个人与究极实体之关系"有两个方面:其一,个人自有其位置;其二,个人可与宇宙合而为一。④通常来讲,虽然个人在儒家思想中非常重要,但若依着前述之"自我体现之目标"和"自我体现之道",人们则会产生疑问:在终极境界里,个性与差别均消失而归为"一",个人最终是否被"消解"或被"吸收"? 在陈荣捷看来,此问题实际上所反映的乃中国哲学之"一与多"这一基本问题。⑤就这一基本问题来看,无论是道家、佛家还是儒家,它们实质上均有着共同主张,即"一"与"多"相辅相成。如前所引,他说:"吾人可以充分说,在儒家、道家与佛家三大体系里,一与多之间此一表面冲突之解决,主要相同,亦即彼此相涉。三家中无一家认为一吸收多而消除多,反之亦然。三家共同之信念,是一与多彼此相辅相依。"⑥当然,儒家所论更好地解决了这一疑问。即,"诚"作为实现"天人合一"的"纽带",恰当地解决了"个人"与"究极实体"之关系。陈荣捷说:

> 吾人对于命运之信仰又作何话说? ……"命"并非指受到神所神秘控制之命运,而是指天命,亦即上天所赋与之物。此即《中庸》所载"天命之谓性"之意义。此是有待显现之本性,而实现之道……乃经由吾人德性之培养,例如诚意。……个人虽不能完全驾御自己之命运,但在这并非完全波平浪静之海上,却是自己船只之主人。⑦

---

① ［美］陈荣捷:《中国宗教中之个人》,第282页。
② ［美］陈荣捷:《中国宗教中之个人》,第280页。
③ ［美］陈荣捷:《中国宗教中之个人》,第284页。
④ 参见［美］陈荣捷《中国宗教中之个人》,第288页。
⑤ 参见［美］陈荣捷《中国宗教中之个人》,第285页。
⑥ ［美］陈荣捷:《中国宗教中之个人》,第285页。
⑦ ［美］陈荣捷:《中国宗教中之个人》,第288页。

第二节　顾立雅

　　顾立雅(Herrlee Glessner Greel),1905 年生于芝加哥,顾立雅是其中文名字。就读于芝加哥大学,先后于 1926 年、1927 年和 1929 年获得哲学学士、文学硕士和中国哲学博士学位。1929—1930 年在朗伯德学院(Lombard College)做助理教授。1930—1932 年在哈佛大学进修,学习中文。1932—1935 年到中国留学,在北平图书馆学习中国古文字学。1936 年开始在芝加哥大学东方语文系和历史系任教,曾任芝加哥大学东方语文系主任、美国东方学会主席等。先后获"美国学术团体联合会"(American Council of Learned Societies)、"哈佛—燕京学社"和"洛克菲勒基金会"(Rockefeller Foundation)资助。1943—1945 年被征召从军,后又回芝加哥大学继续任教。1954—1962 年为该校东方语言文学系主任,1964—1974 年为"马丁·赖尔森杰出讲座教授"(the Martin A. Ryerson Distinguished Service Professor Emeritus in East Asian Languages & Civilization)。1974 年从芝加哥大学退休,1994 年逝世于伊利诺伊州的帕洛斯帕克(Palos Park)。

　　顾立雅是美国著名的汉学家和孔子研究专家,《纽约时报》(*The New York Times*)称他为"国际汉学界的一位巨人"[1]。主要著作包括《中国世界观的演进》(*Sinism. A Study of the Evolution of the Chinese Worldview*)、《孔子与中国之道》(*Confucius and the Chinese Way*)、《中国思想:从孔夫子到毛泽东》(*Chinese Thought from Confucius to Mao Tse - tung*)、《早期中国文化研究(第一集)》(*Studies in Early Chinese Culture:First Series*)、《中国之诞生:中国文明的形成期》(*The Birth of China. A Survey of the Formative Period of Chinese Civilization*)、《中国治术之源流,第一卷:西周帝国》(*The Origins of State Craft in China*, Vol. One: *The Western Chou Empire*)以及《申不害:公元前四世纪的中国政治哲学家》(*Shen Pu - hai: A Chinese Political Philosopher of the Fourth Century B. C*)等。其中,《孔子与中国之道》被美国学术界誉为研究孔子的主要英文参考书。

一、孔子哲学的"现实性"

　　为了准确把握孔子哲学的内涵,顾立雅将其与苏格拉底(Socrates,前469—前399 年)作了比较。通常来讲,对后者研究所依靠的文本有两类:

---

[1]　参见钱存训《美国汉学家顾立雅教授》,《文献》1997 年第 3 期,第 248 页。

一类是柏拉图和色诺芬(Xenophon，约前430—前354年)的著作;一类是新苏格拉底主义者对苏格拉底哲学的解释。同样,对前者的研究亦依据两类文本:一类是《论语》,它是接近孔子生活年代的著作;一类是后人研究和解释孔子思想的著作,它们并非孔子本人的著作。顾立雅认为,在这两类文本当中,人们在研究苏格拉底时多以前者为据,即直接研究柏拉图和色诺芬的著作;但在研究孔子时却刚好相反,人们往往把注意力放在后者身上,且常常把研究重点放在如何使孔子思想"符合"后儒的形上学。① 很显然,这些做法有"舍本逐末"的嫌疑,故很难准确把握孔子哲学的内涵。顾立雅说:"从古至今,出现过数目大得惊人的论述孔子思想的著作。可能没有其他哲学家能受到比孔子更多的讨论了。然而,我们可以依赖的关于孔子哲学的知识却是令人遗憾地贫乏。"②依着他的理解,需要像研究苏格拉底一样,将孔子置于他所处的时代研究,并直接研究孔子本人的著作。经过如此研究,顾立雅阐发了孔子哲学的主要内涵。

　　顾立雅认为,"道"是孔子哲学的中心概念。在孔子以前,所有文献中的"道"主要指"道路",很少涉及人事行为方面的内容。与此不同,《论语》的"道"则基本上指人的"行为之道"。顾立雅说:"孔子哲学的中心概念是'道'。我们经常提到这个概念,但却一直没有正面描述过它。在大多数的中国古代思想体系中,'道'逐渐成为一个形而上学的概念,但在孔子那里却并不是这样。"③"《论语》中的'道'……几乎总是偏于'行为之道'的意思,其他的意义是稀少的。"④正是在此意义下,孔子说"吾道一以贯之"⑤。不过,孔子并没有把"道"看成僵化的法则,因为"道"亦需依条件而不断调整。可见,"道"不是天定的,而是人为的;不是僵化不变的,而是不断向前发展的。因此,孔子说:"人能弘道,非道弘人。"⑥总之,"道"作为"行为之道",乃指个人生活和社会理想所应遵循的途径;对于"道"所体现的理想境界,孔子投入了毕生精力加以提倡和追求。所以,孔子说:"朝闻道,夕死可矣。"⑦关于"道"的意义,顾立雅说:

---

　　① 　参见[美]顾立雅著,高专诚译《孔子与中国之道》,郑州:大象出版社2000年(下同),第134页。

　　② 　[美]顾立雅著,高专诚译:《孔子与中国之道》,第132页。

　　③ 　[美]顾立雅著,高专诚译:《孔子与中国之道》,第147页。

　　④ 　[美]顾立雅著,高专诚译:《孔子与中国之道》,第148页。

　　⑤ 　何晏注,邢昺疏,朱汉民整理,张岂之审定:《论语注疏》,第51页。

　　⑥ 　何晏注,邢昺疏,朱汉民整理,张岂之审定:《论语注疏》,第216页。

　　⑦ 　何晏注,邢昺疏,朱汉民整理,张岂之审定:《论语注疏》,第50页。

其中有一个在前儒家作品中没有的先例,就是用"道"意指高于所有其他道的"那种道"。作为区别,我们也许可称之为"大道"。……正是这个具有新意的汉字"道",才是《论语》中最常用的。孔子认为,这个大道是个人、国家和世界的行动道路。①

在顾立雅看来,"天命观"是孔子哲学的重要内容。这里,"天命观"涉及两个概念:一个是"天"的概念。就此概念来看,周朝的"天"同商朝的"帝"既有相同之处,指具有人格意义的至上神;亦有不同之处:周代的"天"也指物质的"天""天空",亦指非人格的"理性化"的"天"。不过,到了孔子,"天"的含义发生了重大变化,它用来指没有人格的道德力量。顾立雅说:"孔子显然把天看成是一种非人格的道德力量,一种人的道德意识的宇宙副本,或者说是一种保证,即在一定程度上从真正的宇宙特性的角度肯定了人的正义感。"②另一个概念是"命"。在孔子之前,"命"多指固定不变的"控制"人的超越力量。不过,到了孔子,"命"则成了"生命"或"一生"的同义词。也就是说,孔子把"命"看作是"生命的命"而非"命运的命",是人力所能控制的"命",而不再指"控制"人的超越力量。因此,孔子强调完成个人道德责任的必要性,强调个人后天努力的重要性。③ 总之,由"天"和"命"两个概念可见,"天命观"从商周到孔子实现了转变:一方面,孔子承认并尊重"天"的特殊地位;另一方面,他又高扬人的地位和价值。对此,顾立雅说:

> 生和死对一个人来讲是相对无能为力的事情,我们可以尽力延年益寿,但死亡真的到来时,我们毕竟只能服从……孔子就是这么做的……尽管一个人对生死富贵之类的事情终究无能为力,但……一个人要做的是注意他自己的品格和他的人际关系。④

与"天命观"紧密相关,宗教观及对鬼神的态度亦是孔子哲学多有涉及者。在顾立雅看来,从表面看,孔子虽相信并肯定宗教的作用,但实际上他对宗教并"没有太大的兴趣";他真正感兴趣的是现实问题。因此,孔子对

① [美]顾立雅著,高专诚译:《孔子与中国之道》,第148页。
② [美]顾立雅著,高专诚译:《孔子与中国之道》,第141页。
③ 参见[美]顾立雅著,高专诚译《孔子与中国之道》,第145—146页。
④ [美]顾立雅著,高专诚译:《孔子与中国之道》,第146—147页。

宗教的态度是复杂的:一方面,他赞成和强调传统宗教的某些内容;另一方面,他亦努力改变或者抑制它的某些内容。概括地讲,孔子"回避"了已经出现的基本宗教问题,而把注意力投向现实社会变革。具体来讲,孔子对于鬼神采取的是"回避"态度,因此他"敬鬼神而远之"①。当然,孔子并没有否定鬼神的存在,因为"敬鬼神"的前提是承认有鬼神,否则何"敬"之有?然而,孔子虽然不否认鬼神的存在,但不认为他们会左右人类的命运,故他对鬼神实际上持"怀疑"或"保留"态度。正因为如此,"子不语怪、力、乱、神"②。不过,孔子承认鬼神并不是目的,其目的乃为了人事,即,利用鬼神来对人们进行教化。因此,曾子曾说:"慎终追远,民德归厚。"③对此,顾立雅说:

> 从表面上看,孔子相信宗教的作用,但他对它并没有太大的兴趣。与超越了人的控制的强权王国打交道是出于无奈。孔子真正感兴趣的是把一个让人不能忍受的现实生存环境改造成一个良好的世界,他不去做那些与他完全不相干的事情。④

关于孔子哲学思想的形成,顾立雅认为,它与孔子所处的时代有关。具体来讲,孔子生活的时代,旧的政治模式被打破,民众的道德和信仰出现危机,旧的神灵和旧的权威开始受到质疑。为了化解这些问题,孔子哲学思想应时而生了。就此而言,孔子哲学的出现与苏格拉底哲学的出现一样,具有时代的必然性。顾立雅说:"在希腊,这样的社会状况给了我们苏格拉底哲学;在中国,则是给了我们孔子哲学。"⑤可见,孔子的理论与社会现实是有密切联系的。正因为如此,孔子哲学的价值是不容否认的,因为它在历史上发挥过重要作用。他说:"在很多人类群体中,孔子都被认为是许多世纪以来最重要的历史人物。"⑥然而,顾立雅认为,这种哲学与时代的联系太过紧密,具有明显的"当下性"或"时效性"。或者说,孔子哲学的"超越性"不足,而"现实性"太强,故其不可能持久地发挥作用。不过,尽管孔子的有些概念我们可能不会接受,但我们不能否认它们在当时所起到的

---

① 何晏注,邢昺疏,朱汉民整理,张岂之审定:《论语注疏》,第79页。
② 何晏注,邢昺疏,朱汉民整理,张岂之审定:《论语注疏》,第92页。
③ 何晏注,邢昺疏,朱汉民整理,张岂之审定:《论语注疏》,第9页。
④ [美]顾立雅著,高专诚译:《孔子与中国之道》,第147页。
⑤ [美]顾立雅著,高专诚译:《孔子与中国之道》,第133页。
⑥ [美]顾立雅著,高专诚译:《孔子与中国之道·英文版自序》,第1页。

实际贡献。质言之,孔子哲学虽有过贡献,但它必将走入历史。顾立雅说:"一个非常重要的事实是,孔子的思想类型是一种稍现即逝、极其难以把握的现象。实际上,它几乎是必然如此的。"①他还说:

> 这种哲学不可能是持久的。如果它们成功了,那么,它们的真正成功导致了对它们的滥用。那些继承它们的人对它们的概念的阐释远远超出了它们原初的形式。危机过去了,社会安定了。新机制取代了旧机制,哲学与现存秩序达到了一致。②

二、孔子乃"改变人类历史进程"的教师

对孔子的教育思想,顾立雅的评价颇高。在他看来,孔子乃人类历史上"屈指可数"的"改变人类历史进程"的伟大教育家。他说:"自古以来,教师的数目可谓不可胜数,但是,像孔子那样以个人的身份并完全依靠对年轻人的教导而改变人类历史进程的教师却是屈指可数的。孔子之所以能取得这样的成就,主要依靠的是他的特殊的教学方法和教学内容。"③为了说明这样一种观点,他从教育对象、教育目标、教育内容和教育方法等方面对孔子的教育思想进行了具体诠释。

关于孔子的教育对象,顾立雅认为,其具有历史性的"革命"意义。在孔子以前,学校都是国家开办的,目的是培养贵族治理国家的能力,使他们能恪守旧章、传宗接代。然而,孔子"打破"贵族垄断教育的局面,在中国教育史上首开私学,招收许多非贵族出身的学生,培养他们从政的能力。顾立雅说:"无论是贫穷还是卑贱的出身,都不会成为跟随孔子学习的障碍。"④在顾立雅看来,孔子认为所有人都有平等的受教育权利,这非常重要。他说:"孔子也坚持认为,所有的人都有受教育的平等权利,限制他们受教育的只是每个人的才智和勤奋程度。这种主张具有根本的重要性。"⑤具体来讲,孔子开辟的私人办学的传统,尤其是赋予民众以受教育权,对政治改革、学术发展都产生了很大影响。他说:

---

① ［美］顾立雅著,高专诚译:《孔子与中国之道》,第 132 页。
② ［美］顾立雅著,高专诚译:《孔子与中国之道》,第 133 页。
③ ［美］顾立雅著,高专诚译:《孔子与中国之道》,第 90 页。
④ ［美］顾立雅著,高专诚译:《孔子与中国之道》,第 94 页。
⑤ ［美］顾立雅著,高专诚译:《孔子与中国之道》,第 185 页。

依靠着倡导一定程度的全民教育,以及对那些来之于有抱负的平民"君子"进行教育的计划,孔子向世袭贵族垄断下的政治秩序发动了最终的致命一击。我们这些视普及教育为理所当然的人很难认识到这是怎样的一场革命。①

关于孔子的教育目标,顾立雅反对把其说成"在于复古或支持贵族的统治"的说法。在他看来,孔子"出生在一个伟大的政治和社会变革的时期"②,他所寻求的是对社会和政治进行彻底的改造,即,试图对当时社会进行"不流血的革命"③。正因为如此,孔子主张,教育应服务于"造就"良好的政府。不过,这并不意味着教育目标只是培养称职的官吏。实际上,孔子教育的终极目标是造就"知、仁、勇"的"完人"。显然,要达到这个目标,不是重复过去的做法所能完成的,而是要通过培养学生成为"君子",进而去改良当时的社会。顾立雅说:"孔子的目标是把他的学生培养成君子。"④他还说:

　　孔子的教育目标是实用性质的,但是,这种实用性并不是狭隘的实用主义。尽管教育的目的是造就良好的政府,但这并不意味着教育的最终结果只是培养一个称职的官吏。事实远非如此。孔子所要培养的官吏在各方面都应该尽善尽美,近乎理想之人。他们绝对不仅仅是具有某种特殊技能的专门人才。⑤

的确,孔子教育的目标是培养"君子"。那么,何谓"君子"呢?"君子"这个称谓出现得很早,西周时已经普遍流行;当时有"君子""小人"之别:"君子"是指贵族统治者,小人指平民和奴隶等。关于"君子"的这种原初含义,《左传》有言:"君子小人,物有服章,贵有常尊,贱有等威,礼不逆矣。"⑥不过,孔子却赋予"君子""小人"以人格分层的内涵,从而改变了二者的含义:在孔子,"君子"不再指"国君之子"或世袭贵族,而是指举止得体和有修养的人;"小人"亦不再指和奴隶,而是指举止不得体和缺乏的修养的人。

①　[美]顾立雅著,高专诚译:《孔子与中国之道》,第183页。
②　[美]顾立雅著,高专诚译:《孔子与中国之道》,第135页。
③　[美]顾立雅著,高专诚译:《孔子与中国之道》,第3页。
④　[美]顾立雅著,高专诚译:《孔子与中国之道》,第94页。
⑤　[美]顾立雅著,高专诚译:《孔子与中国之道》,第91页。
⑥　左丘明传,杜预注,孔颖达正义,浦卫忠等整理,杨向奎审定:《春秋左传正义》,北京:北京大学出版社1999年,第638页。

质言之,孔子改变了"君子"的原意,将其由"出身"意义的概念改变为品质和能力意义的概念。因此,孔子强调"学而优则仕"①,不论出身,有贤则举;打破世袭贵族的垄断地位,使一般民众都有成贤的机会。总之,孔子很注重人品的内在素质和外在表现,认为表里一致才是理想人格"君子"。他说:"质胜文则野,文胜质则史。文质彬彬,然后君子。"②顾立雅说:

> 孔子尽力使他的学生(有一些来自社会下层)成为适合于担当(严肃意义上的)政治职位的人。也许正是为此原因,孔子号召他们修养理想的人格,要求他们努力成为"君子"。③

顾立雅认为,为了培养"君子",孔子非常重视教育的内容,因为"道德品格和管理政府的知识产生于适宜的教育"④。在顾立雅看来,从前君子主要都是军事贵族,所以学习武艺乃教育的主要内容。不过,孔子则强调,培养良好品德才是主要教育内容。因此,他没有把"射""御"作为"君子"的教育科目。对此,顾立雅说:"孔子有意识地要把世袭的并且基本上是军事性的贵族政治,改变为具有良好品质和德行并且首要的是具有政府管理作用的贵族政治。"⑤关于教育的具体内容,《论语》载:"子以四教:文,行,忠,信。"⑥大致讲来,所谓"文",指文化历史知识学习;所谓"行",指行为和品德;所谓"忠",指对任何事物尽本分;所谓"信",指守信用。对于这样四个方面,顾立雅进行了具体解释。关于"文",孔子只是把文献研究看作是教育的一部分,他更看重的是品质的修养,故"礼""乐"乃教育的重要内容。顾立雅说:"在教育方面,'礼'的重要性是明显的。既然孔子想让他的这些出身贫贱的弟子做好在政府中发挥有效作用的准备,他就得教给他们在君子之间和在宫廷礼仪方面的礼节。"⑦孔子还重视"乐"的教育。顾立雅说:"孔子把礼和乐相联系。作为一位教师,这种观点不仅仅是有理性的,而且是有感情和有灵性的。"⑧此外,孔子对"信"也极为看重,顾立雅说:"我们

---

① 何晏注,邢昺疏,朱汉民整理,张岂之审定:《论语注疏》,第259页。
② 何晏注,邢昺疏,朱汉民整理,张岂之审定:《论语注疏》,第78页。
③ [美]顾立雅著,高专诚译:《孔子与中国之道》,第93页。
④ [美]顾立雅著,高专诚译:《孔子与中国之道》,第199页。
⑤ [美]顾立雅著,高专诚译:《孔子与中国之道》,第98—99页。
⑥ 何晏注,邢昺疏,朱汉民整理,张岂之审定:《论语注疏》,第93页。
⑦ [美]顾立雅著,高专诚译:《孔子与中国之道》,第104页。
⑧ [美]顾立雅著,高专诚译:《孔子与中国之道》,第107页。

不得不强调指出,孔子并不把'礼'和'乐'的技能看成是首要的。孔子一而再、再而三地向学生们灌输的基本点是:信、信、信,讲求信用。"①在孔子看来,一个人如果缺乏信用,就像是没有套𫐐𫐄的车,它是根本没办法行走的。他说:"人而无信,不知其可也。大车无𫐐,小车无𫐄,其何以行之哉!"②不过,孔子认为,单纯从思想和言论上做到"信"是不够的,真正的守信需要落实到行动中。总之,顾立雅认为,孔子的教育虽主张学"文",但更注重的是品德修养;而品德修养不仅需体现于言论,更重要的在于落实于"行"。他说:

> 孔子把对文献的研究看做是君子教育的一部分,但也只是一部分。更基本的是品质的修养,以及学会与(作为社会存在的)亲戚和同胞一起生活。……《论语》有一章说,"夫子教授四样东西"。……它们也许指的是:"文献、行动、忠诚和良好的信念。"无论如何,它们所暗示的是,书本只是全部必修课的一个方面。③

顾立雅认为,孔子围绕培养"君子"的教育目标,采取了一系列"崭新"的教育方法。其一,"启发式"教学形式。例如,孔子不用强迫命令的方法,让学生死记旧章或强迫学生接受他的意见,而是主要采用提问的方法,不拘形式地进行个别指导和集体讨论。对此,顾立雅说:"孔子声言拒绝教授蠢材,并宣称他要教诲的是'那些满怀渴望'想受到启迪的人。"④其二,"因材施教"的方法。例如,孔子按学生的兴趣和能力进行有针对性的指导教学。顾立雅说:"孔子的方法是强调因材施教。既然每个学生提出了不同的难题,那么,对每个学生就应该有不同的对待。"⑤其三,以真理为标准,而不是以"旧章"为标准。在孔子看来,如果旧的典章礼教不合适或对人不利,也应对其加以批评或进行改革。而且,如果自己的意见不对,也应坦白承认过错或无知。顾立雅说:"孔子不要求这样的盲目信奉。实际上,因为他没有那些傲慢的确定性,所以,他不会错误地自认为拥有了绝对真理。孔子十分明智地知道,如果学生们不想做留声唱机,就得学会自己思

① ［美］顾立雅著,高专诚译:《孔子与中国之道》,第108页。
② 何晏注,邢昺疏,朱汉民整理,张岂之审定:《论语注疏》,第23页。
③ ［美］顾立雅著,高专诚译:《孔子与中国之道》,第116页。
④ ［美］顾立雅著,高专诚译:《孔子与中国之道》,第94页。
⑤ ［美］顾立雅著,高专诚译:《孔子与中国之道》,第95页。

考。……"①总之,关于孔子的教育方法,顾立雅说:

> 孔子教学方法的不拘陈式是独一无二的。……孔子的态度和教
> 育方针与他的政治哲学和知识论是一致的。孔子强调的不是对错误
> 做法的惩罚,而是对正确做法的鼓励,不是强制而是说服。对待任何
> 的人和事,孔子都是坚持积极的而不是消极的态度。②

三、孔子是一个"革命者"

关于儒学与政治的关系,之前欧洲学界有一种流行观点,认为儒学与
民主是相对立的,不具有促进民主的意义。例如,费内隆(Francois Fénelon,
1651—1715 年)通过比较苏格拉底与孔子的思想,认为孔子思想迥异于孕
育了民主思想的古希腊哲学。③ 对此,顾立雅认为,这些学者多是基于宋明
儒学理解儒学的,而宋明儒学恰是"为君主权威服务"的。他说:"欧洲人了
解到的更多的是儒学的后期形态——宋明儒学,而这种形态的哲学思想部
分地是对早期儒学的歪曲,其目的是要为当时的君主权威服务。"④他的意
思是,早期儒学与宋明儒学是有区别的,且早期儒学更能代表儒学。不过,
关于早期儒学,这些学者多认为孔子是"盲目崇古者",故其必然与民主相
抵牾。即,孔子意在"复兴"上古"黄金时代"的"光荣",因此其思想定然是
保守的。⑤ 对此,顾立雅认为,孔子的确谈论"三代"并从中汲取了一些思
想。比如,孔子说:"行夏之时,乘殷之辂,服周之冕。"⑥但是,孔子并非是劝
告一切均遵从古人,而是主张进行"实用性的选择"⑦。质言之,不能笼统地
认定孔子"盲目崇古"。顾立雅说:

> 孔子不是一个不分青红皂白的盲目崇古者,而是一个有所选择的
> 传统主义者。⑧

---

① ［美］顾立雅著,高专诚译:《孔子与中国之道》,第 97 页。
② ［美］顾立雅著,高专诚译:《孔子与中国之道》,第 96 页。
③ 参见［美］顾立雅著,高专诚译《孔子与中国之道》,第 318—319 页。
④ ［美］顾立雅著,高专诚译:《孔子与中国之道》,第 317 页。
⑤ 参见［美］顾立雅著,高专诚译《孔子与中国之道》,第 134 页。
⑥ 何晏注,邢昺疏,朱汉民整理,张岂之审定:《论语注疏》,第 210 页。
⑦ ［美］顾立雅著,高专诚译:《孔子与中国之道》,第 173 页。
⑧ ［美］顾立雅著,高专诚译:《孔子与中国之道》,第 173 页。

　　进而,顾立雅详细论证了孔子并非"盲目崇古"。通常来讲,所谓孔子"崇古",往往有两个依据:一是他继承尧、舜、禹的思想;一个是他继承周公的思想。关于这两个依据,顾立雅均进行了反驳:其一,孔子未继承尧、舜、禹的思想。顾立雅认为,孔子之前的文献并未提到过尧、舜,只提及了禹,《论语》也很少提及这些帝王。事实上,这些上古人物的故事是在孔子之后"发展"起来的。所以,孔子不可能从这些帝王获得"思想来源"。他说:"在孔子的时代,有关这些上古帝王的传说才出现不久,所以,孔子不可能从尧、舜、禹那里获得他的思想来源。如果说尧、舜、禹从孔子那里得到了他们的思想,这恐怕才是更近于真情的说法。"①其二,孔子亦未继承周公的思想。顾立雅认为,周人是"原始""粗鄙"的野蛮人,他们"蚕食"了有文化素养的商人。为了巩固不稳固的政治,经过周人"反复的政治宣传"②,周朝君主便"戴上"了"有德者"的面目。他说:"周人进行了精心的宣传,给他们的征伐和统治制造了正当理由。像多半征服者一样,尽管他们使用暴力才夺得了天下,但现在却返回头来谴责使用暴力。"③由此可见,孔子与周公在思想上虽有相似之处,但这种相似并非孔子所有意寻求的。顾立雅说:"显然,这种支持并不是孔子自己寻求到的,而是后人加入到孔子学说的基础之中的。"④

　　依着顾立雅的理解,不仅不能认定孔子为"盲目崇古者",事实上他乃一个"革命者"。面对当时的社会状况,孔子主张"最高的政治之善是人的幸福"⑤。顾立雅说:"孔子显然认为:政府的适宜目标是全体人民的福利和幸福。"⑥很明显,孔子所关心的并未局限于一个政府、一个国家,而乃全人类的幸福。顾立雅说:"为了长远的和平目的……孔子也给了他们(指弟子们——引者)一种使命:勇往直前并取代权力中心的强权色彩,以人类的名义和利益掌管世界。"⑦更为重要的是,孔子努力推动社会变革,致力于实现最高理想。顾立雅说:"从这样的大的时代背景来看,孔子显然没有盲目地献身于传统。相反,他认识到了人类种种制度的变化和发展,并且准备好了发动和接受这些变化……"⑧由此观之,孔子不但不是一个复古者,事实

①　[美]顾立雅著,高专诚译:《孔子与中国之道》,第175页。
②　[美]顾立雅著,高专诚译:《孔子与中国之道》,第177页。
③　[美]顾立雅著,高专诚译:《孔子与中国之道》,第176页。
④　[美]顾立雅著,高专诚译:《孔子与中国之道》,第178页。
⑤　[美]顾立雅著,高专诚译:《孔子与中国之道》,第186页。
⑥　[美]顾立雅著,高专诚译:《孔子与中国之道》,第199页。
⑦　[美]顾立雅著,高专诚译:《孔子与中国之道》,第206页。
⑧　[美]顾立雅著,高专诚译:《孔子与中国之道》,第173页。

上他是一个真正的"革命者"。顾立雅说："虽然他在一些重要方面非常小心谨慎,但我们还是要说,孔子事实上就是一个革命者。"①顾立雅还说:

> 孔子几乎总是讨论政治改革,他相信,改革有可能在不远的将来成为现实。我们看到了孔子希望改革的现状……面对这种状况,孔子深感不安。他决心献身于造就一个更好的世界。②

在顾立雅看来,虽然孔子的思想不能与民主思想相提并论,但它却为后世民主思想开辟了道路。一方面,孔子的思想影响了后世中国多次政治革新或革命运动,如宋朝的王安石变法、近代的"辛亥革命"等。顾立雅说:"孙中山曾说'孔子和孟子是民主的倡导者',他还制定了深受儒家思想影响的中华民国宪法。"③另一方面,孔子思想也对欧美民主思想的发展产生了重要影响。例如,莱布尼茨(Gottfried Wilhelm Leibniz, 1646—1716 年)、沃尔夫(Christian Wolff, 1679—1754 年)、伏尔泰(Voltaire, 1694—1778 年)等思想家及政治家,常用孔子之名或其思想来推进他们的主张。当然,在此进程中,他们本人也受到了孔子的影响。顾立雅说:"在 17 和 18 世纪的德国、英国、和法国,有大量的学者、哲学家和政治家受到了中国思想的影响。"④"在欧洲,对于以法国大革命为背景的民主思想的发展,孔子哲学发挥了相当大的作用,通过法国思想运动,孔子哲学又间接影响了美国民主政治的发展。……然而,因为种种原因,儒学对西方民主发展的贡献经常在某种程度上被人们忘却;为此,我们必须审视儒学在西方民主发展过程中所发挥的适当作用。"⑤在顾立雅看来,之所以孔子思想能够对民主思想发生影响,在于二者之间"有着一些非常突出的相似性"⑥。对此,他说:

> 由于这种哲学在气质上是理性主义的并倾向于民主方向,于是被欢呼为来自另一个世界的革命的福音书。⑦

---

① [美]顾立雅著,高专诚译:《孔子与中国之道》,第 135 页。
② [美]顾立雅著,高专诚译:《孔子与中国之道》,第 172 页。
③ [美]顾立雅著,高专诚译:《孔子与中国之道》,第 6 页。
④ [美]顾立雅著,高专诚译:《孔子与中国之道》,第 322 页。
⑤ [美]顾立雅著,高专诚译:《孔子与中国之道》,第 5 页。
⑥ [美]顾立雅著,高专诚译:《孔子与中国之道》,第 307 页。
⑦ [美]顾立雅著,高专诚译:《孔子与中国之道》,第 317 页。

　　在论及孔子思想为后世民主思想开辟道路尤其是对西方民主政治产生影响时,这其中隐藏着一个"吊诡"的问题:如果孔子思想"倾向于民主方向",但为什么近代中国民主政治却落后于西方了呢? 顾立雅认为,主要原因有两个方面:其一,民主教育不普及。也就是说,民主政治的实现端赖于普及民主教育,以使人人都知道民主的核心在于选举领袖。在此意义下,尽管孔子的思想有民主倾向,但因为教育不普及,所以他的愿望未能真正实现。其二,孔子没有想出有效的方法以实行民主,此乃一种源头性的缺欠。关于这样两个方面,顾立雅说:"当然,孔子也没有倡导使用选举的手段。这不仅是因为在人民之中完全缺乏有关的必要教育,更重要的是,在古代中国并没有人曾想到过或听到过选举的做法……"①质言之,孔子思想虽具有民主思想的性质,但他却未设计出实现民主的途径。顾立雅说:"这样的观点(指孔子的思想——引者)显然与全体人民应该掌权的说法并不相同。……从民主政治的观点来看,孔子的这个体制有这样的不足之处,即:没有那种使大多数有能力的人不得不被任用的机制……更重要的一个不足之处是,孔子的体制也提供不了让全体人民影响政府的真正有效的途径。"②总之,基于这样两个方面,孔子思想的民主倾向并未能在中国政治中实现。他说:

　　　　他的理想酷似于现代民主的理想,但是,因为教育还不普及,而且他在当时也设计不出把民主政治付诸实施的机制,所以,这个希望也就未能实现。③

第三节　狄百瑞

　　狄百瑞(William Theodore de Bary),1919 年生于美国纽约,胡适和钱穆曾分别为其取中文名字为"狄伯瑞"④和"狄培瑞"⑤。1941 年毕业于哥伦比亚大学,获学士学位;1948 年、1953 年又分获该校硕士和博士学位。1953

---

　　①　[美]顾立雅著,高专诚译:《孔子与中国之道》,第 189 页。
　　②　[美]顾立雅著,高专诚译:《孔子与中国之道》,第 199 页。
　　③　[美]顾立雅著,高专诚译:《孔子与中国之道》,第 256 页。
　　④　参见施忠连《现代新儒家在美国》,沈阳:辽宁大学出版社 1994 年,第 246 页。
　　⑤　参见金耀基《迎狄百瑞先生来新亚书院讲学》,[美]狄百瑞著,李弘祺译:《中国的自由传统》,第一四三页。

年开始在哥伦比亚大学任教,1960—1966 年任该校东亚语言及文化学系主任,1969—1971 年任学校理事会执行委员会主席,1971—1978 年任行政副校长、教务长,1979—1990 年任"梅森讲座教授"(John Mitchell Mason Professor of the University)。1969—1970 年兼任美国亚洲研究学会(Association for Asian Studies)会长,1974 年当选美国艺术与科学院(American Academy of Arts and Sciences)院士。1990 年退休。曾担任国际儒学联合会第一届理事会常务理事。2013 年获美国国家人文奖章(National Humanities Medal)。2017 年病逝于纽约。

金耀基评价狄百瑞说:"狄百瑞先生数十年的学术生涯,简言之,即在从事承继中华传统,开展中国文化的事业,他曾将新儒学运动比拟为欧洲的文艺复兴,盖两者皆在返本开新,从古典中汲取文化创新之灵源。"[1]狄百瑞的中国哲学著作主要有:《研究东方古典著作的途径》(Approaches to Oriental Classics)、《中国传统的来源》(Sources of Chinese Tradition)、《研究亚洲文明的途径》(Approaches to Asian Civilizations)、《东方古典著作指南》(A Guide to Oriental Classics)、《明代思想中的个人和社会》(Self and Society in Ming Thought)、《道学与心学》(Neo - Confucian Orthodoxy and the Learning of the Mind - and - Heart)、《心学与道统》(The Message of the Mind in Neo - Confucianism)、《中国的自由传统》(The Liberal Tradition in China)、《亚洲价值与人权:儒家社群主义的视角》(Asian Values and Human Rights:A Confucian Communitarian Perspective)、《儒学的困境》(The Trouble with Confucianism)等。

一、儒学的"困境"与"现代新生"

在狄百瑞看来,儒家思想尽管在历史上经受了一些波折,但仍是 20 世纪中国学术领域的重要话题。或者说,儒家在制度上的"据点"——家庭、学校和国家——在现代都发生了巨大变化,故似乎国家的现代化进程"埋葬了儒学"。但是,对儒学现代命运的看法却不能这么简单化。[2] 历史地看,在"五四"之后、"文革"之前,儒学在中国是一个"没有前途"的课题。然而,在"批林批孔"运动中,孔子却意外地"复活"了。总之,儒家思想在现代社会并没有"死亡",它依然或多或少、或明或暗地发生作用。狄百瑞说:"人们常说,儒学仍然存在,但是它已经变成了一件博物馆的展览品。……

---

① [美]狄百瑞著,李弘祺译:《中国的自由传统》,第一四一至一四二页。
② 参见[美]狄百瑞著,何兆武等译:《东亚文明——五个阶段的对话》,南京:江苏人民出版社 2012 年(下同),第 113—114 页。

可是,从此以后,孔子便阴魂不散。就像希区柯克的电影《怪尸案》(*The Trouble with Harry*)中的哈里一样,孔子拒绝被埋葬。"[①]他还说:"在 20 世纪,五四运动成功地埋葬了儒学。而后儒学又惨遭掘墓,要么被亵渎要么变成一件博物馆的展品。现在,儒学又复活成为当前社会学研究中的重大课题(例如,东亚的职业伦理)或者道德哲学。"[②]不过,对于儒学的现代存在,学界却有两种对立的观点:一种观点是否定性的,认为儒学要为中国近代社会的大部分弊端"负责";持这种观点的多为激进主义者、自由主义者。另一种观点是肯定性的,认为孔子是典型的"中国圣人";持这种观点的多为儒学研究者。[③]狄百瑞对这两种观点均不赞同,因为它们都缺乏对于背后原因的深入思考。他说:

> 无论持有哪一种观点,几乎没有人认真思考过这当中到底发生了什么,或者说,这样一种永恒的教导为何会落得如此不合时宜和不相称的下场。[④]

正因为孔子"拒绝被埋葬"而"复活",人们不得不重新关注孔子,但是这些关注却没有给儒家一个恰当的"位置"。在狄百瑞看来,儒家在现代生活中的"位置"是非常"尴尬"的:一方面,它在东亚现代化过程中确实发挥了作用;这种作用不仅引起了东亚学界的重视,而且也引起了西方学界的关注。另一方面,儒家思想的现代作用也引发了一些人的担心,他们认为其弊端会把现代化引向错误方向。[⑤]例如,中国虽然政府一直把儒学当作一种精神加以弘扬,但是许多学生和知识分子却始终"不信任"儒学。再如,台湾地区虽然老一代以严肃的态度关注儒学,但年轻人却往往对儒学"视而不见"。对此,狄百瑞说:"儒学对于他们就像一个反动专制的历史幽灵伏在四周,依然保留在反民主政权的'封建'特征中。对于那些在解放四十年后仍旧寻求获得解放的人来说,他们担心维护现状的保守意识形态正在日趋复苏。从这些人的角度看,甚至连西方人对儒学的新一轮兴趣都是

---

① [美]狄百瑞著,黄永婴译:《儒家的困境·前言》,北京:北京大学出版社 2009 年(下同),第壹页。

② [美]狄百瑞著,黄永婴译:《儒家的困境》,第五二页。

③ 参见[美]狄百瑞著,黄永婴译《儒家的困境·前言》,第肆至伍页。

④ [美]狄百瑞著,黄永婴译:《儒家的困境·前言》,第伍页。

⑤ 参见[美]狄百瑞著,黄永婴译《儒家的困境·前言》,第贰页。

不合时宜的，而且也不可能有所建树。"①很明显，这样一种"尴尬"意味着儒学在现代社会"陷入"了"困境"。关于此"困境"，他说：

> 我希望用"困境"的说法覆盖儒学陷入的各种困境、儒学给自己和他人制造的各种困境。在我看来，就其作为一种生活方式和仍在继续的言说，儒学从一开始便问题丛生。②

狄百瑞认为，要解决儒学的现代"困境"，需要采取"包容和开明"的态度。具体来讲，这种态度包含三个方面的内容：其一，"儒学的优劣"问题乃与儒学相伴而生。历史地看，儒学对每个时代的挑战都做出了回应；在应对挑战时，儒学有些问题处理得好，有些问题却处理得不好。他说："用这种方式去看待儒学，'儒学的优劣'也就趋向于相伴而生。与其把优劣当作一个静止系统中的固定点，还不如把优劣看作曲折历史进程中互为镜像的事物，正如在中断和困难中存在着常数与关联。"③其二，依照什么样的"尺度"来评判儒学。狄百瑞认为，虽然设定这样一个"尺度"是非常困难的，但要进行评判之前必须设立"尺度"。对此，他的"办法"是，"首先以儒家摆在他自己面前的标准和目标评判他的失败"④。其三，何为儒学的核心。对此，他说："在儒学首要或者特别关注的众多话题中，必须把治国术和领袖品质，学术和学校，家庭和人际关系，礼仪和宗教包括进来。……我把焦点放在了'领袖品质'上。"⑤基于这样一种"包容和开明"的态度，狄百瑞对儒学的"困境"与"现代新生"进行了长期深入的思考。对此，他说：

> "儒家的困境"是跟随我一生的问题。⑥

在狄百瑞看来，儒家的"困境"源于孔子，孔子所谓"述而不作"⑦，意指尊重并弘扬传统。因此，孔子传承了尧帝"泽被六合"⑧的"圣王理想"，即，

---

① ［美］狄百瑞著，黄永婴译：《儒家的困境·前言》，第壹页。
② ［美］狄百瑞著，黄永婴译：《儒家的困境·前言》，第叁页。
③ ［美］狄百瑞著，黄永婴译：《儒家的困境·前言》，第肆页。
④ ［美］狄百瑞著，黄永婴译：《儒家的困境·前言》，第肆页。
⑤ ［美］狄百瑞著，黄永婴译：《儒家的困境·前言》，第肆页。
⑥ ［美］狄百瑞著，黄永婴译：《儒家的困境·前言》，第肆页。
⑦ 何晏注，邢昺疏，朱汉民整理，张岂之审定：《论语注疏》，第84页。
⑧ 《尚书·尧典》："曰若稽古，帝尧曰放勋，钦明文思安安，允恭克让，光被四表，格于上下。克明俊德，以亲九族。九族既睦，平章百姓。百姓昭明，协和万邦。黎民于变时雍。"孔安国传，孔颖达疏，廖明春等整理，吕绍纲审定：《尚书正义》，第25—27页。

圣王需依靠自身美德来征服和治理天下。但是，恰是这种"圣王理想"埋下了儒家"困境"的"祸根"，因为"圣王理想"很难真正实现。他说："从一开始，儒学的困境就来自于奠定了仁治理想的传统神话，以及儒学后来取得过的短暂和表面的成功。这种世俗的成功恰恰显示出帝国统治的失控。因此，儒学的困境变成了一个永久的挑战，进退维谷的窘境让儒学在历史的长河中饱受煎熬。"①具体来讲，孔子主张通过培养"君子"人格，进而实现"圣王理想"。狄百瑞说："圣王对孔子及其追随者来说渐渐失去了直接的意义，君子的模范作用就显得更加有意义。'君子'的意思由原来没落世袭贵族中的一员，转而代表那些立志通过培养个人的美德和智慧为公众服务的人。也就是说，君子从出身高贵的人转变为高尚的人。"②如前所述，狄百瑞将"领袖品质"作为儒学的核心，而"君子"人格便是这样一种"领袖品质"。具体来讲，这些品质包括：

> 君子作为个体可以直接感悟"道"是最高的价值；君子富于灵感的言说见证了并不言说的上天；君子的使命感——实际上就是受到上天的委托；君子对统治者提出警告，以免他们因为违背天命而遭受灭顶之灾。③

然而，"君子"在发挥作用时遇到了困难，而这种困难便是儒家"困境"的根源。具体来讲，这种"困境"展现为"君子与统治者""君子与民众""君子自身角色"三个方面。其一，关于"君子与统治者"。在基督教传统中，社会秩序来源于"先知"所传达的"上帝启示"，世俗统治者并不超越于社会秩序。因此，"先知"对统治者有相当的制约作用。然而，在儒家，由于其入世的态度，又由于世俗政权对社会秩序的支配地位，故"君子"的角色只能对帝王进行道德告诫。很显然，在两种传统之中，"先知"和"君子"与统治者的关系大不相同。④　其二，关于"君子与民众"。在基督教传统中，民众之所以被放在中心位置，在于其所归属的民族与上帝立下的"誓约"无法免除，故民众具有直接"回应"上帝的责任。因此，民众居于中心位置意味着主动的、积极的"话语权"。在儒家传统中，民众亦处于中心位置，但上天把治理

---

① ［美］狄百瑞著，黄永婴译：《儒家的困境》，第〇〇二页。

② ［美］狄百瑞著，黄永婴译：《儒家的困境》，第〇〇一页。

③ ［美］狄百瑞著，黄永婴译：《儒家的困境·前言》，第〇一四页。

④ 参见［美］狄百瑞著，黄永婴译《儒家的困境》，第〇一〇至〇二页。

万民的责任赋予了统治者,民众并没有被赋予"回应"上天的责任。所以,民众在社会运行中没有主动的、积极的"话语权",也无法为"君子"发挥"先知"作用提供支持。① 其三,关于"君子自身角色"。在基督教传统中,"先知的特殊标志不在于他们的言行、社会角色或者教育背景,而在于他们所教导的内容以及他们对上帝的体验"②。然而,在儒家传统中,"君子"却通过官吏、学者和教师三种角色发挥作用,但事实上这些角色"无法扮演一个具有超凡魅力的人物"③。总之,儒家的"困境"在于"君子"处于民众和统治者的"裂缝"之中。狄百瑞说:

> 君子乃是替百姓和上天代言的社会角色,但是君子却没有有效地得到百姓的托付,也没有从上天那里获得宗教性的支撑,而是一直陷入黎民苍生和专制皇权的"裂缝"之中,这便成了历史上儒家最大的"困境"。④

既然明确了儒家的"困境"的根源,接下来的问题便是谋求儒学的"现代新生"了。狄百瑞说:"我们的困难不在于看到它们,而在于如何处理它们;不在于拓展新知识的范围,而在于对那些可以指导我们共同治理这些问题的价值和头等大事达成共识。"⑤在他看来,若要谋求儒学的"现代新生",只依靠儒家传统或只依靠西方文化传统都不可行。他说:"在一个飞速变化的世界里,儒家仍然固执地恪守古典人文传统。他们为此付出了代价。而且,作为社会的领袖,对于突然出现在眼前的西方超强军事和工业力量,他们一下子措手不及,无从应对。"⑥他还说:"同时,来自西方的新学回避了许多同样的问题。即使取得了一时的成功,它也没能预见到,在没有新的世界要去征服、没有新的土地可利用时,将会发生什么问题。"⑦狄百瑞的意思是,在文化日益全球化的今天,必须通过与历史、其他文化和未来"对话",来汲取人类文化精华,进行"自我改造",才可化解儒家之"困境",进而实现儒学的"现代新生"。他说:"没有一种新秩序不汲取过去的遗惠

① 参见[美]狄百瑞著,黄永婴译《儒家的困境》,第〇二一至〇二五页。
② [美]狄百瑞著,黄永婴译:《儒家的困境》,第〇一七页。
③ [美]狄百瑞著,黄永婴译:《儒家的困境》,第一一三页。
④ [美]狄百瑞著,黄永婴译:《儒家的困境》书封"内容简介"。
⑤ [美]狄百瑞著,黄永婴译:《儒家的困境》,第一二七页。
⑥ [美]狄百瑞著,黄永婴译:《儒家的困境》,第一二七页。
⑦ [美]狄百瑞著,黄永婴译:《儒家的困境》,第一二七页。

是能够持久的;但是也没有一种传统,无论是儒教的、佛教的或基督教的,在全球斗争的经验中是不加改造就能生存下去的。"①他还说:

> 在当时的条件下,虽然儒家已无力维系而且更不可能扩充"道",但是,他们至少明白有必要展开讨论和对话,因为二者是"弘道"的根本所在。今天,有利于我们延伸和扩展这一话语的时机已经来临:我们和历史对话,对其他的文化对话,甚至和未来的几代人进行对话。他们虽然不能替自己发言,但是他们的命运就掌握在我们的手中。②

二、儒家的自由传统

自由主义是狄百瑞研究儒学的切入点。在他看来,"自由主义"是一个具有丰富内容的概念,其内涵可以体现在多个层面。为此,他借用了《韦氏国际大辞典》(第三版)的定义:"自由主义是一种建立在对于进步,对于人的基本善性及个人的自主性的信念之上的哲学。它捍卫容忍的态度与个人的自由,使个人在生活的各个领域中不受独裁权威的宰制。"③对照这一定义,他认为,"自由主义"不仅体现为"文化自由主义""政治自由主义""经济自由主义",而且体现为"哲学自由主义""自由主义性格或风格"以及"自由主义教育"等。④ 进而,狄百瑞将"自由主义"归纳为如下几个特征:其一,以"积极地认同"诸如生命、尊严等人的价值为前提。其二,"承认相似性和差异性的存在",即,"积极地认同"在文化多样性中存在共同的人类价值。其三,在与他人平等的条件下"尽可能地包容"相反的观点,并和他人进行"开放的交谈"。其四,相应的"制度框架、立法、制衡的权力结构"以及对"开放信息和意见交换的保障措施"等。⑤ 基于此,狄百瑞认为,只要承认"自由主义"的这些特征,就必然会承认儒家传统中存在着"对应价值"。他说:

> 我相信,任何人只要接受这些因素是其"自由"概念中必不可少的

---

① ［美］狄百瑞著,何兆武等译:《东亚文明——五个阶段的对话》,第141—142页。

② ［美］狄百瑞著,黄永婴译:《儒家的困境》,第一二八页。

③ 参见［美］狄百瑞著,李弘祺译《中国的自由传统》,第四四页。

④ 参见［美］狄百瑞著,李弘祺译《中国的自由传统·引言》,第八至九页。

⑤ 参见［美］狄百瑞著,尹钛译,任锋校《亚洲价值与人权:儒家社群主义的视角》,北京:社会科学文献出版社2012年(下同),第149—150页。

部分,就能够承认,儒家传统中是存在这些因素的对应价值的……儒家本身是一种无须融汇外来文化的潮流和影响就可以产生和维护人权的自由传统。①

许多西方学者认为,中国文化与"自由主义"是相抵触的。对此,狄百瑞认为,造成这种认识的原因是对"自由主义"进行了狭隘的理解。也就是说,这些学者并没有从上述关于"自由主义"之"宽广"的角度来理解。他说:"在采用'自由的'("liberal")这个字时,我当然必须预期到其他误解的可能性。人根植于特殊的西方文化背景(例如穆勒(John Stuart Mill)所代表的)对自由主义采取狭隘而纯粹的定义。有的人则认为自由主义带有一些他们以为是源自西方的放肆的特点。这两种人都会认为把自由主义一词加诸中国是陌生而不切题的。"②若依着对"自由主义"的"宽广"的理解来看,在中国历史上,学问不是迎合与屈从,而是自由的表达;经筵的研讨、史官制度、御史台、谏院或都察院制度等,都是自由表达的体现或保障。③更为重要的是,"自由主义"的核心乃"改革",而儒学即有"改革"的传统。他说:"所谓'自由主义'一词可以是'改革者'的意思——敢于与现存否定人有实现其合理需求与欲望之机会的不公正政府相抗衡的'改革者'。"④当然,儒家的这一传统源于孔子,因为孔子既是一个"保守主义者",同时也是一个"自由主义者"。狄百瑞说:

　　孔子努力于保存传统文化的菁华,并肯定人类经验的永恒价值。在这层意义下,他可以说是一个保守主义者;但是,因为孔子认为过去的理想与典范可作为批判当代制度的基础,也足以提醒人所秉承于天的伟大天赋,所以孔子同时也是一个自由主义者。……在孔子之后的时代里,儒家也都是改革者,他们提倡为生民立命的社会福利政策。……并由对于现阶段制度所取的批判态度来加以充实。⑤

历史地看,在孔子之后,中国传统中不只是"保守主义",亦明显存在着"个人主义",而"个人主义"是自由主义的重要形式。狄百瑞说:"若干年

① ［美］狄百瑞著,尹钛译,任锋校:《亚洲价值与人权:儒家社群主义的视角》,第150页。
② ［美］狄百瑞著,李弘祺译:《中国的自由传统·引言》,第八页。
③ 参见［美］狄百瑞著,李弘祺译《中国的自由传统》,第一二〇页。
④ ［美］狄百瑞著,李弘祺译:《中国的自由传统·引言》,第十页。
⑤ 参见［美］狄百瑞著,李弘祺译:《中国的自由传统·引言》,第九－十一页。

前,我注意到十六世纪的明代思想家有一种个人主义思想的倾向,这种倾向在他们自己的时代里被认为激进,许多近代学者也持有同样看法。"①"虽然西方的观念特别突出的是着重在个人……事实上,……在传统的思想方式中,个人的自主性或'顺适性'这类观念实不陌生。"②为此,他疏解了王阳明、王艮和李贽的"自任""自得"思想,从而探讨了其所体现的"个人主义"。他说:"我讨论了两样与个人有关的观念:一个是'自任于道',一个是'自得',这两个观念所表达的是一种道德和文化的个人主义,宋代读书人所扮演的公共角色及学术活动就是这种个人主义所希望表现的特色。"③所谓"自任",是指"一个人必须为自己的行为负起全部的责任"。所谓"自得",一个含义是指"为满足自己而学习并体验真理,并由此引发内在的满足";一个含义是指"内心的默识及贯彻,好在自己心中自然地寻到道"。④在狄百瑞看来,李贽的思想与西方"个人主义"就"很接近"。他说:

> 李贽是王阳明和王艮弟子中最反传统,最个人主义和最放纵不羁的一个。他公然宣扬个人应该从根深蒂固的传统中解放出来。他这种态度很接近近代西方的个人主义。⑤

然而,李贽的"个人主义"在他之后却没有能够发扬光大,直到黄宗羲才将其接续下来。为此,狄百瑞又研究了黄宗羲的思想。他认为,"自由主义"作为黄宗羲思想的重要内容,其包括如下几个方面:其一,黄宗羲直接批判了帝制及其所拥有的专断权力。这是其"自由主义"的一个前提,也是其思想中的"精彩内容"。其二,黄宗羲认为不能再依靠个人道德,而应依制度和法律,以消除君主制的弊端。作为一种法治思想,这是民主制度的体现,更是个人权利的保证。狄百瑞说:"黄宗羲提出了建构于人类价值的法律。他认为这个法律比朝廷更递的政府更为基本,可以保障及促进人类全体的利益。"⑥其三,黄宗羲主张通过学校来议政。通过教育建立"表达舆论"的机制,让公众通过此机制来参与政治活动,这种主张与现代议会制度有类似之处。其四,黄宗羲主张博学,反对学术研究中的偏狭。这种思想

---

①　[美]狄百瑞著,李弘祺译:《中国的自由传统》,第四四至四五页。
②　[美]狄百瑞著,李弘祺译:《中国的自由传统》,第四四页。
③　参见[美]狄百瑞著,李弘祺译《中国的自由传统》,第七七页。
④　参见[美]狄百瑞著,李弘祺译《中国的自由传统》,第四六至四七页。
⑤　[美]狄百瑞著,李弘祺译:《中国的自由传统》,第九五页。
⑥　[美]狄百瑞著,李弘祺译:《中国的自由传统》,第一〇一至一〇二页。

乃学术的"存异"和"容忍",它体现了自由主义的"多元化"特征。① 关于黄宗羲的自由主义,狄百瑞说:

> 我们可以说在我们所一路讨论的自由趋势中,黄宗羲对于这种趋势的讨论作了相当可观的贡献。真的,他特别更让我们对于人性的成长与更新的潜力因此有更为开扩与更为多面化的认识。②

基于历史的考察,狄百瑞认为,儒家文化存在着"固有"的"自由主义"传统。或者说,"自由主义"并非西方文化的专有传统,它其实是中西文化的共性价值。他说:"我这些演讲所要说明的不外就是维护上述自由的思想。但这些思想并非……是西方的,其实是中国文化传统中固有的观念。"③因此,发掘这种"共性价值"乃文化比较研究的重要使命。他说:"在今天的世界里,人民的交往日趋紧密,我们双方采取对方的思想态度,目的是希望能够了解对方的构想。在这个过程中,不但发现我们各别文化独有的特征,同时也发现在人性上的共通的观点。"④在他看来,儒家文化的"自由主义"传统虽在"文化大革命"时期受过挫折,但后来又渐渐得到了恢复。对此,狄百瑞予以充分的肯定。他说:"现在的口号是'实事求是',可以说又回到十七世纪治学的方法,所有的问题重新以开放的精神来研究,像宋明理学以及产生于一九一〇——一九二〇年间的新文化运动的自由思想等。"⑤因此,他认为,虽然中国的"自由主义"传统很"脆弱",但它却能"延绵不断"而仍可发挥作用。他说:

> 这种传统看起来像一根脆弱的线,非常细小,不足以称为是一种自由思想的"传统"。……但只要是读过书的人,这一类的思想仍然可以对他们产生很大的影响。古人与今人虽然环境不同,但这种道统仍能延绵不断。⑥

---

① 参见[美]狄百瑞著,李弘祺译《中国的自由传统》,第九八至一〇六页。
② [美]狄百瑞著,李弘祺译:《中国的自由传统》,第一〇七页。
③ [美]狄百瑞著,李弘祺译:《中国的自由传统》,第一三一页。
④ [美]狄百瑞著,李弘祺译:《中国的自由传统》,第一三一页。
⑤ [美]狄百瑞著,李弘祺译:《中国的自由传统》,第一二五页。
⑥ [美]狄百瑞著,李弘祺译:《中国的自由传统》,第一二五页。

三、儒学与中国之发展

受西方学术界整体文明研究取向的影响,狄百瑞后来将研究领域由中国扩展到整个东亚社会。在他看来,唯有把整个"儒家文化圈"考虑进来,才能对儒学的"普遍因素"有一个恰当把握。具体来讲,要把握儒学传统中的"普遍因素",就需要把韩国、新加坡、日本和中国放在一起考虑不可,因为历史上儒家文化把这个地区紧密地联系在一起。他说:"在这方面,进步倒不是认同于民族国家,而更是认同于在传统的民族架构之外的环境中经常表现出自己的能力来的那些民族或集团。"①在他看来,东方技术的落后绝不意味着东方文化的落后;反而,东方文化与西方文化一样有其"内在价值"。然而,就整个"儒家文化圈"来讲,西方社会对东方文化的理解是不足的,故介绍和研究东方文化是很必要的。总的讲,与一些学者对东亚文化的偏见不同,狄百瑞对东西方文化持一种"平等对待"的态度。对此,金耀基说:"先生(指狄百瑞——引者)是一位西方人,但他的文化理念是一泯灭'东''西'之对的世界社会,他肯定东方文化在世界文化中的重要位序。"②狄百瑞也说:

> 除非双方都同等地而又深深地介入,东亚和西方之间是不可能产生真正的对话的;但是就西方之愿望理解东亚人而言,迄今为止它那全部的努力都还不曾与东亚人的努力相埒。③

就狄百瑞的理解来看,东方文化的"内在价值"已在东亚地区现代经济的快速发展中体现出来。他说:"直到近代,现代化大体上都是被人从迅速变化的角度来看待的,几乎照例不变地被看作一个革命的过程。很少有分析家停下来想一想,成功的关键倒可能更深刻地植根于社会过程和文化传统之中。"④具体来讲,就东亚地区经济的快速发展来讲,儒家文化乃一个重要因素,而这个因素的作用与基督教文化对资本主义的促进相类似。他说:"就我此处的目的而言,我将把自己限于东亚并把焦点聚集在晚(应为"晚"——引者)近所称为的'后儒家的东亚',这个名词所表示的意思是,

---

① ［美］狄百瑞著,何兆武等译:《东亚文明——五个阶段的对话》,第111页。
② ［美］狄百瑞著,李弘祺译:《中国的自由传统》,第一四〇页。
③ ［美］狄百瑞著,何兆武等译:《东亚文明——五个阶段的对话》,第126页。
④ ［美］狄百瑞著,何兆武等译:《东亚文明——五个阶段的对话》,第111页。

这些现代化的成功至少在很大程度上都可以归功于传统儒家价值之不断
继续的影响。"①在此,所谓"后儒家"的概念,是相对于"后基督教"的概念
而言的。所谓"后基督教",意指基督教的价值"一直生存在现代的世俗文
明之中"②。因此,所谓"后儒家",亦指儒家文化在现代东亚地区仍在发挥
作用。关于这种作用,狄百瑞说:

> 与亚洲、非洲和南美洲其他地方发展的缓慢步伐相对比,这些国
> 家在迅速现代化方面的戏剧性的成功……已经吸引人们开始注意到
> 东亚各民族共同背景中的一个长期为人所忽视的因素,即通过新儒学
> 而长期共享着的那种思想的和道德的积累过程。③

不过,狄百瑞并没有把东亚社会作为一个整体来研究,而是充分注意
到了各区域之间的差异。在他看来,在长期历史演进中,亚洲从未形成过
共同的认同意识,即便是曾经产生的所谓"泛亚主义"(Pan - Asianism),也
仅仅是某些亚洲国家"狂热民族主义"的"附属物"。他说:"就历史事实而
言,尽管亚洲各种各样的文化中的每种文化,在一定程度上都具有文化多
样性(multicultural,也就是说,每种文化都是漫长的文化互动的产物),但是
直到近代(modern times),在它们之间并不存在一种共同的亚洲认同意
识。"④因此,所谓"亚洲价值"本是"无根"的概念,因为它的提出在某种程
度上乃出于意识形态的目的。⑤ 他说:"即便是萨缪尔·亨廷顿这位敏感地
探索当代大国竞争背景下的文明冲突的学者,也没有发现什么'亚洲文化'
或'亚洲文明',而只发现了——就此而言,他至少发现了——亚洲主要的
文明之间存在无可通约的差异。"⑥因此,狄百瑞主张,在对东亚文化进行研
究时,必须要对地区多样性有清醒的认识。他的意思是,在理解东西文化
关系时,应超越简单的东西"对立思维"——实际上,东西文化之关系所反
映的乃儒学传统与现代化之间的紧张;这种紧张并非儒学所独具有,它亦
为西方传统价值文化所面对。他说:

---

① [美]狄百瑞著,何兆武等译:《东亚文明——五个阶段的对话》,第111—112页。
② [美]狄百瑞著,何兆武等译:《东亚文明——五个阶段的对话》,第112页。
③ [美]狄百瑞著,何兆武等译:《东亚文明——五个阶段的对话》,第112页。
④ [美]狄百瑞著,尹钛译,任锋校:《亚洲价值与人权:儒家社群主义的视角》,第2页。
⑤ 参见[美]狄百瑞著,尹钛译,任锋校《亚洲价值与人权:儒家社群主义的视角》,第1—2页。
⑥ 参见[美]狄百瑞著,尹钛译,任锋校《亚洲价值与人权:儒家社群主义的视角》,第2页。

与其说这是亚洲价值观与西方价值观的问题,还不如说是一个失控的现代化经济和技术力量,在亚洲和西方如何破坏传统价值的问题。①

基于上述认识,狄百瑞回顾了中国文化的历史发展。在他看来,中国文化之发展大致经历了五个阶段:第一个阶段为"古典时代",指先秦两汉时期中国文化传统"形成"的时期。这个时期"对后世的共同文化遗惠是一套丰富的文献",其核心价值是"高尚的人(君子)的学问和道德责任"。②第二个阶段为"佛教时代",指汉唐佛学的兴盛时期。这个阶段儒学的中心地位没有保住,而代之以"外来的征服和一种外来的宗教"。然而,"从纯粹中国的视角来看,佛教是在一个政治和军事的混乱时期渗入中国的,这是桩很有意义的事"。③第三个阶段是指宋明儒学时期。在这个阶段,佛教"在与本国传统的对话中,必须发现新的答案,必须设计新的机制和运载工具"④,而"新儒家乃是塑造一种新的共同文化的首要力量"⑤,因此宋明儒学之出现具有"转折点"的意义。第四个阶段是"近代转化"阶段,即中国从"前现代"社会走向近代化的时期。不过,西方社会对中国的近代化认识存在一个"误区",即,"所有这些问题都隐含着一个观点,即东亚必须赶上西方。为什么这个问题从来没有反过来问:为什么西方没有能和东亚文明的进步相一致呢?"⑥第五个阶段是"后儒家时代",是指从农业文明走向工业和技术时代之后,中国文化面临着"重建"的"崭新课题"。⑦ 关于这样一个"崭新课题",狄百瑞说:

> 儒家的社会纪律必然导致它自己走向权威主义的政治结构。强有力的领导的确在某些局势下可以产生为经济发展所必需的政治稳定性,而且我们无法否认,这一点较为符合大多数东亚的情况。但是仅仅强有力的领导是不够的……⑧

---

① [美]狄百瑞著,尹钛译,任锋校:《亚洲价值与人权:儒家社群主义的视角》,第8页。
② 参见[美]狄百瑞著,何兆武等译《东亚文明——五个阶段的对话》,第21页。
③ 参见[美]狄百瑞著,何兆武等译《东亚文明——五个阶段的对话》,第21—23页。
④ [美]狄百瑞著,何兆武等译:《东亚文明——五个阶段的对话》,第43页。
⑤ [美]狄百瑞著,何兆武等译:《东亚文明——五个阶段的对话》,第45页。
⑥ [美]狄百瑞著,何兆武等译:《东亚文明——五个阶段的对话》,第70页。
⑦ 参见[美]狄百瑞著,何兆武等译《东亚文明——五个阶段的对话》,第117—122页。
⑧ [美]狄百瑞著,何兆武等译:《东亚文明——五个阶段的对话》,第122页。

在狄百瑞看来,"在后儒家时代",儒学自身具有丰厚的精神资源可以贡献于中国的现代化。他说:"不久以前,在普遍流行着对儒教的贬斥时,人们广泛怀疑儒教能不能对现代化贡献什么东西。……然而,近 20 年来,这种态度有了戏剧性的转变。"①之所以会发生"戏剧性的转变",在于儒学自身所具有的一些现代价值。他说:"在从前,儒家影响被认为是敌对现代化的(而且它毫无疑问对西方的某些方面是反感的);可是现在中国、日本、韩国、台湾、香港和新加坡各民族却都受惠于新儒学所培养那种爱好学习、献身教育、社会纪律和个人修养,——这一点是可以为人首肯的了。"②"在讨论后儒家的东亚时,最为人们强调的价值是乃是自我约束、团体忠诚、节俭、自我否定与服从权威,——总之,是工作伦理的各种价值和被认为是与权威主义政治结构共生的那些价值。"③在此意义下,儒学对现代化不仅没有危害,反而是中国现代化的一种助力资源。不过,不能再对儒学之发展抱有"意识形态"的幻想。他说:"不管儒教究竟是否曾作为一种政治的意识形态,我看不出它在目前的情况下会成为一种政治上的意识形态。它很可能在教育的进程中重新获得某些地位……"④在狄百瑞,儒家思想是中国获得发展的一个因素,但并非唯一的因素。对此,他说:

> 对中国,也像对东亚的其他部分一样,处理新的局势将包含一个成长的过程,正如它过去对儒教那样,——既要深入分享别的民族、宗教和伦理传统的经验,而现在又要通过更加广泛的对话而超出已往所看到的任何东西。⑤

第四节　倪德卫

倪德卫(David Shepherd Nivison),1923 年生于美国缅因州法明代尔(Farmingdale)。1946 年哈佛大学本科毕业,获学士学位。1953 年哈佛大学博士毕业,获博士学位。曾师从杨联陞和洪业学习中文。1948—1988 年在斯坦福大学(Stanford University)任教。1954—1955 年获"富布赖特项

---

①　[美]狄百瑞著,何兆武等译:《东亚文明——五个阶段的对话》,第 114 页。
②　[美]狄百瑞著,何兆武等译:《东亚文明——五个阶段的对话》,第 112 页。
③　[美]狄百瑞著,何兆武等译:《东亚文明——五个阶段的对话》,第 117 页。
④　[美]狄百瑞著,何兆武等译:《东亚文明——五个阶段的对话》,第 122 页。
⑤　[美]狄百瑞著,何兆武等译:《东亚文明——五个阶段的对话》,第 125 页。

目"资助在日本访学。1967 年其著作《章学诚的生平及其思想》(*The Life and Thought of Chang Hsueh – Cheng*)获国际汉学界的"诺贝尔奖"——"儒莲奖"(Prix Stanislas Julien)。曾任斯坦福大学"瓦尔特·伊文思—温兹东方哲学、宗教与伦理学讲座教授"(Walter Y. Evans – Wentz Professor of Oriental Philosophies, Religions and Ethics),并同时任哲学系、宗教系、东亚语言系三系教授。1988 年后斯坦福大学荣休教授。1971—1972 年担任美国东方学会西部分会(The Western Branch of the American Oriental Society)主席,1980 年担任美国哲学协会太平洋分会(The Pacific Division of the American Philosophical Association)主席。2014 年逝世于加利福尼亚州洛斯阿图斯(Los Altos)。

倪德卫长期身处分析哲学的重镇斯坦福大学,以其精细分析及细密思考和不懈努力,使斯坦福大学成为美国中国哲学研究的著名机构。倪德卫研究章学诚、王阳明与存在主义、共产主义道德与中国传统,尤其对孟子、荀子有深入的研究。他利用甲骨文、金文、古代天文学以及"今本"《竹书纪年》等材料,探讨夏商周三代的纪年问题。其代表作主要有:《行动中的儒教》(*Confucianism in Action*)(合编)、《共产主义伦理与中国传统》(*Communist Ethics and Chinese Tradition*)、《章学诚的生平及其思想》(*The Life and Thought of Chang Hsüeh – ch'eng*)、《儒学之道:中国哲学之探讨》(*The Ways of Confucianism:Investigations in Chinese Philosophy*)、《三代年表之关键:"今本"竹书纪年》(*Key to the Chronology of the Three Dynasties:The "Modern Text" Bamboo Annals*)、《竹书纪年解谜》(*The Riddle of the Bamboo Annals*)等。

一、"德性的悖论"

倪德卫是通过"黄金律"为切入点展开对儒家道德哲学的探讨的。在他看来,所谓"黄金律"即"道德黄金律"的简称,基本含义是指这样一种道德观点:"一个人影响了另一个人的行为应该是可逆的,这就是说,假如你们的位置做了变换,你对别人做的行为,也正是别人可以对你做的行为。"[1]就中国哲学来讲,"黄金律"包括孔子的"己欲立而立人,己欲达而达人"[2]

① [美]倪德卫著,周炽成译:《儒家之道:中国哲学之探讨》,南京:江苏人民出版社 2006 年(下同),第 88 页。
② 何晏注,邢昺疏,朱汉民整理,张岂之审定:《论语注疏》,第 83 页。

和"己所不欲,勿施于人"①两个方面;这两个方面具体体现为"忠"和"恕"两个概念——"忠"对应于前面一句话,"恕"对应于后面一句话。具体来讲,所谓"忠",是指对上级或相应层次的人确实地遵守自己的职责;所谓"恕",则是指对下属或相应层次的人待以礼貌和体谅。倪德卫说:"如果我在遵守一种会导致我伤害你的行动准则,我应该放松(relax)它。这就是我所认同的恕。……即使我做的会伤害自己,我也应该严格对待自己,尽我最大的能力遵守规则。这就是我所认同的忠。"②"忠"和"恕"二者是一致的,因为它们是一个问题的两个方面:"忠"是"黄金律"的肯定的表达方式,"恕"是"黄金律"的否定的表达方式。③ 关于"黄金律",倪德卫说:

> 金律不是人们特殊惯例的肯定,不是"规律的概要",不是"规律和预言的整体",也不是基本的道德"原则"。它是比这更基本的东西。它是社会的真正的基础,没有它,道德就根本不能发展;它是一种态度:其他的一个人不只是物质客体,也不是我可以利用和控制的、可以猛推和咬的(可能是有敌意的)动物,而是跟我自己一样的人,我应该甚至在平凡的方式中相应地与之相处,从而使那个人和我自己双方都确信我们共同的人性。④

由对"道德黄金律"的探讨,倪德卫进而探讨了其关键概念"德"。对应地来看,"德"即是西方哲学所谓的"美德"(virtue),即"一个好人为了在道德上好而必须有的那些品质"⑤。不过,在中国文化背景下,"德"最初是指统治者不需要求助武力而进行统治的一种"能力"或"超凡魅力"。具体来讲,人们一般会为礼物而"感恩",但是,在中国这种"感恩"被夸大了,以至于它就像对方施加给你的一种"力";"德"概念最初表述的就是这样一种"力",它是皇帝为了臣民向祖先献"牺牲"而取得的。倪德卫说:"在周王朝开始(公元前 1040 年)的宗教—政治意识形态中,国王之作为国王的正当性是由他具有德来决定的。在那时,德已成为一种同时具有道德的和超自然的两个方面的因素的灵力。"⑥当然,皇帝之外的其他人也能为别人而

---

① 何晏注,邢昺疏,朱汉民整理,张岂之审定:《论语注疏》,第 158 页。
② [美]倪德卫著,周炽成译:《儒家之道:中国哲学之探讨》,第 88 页。
③ 参见[美]倪德卫著,周炽成译《儒家之道:中国哲学之探讨》,第 74—77 页。
④ [美]倪德卫著,周炽成译:《儒家之道:中国哲学之探讨》,第 91—92 页。
⑤ [美]倪德卫著,周炽成译:《儒家之道:中国哲学之探讨》,第 21 页。
⑥ [美]倪德卫著,周炽成译:《儒家之道:中国哲学之探讨》,第 98 页。

"牺牲"自己,因此,"德"并不仅仅是皇帝的"特权"。他说:"作为一个人的道德品质,'德'被认为可以给这个人心灵力或对其他人产生影响,甚至有时候是对人类以外的环境产生影响。"①质言之,与西方不同的是,在中国,"德"作为一种"美德"的同时,还具有一种"力量"的含义。倪德卫说:

> 德这个概念的根源似乎是我们可以称之为感恩之债(gratitude credit)的东西——受恩者为反惠施恩者而感到的一种强迫,前者的感受是如此地强烈,以至于它好像是一种发自施恩者(国王)的心灵力,使其周围的人在他的指引下找到方向。②

进而,倪德卫认为,"德性的悖论"是理解早期中国哲学的关键。他说:"在中国道德教育的形式中,这个悖论更令人信服地和更令人苦恼地真实。"③那么,何谓"德性的悖论"呢? 在他看来,因"德"即"德性"具有"力量",故它可以引发行为,这种行为即"德行"。可见,"德性"与"德行"是不同但又紧密相关的概念。通常来讲,"德行"意味着做对其他人友善的行为。④ 这里实际上"潜存"着一个理论预设:除非道德主体已经有了"德性",否则他不能真正地实施"德行";反过来讲,假如道德主体要真正实施"德行",他必须首先有了"德性";然而,实际上并非如此,即,道德主体实施"德行"前并没有"德性"。质言之,人应该先有德,然后才可能行德。很明显,这样一种预设包含着逻辑矛盾,这种矛盾可称为"德性的悖论"。他说:"如果一个人想做得德之事,他一定是已经有了德;并且,特别是,当一个人要留心那种导致他得德的教导时,他一定是已经有了德。"⑤例如,根据《论语》记载,孔子要求弟子们须先培养出高尚的"德性",然后才可去实施真正的"德行"。很显然,孔子的要求当中隐含着这种"悖论":要做有德之事,人必须先有德;然而,人往往无法做到先有德。关于"德性的悖论",倪德卫还说:

> 德这个原始概念的结构结果产生了一种悖论:为了取得"德",人必须已经有了它。更坏的是,追求德就是追求一种优势(好处),而这

---

① ［美］倪德卫著,周炽成译:《儒家之道:中国哲学之探讨》,第21—22页。
② ［美］倪德卫著,周炽成译:《儒家之道:中国哲学之探讨》,第38页。
③ ［美］倪德卫著,周炽成译:《儒家之道:中国哲学之探讨》,第99页。
④ 参见［美］倪德卫著,周炽成译《儒家之道:中国哲学之探讨》,第34页。
⑤ ［美］倪德卫著,周炽成译:《儒家之道:中国哲学之探讨》,第40页。

种优势是非德的。①

　　依着倪德卫的理解,孟子对于解决"德性的悖论"做了有益尝试:所有人的人性都是善的,即都是有"德性"的,故人们能够真正地实施"德行"。他说:"孟子通过说我们都已经有德而在实际上解决了这个问题。"②此外,孟子的理论还意味着:在对"德是否可以自学而获得"③的问题上,他的答案是"是"。对此,倪德卫说:"对解决德的悖论的'主要的'形式,孟子似乎做了好的工作:他……显示了道德教育如何是可能的:道德的学生已经是道德的,而且我们都同样如此。那么,老师的任务就变成为:熟练地提醒人们注意其道德'萌芽',然后指导他们养育这些萌芽。"④不过,荀子并不赞成孟子的观点。在荀子看来,人性本身是恶的,故"化性起伪"乃圣人的重要天职。倪德卫说:"荀子……反复强调一个主题:老师的指导、圣王的模范和规则对于一个要变得道德完善的人来说是必不可少的……"⑤概括地讲,荀子的思想包含两个方面:其一,因为人性是恶的,故教育和修养才成为必要。⑥ 另一方面,"它们(指传统——引者)不是由一个'圣人'写的,而是历史的长过程的产物"。⑦ 对此,倪德卫认为,前者解释了圣人如何"发现"道德,但对于为什么需要圣人却没有解释清楚;后者解释了为什么需要圣人,但对于圣人如何创造"传统"却没有解释清楚。很显然,荀子在理论上不如孟子完备。他说:

　　　　如果圣人不是道德上的超人,他们如何创造道德秩序(假如我不能创造的话)? 荀子通过设定他们是统治者而让权威进入礼义。义来自哪里呢?⑧

　　后来,戴震和章学诚分别强调了荀子思想的不同方面,故可视为对荀子思想的修订和完善。因此,倪德卫相继对戴震和章学诚的思想进行了追

① [美]倪德卫著,周炽成译:《儒家之道:中国哲学之探讨》,第67页。
② [美]倪德卫著,周炽成译:《儒家之道:中国哲学之探讨》,第68页。
③ 参见[美]倪德卫著,周炽成译《儒家之道:中国哲学之探讨》,第51页。
④ [美]倪德卫著,周炽成译:《儒家之道:中国哲学之探讨》,第51页。
⑤ [美]倪德卫著,周炽成译《儒家之道:中国哲学之探讨》,第56—57页。
⑥ 参见[美]倪德卫著,周炽成译《儒家之道:中国哲学之探讨》,第57页。
⑦ 参见[美]倪德卫著,周炽成译《儒家之道:中国哲学之探讨》,第63页。
⑧ [美]倪德卫著,周炽成译:《儒家之道:中国哲学之探讨》,第63页。

溯。关于戴震，倪德卫的理解是，"他的真正爱好是道德哲学"①；而就其"道德哲学"来讲，有三点思想可视为对荀子思想的完善：其一，他将道德规范"降低"为人类的欲望，而从人类的欲望出发便可得到道德规范。其二，道德规范既然是从人类的欲望得到，故它就不仅是"应该做"的，而且亦是"确实想要做"的。其三，"仅仅因为我们是欲望存在"，故能够理解什么是正确的。② 关于章学诚，倪德卫则说："章（指章学诚——引者）没有把自己声称为批评地修正了荀子，可能甚至也没想到自己在做这事。"③实际上，其两个方面的思想不仅是"对荀子版本的一种得体的修正"，甚至亦是对戴震思想的"修正"和完善：其一，道德秩序被认为是一种"历史的产物"，因此，它不仅有形成的过程，而且还在形成过程中。其二，如果一个统治者或者圣人能够"创造"道德秩序，那么其他人也可以做到。④ 很显然，戴震和章学诚的上述思想形成了对荀子思想和修订和完善。

二、道德的"意志无力"

通常来讲，孟子主张人性善，而荀子主张人性恶；二者是鲜明对立的。不过，倪德卫看到，荀子也认为，"义"是人与"鸟兽"的区别之点。他说："水火有气而无生，草木有生而无知，禽兽有知而无义，人有气、有生、有知，亦且有义，故最为天下贵也。"⑤这样，荀子的思想似乎存在矛盾：如果人有"义"，这不是说人性毕竟是善的吗？ 对此，倪德卫的解释是：其一，在荀子，人性虽然是自私的，但经由理性引发的"伦理转变"，可以使人变为"利他主义者"。也就是说，由于人性和"环境"的影响，纯粹的利己主义者并不能满足自己的欲望；只有作为"利他主义者"，人的自我欲望才能满足。倪德卫说："荀子的理据似乎要求：人有学会为义本身的缘故评价'义'的能力。因此，不仅荀子谈到'正义之心'，而且他的主张之逻辑也要求人有此心。"⑥其二，荀子对孟子采取的是"互补主义的策略"。也就是说，荀子的立场与孟子的立场在本质上并无不同，只不过他们强调的问题不同而已：孟子强调的是"渴望美德"，荀子强调的则是"美德的缺乏"。对此，有学者说：

---

① ［美］倪德卫著，周炽成译：《儒家之道：中国哲学之探讨》，第65页。
② 参见［美］倪德卫著，周炽成译《儒家之道：中国哲学之探讨》，第65页。
③ ［美］倪德卫著，周炽成译：《儒家之道：中国哲学之探讨》，第64页。
④ 参见［美］倪德卫著，周炽成译《儒家之道：中国哲学之探讨》，第64页。
⑤ 王先谦撰，沈啸寰等点校：《荀子集解》，第164页。
⑥ ［美］参见万白安《导言》，［美］倪德卫著，周炽成译《儒家之道：中国哲学之探讨》，第12页。

　　他(指荀子——引者)的立场不是在本质上不同于孟子的立场。
这两个哲学家仅仅是强调不同的东西。……在倪德卫看来,孟子强调
的是,渴望美德是人性善的标志。另一方面,荀子强调的是美德的缺
乏,假如不缺乏,就不会有对它的渴望。①

　　可见,无论是孟子,还是荀子,其人性论的焦点均指向道德的来源。关
于道德的来源,哲学史上有"二本"还是"一本"之争论。对此,倪德卫首先
追溯了夷之和告子的"二本论"。夷之认为,人类的亲情为道德"第一本",
而"兼爱"和"公正原则"为道德"第二本"。即,人们可以选择控制其自然
反应,使之符合某种道德教义,此即意味着道德来源的"二本论"。倪德卫
说:"根据这种观点,道德依赖于两种相互独立的东西:我认为我应该做的
并且能用语言表达的和能推论的事;我对特定情感的感受之心,我能够驾
驭和影响这种情感以至于我被推动去做我的原则告诉我应该做的事情。"②
告子主张人性的"可塑性":人性是一块"白板",可以改变它以适应道德教
义。与夷之相类,告子认为,人们的一些善良反应是内在的、固有的,而另
一些则是外在的、后天的。很显然,此亦是道德来源的"二本论"。倪德卫
说:"告子的'二本'实际上分别就是独立于我、'外在'于我之'言'和在我
之中的、内在于我的'心'……"③对于夷之和告子的"二本论",倪德卫持反
对态度。他说:"在某种程度上,像告子这样的观点是更糟糕的。它承认,
我有道德动机之心,但它又系统地把这种心与'得于言'相分离,也就是说,
把这种心与在认知上理解为我的义务之言相分离。"④之所以倪德卫反对
"二本论",在于它"分离"了"我的责任"和"我的行动意向"。他说:

　　　　这种哲学系统地在我所知道的我的责任和我的行动意向之间造
　　成了一条鸿沟,一条不能以任何可理解的方式填平的鸿沟。⑤

　　在倪德卫看来,"二本论"因为"分离"了"我的责任"和"我的行动意
向",故其关于道德来源的说法"陷入混乱"。他说:"他(指夷之——引者)
因既接受来自他的'心'的指导又接受来自与此'心'不相关的一系列教义

①　[美]万白安:《导言》,[美]倪德卫著,周炽成译:《儒家之道:中国哲学之探讨》,第12页。
②　[美]倪德卫著,周炽成译:《儒家之道:中国哲学之探讨》,第126页。
③　[美]倪德卫著,周炽成译:《儒家之道:中国哲学之探讨》,第128页。
④　[美]倪德卫著,周炽成译:《儒家之道:中国哲学之探讨》,第128页。
⑤　[美]倪德卫著,周炽成译:《儒家之道:中国哲学之探讨》,第128页。

的指导而陷入混乱。"①与"二本论"不同的是,孟子主张道德来源的"一本论"。在孟子看来,人性在美德方面有"主动的倾向",因此道德的来源实际上只有一个。即,虽然圣人教导对自我修养很重要,但人内在的道德情感才是道德的真正来源;这个来源既告诉我们做应该做的事,又提供了做这些事的动机。换言之,"内在情感"和"圣人教导"乃一致的,故所谓"二本"其实是"一本"。因此,孟子曾批评夷之的"二本论"。他说:"夫夷子信以为人之亲其兄之子为若亲其邻之赤子乎? 彼有取尔也:赤子匍匐将入井,非赤子之罪也。且天之生物也,使之一本,而夷子二本故也。"②关于孟子的"一本论",倪德卫认为其所指乃"心"为道德本源。他说:"孟子指出,我们真正想做什么,我们应该做什么,我们正确地认识到我们应该做什么,最终在我们的心中有其根源,这就是'一本'。"③他还说:

> 他(指孟子——引者)自己坚持:从道德上考虑,人作为天生之一物,只有"一本"。当然,对他来说,这个本就是"心",是不同方面的意向之"心"。④

依着倪德卫的理解,尽管道德根源乃"一本",但它并不能保证在道德现实层面的真正落实。也就是说,在许多情况下,人们对于应该做的事而没有去做。即,人虽然清楚应该做什么和为什么这么做,但却没有这么做或故意做别的事。他说:"自古以来,许多西方哲学家对以下现象是如何发生的感到迷惑不解:我既认识到我应该做某一类特定的事,又明白做一个对我开放的特定的选择就是做这类事,但我却没有去做,反而可能是做刚好相反的事。"⑤倪德卫将这样一种现象称为"意志无力"。他说:"当一个人做他意识到不对的事时,意志无力就出现了。"⑥在他看来,"意志无力"是人们经验中不可否认的现象。比如,"孔子和孟子痛切地知道意志无力的可能性,因为他们的学生和在他们设法鼓动的政治领袖中看见这种无力"⑦。具体来讲,"意志无力"可区分为两类:一类是"意志无力";另一类

---

① [美]倪德卫著,周炽成译:《儒家之道:中国哲学之探讨》,第127页。
② 赵岐注,孙奭疏,廖名春等整理,钱逊审定:《孟子注疏》,第155—156页。
③ [美]倪德卫著,周炽成译:《儒家之道:中国哲学之探讨》,第169页。
④ [美]倪德卫著,周炽成译:《儒家之道:中国哲学之探讨》,第127页。
⑤ [美]倪德卫著,周炽成译:《儒家之道:中国哲学之探讨》,第107页。
⑥ [美]万白安:《导言》,[美]倪德卫著,周炽成译:《儒家之道:中国哲学之探讨》,第3页。
⑦ [美]万白安:《导言》,[美]倪德卫著,周炽成译:《儒家之道:中国哲学之探讨》,第3页。

是"漠然"。倪德卫说："有时候，似乎是我断定我应该做某事，但又不能或没有控制那些促使我不去做它的诱惑。……它叫做'意志无力'。有时候，似乎是我断定我应该去做某事，但就是没有或不能有足够愿意去做它。这种情况被称之为漠然（懒惰）。"①具体来讲，"意志无力"指由于做了不应该做的事，而没有做应该做的事；"漠然"指没有去做应该做的事。他说：

> 意志无力出现于当一个人被跟道德之知相冲突的诱惑（例如，对性和财富的欲望）战胜之时，漠然出现于这样的时候：一个人纯粹没有足够的动力去做他认为正确的事，尽管没有特别强烈的欲望诱惑他。②

倪德卫认为，"意志无力"问题的最初提出与统治者有关。一般来讲，好的国王有德，德最初指源于"德性"的"超凡魅力"，后来却单指"德性"本身；坏的国王则需要德，因此需要他人的反复教导向他"灌输"德。但是，坏的国王却是这样的人：他既没有主动去求德，也没有被动去听劝告，此便是"意志无力"的表现。倪德卫说："这就是无德的国王，但他恰恰就是需要老师提供指导的国王。这个问题是如此地重要……"③因为统治者的"意志无力""如此地重要"，故它作为一个问题渐而被"带入"道德哲学，而且成为道德哲学的一项重要内容。进而，倪德卫认为，虽然"意志无力"问题在古代希腊和古代中国都被提出，但是它们对这个问题的理解却有重大差别。亚里士多德的"模型"是盲目地背诗式的模式：道德知识恰当地"促动"了人，但人却屈从于感情而没有真正认识到道德要求。孟子的"模型"则是：除非人们设法使一个恰当的道德动机进入，否则道德知识不会"促动"道德行为。对此，倪德卫说："在孟子的传统里，我们需要其他的、截然不同的模式来替代亚里士多德的道德无力模式（从本质上，我认为那是喝醉酒似的史诗吟诵者模式）。"④不过，虽然有如此重大差别，"意志无力"问题乃中西哲学之"核心问题"。倪德卫说："这些问题在两种道德传统中都是非常重要的核心问题，并且，我想，双方的传统都能使对方更清楚明白地显示出来。"⑤不过，相对来讲，儒家因为非常关注道德修养，故比西方哲学家更为关注"意志无力"问题。如，王阳明的"知行合一说"便是一个极好的例证。

①　[美]倪德卫著，周炽成译：《儒家之道：中国哲学之探讨》，第 114 页。
②　[美]万白安：《导言》，[美]倪德卫著，周炽成译：《儒家之道：中国哲学之探讨》，第 3 页。
③　[美]倪德卫著，周炽成译：《儒家之道：中国哲学之探讨》，第 98 页。
④　[美]倪德卫著，周炽成译：《儒家之道：中国哲学之探讨》，第 110 页。
⑤　[美]倪德卫著，周炽成译：《儒家之道：中国哲学之探讨》，第 111 页。

倪德卫说：

> 对于王阳明来说，之所以强调"知行合一"是重要的，正因为如果不这样的话，学者就会看不到他们的学习和他们的道德行动的内在关联。①

三、阳明心学乃一种"自我转化论"

倪德卫还对宋明儒学有深入研究，尤其对王阳明哲学有独到见解。他认为，作为一个哲学家，王阳明"塑造"了一幅深受佛教影响的"形而上学图景"。具体来讲，道教追求本质上自私的"清净无为"的个人哲学，其人生目标是永生；佛教则视道德规范为"附加物"，因为它使人陷入"无名的痛苦"。王阳明虽然在本质上是一个儒者，"他将道德上的善作为最高形式的知识"②，但他深深地感受到这些思想的魅力。同时，与早期儒家一样，王阳明虽然作为一个哲学家，所关心的是"标准的哲学问题"，但他关心这些问题的目的不是建构理论体系，而是以一位"道德家"的身份来"改正人与社会"。倪德卫说："对于这些问题作为理论研究的对象，他并不感兴趣。他总是一位道德家，他感兴趣的是改正人与社会，教导人们如何成为一个更好的人。"③因此，他的道德哲学同时也是一种"宗教"。之所以称之为"宗教"，原因有两个方面：其一，王阳明有"救世主般"的使命感。倪德卫说："我们发现王有一种惊人的和完全的认真。他有一种近乎救世主般的使命感。"④其二，王阳明肯定一种"超越的实在"。倪德卫说："王阳明与道家、早期儒家的道德神秘主义者和大多数佛教徒共有一种相似的思想结构。存在着一种超越的和内在的更高的实在……"⑤因此，倪德卫说：

> 在写和讲他的哲学的过程中，王同时也在实践和教导一种宗教。只有记住这一点，我们才能懂得他。⑥

---

① ［美］万白安：《导言》，［美］倪德卫著，周炽成译：《儒家之道：中国哲学之探讨》，第4页。
② ［美］倪德卫著，周炽成译：《儒家之道：中国哲学之探讨》，第268页。
③ ［美］倪德卫著，周炽成译：《儒家之道：中国哲学之探讨》，第266页。
④ ［美］倪德卫著，周炽成译：《儒家之道：中国哲学之探讨》，第266页。
⑤ ［美］倪德卫著，周炽成译：《儒家之道：中国哲学之探讨》，第267页。
⑥ ［美］倪德卫著，周炽成译：《儒家之道：中国哲学之探讨》，第266页。

　　倪德卫的意思是,王阳明虽然所探讨的确实是"标准的哲学问题",但他对"心学"却没有系统的理论阐述。不过,从其言说当中却可以了解其"大致的方向"。即,王阳明的"心学"乃一种关于"心"与"身"、"人"与"自然"的"同一理论"。倪德卫说:"然而有一个大致的方向。王阳明否认(或者说倾向于否认)心身的二重性。"①"心和身看起来可以作为描述同一个东西的同样合适的两个方面。"②具体来讲,其一,王阳明认为"心"是"世界"的主宰。在他看来,我们通过感觉去感知事物,通过"心""感到"固有的需要和义务。因此,当有人问道:"天地鬼神万物,千古见在,何没了我的灵明,便俱无了?"王阳明答道:"今看死的人,他这些精灵游散了,他的天地万物尚在何处?"③因此,倪德卫说:"在这个问题上,王阳明有时几乎是贝克莱主义者。他说,'我的灵明,便是天地鬼神的主宰。'"④其二,"心"亦不能离开"世界"。在王阳明看来,"心"没有"体",它以物为体。因此,他说:"我的灵明离却天地鬼神万物,亦没有我的灵明。"⑤倪德卫说:"这一思想与王阳明关于正常运作的理想之心是相关的:心像一面完美的明镜,能完全地且圆满地映照它当前所面对的情景的各个方面。以前的'映照'不会遗留下任何东西来影响现在的映照,现在的映照也不会保留下去而影响下一次。"⑥总之,王阳明"心学"的核心乃一种"同一理论"。倪德卫说:

　　宇宙与"此心"一体,与我们一体,渗透着心性,内在于我们,而不是外在于我们。⑦

　　倪德卫认为,在王阳明看来,心之"体"须展开为心之"用",且只有在"用"中才能"知心""治心"。关于"知心",他认为,心之"体"是无时无刻不在的,我们在"良知"中体认它;"良知"乃心之"体"对心之"用"的自我评价,而并非指通常意义的主观心理经验。⑧不过,心之"体"既然要展开为"用",而"用"便有了"善"与"恶"。也就是说,关于"恶"的出现,王阳明持

① [美]倪德卫著,周炽成译:《儒家之道:中国哲学之探讨》,第270页。
② [美]倪德卫著,周炽成译:《儒家之道:中国哲学之探讨》,第271页。
③ 参见王阳明撰,吴光等编校:《王阳明全集》,第124页。
④ [美]倪德卫著,周炽成译:《儒家之道:中国哲学之探讨》,第271页。
⑤ 王阳明撰,吴光等编校:《王阳明全集》,第124页。
⑥ [美]倪德卫著,周炽成译:《儒家之道:中国哲学之探讨》,第271页。
⑦ [美]倪德卫著,周炽成译:《儒家之道:中国哲学之探讨》,第273页。
⑧ 参见[美]倪德卫著,周炽成译《儒家之道:中国哲学之探讨》,第273页。

"决定论"的观点——如果"心"没有依"良知"展开为"用",就会形成"恶";当发生这种情况时,"良知"之光虽然还在,但已经被"遮蔽"了。倪德卫说:"恶的出现不是因为有某种外在的原则注进心里,而是心本身以一种扭曲的方式活动。"①不过,如果能够"瞥见""良知"的"微光",那么"良知"仍然可以对"恶"做出反应,此反应即是一种"自我完善"。倪德卫说:"我们中的极少数人'生而知之'(……),但是,我们中的大多数生来便严重地'蔽'了。因此,在我们'去蔽'之前,必须经历一段长时时("时"字应为衍字——引者)间的自我完善。像孟子一样,王阳明也认为我们被来来往往的事物迷惑和困扰。"②质言之,一个方面,王阳明认为"恶"并非必然发生;另一个方面,他所关注的乃如何"走出恶"。倪德卫说:

> 如果王阳明没有解释恶产生的原由,他就不能把它当作是必然发生的。即使是失其体的恶人仍然还有良知,并且能够重新发现它。……王对恶的理论实在不感兴趣。他关注的是引导我们走出恶。③

与大多数儒者一样,"知心"的目的在于"治心"。在王阳明,"走出恶"的途径是"自我修养"即"治心"。倪德卫说:"王阳明的宗教要求一种自我修养的程序。"④就内容来讲,王阳明关于自我修养的主张多是传统的,只不过他对有些内容进行了"修补"。例如,朱熹主张人首先通过"格物"而不是自身获得"理",然后从事"诚其意"即"敬"的精神修炼,从而使人的主观动机结构与客观道德秩序相一致。他说:"穷至事物之理,欲其极处无不到也。"⑤王阳明则不以为然。因此,他重新解释了《大学》的如下论述:"物格而后知至,知至而后意诚,意诚而后心正,心正而后身修,身修而后家齐,家齐而后国治,国治而后天下平。"⑥首先,"物"不是"外在的",不是人的"他者";"物"乃"意之所在",即我正在做的事情。其次,"格"不是"接触",而是"正"。再次,"知"不是一般知识,而乃纯粹的知或固有的道德意识即"良知"。最后,"意"是指潜在的心理活动,即发自心的感情和认识。基于

---

① ［美］倪德卫著,周炽成译:《儒家之道:中国哲学之探讨》,第 273 页。
② ［美］倪德卫著,周炽成译:《儒家之道:中国哲学之探讨》,第 273 页。
③ ［美］倪德卫著,周炽成译:《儒家之道:中国哲学之探讨》,第 273 页。
④ ［美］倪德卫著,周炽成译:《儒家之道:中国哲学之探讨》,第 274 页。
⑤ 朱熹:《四书章句集注》,北京:中华书局 1983 年(下同),第 4 页。
⑥ 郑玄注,孔颖达疏,龚抗云整理,王文锦审定:《礼记正义》,第 1592 页。

上述,王阳明将朱熹的多个步骤"压缩"到一步,即"致良知"。① 对此,倪德卫说:

> 自我修养,即自我留心和自我完善的"功夫",必须是持续不断的,不是指向学会规则,通过阅读和学习而获得一般意义上的"智慧",而是指向心刚发动时的一闪念。②

基于上述,倪德卫认为,王阳明的道德哲学虽可同时称为"宗教",但它不是一种关于献身和拯救的有神论,而是一种"自我转化论"。不过,"自我转化论"有着宗教般的"有强大吸引力"的献身和拯救精神。倪德卫说:在王阳明,"成为'圣人'的目标状态跟任何在'天'获得拯救之宗教观念一样有强大的吸引力。王阳明和他的追随者这样描述它:在这种状态下,人自然地沉浸于一种无言的愉悦之中。"③所不同的是,王阳明的"宗教"所献身和信赖的对象不是上帝,而是"心"即"良知"。倪德卫说:"在他的晚年,王阳明给这个方面的心找到了一个名字:'良知'(……)。对于王阳明来说,它是'内在的上帝',也是外在的上帝。它是信仰的对象。"④而且,王阳明的哲学意在引导人以"做工夫",而"做工夫"是一个永不止息的过程;这个过程是让"心"的"声音"清晰"说"出来,并确保人们总是"跟随"它。在此意义下,倪德卫说:"将王阳明的功夫描述成主动的、经常的祈祷,这并不完全是一种误解。"⑤由此来看,"心"所凸显的是"自我","做工夫"所凸显的则是"转化";二者之结合,乃可谓为一种"自我转化论"。对此,倪德卫说:

> 王阳明的宗教是一种自我转化的宗教。善的状态(完全没有焦虑的效力、"良知"照亮每一个反应、心如明镜以至于我们"与造物者游")是可以达到的,但不需要依赖上帝,祈求恩赐。⑥

---

① 参见[美]倪德卫著,周炽成译《儒家之道:中国哲学之探讨》,第275页。
② [美]倪德卫著,周炽成译:《儒家之道:中国哲学之探讨》,第278页。
③ [美]倪德卫著,周炽成译:《儒家之道:中国哲学之探讨》,第268页。
④ [美]倪德卫著,周炽成译:《儒家之道:中国哲学之探讨》,第268页。
⑤ [美]倪德卫著,周炽成译:《儒家之道:中国哲学之探讨》,第269页。
⑥ [美]倪德卫著,周炽成译:《儒家之道:中国哲学之探讨》,第274页。

第四章　美国的"中国学"研究

20世纪中叶以后，一些美国学者出于极其现实的目的，从广阔的时代背景来探讨中国文化、中国政策及与西方国家的关系，从而为美国甚至西方国家的决策提供咨询。由于政府及社会基金的大力支持，这种新出现的现实研究呈现出快速发展的态势——相关的专业化研究队伍逐步形成，其在学界的影响从无到有迅速扩大。具体来讲，在传统的汉学研究和儒学研究等纯粹的学术研究之外，以费正清为中心，以列文森、史华慈、柯文等为骨干，在美国学界奠立起以中国近现代史为研究对象、以"区域研究"为特点的"中国研究"或"中国学"。由于这支队伍大多出自哈佛大学，故这个团队常被称为"中国学"研究的"哈佛学派"。总的看，"哈佛学派"所创立的"中国学"，既不同于"微观汉学"理路，也不同于儒学研究理路。如果说后二者为纯粹的学术研究，那么前者则为纯粹的应用研究。虽然"中国学"的研究对象要远远大于儒学，但它毕竟与儒学有所关联，故研究美国儒学史不可忽略它。

历时性地看，20世纪40年代是美国"中国学"的"发生期"，到60—70年代"中国学"则很快进入了"成熟期"，80—90年代"中国学"则进入了"收获期"。而且，"中国学"研究由于"贴近"中国历史与社会，故更符合美国对华政策的需要，因此一度成为美国学界关于中国研究的主流学派。这个学派不仅具有明确的研究领域，而且还形成了具体的研究模式。费正清提出了"冲击—反应"说，认为外部的冲击和中国的反应是造成中国社会变革的主要原因。列文森提出了"传统—现代"说，认为传统中国社会代表"传统"，现代西方社会代表"现代"，二者是完全对立的。而且，他还认为，儒学已经走入历史而成为一种"博物馆哲学"，只具有类似于化石的考古研究价值，并不具有任何现实意义。不过，在经历了一定时期的发展之后，上述这些研究模式渐渐暴露出局限性，因此受到来自"哈佛学派"内外两个层面的质疑和批评。就内部层面来讲，史华慈分析了费正清和列文森研究模式的局限性，柯文则主张代之以一种全新的"中国中心观"模式。

第一节　费正清

费正清(John King Fairbank),1907 年生于美国南达科他州的休伦市(Huron)。1925—1927 年在威斯康星大学麦迪逊分校(University of Wisconsin – Madison)学习,1927—1929 年转学到哈佛大学学习。1929—1936 年在英国牛津大学求学,获哲学博士学位。其间,1932 年到中国清华大学进修。1936 年到哈佛大学历史系任教,后与他人合作首次开设东亚文明课程。1941 年在美国政府任职,1942—1943 年、1945—1946 年以美国政府官员身份在华工作。1946 年返回哈佛大学任教。1955 年哈佛大学成立"东亚研究中心"(Center for East Asian Sudies)(1977 年更名为"费正清东亚研究中心"(Fairbank Center For East Asian Research)),费正清于 1955—1973 年担任中心主任。在费正清直接或间接主持下,该中心成为美国东亚问题研究的重镇。费正清还曾担任美国历史学会(American Historical Association)、亚洲研究学会(Association for Asian Studies)会长。1977 年退休,1991 年逝世于马萨诸塞州剑桥市(Cambridge)。

费正清毕生致力于中国研究,是美国"中国学"(Chinese Studies)的奠基人。以他为首,以数位弟子为骨干,形成了"中国学"研究的"哈佛学派"。费正清的主要著作有:《中国沿海的贸易与外交》(*Trade and Diplomacy on the China Coast*)、《中国对西方的反应:研究指南》(*Research Guide for China's Response to the West*:*A Documentary Survey*,1839 – 1937)、《在华传教事业与美国》(*The Missionary Enterprise in China and America*)、《中国:传统与变迁》(*China*:*Tradition and Transformation*)、《伟大的中国革命(1800—1985 年)》(*The Great Chinese Revolution* 1800 – 1985)、《观察中国》(*China Watch*)、《美国与中国》(*The United States and China*)、《中国新史》(*China*:*A New History*)(合著)等。此外,费正清还与他人共同主编了多卷本《剑桥中国史》(*The Cambridge History of China*)等。

一、美国"中国学"的奠立

关于中国研究,费正清不赞成美国早期汉学对传统"欧洲汉学"的继承。因此,他在一开始学习"汉学"时,就有意选择汉学研究比较薄弱的牛津大学,而避开了法国的巴黎、荷兰的莱顿等欧洲汉学中心。[①] 然而,他却

---

① 参见[美]费正清著,陆惠勤等译《费正清对华回忆录》,第 19 页。

有着宏大的抱负,即"在一个并不存在中国问题研究的机构里怎样出其不意地进入中国问题研究的领域"①。也正是因此,费正清后来到中国清华大学进修时选择了蒋廷黻。蒋廷黻作为中国近代史研究的"拓荒者",主张重要的是研究历史事实,而不是研究史书。因此,他批评历史学家往往是"治史书而不是治历史"②,以致熟读许多史书或专治一部史书,但最终对于史实本身却没有多少知识。他说:"此种研究历史的方法在现在已经落伍,不能再继续下去。我们不能再把时间浪费在这上面。"③在蒋廷黻的影响下,费正清更加坚定了"逃离"传统"欧洲汉学"进而"改进"美国汉学研究的信念。他说:

> 我提议对美国专业史学思想中的中国史研究的作用(或非作用,non‐role)进行研讨,并研究中国问题"专家"的功用以及怎样摆脱他们。④

费正清的研究与传统"欧洲汉学"的不同之处在于,其关注点并不在儒家经典文献,而在近代中国历史。具体来讲,传统"欧洲汉学"是以古代中国为对象,以古典文献为依据。因此,他们"漠视"关于中国政治、经济和社会的现实研究,甚至认为研究现实问题只是单纯的"新闻工作"。⑤ 费正清的研究则以近现代中国为对象、以档案史料为依据。因此,他反对传统"欧洲汉学""皓首穷经"的态度,不赞成只在书斋中研究文献的做法,而主张研究活生生的社会现实。费正清认为,"汉学"本身是很有意义的学术,但是传统"欧洲汉学"路子过于狭窄,脱离现代中国的实际情况,所以这种路子不应被提倡。不仅如此,传统"欧洲汉学"普遍拘泥于一种成见,认为研究中国必须首先熟读中国经典,必须依靠大量中文工具书和文献资料;这样一种做法其实是成为"语言的奴隶",而合理的做法应该成为"语言的主人"。因此,他的最大愿望是成为一名历史学家,而不是一般意义上的汉学家。⑥ 他说:

---

① [美]费正清著,陆惠勤等译:《费正清对华回忆录》,第20页。
② 参见蒋廷黻《蒋廷黻回忆录》,长沙:岳麓书社2003年(下同),第129—130页。
③ 蒋廷黻:《蒋廷黻回忆录》,第130页。
④ 陶文钊编选,林海等译:《费正清集》,天津:天津人民出版社1992年(下同),第398页。
⑤ 参见[加]保罗·埃文斯著,陈同等译,袁传伟校《费正清看中国》,上海:上海人民出版社1995年(下同),第63页。
⑥ 参见[美]邓鹏《费正清评传》,成都:天地出版社1997年(下同),第140页。

汉学家们"如果不是语言的奴隶,也已成了语言的仆人",因此,"对于历史学家来说,问题在于是要去使用语言,而不是被语言所使用。"①

在上述观念之下,费正清的研究表现出非常明显的功利性。从一定意义来讲,这是他与传统"欧洲汉学"的"分水岭"。传统的"欧洲汉学"以古代中国为研究对象,是一种处于"象牙塔"中"为研究而研究"的纯粹学术,宗旨在于增加知识以为人类文明做出贡献。尽管从根本上来讲这亦是一种"功利",因为它终究是服务于人类的,但它却不着重于现实功利的追求。与此不同,费正清的研究则更多地直接服务于现实目的。在他看来,研究应当具有实际的效用,学者的责任不仅在于增加知识,而且更在于教育公众、影响政策。他说:"历史是经世治国术的女侍",对于中国问题,除了"学术性"研究以外,更应注重"实用主义"研究。② 因此,他在研究中始终强调历史与现实、学术研究与现实政治的密切联系。他说:"我们历史学家们必须记取一句古老的中国战略格言:知己知彼,百战百胜。必须为之奋斗和赢取的正是与中国的和平。美国学专家和东亚专家,在了解双方及其活动的相互作用这个共同任务中,必须携手前进。"③关于这种功利性,费正清说:

> 1954 年以后展开的美国对中国问题的研究是一项有关国家政策的活动……随着我们在哈佛和其他研究中心的教育和研究工作的进展,这一点也是日益明显,即我们正在创建一个国家所需要的学术团体和教师队伍。④

在费正清的带领和影响下,美国的中国研究在传统汉学之外最终开拓出一个新方向,此新方向就是具有美国特色的"中国学"或"中国研究"。所谓"中国学",是一门以历史研究为骨干、结合社会科学多个学科对中国进行研究的综合性学问。概括地看,"中国学"的特征大致有如下几个方面:

---

① 参见[加]保罗·埃文斯著,陈同等译,袁传伟校:《费正清看中国》,第 67 页。
② 参见陶文钊编选,林海等译《费正清集》,第 405 页。
③ 陶文钊编选,林海等译:《费正清集》,第 418 页。
④ [美]费正清著,陆惠勤等译:《费正清对华回忆录》,第 433 页。

其一,以中国近现代史尤其是当代史为主要研究对象。其二,强调研究的经世致用,主张直接为现实政治服务。其三,采用多种社会科学的研究方法,对研究对象进行综合研究。对此,有学者称:"中国研究发展了包括对亚洲的人口、社会流动、思想潮流、文化演变、经济体制、税收政策、科举制度以及共产主义运动在内的众多课题,形成了对第三世界国家的跨学科的研究模式。这就是所谓的'区域研究'(Regional studies)。这种研究,远远超出了传统的汉学研究的范围和趣旨,注意力集中在近现代的变革上面。……这种研究方法由于费正清的提倡形成哈佛的中国研究的主流,通过哈佛,它还在西方的汉学界里形成一个声势浩大的流派。"①对于费正清所奠立的"中国学",还有学者评论道:

> 费正清使中国现代历史研究成为整个现代史研究中一个主要领域。……他使该项研究脱离了 1945 年前的如"东方死水"一般的状况,而使更多的学生得以沿着他拓出的新路继续前进。②

二、儒家思想的弱点

尽管费正清以近现代中国为主要研究对象,以档案史料为依据,但由于儒学是中国文化的主流,故儒学是他所不可回避的研究内容。对此,费正清不仅考察了儒学在整个中国文化中的地位,也分析了儒学自身的具体特性。关于前者,他认为,儒学自汉朝起成为"国学"③以来,之后便"占据"了意识形态的主导地位。他说:"它是所有保守主义思想体系中最为成功的一个。在 2000 年的大多数岁月里,儒家的思想意识成为世界上这一最大国家里的主要学习科目。单独一套被认为源出于一个古代圣人的始终一贯的思想体系,竟能在这么多世纪里成为政府权力合法性的理论依据,这种现象在世界上任何别的地方是从未有过的。"④因此,尽管中国历史上王朝不断更迭,但中国社会演进始终没能"跳出"儒家学说的模式。对于这种

---

① ［美］邓鹏:《费正清评传》,第 111 页。

② 参见［美］D·冈萨雷斯著,陈一梅译:《美国中国学研究的开拓者——费正清》,《国外社会科学》1992 年第 4 期,第 60 页。

③ 在费正清,此"国学"乃"国家的学术"之意,指居于主导地位的整个国家的意识形态,而非指以儒学为主体的中国传统文化学术。

④ ［美］费正清著,张理京译:《美国与中国》第四版,北京:世界知识出版社 2006 年(下同),第 53 页。

历史现象,费正清的解释是,"中庸"哲学及其适应当时政治需要,乃其"成功"的主要原因。他说:

> 折中与平衡也许能够解释为何儒家思想最终在中国获得了胜利。……儒家思想成功的第二个原因,在于它应时而生,符合了时代的需要。当时士——官僚阶级正应政治的需要而缓慢发展,他们需要一种哲学来支持,而孔子的学说正好满足了这种需要。①

关于后者,费正清则认为,虽然儒学有诸多不可否认的优点,但也有其不容回避的弱点。

其一,以家庭为中心。在费正清看来,中国人都是"集体主义者",其总是倾向于从集体和政府的赞扬中而非从实现个人目标或个人享受中得到满足。他说:"中国式的人文主义包括关心个人尊严的问题,但那是从社会的观点来关心的。……人的价值,并不像西方所认为的那样是每个人固有的品质,而是需要从外界获得的。"②他还说:"个人本身是不受赞扬的。他既不是唯一的、永存的,也不是世界的中心。……所以中国的传统强调社会行为。"③依着费正清的理解,中国人上述"淡化自我"的观念是儒家强调"家庭集体主义"的结果。具体来讲,儒家要求以个人修身为出发点,然后推及家庭、国家、天下;反过来,家庭、国家、天下是个人修身的前提和目的。与此不同,在西方国家,个体而不是家庭是推动社会发展的最终力量,故所强调的是个体权利和人之平等。关于儒学的这一弱点,费正清说:"中国社会的基本单位是家庭而非个人、政府或教会。……中国的伦理体系并不指向上帝或国家,而是以家庭为其中心的。"④他还说:

> 中国家庭是自成一体的小天地,是个微型的邦国。从前,社会单元是家庭而不是个人,家庭才是当地政治生活中负责的成分。在家庭生活中灌输的孝道和顺从,是培养一个人以后忠于统治者并顺从国家现政权的训练基地。⑤

---

① [美]费正清著,张沛译:《中国:传统与变迁》,北京:世界知识出版社2002年(下同),第53页。
② [美]费正清著,张理京译:《美国与中国》第四版,第125页。
③ [美]费正清著,张理京译:《美国与中国》第四版,第125页。
④ [美]费正清著,张沛译:《中国:传统与变迁》,第15页。
⑤ [美]费正清著,张理京译:《美国与中国》第四版,第22页。

其二,漠视公民自由权。费正清认为,在中国政治生活中,个人并不享有真正的公民自由权,因为儒家所关注的不是个体的人,而是社会伦理道德原则。因此,如果说中国有"个人主义"的话,其"个人主义"也"是'以环境为中心'的,而不是像在美国那样'以个人为中心'的"①。概言之,儒家强调"公"而压抑"私",将个人的正当权益"淹没"在群体之中。依着费正清的理解,儒家的这一思想透显着强烈的政治意图:一家之人皆无个人意识有利于家长独裁,一国之民皆无个人意识有利于君主专制。他说:"他们改革朝政的热情以及坚守信念所产生的动力,是为了重申和维护传统的政治形态,而并不是改变它的基本前提。"②因此,在中国"有一种令人迷惑不解的矛盾现象:人的个性异常丰富多彩,然而几乎没有人享有公民自由权的传统"③。质言之,对于重视社会伦理道德原则导致了对公民自由权的漠视,从而阻碍了建立在公民自由权基础上的民主发展。他说:

> 宋代的理学思想由于其无所不包,成了束缚中国人的思想的紧箍咒。明代皇帝就拿它作为统治的工具。④

其三,为专制主义提供理论依据。在费正清看来,中国的政治传统是专制主义:统治者是人民的"君父",而不是人民的代表;皇帝具有至高无上的政治、军事和经济权威,官吏的任务也是控制百姓而不是代表人民。在这种体制之下,皇帝对人民拥有绝对的"私人化"权力——他有权力来支配、管制全部官员,并且要求他们对他个人绝对效忠,因为"国家政权集中在最上面的皇帝一个人身上"⑤。而且,专制制度渗透到社会的每个角落,社会生活的方方面面都被"政治化"了——从服装到举止,从图书到绘画,一举一动都含有政治意义;专制制度不仅不允许任何敌对势力的兴起,而且也不允许任何向权力挑战的行为。一直到1911年为止,中国历朝历代始终处于这个传统之中。依着费正清的理解,儒家学说尤其是其"仁政"学说为专制主义提供了"合法性"。他说:"孔教靠这'仁政'理论博得重视,这是西方任何学说都无法与之相比拟的,而仁政理论的主要之点是'行为端正即为有德'的思想。……道德威望又能给人以凌驾于人民之上的势

---

①　[美]费正清著,张理京译:《美国与中国》第四版,第68页。
②　[美]费正清著,张理京译:《美国与中国》第四版,第54页。
③　[美]费正清著,张理京译:《美国与中国》第四版,第67—68页。
④　[美]费正清著,张理京译:《美国与中国》第四版,第65页。
⑤　[美]费正清著,张理京译:《美国与中国》第四版,第59页。

力。……端正的行为赋予统治者以权力。"①质言之,儒家思想为专制主义传统提供了"理论根据"。费正清说:"儒家思想始于战国时代,是想把当时社会秩序拨乱反正的一种手段。它是一种正名分的哲学,因此凡是官僚政治和专制政治盛行的时候都要拿它作为现成的工具。"②他还说:

> 在世界上大多数帝国统治者主要依靠宗教权威的时候,儒家给现政权的行使权威提供了一种理性上的和伦理上的依据。这是政治上的一大发明。③

其四,不能促成一个稳定的政府。在费正清看来,中国的帝国制度在强有力的领导下是有能力的,历史上的许多成就与文明都与之有关。然而,一个强大帝国的运转完全依靠皇帝个人的德行和能力,而皇帝的行为可以是非理性的;他拥有生杀予夺的大权,牺牲者毫无权利可言,这种制度影响了中国社会的稳定。正因为如此,他说:"历史上很少有什么帝国能比中国具有更令人难忘的战绩。每个朝代都是靠兵力定天下的。"④"随着时间的推移,这种强有力的领导品质能让这种政治体制维持多久呢?"⑤费正清的意思是,虽然中国专制制度维持了几千年,但这种制度在每个朝代都遇到强烈的挑战。在他看来,这与儒家思想的影响有关,因为在儒家思想当中"权利学说"没有地位,在政治制度中没有上诉法庭,故异议者除了造反之外别无他途。作为回应,秉承儒家文化的皇帝们却不得不借助法家严刑酷吏手段加强统治。费正清说:"正是在这方面,儒家由于借用法家的某些方法而增强了他们的力量。"⑥因此,在中国传统社会,建立王朝、消灭叛乱、惩罚官吏,无不需要动武或采取威吓策略。然而,这正是一个王朝终究要被推翻的主要原因。由此地看,二十四史其实不过是二十四个朝代的循环。⑦ 他说:

---

① [美]费正清著,张理京译:《美国与中国》第四版,第58页。
② [美]费正清著,张理京译:《美国与中国》第四版,第54页。
③ [美]费正清著,张理京译:《美国与中国》第四版,第58—59页。
④ [美]费正清著,张理京译:《美国与中国》第四版,第65页。
⑤ John King Fairbank and Merle Goldman. *China : A New History*. Second Enlarged Edition, Cambridge: The Belknap Press of Harvard University Press, 2006. p. 28.
⑥ [美]费正清著,张理京译:《美国与中国》第四版,第60页。
⑦ 参见[美]费正清著,张理京译《美国与中国》第四版,第97页。

据"书经"所载,商朝的末代统治者纣是个暴君,但商民不能推翻暴君,故上天授命于周,令其灭纣,并取而代之。这一古代思想后来经过发挥,成为著名的"有权造反",这是民众反抗专制政府的最后一招。它强调统治者必须有德,这是他保持统治的伦理基础。如果他作恶,那就违背了天命。上天就收回"天命",人民就有理由推翻这个王朝,只要他们有力量这样做。因此,任何成功的造反都是正当的,而新的统治者就凭他胜利这一事实,成为名正言顺的了。①

三、"冲击—反应"说

费正清认为,儒家文化是一个自我封闭而停滞不前的"超稳定"系统,在这个系统之内,中国政治和社会的全部活动已经"制度化",因此它能够按照既定的"路线"进行。因此,尽管社会元素也是多元的,但它们都被统治阶级"统一"为一个整体。他说:"事实上,中国在进入现代社会以前一个半世纪,已经成为一个自我平衡的社会,有足以维持一个稳固国家的能力。……这个古老的中国是一个精巧的结构……它在物质生产方式上是分散的,但它被具有历史创造的形态感和自我形象感的统治阶级统一起来。"②但是,需要说明的是,中国社会之"自我平衡"的"精巧结构"仍属于古代文化形态,并不具有近现代文化的特征。也就是说,中国是农业的和官僚的社会,而不是商业的、工业的民主社会。质言之,儒学不可能成为中国走上现代化道路的动力,相反却是中国社会长期停滞不前的文化原因,因为它造就了中国人制度上的"僵化"和心理上的"迟钝",从而妨碍了中国对西方冲击的成功反应。费正清说:

> 2000年来中国政治生活中孔孟思想格局所造成的这种根深蒂固的惰性,说明为什么中国近代反对那种思想格局的革命要走那么长的道路。③

在费正清,对于中国文化的论说是与西方文化相比较为语境的。他认

---

①　[美]费正清著,张理京译:《美国与中国》第四版,第56—57页。

②　[美]费正清著,刘尊棋译:《伟大的中国革命(1800—1985年)》,北京:世界知识出版社2000年(下同),第60—61页。

③　[美]费正清著,张理京译:《美国与中国》第四版,第75页。

为,中西文明之差异实际上反映了截然不同的两个社会发展阶段:中华文明是一种"内向型大陆文明",它具体体现为折中的、顺从的、停滞的"农业—官僚文明"或"伦理本位文明";西方文明则是一种"开放性海洋文明",它具体体现为充满竞争的"商业—工业—军事文明"或"个人本位文明"。相较而言,中华文明充斥着顽固的"惰性",西方文明则洋溢着勃勃生机。① 很显然,中西两种文明是"冰炭不相容的"。② 既是"冰炭不相容的",两种文明一旦接触就不可避免地发生冲突。历史地看,整个中国近现代史就是中西文明"接触"与"冲突"的历史。费正清说:"在充满'不平等条约'的整整一个世纪中,中国这一古老社会和当时居于统治地位的、不断扩张的西欧与美国接触日益频繁。在工业革命的推动下,这种接触对古老的中国社会产生了灾难沉重的影响,在社会活动的各个领域……对古老的秩序进行挑战,展开进攻,削弱它的基础,乃至将它征服。中国历史进程是由一个更加强大的外来社会的入侵所推动的。"③在此意义下,费正清说:

> 现代的中国人决忘不了西方。由于他的文明是以中国是文化中心这种优越感为基础而自觉地发展起来的,他对信心十足的西方所自诩的优越性决不能熟视无睹,掉以轻心。……按照这种颇为笼统的、广泛的意义来说,当时肯定存在着西方的冲击。同样,中国对西方的"反应"也是一件大事,其中搀杂着许多复杂而互相影响的过程。④

费正清认为,西方的实业、基督教和民主是三位一体的⑤,故西方文明对中国文化的冲击是根本性的、全方位的。他说:"遗憾的是,接受西方的任何事物都被证明是一种单向驱动器,它只能进一步使这个儒教国家脱离它的传统基础。"⑥因此,中西文明"冲突"的两个重要因素乃西方的近代化力量和中国本土的传统力量。具体来讲,前者带来的是"冲击",后者需要做出相应的"反应"。然而,西方的"冲击"要求中国进行变革,但中国"传

---

① 参见陶文钊编选,林海等译《费正清集》,第8—13页。
② 参见[美]费正清编,中国社会科学院历史研究所编译室译《剑桥中国晚清史》上卷,北京:中国社会科学出版社1993年(下同),第4页。
③ Ssu-yu Teng and John K. Fairbank, *China's Response to the West: A Documentary Survey, 1839-1923.* Cambridge: Harvard University Press, 1954. p. 1.
④ [美]费正清著,张理京译:《美国与中国》第四版,第134页。
⑤ 参见[美]费正清著,刘尊棋译《伟大的中国革命(1800—1985年)》,第155页。
⑥ 陶文钊编选,林海等译:《费正清集》,第91页。

统是抗拒变革的"①。因此,近现代中国历史体现为一种"走向变革"与"保持传统"的"双重变奏"。费正清说:"旧秩序为自卫而战,它缓慢地退却,但始终处于劣势;灾难接踵而至,一次比一次厉害,直到中国对外国人的妄自尊大、北京皇帝的中央集权、占统治地位的儒家正统观念以及由士大夫所组成的统治上层等事物,一个接一个被破坏或被摧毁为止。"②"晚清末期中国的发展就是因为迟迟不愿接受外洋思想、外国贸易和技术,以致落后的。"③费正清的意思是,近代中国对西方文明表现出"顽强"的抵触与排斥,因而阻碍了中国近代化的进程。他说:

> 变革的思想渐渐传播开来,但速度非常缓慢。……我们就会发现其中有一共同特点,即均是将西方的榜样嫁接到本土的传统制度上,结果,本土的惰性阻碍了现代化的进程并扼杀了革新的需要。④

在费正清看来,研究中国近代化的失败,必须理解其悠久而特殊的文化传统。具体来讲,在西方文明不断的强力冲击下,中国被迫做出只是"充满惰性"的反应,故而中国在 19 世纪的经历成了一出完全的"悲剧",表现为巨大的、史无前例的崩溃和衰落过程。之所以如此,费正清认为,中华文明本身缺乏"内在动力"去主动突破传统框架,只能在巨大外力的冲击下被迫对西方作出反应,从而跳出传统的"羁绊"以实现近代化。历史地看,中国近代的革命肇始于中国和西方的接触,故西方思想和现代技术的输入是革命的原动力。⑤也就是说,西方文化是促成中国"永久性变革"的因素,而中国传统则只能维持一种"循环型变革"。他说:"一件基本事实仍然存在:19 世纪和 20 世纪震撼世界的技术进步,和其他种种进步的策源地和发明者都在西方。因此西方能从自身文明内部实现现代化……但是,中国由于它早已有了与众不同的文化传统,就非借鉴外界来实现现代化不可。"⑥质言之,中国的现代化需要西方"冲击"和中国"反应"的互动,而在"冲击"与"反应"之间以"冲击"为主,此即费正清的"冲击—反应"说。他说:

---

① ［美］费正清著,刘尊棋译:《伟大的中国革命(1800—1985 年)》,第 4 页。
② ［美］费正清编,中国社会科学院历史研究所编译室译:《剑桥中国晚清史》上卷,第 4 页。
③ ［美］费正清著,刘尊棋译:《伟大的中国革命(1800—1985 年)》,第 437 页。
④ ［美］费正清著,张沛译:《中国:传统与变迁》,第 386 页。
⑤ 参见［美］邓鹏《费正清评传》,第 144 页。
⑥ ［美］费正清著,张理京译:《美国与中国》第四版,第 132—134 页。

当代中国变革转型的根本原因,主要源自西方的新兴力量与本土
传统习惯及思维方式之间的冲突互动。①

不过,对费正清的"冲击—反应"说不可做绝对的、机械的理解。在他
的认识中,在中西文明的冲突中,中国文化所显现出来的并非绝对的"惰
性",它实际上亦显示出"中国社会内部的活力"。他说:"自 1840 年(或者
说自 1514 年)以来,外国对中国的多方面的影响是显而易见的。甚至,以
鸦片战争这场外国入侵作为中国近代史的起点,都已成为习惯。但是,所
有这些外来影响只形成中国人民日常生活环境的一小部分……中国的经
济,乃至中国的军事体制,都显示了一个虽然古老、但却远远没有停滞的社
会内部的活力。面对着这种史无前例的压力,千千万万的男男女女知道怎
样奋斗求存。"②也就是说,就中国近代化的进程来讲,西方文明的冲击虽属
必要,但它毕竟属于"外因";"外因"终究要通过"内因"发生作用。因此,
费正清说:"中国的重心在内部,在中国人民中间,中国革命的构成因素也
是在那里积累起来的。"③他还说:

> 在我们简单地称呼它是外国刺激力的反应之前,我们必须首先承
> 认中国传统的原动力的生命力量。孔教改革的记录刚刚才开始被人
> 研究。④

第二节　列文森

列文森(Joseph Richmond Levenson),1920 年出生于美国马萨诸塞州波
士顿(Boston)的一个犹太人家庭。1941 年从哈佛大学毕业。"太平洋战
争"爆发后,1942 年加入美国海军。1946 年回到哈佛大学继续学习,1947
年获历史学硕士学位,1949 年获得历史学博士学位。经费正清推荐,1951
年开始在加州大学伯克利分校(University of California, Berkeley)任教,曾
任该校"萨瑟讲座教授"(Sather Professor of History)。1954—1955 年获"富

---

① ［美］费正清著,张沛译:《中国:传统与变迁》,第 3 页。
② ［美］费正清编,中国社会科学院历史研究所编译室译:《剑桥中国晚清史》下卷,第 2 页。
③ ［美］费正清著,刘尊棋译:《伟大的中国革命(1800—1985 年)》,第 75 页。
④ ［美］费正清著,刘尊棋译:《伟大的中国革命(1800—1985 年)》,第 170 页。

布赖特项目"资助。1969 年在荡舟时落水身亡。列文森才华横溢、识见深刻,被称为"莫扎特式的历史学家"。① 为纪念他卓越的"中国学"成就,美国"亚洲研究协会中国和内亚地区理事会"(The China and Inner Asia Council of the Association for Asian Studies)专门设立了"列文森中国研究书籍奖"(Joseph Levenson Book Prize)。

列文森是费正清为首的"哈佛学派"的代表人物之一。其最著名的两部作品分别是:《梁启超与近代中国思想》(Liang Ch'i-ch'ao and the Mind of Modern China)和《儒教中国及其现代命运》(Confucian China and Its Modern Fate)。此外,他还著有《中国:从起源到汉的衰落的历史阐释》(China: An Interpretive History, from the Beginnings to the Fall Of Han)、《革命与世界主义》(Revolution and Cosmopolitanism)等。

一、关于中国近代化诸思潮之剖析

历史地看,中国的近代化进程是继发的,它源于西方文化的冲击。与历史上佛教对中国文化的冲击不同,近代以来西方文化对中国文化的冲击是根本的、全面的。面对西方文化冲击的"严峻"形势,作为一种回应,中国思想界曾出现过多种思潮,以回应西方文化的挑战,并探求中国近代化的努力方向。大致来讲,这些思潮的核心主要涉及两个问题:一是如何对待西方文化,此为"中外问题";二是如何对待中国文化,此为"古今问题"。② 围绕着这样两个问题,思想界形成的代表性思潮主要有"中体西用论""今文经学"、民族主义、反传统主义等。对于这些思潮,列文森逐一进行了剖析,并借此表达了自己的观点。总的看,他认为这些思潮均无法实现所设定的目标,即并不能真正解决中国的近代化要求。

其一,关于"中体西用论"。面对西方文化的冲击,一些儒者提出了"应中国社会环境的要求而产生的第一个中西调和理论"③即"中体西用论"——在保持中国核心传统即"体"的前提下,引入西方的物质文明以为"用"。列文森说:"……张之洞,提出了一条最简明的、并且为所有'自强派'赞同的哲学论断……中学为'体',西学为'用'。也就是说,在最基本

① 参见郑家栋《列文森与〈儒教中国及其现代命运〉——代译序》,[美]列文森著,郑大华等译:《儒教中国及其现代命运》,北京:中国社会科学出版社 2000 年(下同),第 2 页。
② 参见程志华《熊十力哲学研究——"新唯识论"之理论体系》,北京:人民出版社 2013 年,第 236—237 页。
③ [美]列文森著,郑大华等译:《儒教中国及其现代命运》,第 62 页。

的文化价值领域,中国不止和西方相等,而且远超出于西方之上。"①在列文森看来,"中体西用论"只是一种基于"体用二分"的理想,实际上"体""用"二者是不可分的。因此,当西学之"用"越来越被现实所接受时,儒学之"体"的地位便会相应地失去。他说:"我们可以称'体用'模式是一种谬误,因为近代技术之'用'不可能像体用模式的倡导者们所标榜的那样护卫中国之'体',而只能改变社会,从而使老'体'多了一个竞争对手,而不是一副盾牌。"②列文森认为,之所以会出现"中体西用说"这种不合实际的思潮,源于西方文化冲击给中国知识分子带来的"心理上的困境":一方面羡慕西方文化;另一方面又舍不得中国传统。他说:"理智上想与中国思想疏远,但感情上又要认同中国思想,因为什么力量也改变不了他们的中国人身份。"③总之,关于"中体西用论"的"谬误",列文森还说:

> 在这个被综合过的文化中,中学是体,但在现实社会中,它又是作为进入仕途的敲门砖,即"用"来使用的。而被当作"用"来引进综合的西学,并没有像这个整齐的模式所要求的那样充当中学的补充物,相反取代了它。④

其二,关于"今文经学"。列文森认为,以康有为为首的"今文经学派"试图避免"体用"模式的"谬误",通过给历史"注入"新价值以实现"体面地西化"。他说:"他们要恢复'体用'不分的传统,从而使近代西方的价值不是作为中国传统的补充物,而是作为它的整体的一部分而存在。"⑤质言之,"今文经学派"的意图在于:要保存西方的价值,但是要在儒学中发现它。列文森说:"他们(指康有为等——引者)试图说明,形塑中国生活方式的中国文化,不是中国的真精神,中国的真精神一直遭到曲解和压抑。他们认为,如果中国的真精神被重新认同和维护,那么中国就能够与西方并驾齐驱。那些被传教士视为欧洲进步和基督教信仰之成果的价值,在康有为那里则变成了中国自己的东西。……所有给人以深刻印象的西方价值都被说成是中国的东西了。……这里,没有产生于西方而为中国屈尊俯就地加

① [美]列文森著,郑大华等译:《儒教中国及其现代命运》,第49页。
② [美]列文森著,郑大华等译:《儒教中国及其现代命运》,第61页。
③ [美]列文森著,郑大华等译:《儒教中国及其现代命运》,第67页。
④ [美]列文森著,郑大华等译:《儒教中国及其现代命运》,第50页。
⑤ [美]列文森著,郑大华等译:《儒教中国及其现代命运》,第65页。

以接受的'用',而只有自我认定的儒家血统。"①质言之,这样一种理论意在避免"中体西用论"的"谬误",而且由此保住儒学之"体"。但是,实际上此意图并不能真正实现。具体来讲,"今文经学"的基本观点是,人类社会是由"据乱世"到"升平世"再到"太平世"的普遍进化过程。② 很显然,这样一种进化思想同时意味着,在历史的发展进程当中,儒学之"体"并不能被保住。因此,列文森说:

> 　　一种新的保卫中国的可能性,一种新的改革的理论,则有可能从"今文经学"的教义中提炼出来,因为如果像"今文经"学派所认为的那样,进化是一普遍的过程,那么,古老的"体"则一定能够被取代。③

　　其三,关于民族主义。列文森认为,儒学传统是努力使"国家"成为"天下","使一个政治单位成为带有价值的一种文明"④。然而,民族主义者走的是另外一种理路,即努力使"天下"成为"国家"。他说:"近代中国思想史的大部分时期,是一个使'天下'成为'国家'的过程。"⑤具体来讲,民族主义的理论前提是,唯有一个民族国家才可与西方国家"对话",而且作为一个"国家"其"选择是自由的"。列文森说:"作为一个国家,它没有任何必须遵循的固定准则。但作为一种特定的文明,它就必须坚持某种价值观念,否则它就不成其为某种特定的文明了。但一个国家的选择是自由的,只要这种选择有助于其生存。当文化至上论绝望地退出历史舞台的时候,民族主义就占据了中国人的心灵。"⑥在列文森看来,民族主义者的学术理路是,面对如何对待传统文化所体现出来的紧张,化解方法是"择东西之精华而取之"⑦。他说:"他既应对中国的过去怀有特殊的同情,但同时又必须以一种客观的批判态度反省中国的过去。能满足这两项要求的最合适的方法,就是将西方和中国所能提供的精华结合起来……"⑧这种模式表面看来似乎是合理的,因为它将"精华"视为中性价值术语,但实际上它却无法

---

　　①　[美]列文森著,郑大华等译:《儒教中国及其现代命运》,第68页。
　　②　参见康有为撰,姜义华等编校《康有为全集》第六集,北京:中国人民大学出版社2007年(下同),第393页。
　　③　[美]列文森著,郑大华等译:《儒教中国及其现代命运》,第71页。
　　④　[美]列文森著,郑大华等译:《儒教中国及其现代命运》,第87页。
　　⑤　[美]列文森著,郑大华等译:《儒教中国及其现代命运》,第87页。
　　⑥　[美]列文森著,郑大华等译:《儒教中国及其现代命运》,第88页。
　　⑦　[美]列文森著,郑大华等译:《儒教中国及其现代命运》,第93页。
　　⑧　[美]列文森著,郑大华等译:《儒教中国及其现代命运》,第93页。

避免"普遍性"与"特殊性"的冲突。因此,列文森说:

> 当中国人大肆赞美两种结合的价值的优越性时,他们所具有的惟
> 一动机是这样一种愿望——它与价值世界毫无关系,即将中国与西方
> 看成两个同等的伙伴。这种对普遍接受的价值之信仰的假定,掩盖了
> 对其特殊的历史的价值之源的关切。①

其四,关于反传统主义。列文森认为,反传统主义是中国最富有"挑战
性"的思潮。② 这个思潮虽然也主张中西文化的平等地位,但与"择东西精
华而取之"的民族主义路向不同,"他们的平等是两种文化之糟粕的平等,
而不是两种文化之精华的平等"③。他说:"在 17 世纪,中国人是把基督教
作为一种非中国传统的东西而加以反对的。但到了 20 世纪,特别是第一
次世界大战后,中国人反对基督教的主要原因,是由于它的非现代性。在
前一个时期,基督教因为不是儒教而受到批评,这种批评是中国文明所特
有的。在后一阶段,基督教因为不是科学而遭到抨击,这种抨击来自于西
方文明。"④具体来讲,他们看到的不仅是儒教的"糟粕",亦包括基督教的
"糟粕"。因此,列文森说:"如果说他们以其反儒教来批判传统中国的话,
那么,他们同样以其反基督教来指责西方。"⑤依着列文森的理解,反传统主
义者之所以做如此理解,在于他们"把科学吹捧为现代人所必须具有的那
种新精神之基础"⑥。总之,反传统主义的意义在于可以"抛弃"中国固有
传统,但这种"抛弃"并没有为传播基督教"铺平道路"。对此,列文森说:

> 在拒绝基督教时,犹如他们抛弃了自己历史的主要传统一样,现
> 代中国人也希望西方历史的重要传统令人鼓舞地被扔掉。……这样,
> 作为"现代"文明,而不是作为"西方"文明的科学和工业化,似乎终于
> 得到了普遍的承认,因为它既超越了儒教中国,同时也超越了基督教
> 欧洲……⑦

---

① 〔美〕列文森著,郑大华等译:《儒教中国及其现代命运》,第 94 页。
② 〔美〕列文森著,郑大华等译:《儒教中国及其现代命运》,第 101 页。
③ 〔美〕列文森著,郑大华等译:《儒教中国及其现代命运》,第 101 页。
④ 〔美〕列文森著,郑大华等译:《儒教中国及其现代命运》,第 106—107 页。
⑤ 〔美〕列文森著,郑大华等译:《儒教中国及其现代命运》,第 101 页。
⑥ 〔美〕列文森著,郑大华等译:《儒教中国及其现代命运》,第 101 页。
⑦ 〔美〕列文森著,郑大华等译:《儒教中国及其现代命运》,第 105—106 页。

二、"传统—现代"说

列文森认为,历史地看,中国传统社会是拥有很强的生命力的,这一生命力来自其所拥有的"张力"。在此,"张力"是指儒教与君主制这两个因素的冲突与"合作"。[①] 具体来讲,儒教的核心力量是道德,君主的特权是武力;儒教的"具体化身"是官僚集团,君主集团则由君主和贵族构成;官僚集团和君主集团的冲突与合作之"双重奏"维持了社会的正常运转。实际上,这种"双重奏"又常常演化为官僚、君主、贵族的"三重奏"——一个朝代之存续就在于这三者之间的"张力":它们的矛盾不能太过激化而使关系破裂,它们的交往又不能太过亲密而导致毫无生机。[②] 几千年来,中国传统社会的生命力就源于这种"张力"的存在。然而,到了近代,中国社会遇见了前所未有的"敌人"——西方文化。在这种情况下,儒教和君主制不得不联合起来抵御外敌。于是,儒教与君主制之间的"张力"就不复存在了,而"张力"的消失则使整个社会失去了生命力。具体来讲,在共同抵御"外敌"的形势下,儒教及官僚不能再充当君主及贵族的监督者,也不能再充当人民的"代言人"和社会矛盾的"调和剂";儒教及官僚和君主及贵族完全站到了一起,成为人民的对立面,因此使以前"充满弹性"的社会开始僵化停滞了。列文森说:

> 它驱使儒教消除了它与常规的中国君主制之间的紧张关系,从而使儒教丧失了那种赋予其特性的东西,即它的活力,并且以其对儒学新的致命的打击,宣告儒家官僚已成了寄生虫。[③]

在列文森看来,西方文化这个"敌人"对中国社会所产生的冲击确实十分巨大。在"鸦片战争"以前,中国虽然受到"商业力量"的影响非常巨大,但西方文化只在观念上对儒家构成"潜在威胁",故儒家官僚的社会地位仍十分稳固。然而,在"鸦片战争"后,这种情况发生了骤变——"商业力量"开始成为传统中国社会变化的"催化剂"——古老的东方文明在西方的社会制度、政治法律思想、宗教文化面前动摇了,传统中国文化的"合理性"受

---

① 参见[美]列文森著,郑大华等译《儒教中国及其现代命运》,第177页。
② 参见[美]列文森著,郑大华等译《儒教中国及其现代命运》,第177—190页。
③ [美]列文森著,郑大华等译:《儒教中国及其现代命运》,第222页。

到了"挑战",西方文化对儒家传统形成了"现实威胁"。在这样一种背景下,在中国思想界渐而形成"新的"和"旧的"的两种文化观念:尽管外来的西方文化包含诸多因素,但因其与现代化的关联而被整体地赋予"新的"文化特征;尽管传统中国文化包含诸多方面,但因其与现代化的差异而被整体地赋予"旧的"文化特征。就此而言,强大的"新的"西方文化的冲击促成了近代中国各思想派别的"联合"——它们之间不再争论之间的"谁旧谁新",而是同时成为"旧的"阵营当中的一员。对此,列文森说:

> "新"还是"旧"的问题仍然是价值的判断标准,但评判的对象已从中国扩展到了西方。当他们感觉到西方的严重威胁时,中国各思想派别的第一反应就是放弃了他们之间的谁旧谁新的争论。因为他们都是旧的(在西方文化来到之前,他们就已经存在),只有西方文化才是新的。[1]

对于"新的"文化对"旧的"文化所造成的冲击,列文森运用"词汇"和"语言"之区别来加以比喻。他说,19世纪以后西方冲击对中国社会所产生的影响不是"词汇变化",而是"语言变化";前者指"量的变化",后者指"质的变化"。历史地看,历史上佛教对儒家思想的冲击尽管很大,但也只属于"词汇变化",而没有达及"语言变化"的程度。在他看来,"佛教的发源地印度没有对中国整个社会产生过冲击,它与中国的接触仅限于思想方面"[2];而西方对中国社会的冲击则超出思想方面,引起了整个社会的"瓦解"与"颠覆"。[3] 也就是说,西方冲击所引发中国社会的变化超出了"词汇变化",而已达及"语言变化"的程度。他说:"只要一个社会在根本上没有被另一个社会所改变,那么,外国思想就会作为附加的词汇,在国内思想的背景下被利用。但是,当由外国势力的侵入而引起的社会瓦解开始后(这种情况在中国,而不是在西方发生过,而且在中国也只发生在十九世纪和十九世纪之后),外国思想便开始取代本国思想。一个社会的语言变化,从客观方面看,它是在外国全面入侵,而不仅仅是纯粹的思想渗透的背景下作出的新的选择……"[4]他还说:

---

① ［美］列文森著,郑大华等译:《儒教中国及其现代命运》,第40页。
② ［美］列文森著,郑大华等译:《儒教中国及其现代命运》,第143页。
③ 参见［美］列文森著,郑大华等译《儒教中国及其现代命运》,第141页。
④ ［美］列文森著,郑大华等译:《儒教中国及其现代命运》,第141页。

到了 19 和 20 世纪,当西方对中国进行社会的颠覆,而不仅是思想的渗透时,中国的文化语言才发生变化。①

列文森认为,"新的"文化之所以导致"旧的"文化出现"语言变化",在于"旧的"文化的"生命力"来源于儒教与君主制之间的"张力",而"新的"文化的"生命力"来源于科学与民主为代表的现代化。很显然,二者是格格不入的。因此,"新的"文化必然会对"旧的"文化形成巨大冲击。具体来讲,18 世纪是中西文化发生差别、"产生距离"的时代:西方文化在 18 世纪获得了"现代性的突破",突破了"区域限制"而成为具有普遍意义的"现代性价值";中国却仍然固守传统的"区域性儒家价值观",不承认西方 18 世纪以来价值观的普遍性。这样,儒家传统与西方文化在现代化问题上形成了对立。基于此,列文森认为,历史是"进步"的,而"进步"意味着由"传统"向"现代"的转变。在此,"传统"指类似于传统中国文化的"旧的"文化,"现代"指现代西方文化所代表的"新的"文化;传统中国社会凭借自身的力量难以实现现代化,它的现代化之实现必须依靠来自西方的冲击。这便是列文森的"传统—现代"说。关于列文森的"传统—现代"说,柯文曾说:

　　李文森(即列文森——引者)假设儒教与近代社会基本上水火不容,并认为只有摧毁传统秩序之后才可能建立新的近代秩序,对这种看法五十和六十年代许多其他学者都表示赞同。②

很明显,列文森的"传统—现代"说与费正清的"冲击—反应"说是一脉相承的。不过,列文森并没有停留于"传统"与"现代"的简单对立层面,而是对于这种观点进行了深层次分析。在他看来,"传统"与"现代""二者的正反对立是抽象物,提出来的目的只是使我们了解它们的'僵硬对立'是'如何'与'因何'在历史过程中缓和下来的"③。而且,这种"二分法"并非"历史上实有其事之僵硬的对立",而是"为了解说(而不是勉强凑泊)生命处境的方便善巧";其范畴分类也只是用于解说"心灵、处境和事件三者之

　　①　[美]列文森著,郑大华等译:《儒教中国及其现代命运》,第 372 页。
　　②　[美]柯文著,[美]林同奇译:《在中国发现历史——中国中心观在美国的兴起》,第 75 页。
　　③　Joseph R. Levenson, *Confucian China and its Modern Fate*: *A Trilogy*, Berkeley: University of California Press, 1968. p. XI.

间的纠结、混乱,以及无所区分的性质"。① 列文森的意思是,传统人文的中国与现代科学的西方二者是互不相容的,故西方的冲击使中国发生了变化,变化了的中国与传统文明产生了疏离;若说传统文明代表着"历史",变化了的中国代表着"价值",那么,"历史"与"价值"二者存在着严重冲突,即,"历史"与"价值"之间形成了"张力"。列文森说:"在十九世纪,历史和价值在许多中国人心灵中被撕裂。"② 关于"传统—现代"说的内容,柯文进一步解释说:

> 在李文森看来,体现为西方文化的近代社会,通过两种途径同时作用于中国文化:一种是作为溶剂,中国的旧文化对之无力防卫;另一种是作为楷模,中国的新文化对之亦步亦趋。从这种观点出发,中国革命必然自始至终为近代西方向中国提出的问题所左右。用李文森自己的话说,中国革命是一种反对西方正是为了加入西方的革命。③

三、儒学乃"博物馆的陈列品"

列文森认为,儒学作为一种传统思想,它以"中庸"为本质特性。依着他的理解,此"中庸"特性具体表现在三个方面:其一,介于道家"无我"的利己主义与墨家"无我"的利他主义之间,儒家主张"爱有差等",而这种主张使得"家庭"与"文化"成为儒学的根本内容。他说:"中国家庭的团结一致和文化上的区别对待(不是自我,不是世界,而是家庭和文化)这两者都成了典型的儒家世界观中本质的部分。"④ 其二,介于法家的"平天下"与道家的"内圣"之间,儒家主张"内圣外王",故儒家"将'修身'与'平天下',亦即个人的美德和社会治理紧密地联结在一起。儒家的理想是通过统治者之美德的榜样作用来影响被统治者,从而建立起社会秩序"⑤。其三,道家以自然个性为美,法家认为人性本恶,二者都不相信教育的力量;儒家则无论主张性善、性恶,都非常重视教育的作用,此亦是一种"中庸"。他说:"儒家对人性的这两种认识,以及他们对介于道家极乐的空无境界和法家相信暴

---

① 参见 Josep. h R. Levenson, *Confucian China and its Modern Fate: A Trilogy*, ibid. p. XI。
② [美]约瑟夫·阿·勒文森著,刘伟等译:《梁启超与中国近代思想》,成都:四川人民出版社1986年,第4页。
③ [美]柯文著,[美]林同奇译:《在中国发现历史——中国中心观在美国的兴起》,第75页。
④ [美]列文森著,郑大华等译:《儒教中国及其现代命运》,第361页。
⑤ [美]列文森著,郑大华等译:《儒教中国及其现代命运》,第361页。

力而不相信学问之间的教育作用的强调,是另一种'中庸'取向的证明。"①
在列文森看来,"中庸"作为儒学之本质特征,在历史上发挥了重要作用。
他说:

> 儒教的思想特性是"中庸",儒家——原则上是指那些与汉和汉代
> 后历代王朝的官僚有着密切联系的知识分子——的社会特性是介于
> 封建贵族和专制君主之间起平衡作用。……儒教的这种"中庸"特性
> 使它特别地适合于长期存在,亦即在漫长的官僚社会中充满了活力。②

的确,儒学的"中庸"特征是中国传统社会"运转"的"润滑剂"。如前
所述,中国社会内部之种种"张力"主要表现为儒教与君主制的张力,具体
包括儒家官僚、君主、贵族三者的相互制衡等。③ 其实,儒学本身内部亦存
在着种种"张力",主要包括"内与外""公与私""家庭与家族""身份与学
问""惯例与法律""自由与监督"等方面。④ 历史地看,上述"张力"形成了
中国社会的"生命力",促进了中国社会的发展变化。不过,中国社会的发
展变化仅仅限于"内部",始终没有出现"外部"的根本性社会变革。在列文
森看来,之所以如此,一个重要因素便是儒学之"中庸"的"整合"作用。也
就是说,无论是对家庭和文化的关注,对"内圣外王"的向往,乃至对教育的
强调,"中庸"思想都可将其对象环环相扣、互相协调,因此它成就了中国传
统社会的长期稳定。也正因为如此,单纯的外来思想传播并不能改变传
统中国社会的走向;无论是佛教的传入,还是基督教的传播,它们最终只
会被"中庸"的儒学所"同化"。在此,佛教传入的情形是一个典型例证。
他说:

> 佛教的发源地印度没有对中国整个社会产生过冲击,它与中国的
> 接触仅限于思想方面。在佛教传入中国的早期,从汉末到中唐,中国
> 社会自己发生了一些动乱,佛教似乎对儒学构成了一种严重威胁,这
> 本是正常运作中的中国官僚社会的一种正常现象。但是,恢复中国官
> 僚社会的正常运作,却进一步使中国儒学成了源于印度的佛教主人,

① [美]列文森著,郑大华等译:《儒教中国及其现代命运》,第362页。
② [美]列文森著,郑大华等译:《儒教中国及其现代命运》,第360—361页。
③ 参见[美]列文森著,郑大华等译《儒教中国及其现代命运》,第167—191页。
④ 参见[美]列文森著,郑大华等译《儒教中国及其现代命运》,第191—200页。

同时佛教自身也根据神圣的中国文化背景作了改造。①

不过,儒家"中庸"特性在成就中国传统社会稳定的同时,也造就了中国文化精神的"非职业化"或"非专业化"特征。列文森说:"古代经典所认可的艺术风格和教化知识——即喜爱的是'甜蜜与光明'的古典文学,而非专业化的、有用的技能训练——成了表达思想的工具和获得社会权力的关键。"②在这种传统之下,无论是政治界,还是学术界,大家并不想成为某一领域的专家,他们要成为的是"非职业化""非专业化"的"全才"。然而,"非职业化""非专业化"与现代化是格格不入的。他说:"生活在高度专业化的社会之中的人,非职业化在任何时候都要服从于职业化。在非职业化的社会里,'业余'与其说发展的是无偏见的爱心,还不如说是不完善的技术的表示。"③因此,"在西方武力入侵中国前四百到五百年的明朝和清初,科学不被重视,进步受到阻碍……"④列文森的意思是,现代化的社会所需要的是"职业化""专业化",即,无论是民主政治,还是科学技术,都依赖于"职业化""专业化"而非"业余化"。由此来看,既然"非职业化""非专业化"特征与现代化没有关联,而这些特征又源于"中庸",故"中庸""已没有存在的余地"。列文森说:

> 儒家文化所推崇的是非职业化的人文理想,而现代的时代特征则是专业化。在现代世界里,儒教的"中庸"特性已没有存在的余地,它不再是可供选择的一种方法,而成了来自新的权力中心之新精神的对立物。⑤

基于上述,列文森认为,儒学实是一种非常重要的学说,因为它与法家、道家一起共同塑造了中国政治与文化。他说:"儒家学说和法家学说一道在官僚制度与君主制度的关系方面,塑造了中国的政治;儒家学说又和道家学说(后来还有佛教)一道塑造了中国的文化。"⑥在此意义下,儒学对于传统中国社会做出了巨大贡献。然而,儒家文化与现代社会却是格格不

---

① 〔美〕列文森著,郑大华等译:《儒教中国及其现代命运》,第143页。
② 〔美〕列文森著,郑大华等译:《儒教中国及其现代命运》,第14页。
③ 〔美〕列文森著,郑大华等译:《儒教中国及其现代命运》,第15页。
④ 〔美〕列文森著,郑大华等译:《儒教中国及其现代命运》,第13页。
⑤ 〔美〕列文森著,郑大华等译:《儒教中国及其现代命运》,第367页。
⑥ 〔美〕列文森著,郑大华等译:《儒教中国及其现代命运》,第362页。

入的——它虽秉承"内圣外王"的理想,但它自身不仅无法产生民主,也无法产生出科学;而民主和科学乃现代化的主要内涵。因此,儒学在现代社会实际上已成为一个没有"思想实质"而徒具象征意义的"空壳"。他说:"西学越是作为生活和权力的实际工具被接受,儒学便越是失去其'体'的地位。这个在没有对手的条件下被视为当然真理的儒学,现在已成为一种历史的遗产,一种不向改变了中国生活基本的西方对手投降的浪漫象征。"①具体来讲,伴随着君主制的结束,儒家传统失去了赖以栖身之地,儒学在现代中国不能再有新的发展前景。或者说,儒学已随着中国的封建社会一起"走入历史",而成为一块"历史纪念碑"或"博物馆"里的"陈列品"。列文森说:"当儒教最终成为历史时,这是因为历史已超越了儒教。……儒教变成了理性研究的对象(而不是理性研究的条件),而没有成为情感维系的对象,成为一块引起人们对过去之虔诚的历史纪念碑。"②他还说:

　　就博物馆的意义而言,陈列品都只有历史的意义,它们代表的是既不能要求什么,也不能对现实构成威胁的过去。或者说他们只具有"审美"的意义,只能用价值的而不能用历史的眼光来欣赏。……虽然共产党的中国仍然保留了孔子和传统价值,但它们只是博物馆中的陈列品。③

第三节　史华慈

　　史华慈(Benjamin Isadore Schwartz),1916 年生于美国马萨诸塞州波士顿的一个犹太人家庭。1934—1938 年在哈佛大学学习,获语言文学学士学位。1940 年获哈佛大学教育硕士学位。1942—1946 年在部队服役,退役后再度进哈佛大学学习,1950 年获历史学博士学位。之后,史华慈长期任教于哈佛大学,任历史系教授。1975 年起任哈佛大学历史与政治学"莱劳伊·B. 威廉士讲座教授"(Leroy B. Williams Professor of History and Political Science)。曾兼任哈佛大学"费正清东亚研究中心"副主任、美国亚洲研究协会 1979—1980 年度主席。1987 年从哈佛大学退休。1997 年获得美国历史学会"杰出学术贡献奖"(Scholarly Distinction)。

① [美]列文森著,郑大华等译:《儒教中国及其现代命运》,第 50 页。
② [美]列文森著,郑大华等译:《儒教中国及其现代命运》,第 359—360 页。
③ [美]列文森著,郑大华等译:《儒教中国及其现代命运》,第 372—374 页。

1999 年因病在波士顿逝世。

史华慈是费正清为首的"哈佛学派"的代表人物之一。其关于中国问题研究的著作主要有:《中国的共产主义与毛泽东的崛起》(*Chinese Communism and the Rise of Mao*)、《寻求富强:严复和西方》(*In Search of Wealth & Power:Yen Fu and the West*)、《共产主义和中国:变化中的意识形态》(*Communism and China:Ideology in Flux*)、《中国共产主义历史文献》(*A Documentary of Chinese Communism*)(合编)、《中国文化的价值》(*China's Cultural Values*)、《古代中国的思想世界》(*The World of Thought in Ancient China*)、《毛泽东的秘密讲话:从百花齐放到大跃进》(*The Secret Speeches of Chairman Mao:From the Hundred Flowers to the Great Leap Forward*)(合编)、《中国及其他问题》(*China and Other Matters*)等。

一、儒家思想的"极点"

史华慈认为,就一个具有悠久历史的学派来讲,它会涉及传承、发展以及正统与否等诸多问题。在面对这些问题时,人们常放弃对学派的"内在整体性"研究,而只从事具体的、个案的研究。这种具体的、个案的研究虽有其意义,但亦有其弊端,因为它"损害了思想形态整体的生动的尺度"[①]。其实,一个学派的整体性是不能回避的问题。比如,在中国思想史中,儒家学说尽管在一端与道教相交错,另一端与法家相交错,但它并没有丧失自身的整体性。他说:"儒学具有它自己的问题……我已经强调了在传统中可以找到取舍的多样化。这并不意味着几乎为所有自称为儒家的人所采用的各种假设并没有共同的内核,也不意味着儒家学说与其他思潮之间没有界限(尽管这些界限可能是模糊的)。"[②]具体来讲,一个学派的始祖可能并非一心想建立严格的理论体系,且不关心联系并不紧密的现实方面。不过,传人不仅承担了将始祖思想"体系化"的义务,且将其思想与始祖"漏述"的现实方面建立起联系。这样,在始祖和传人的共同努力下,一个学派的"内在整体性"便形成了。对照地看,儒家学说就是这样一种具有"内在整体性"的思想。进而,史华慈认为,儒家思想的"内在整体性"可以通过"极点"来把握。所谓"极点",是指处于"紧张关系"的一些主题。对此,他解释说:

① 〔美〕史华慈著,王中江编:《思想的跨度与张力:中国思想史论集》,郑州:中州古籍出版社2009 年(下同),第 162 页。

② 〔美〕史华慈著,王中江编:《思想的跨度与张力:中国思想史论集》,第 174 页。

我将用"极点"的比喻来论述儒家学说中对我来说比较重要的一些主题。我们不能用像"对立"、"矛盾"和"两分"这样的词语,因为夫子和大多数正统的儒家学者都认为所说的两个方面并不是对立的,而是不可分割地互相补充的。然而,在若干世纪的过程中,显而易见的是,所说的极点之间存在着紧张关系,尽管他们名义上对两者同时信奉,某些人更加侧重于或趋向于其中某一个极点。①

依着史华慈的理解,儒家思想主要包含三对"极点",而"这三个极点在传统中作为一个整体似乎具有持久的重要性"②。

第一对"极点"是"修身"与"平天下"。史华慈认为,在儒家,理想的人生目标是通过"自我修养"以达到"天下的有序和谐"。在此,"自我修养"为一个"极点",指通过自我道德修养以追求"仁"这样一种最高品德;"天下有序和谐"为另一个"极点",指"治国平天下"的理想。他说:"修身与平天下的极点关涉君子的理想——他的人生目标。"③在《论语》中,孔子明确提出"修己以安百姓"④;"修己"为前一个"极点","安百姓"为后一个"极点"。在《大学》中,它不仅揭示出这样两个"极点",而且还阐述了由"修己"到"安百姓"的逻辑进程:"致知在格物。物格而后知至,知至而后意诚,意诚而后心正,心正而后身修,身修而后家齐,家齐而后国治,国治而后天下平。"⑤其中,"格物""致知""诚意""正心""修身"代表第一个"极点","齐家""治国""平天下"代表第二个"极点";前一个"极点"为后一个"极点"的逻辑前提。因此,史华慈说:"在《论语》和《大学》中,这两个目标组成了一个不可分割的整体的两个部分。"⑥关于这两个"极点"的内涵及关系,他还说:

这里,我们发现,对许多人而言可能是过分"理想化"的这种对政府的观点,对儒家学说而言是颇为独特的——即把政府主要看做是一个通过道德榜样和教育的力量,把君子的道德影响整个地带给社会的

① [美]史华慈著,王中江编:《思想的跨度与张力:中国思想史论集》,第163页。
② [美]史华慈著,王中江编:《思想的跨度与张力:中国思想史论集》,第174页。
③ [美]史华慈著,王中江编:《思想的跨度与张力:中国思想史论集》,第166页。
④ 何晏注,邢昺疏,朱汉民整理,张岂之审定:《论语注疏》,第204页。
⑤ 郑玄注,孔颖达疏,龚抗云整理,王文锦审定:《礼记正义》,第1592页。
⑥ [美]史华慈著,王中江编:《思想的跨度与张力:中国思想史论集》,第163页。

代理机构的观点。①

　　质言之,"修身"与"平天下"这对"极点"所反映的是通过道德修养来建立理想社会的理论主张。然而,在史华慈看来,"理论是一回事,实践又是另一回事"②。因此,没能完成与其自我修养成就相一致的"公共使命",便成为孔子一生最大的"悲剧"。而且,在以后的若干世纪中,孔子的"悲剧"在无数理想主义儒者中继续"重演"。这个问题在王安石和政敌的论战中达到了极致,双方都以其"极点"为立场,指责对方明显的片面性。史华慈说:"在双方对两个极点都声称奉行的时候,他们却趋向于指责对方(常常是很恰当地)明显的片面性。"③例如,在政敌的眼里,王安石对个人"修身"漠不关心,他只关心依靠机构达到社会目标。而且,他的目标不是儒家的"平天下",而是法家的"富强"。在王安石看来,政敌则只是"自私地"专注于个人"修身",而不支持社会秩序的改革,故没有"平天下"的抱负。史华慈的意思是,在儒家,"修身"与"平天下"二者尽管在理论上被"赋予"关联,但两个"极点"在现实层面却始终存在着"张力"。对此,他说:

　　　　中国和别处一样,常常是理想主义者为理想和现实之间的深层断裂而焦虑不安。人们很快就怀疑,以同样成功的希望来追求修身和平天下的目标事实上是否可能。并且,因为帝国的官僚机构变得日益错综复杂,在实践的层面上,君子的自我修养……是否足以符合一个似乎需要职业的管理国家事务方面的训练和各种各样特殊技术的公共职务的要求;这个问题很快就出现了。④

　　第二对"极点"是"内"与"外"。在史华慈看来,这对"极点"与"修身"和"平天下"两个"极点"所反映的理想密切相关。他说:"修身与平天下的极点关涉君子的理想——他的人生目标。'内'和'外'的极点关涉的是最直接关系到这些理想的实现的两个现实的王国。"⑤所谓"内",是指"个人天生的精神和道德能力"⑥所代表的"内部王国";所谓"外",是指"客观的

①　[美]史华慈著,王中江编:《思想的跨度与张力:中国思想史论集》,第164页。
②　[美]史华慈著,王中江编:《思想的跨度与张力:中国思想史论集》,第164页。
③　[美]史华慈著,王中江编:《思想的跨度与张力:中国思想史论集》,第165页。
④　[美]史华慈著,王中江编:《思想的跨度与张力:中国思想史论集》,第164页。
⑤　[美]史华慈著,王中江编:《思想的跨度与张力:中国思想史论集》,第166页。
⑥　[美]史华慈著,王中江编:《思想的跨度与张力:中国思想史论集》,第166页。

社会文化秩序"①所代表的"外部王国"。就儒家来讲,这两个"极点"是不同的,但又是紧密相关的。历史地看,孔子对"两个王国"都有涉及,但并没有明确谈及其间的关系。后来,孟子、告子和荀子明确地论述了这些问题。孟子认为,美好的社会秩序是个人天生的精神与道德能力的外在体现,即,"内部王国"是"外部王国"的根据。对于告子而言,客观的文化秩序不能根据个人的精神和能力来解释;相反,人类的精神和能力是文化秩序价值之"内化"的结果,即,"外部王国"是"内部王国"的根据。荀子则比告子更进一步。他认为,因为人性是恶的,人性实际上与文化目标是相违背的,即"内部王国"与"外部王国"相抵牾,故只有经过"化性起伪"②的艰苦努力,个人才能被改造成为"文化产物"。③

　　史华慈认为,在讨论"内部王国"与"外部王国"时,"礼"是一个关键性概念。④ 因此,孔子和孟子都非常关心"礼"。孔子认为,尽管"礼"是"外部王国"的一部分,但它却实质上代表了一种道德力量;若"礼"能成功地得以实现,刑罚和制度的重要性便可以降低。荀子更为重视"礼",但他与孟子在教育方式上有分歧:荀子提倡"严厉"的教育,强调纪律和明确的行为规范;孟子认为要使人们行为符合规范,只需要"温和"的涵养即可。历史地看,荀子对"礼"的重视促进了法家学说,自此法家完全与儒家分道扬镳。法家不仅对于"内部王国"完全漠不关心,而且其"外部王国"到了拥护暴力的程度。质言之,法家完成了"从委身于礼和乐到委身于法律和政府的明显的转变"⑤。总之,就儒家对"礼"的关心来看,无论是偏重"内"或"外"哪一个"极点",他们实际上并不完全否认另一个"极点"。比如,与王安石并不否定所有对"内部王国"的关心一样,政敌也不反对所有对"外部王国"的关心。之所以如此,在于孔子已奠定了"内"与"外"这对"极点"内涵及关系的思想基础。史华慈说:

　　　　他(指孔子——引者)所期望的是一种便于具有优良修养的人从总体上影响社会的制度模式。⑥

---

①　[美]史华慈著,王中江编:《思想的跨度与张力:中国思想史论集》,第 166 页。
②　参见王先谦撰,沈啸寰等点校《荀子集解》,第 438 页。
③　参见[美]史华慈著,王中江编《思想的跨度与张力:中国思想史论集》,第 166—167 页。
④　参见[美]史华慈著,王中江编《思想的跨度与张力:中国思想史论集》,第 167 页。
⑤　[美]史华慈著,王中江编:《思想的跨度与张力:中国思想史论集》,第 167 页。
⑥　[美]史华慈著,王中江编:《思想的跨度与张力:中国思想史论集》,第 169 页。

　　第三对"极点"为"知"与"行"。史华慈认为,历史地看,不同儒者对"知"和"行"的内涵理解不同,对"知"与"行"的侧重也有所不同。关于"知"的内涵,在孔子,其理想是"复活"周初的秩序,而实现理想的前提是对周初文化的知识性理解。很显然,这种知识的性质不是抽象的和理论性的,而是具体的和经验的,因为其理想社会已经在历史长河中实现过。不过,孟子和荀子却把对"知"的关注集中于"人性"问题。继而,宋代儒家面对佛家形而上学的挑战,基于事实知识进行了哲学的建构。因此,如果说起初的"知"是一种"百科全书式"的知识,那么宋明儒家的"知"则是一种形而上学的知识。再后来,那些主要关心"外部王国"的人——像北宋的王安石和清初的顾炎武——却把对"知"的关注集中于历史、制度、"礼"及法律的知识。关于"行"的内涵,与围绕"知"的内涵和性质出现了争论不同,儒家关于"行"的内涵和性质则少有争论。无论是朱熹还是王阳明,他们"即便深深陷入公共活动之中",也均是首先"全神贯注于自己的自我修养的人"。① 当然,所谓"公共活动"主要指施展自己的"道德肌体",即,所谓"行"主要指"道德修养"。②

　　史华慈进而认为,围绕"知"的内涵和性质的不同理解,必然导致对"知"与"行"关系认识的分歧。就朱熹和王阳明的分歧来看,朱熹认为,要想通过道德修养以自我实现,须首先认识现象世界的原则;质言之,"知"是"行"的前提。他说:"知、行常相须,如目无足不行,足无目不见。论先后,知为先;论轻重,行为重。"③王阳明则反对朱熹的观点,认为"知"和"行"是合一的。史华慈说:"对于王阳明而言,朱熹的观点,即只有认识现实世界大量现象中所潜在的一切原则才能导致自我实现,乃是一个圈套和错觉:很明显,朱熹的晚年的学生的知识储备与他们日常的行为没有丝毫关系。按照王阳明的观点,人们是通过在他面对的具体情况下的行为而展示他的精神的。"④当然,王阳明并没有因此而抛弃知识,只不过他重新定义"知"为"良知",且认为"良知"乃唯一实在。因此,人们不应追求自然与人类社会的普遍原则,而应该深究作为唯一实在的"良知";当具有优良精神洞察力的人面对具体道德要求时,"良知"便能呈现自身并指导"行"。王阳明说:"一念发动处,便即是行了。"⑤不过,在孔子,"知"与"行"这两个"极点"

---

① 参见[美]史华慈著,王中江编《思想的跨度与张力:中国思想史论集》,第172页。
② 参见[美]史华慈著,王中江编《思想的跨度与张力:中国思想史论集》,第170—172页。
③ 黎靖德编,王星贤点校:《朱子语类》,第148页。
④ [美]史华慈著,王中江编:《思想的跨度与张力:中国思想史论集》,第173页。
⑤ 王阳明撰,吴光等编校:《王阳明全集》,第96页。

是既相区别又相补充的。史华慈说:

> 儒家传统中第三个可以看出来的极点是众所周知的知和行的极
> 点。这里,我们又没有完全的对立;这里,夫子又把这两极看做是互相
> 补充的。①

二、古代中国思想世界的要点

史华慈认为,研究古代中国思想是一件非常复杂的事情,甚至可以说
是一件"冒险"的事情。他说:"无论怎么说,'重述'(read back)晚出的中
国先秦时代的证据总是存在很大风险。"②之所以谓之"冒险",在于人们通
常研究的重点是经典所反映的思想层面,而不是绝大多数人"既不能阅读
也不能书写"③的意识生活层面,因为人们缺乏能够直接见证那个时代民间
文化的原始材料,尽管后来的官方文件和私人著述记载了一些能够直接或
间接证明这个领域的材料。他的意思是,古代中国思想是很复杂的,绝非
已有文献所可涵摄;这样一种情况,并非只是中国思想之特点,亦是其他文
化类型的实情。对此,史华慈说:"这部书的主要兴趣焦点一直是古代中国
思想中的一系列形态多样化(diversity)而又偏离常态(divergence)的现象。
的确,正是在这个层面上,我们才发现它与中国境外的思想模式具有十分
有趣的可比性。人们在这个层面上所发现的论题决不是仅仅属于中国的,
而且,恰恰是在这个层面上,人们似乎大大越过了文化的界限,实现了对于
人类思想的更为普遍的比较研究的可能性。"④基于此,史华慈从三个方面
"冒险"地分析了古代中国思想的要点。

其一,关于民间文化问题。为了讨论这个要点,史华慈首先区分了"精
英文化""高层文化"和"民间文化"几个相关概念。所谓"精英文化",是指
"统治阶级的文化";所谓"高层文化",是指"知识分子"所体现的文化;所
谓"民间文化",则是指普通民众所体现的文化。⑤ 不过,就中国思想史的情
况来看,尽管"精英文化"与"高层文化"存在着密切联系,但它们实是有区
别的。他说:"区分的双方应当是这样的:一方是统治阶级的整体文化,另

---

① ［美］史华慈著,王中江编:《思想的跨度与张力:中国思想史论集》,第170页。
② ［美］史华慈著,王中江编:《思想的跨度与张力:中国思想史论集》,第27页。
③ ［美］史华慈著,王中江编:《思想的跨度与张力:中国思想史论集》,第27页。
④ ［美］史华慈著,王中江编:《思想的跨度与张力:中国思想史论集》,第35页。
⑤ 参见［美］史华慈著,王中江编《思想的跨度与张力:中国思想史论集》,第29页。

一方是某些集团与个人的文化——尽管他们也许最初兴起于统治阶层,并且与之关系紧密,但它们所起的作用却与'知识分子'(在最宽泛的意义上)类似。"①历史地看,甲骨文提供的材料大体上反映的是"精英文化",《书经》《诗经》尤其是《论语》和战国时代经典所反映的是"高层文化"。基于此,史华慈着重分析了"高层文化"的特征。在他看来,"高层文化"之所以被称为"高层文化",在于"他们对整个民间文化和统治阶级的文化持有反思和质疑的态度"②。而且,"高层文化"所反映的往往是"原创性"思想,因为其主体是"有创造力的少数人"。他说:

> 这一集团的文化正是我所说的"高层文化"。这个集团才是同时代的印度、以色列、希腊思想中"有创造力的少数人"(creative minorities)在中国的对应者。③

依着史华慈的理解,因为这三种文化所代表的阶层或集团不同,它们之间存在一种既相联系又相区别的"张力"。具体来讲,尽管"精英文化"与"民间文化"可能都起源于"新石器时代",但它们后来发生了"决定性"的分离。同样,"高层文化"与"民间文化"之间既存在着重叠与互动,又存在着明显的差异。例如,无论是"精英文化""高层文化",还是"民间文化",它们都存在着要"控制"鬼神的"渴望"。因而,他说:"就国家宗教(religion of the state)的观念而言,精英文化在某种程度上的确为民间宗教提供了一种镜像(mirror image)。"④不过,绝不能对这三种文化的关系做简单、机械的理解。即,既不能将"民间文化"理解为"精英文化"和"高层文化"的"民间版本",也不能将"高层文化"理解为"精英文化"和"民间文化"的"镜像",因为"高层文化"乃基于反思"精英文化"和"民间文化"所形成的文化。他说:"我坚持认为,民间文化不单纯是那些思想观念——它们在高层文化文本中有所反映的民间版本,后者也不是共同的中国文化毫无疑问的精英版本。"⑤基于上述,史华慈认为,"高层文化"的意义在于其基于"问题意识"的文化探索。他说:

---

① [美]史华慈著,王中江编:《思想的跨度与张力:中国思想史论集》,第29页。
② [美]史华慈著,王中江编:《思想的跨度与张力:中国思想史论集》,第30页。
③ [美]史华慈著,王中江编:《思想的跨度与张力:中国思想史论集》,第30页。
④ [美]史华慈著,王中江编:《思想的跨度与张力:中国思想史论集》,第31页。
⑤ [美]史华慈著,王中江编:《思想的跨度与张力:中国思想史论集》,第34页。

他们所遗留给后代的,并不是一种静态的、有机整合过的"整体"文化,而是一种以探索为基础的问题意识,探索者身处于文化内部,对文化提出质疑,进行探索。①

其二,关于共享的"文化假设"。史华慈认为,在研究人类思想史时,"文化假设"是必须探讨的问题,因为是这些"文化假设"反映了"普遍的论题"。他说:"在以回顾的态度反观整个思想世界时,人们又一次注意到了,存在着广泛共享的文化假设(当然并不是所有的思想模式都认同它们),藉(应为"借"——引者)助于这些假设,普遍的论题似乎被折射了出来。"②按照他的理解,这些"文化假设"主要包括三个方面:第一个是"普遍的社会政治秩序观";第二个是"更为普遍的基本秩序观";第三个是"占主导地位的整体秩序观"。他说:"在试图对这些共享的取向中的某些部分进行重新表述时,我仍然将注意力集中于下述内容:以宇宙论为基础的、普世王权为中心的、普遍的、包含一切的社会政治秩序的观念;更为普遍的(无论在宇宙领域还是在人类领域)基本秩序的观念;占主导地位的整体主义的'内在论'(immanentist)的秩序观趋向。"③不过,这样三个"文化假设"并不是分离的,它们实际上均是相互关联的。基于此认识,史华慈对古代中国思想的相关内容进行了诠释。

关于第一个"文化假设",在古代中国,"政治秩序对于社会秩序具有支配作用"。史华慈认为,就西方思想而言,"政治"概念常被单独使用,这意味着,"政治"与"社会"是可以相对分离的。但在印度和中国,"政治"与"社会"不能分离,二者乃密切地交融在一起。所不同的是,在印度,"社会"对于"政治"具有"压倒性"优势;在中国,"政治"则对于"社会"具有"压倒性"优势。史华慈说:"在中国,在我们现有的最早文本中,我们就发现了这样的观念占据着主导地位,即普世性的国王(他本人就是政治秩序的具体体现),以及他所甄选的大臣,拥有塑造或改造社会的整体本质(the entire nature of society)的权能——不论结果是好是坏,反正他们对社会具有支配性的作用。"④从某种意义讲,这种情况促生了中国人对于人类掌握自身命运能力的乐观主义信念。就儒家来说,它引发了"个体道德自主性"观念,

① [美]史华慈著,王中江编:《思想的跨度与张力:中国思想史论集》,第34—35页。
② [美]史华慈著,王中江编:《思想的跨度与张力:中国思想史论集》,第35页。
③ [美]史华慈著,王中江编:《思想的跨度与张力:中国思想史论集》,第35页。
④ [美]史华慈著,王中江编:《思想的跨度与张力:中国思想史论集》,第36页。

从而强化了领导社会的人的使命感。也就是说,假如将社会政治秩序设想成一个总体系,那么"塑造"这个体系的责任属于政治精英或思想精英。史华慈说:"与能够改造环境的启蒙时代哲学家的'立法者'一样,在中国,那些有能力超越于他们自己环境限制的圣人和君子,也有能力改造那些没有能力超越环境限制的人们的生活。"①总之,在中国,"政治"对"社会"具有支配性的作用。他说:

> 除了强调政治精英的权力以外,我们还发现,出现了这种分析人民生活的观点:它认为,人民的行为在很大程度上是由政治秩序的当权者创造的"环境"所决定的……②

关于第二个"文化假设",在古代中国,"对社会政治秩序的乐观主义"居主导地位,它乃第一个"文化假设"的基础。史华慈说:"对于此类精英塑造社会的能力抱有高度的信心,代表了对于社会政治秩序观念所作的乐观主义解释。"③例如,孔子坚定地相信,只要有人肯提供影响统治者的机会,自己便具有改造社会的能力。韩非子也认为,只要将他的"法"付诸实施,他就有能力创造出全新的社会秩序。墨子也对优秀统治者和贤人改造社会秩序的能力抱有信心,甚至连老子也将良好社会秩序归因于统治者"无为"思想的影响力。不过,在占主导地位的"乐观主义"之外,也存在着一些"忧郁"的观点。例如,有一种"宿命论"认为,整个世界最终都是由遥远的、不可测知的"天"或"道"所决定的。另外,老子基于"原始主义"立场对整个文明作了激烈批判,庄子也对拯救社会政治秩序的观念表示了"蔑视"。此外,在儒家、法家和"黄老道家"内部也存在着"忧郁"的观点,认为社会秩序在某种程度上能"自动地运行"起来。尽管如此,"更为普遍的基本秩序观"仍是被普遍认可的。史华慈说:

> 在儒家内部,精神性的先锋队仍将发挥着道德和礼仪上的榜样作用,而在法家那里,统治者令人敬畏的权威仍将构成绝对的基本的凝聚力。因而,我们发现,普遍的社会政治观念产生了它自己的问题意识。④

① [美]史华慈著,王中江编:《思想的跨度与张力:中国思想史论集》,第37页。
② [美]史华慈著,王中江编:《思想的跨度与张力:中国思想史论集》,第36—37页。
③ [美]史华慈著,王中江编:《思想的跨度与张力:中国思想史论集》,第37页。
④ [美]史华慈著,王中江编:《思想的跨度与张力:中国思想史论集》,第38页。

关于第三个"文化假设",就古代中国文化来讲,与其说关键内容是秩序的重要,不如说是一种"整体主义"的秩序观。他说:"尽管我避而不用'有机主义'这个词,但我还是赞同李约瑟的说法,在古代中国思想的演进当中……呈现出整体主义的、内在论的秩序观趋于主导地位的趋势。"①具体来讲,这种"整体主义"以"生物学的暗喻"为重要的理论根据。就家庭来讲,"生物学暗喻"是指,"生物学成分"也存在于以"血缘纽带"为中心的家庭关系之中。因此,像人体之不同器官有不同功能一样,家庭成员在一生中要"表演"不同的角色。史华慈说:"根据这种儒家观念,家庭决不是一个没有统治者也能运行的有机体,而且家长的行为实际上是伦理政治的。他能够决定家庭是井然有序的还是混乱无序的,而且他的统治权永远也不会变得多余。"②就国家来讲,这样一种"生物学暗喻"也存在于官僚制中——只有政府专门机构为了整体而各自发挥作用,官僚制的组织机构才会真正成为一个"整体"。当然,在漫长的历史中,这种"整体主义"的秩序观也受到质疑,因为那些统治者并不必定恰当地履行职责。在此意义下,史华慈说:

> 作为一种共享的文化假设,中国的整体主义思想——就像其他地区共享的文化假设一样——所创造的并不是完成了的答案,而是范围广阔的问题意识。③

其三,关于古代思想与其在后代的演化。历史地看,由于"轴心时代"的中国思想对以后中国思想史产生了巨大影响,这个时代被一些西方学者认为是中国思想史上唯一真正有"创造力"的时期。④ 同时,20世纪的中国知识分子也猛烈批评,长期的"独尊儒术"导致"诸子百家"之"丰富多彩"发展的"灾难性终结"。史华慈对此则不以为然。在他看来,尽管墨家、诡辩论以及杂家都被"驱逐"到了边缘地带,因为它们"偏离"了占主导地位的"文化假设"。事实上,"诸如相关性宇宙论、法家(通常披着儒家的外衣)

---

① [美]史华慈著,王中江编:《思想的跨度与张力:中国思想史论集》,第39页。
② [美]史华慈著,王中江编:《思想的跨度与张力:中国思想史论集》,第40页。
③ [美]史华慈著,王中江编:《思想的跨度与张力:中国思想史论集》,第41页。
④ 德国哲学家雅斯贝斯(Karl Jaspers)认为,在公元前6世纪左右,在古代中国、希腊、埃及、印度等国家几乎同时出现了一些重要思想家,他们的思想为人类文明的形成做出了巨大贡献,至今仍为现代文明提供着精神资源。因此,这个"巨人时代"可称为人类文明的"轴心时代"。参见[德]雅斯贝斯著,魏楚雄等译《历史的起源与目标》,第7—9页。

以及神秘主义的道家,实际上还在继续影响着后世中国思想的演化"①。进而,史华慈提出了一个问题:难道"轴心时代"的思想对以后中国文化发展产生巨大影响就能够证明,后来的思想只是古代思想之"毫无创造力"、不重要的变化形态吗?他认为,要解答此问题,需要先了解"创造"概念的含义。通常来讲,"创造"必定意味着"从无到有"的过程。因此,许多人认为,以"现代性"为特征的世界观要与整个传统文化彻底地决裂。在史华慈看来,这样一种认识是错误的,因为它无法解释西方中世纪思想的创造性、笛卡尔以前的"文艺复兴"和宗教改革所体现的创造性。他的意思是,西方"轴心时代"以后的这种创造性同样反映在古代中国思想史中,即,"轴心时代"以后的中国思想史是具有创造性的。他说:

> 在 20 世纪以前,诸如此类的激烈决裂感以及"从虚空中创造出来"的感觉并没有产生于中国思想之中。②

在史华慈看来,无论中国经典的作用有何特别,它们与西方经典的作用是相似的,都为后人提出了一系列问题,并且为这些问题提供了答案。然而,答案并不意味着定论,它们并不排斥人们对其进行进一步的解释。对此,他说:"正如我们看到的那样,仍有足够的空间供人们在文本间进行选择。"③具体就中国思想史来讲,尽管古典文本的内容意义是明确的,但后人对文本内容仍然可以进行"创造性"的解读。史华慈说:"我在这里提出的观点是,中国古代思想的问题意识和占主导地位的论题,肯定会对后代的思想有所限制。可是这绝没有阻止后人——他们生活和工作于完全变化了的环境中,并拥有他们自己的先入之见——以一种前所未料的和'创造性'的方式来处理这种问题意识。"④因此,所谓现代化与传统存在彻底的、本质性"断裂"的观点是错误的。人们通常认为,"现代性的……特征是:与过去的整个'传统'文化彻底发生了决裂。"⑤然而,实际情况是,现代化之前的"传统"社会并非没有创造性,因此不能将"现代"与"传统"割裂开来。史华慈说:

---

① [美]史华慈著,王中江编:《思想的跨度与张力:中国思想史论集》,第 42 页。
② [美]史华慈著,王中江编:《思想的跨度与张力:中国思想史论集》,第 43 页。
③ [美]史华慈著,王中江编:《思想的跨度与张力:中国思想史论集》,第 44 页。
④ [美]史华慈著,王中江编:《思想的跨度与张力:中国思想史论集》,第 44 页。
⑤ [美]史华慈著,王中江编:《思想的跨度与张力:中国思想史论集》,第 43 页。

我只是认为,在所谓的西方式的断裂实际发生以前,西方思想和中国思想都曾在古代世界已经创造出的解决问题的步骤和问题意识的框架中运作过,对于它们两者来说,人们都能够谈论一种有意义的、富于创造性而又折磨人的(agonizing)思想史。①

三、"传统—现代"说的局限

史华慈认为,19世纪以前,按照中国人的观念,西方"海上蛮夷"所引发的问题不过是治理国家过程中所碰到的新问题,故可以从古代所积累的丰富经验即"传统"中找到解决办法。就此而言,"过去所提供的与其说是一个统一的整体,毋宁说是一个宝库,装满对人类经验作出的种种相互冲突的回应"②。质言之,这些问题实质上乃是一种"历史问题"。然而,到19世纪末,人们开始怀疑"传统"是否仍然具有如此作用,并由此开始了对西方新观念的学习。显而易见,此时中国人所面临的并非简单的"历史问题",而是空前的"危机性问题",而"危机性问题"的实质乃"传统"与"现代"的关系问题,或者说是农业社会与工业社会的关系问题。他说:"传统与现代社会之间的区别往往依赖于某个关键的变量。农业社会和工业社会之间的对立或许是最有说服力、最无可争议的对立之一。"③为了说明这一问题,史华慈区分了"现代化"与"现代性"两个概念:前者指"个人和群体的人能够通过采用有效的理性工具","达到掌控世界的目的的所有生活领域";后者指与"现代化"相联系的"掌控自然世界和社会世界的观念"。④基于此区分,他开始对"传统"与"现代"的关系进行探究。史华慈说:

> 传统自身是否关涉到重要的或真正的问题,虽然最终是个哲学问题,但它同时也更直接地影响到:过去传承下来的思想、态度和情感的传统形态,是否仍在继续影响现代社会……⑤

史华慈并不赞同将"传统"与"现代"简单地对立起来,而主张应对其进行具体的分析。就西方的历史来看,西方社会显然已经历过全新的社会变

① ［美］史华慈著,王中江编:《思想的跨度与张力:中国思想史论集》,第44—45页。
② ［美］史华慈著,王中江编:《思想的跨度与张力:中国思想史论集》,第221页。
③ ［美］史华慈著,王中江编:《思想的跨度与张力:中国思想史论集》,第217页。
④ 参见［美］史华慈著,王中江编《思想的跨度与张力:中国思想史论集》,第221页。
⑤ ［美］史华慈著,王中江编:《思想的跨度与张力:中国思想史论集》,第218页。

革,但其变革乃"从量变到质变"的过程。因此,不能认为"传统"与"现代"不兼容。他说:"没有任何理由假定所谓传统的因素之间存在某种预定的和谐,所谓现代的因素之间也是如此——在现代和传统的因素之间也不存在任何必然的、先天的不兼容。"①就中国历史来看,在看待受西方冲击之前的中国时,"传统"确实是一个"简便"的形容词。然而,中国的"传统"并非僵死的、一成不变的,它实际上乃"不断发展的、可辨认的、连续的"②。史华慈的意思是,在面对中国历史上所出现的"危机性问题"时,虽不能排斥使用"传统"和"现代"等概念,但不能"不加思考"地使用这对概念。他说:"不加反思地运用这些术语则只能导致怀特海所谓错置具体情境(misplaced concreteness)的谬误。错置具体情境可能导致的最可怕后果之一就是,它可能阻碍我们接触真正的具体情境。"③依照通常的观念,"传统"所代表的全部内容似乎无关紧要,但这种观念并不符合实际。他说:

> 有些传统并没有阻碍现代化,而恰恰助于现代化某些方面的发展。④

基于上述,史华慈主张,在考察一个社会的具体情况时,应重视考察"具体的历史特质"。他说:"必须引入除传统和现代之外的另一个变量,即具体的历史特质。……其中任何一个事件都不可能化简为传统和现代的抽象概念。"⑤就中国历史来看,早期近代思想家的生活深受"传统"的影响,即他们仍旧生活在"主流"中国文化之中。与之不同,年轻一代则深受西方文化的影响,远远超越了既有的中国文化"传统"。他们最关注者乃"中国作为一个社会政治实体的存亡问题"⑥,故他们对西方文化所表现的"开放性"令人惊异。然而,这些人仍旧视自己为"传统"的为国家服务的士人阶层。因此,这一代人所面对的问题其实有两个方面:一是昔日的"传统"是否足以维系中国作为独立政治实体的地位? 二是"现代"文化在中国不仅被视为目的,而且被视为实现民族富强的有效手段。⑦ 很显然,这样两

---

① ［美］史华慈著,王中江编:《思想的跨度与张力:中国思想史论集》,第216页。
② ［美］史华慈著,王中江编:《思想的跨度与张力:中国思想史论集》,第216页。
③ ［美］史华慈著,王中江编:《思想的跨度与张力:中国思想史论集》,第216页。
④ ［美］史华慈著,王中江编:《思想的跨度与张力:中国思想史论集》,第217页。
⑤ ［美］史华慈著,王中江编:《思想的跨度与张力:中国思想史论集》,第225页。
⑥ ［美］史华慈著,王中江编:《思想的跨度与张力:中国思想史论集》,第227页。
⑦ 参见［美］史华慈著,王中江编《思想的跨度与张力:中国思想史论集》,第226—228页。

个方面反映出,"传统"与"现代"之间虽有对立性,但亦有相容性。他说:
"中国传统思想中可能的确有些因素,与现代西方思想中的某些因素是相
似的、相容的。"①因此,史华慈认为,解释中国近代发展变化的"传统—现
代"说有简单化之嫌,因为它没有考虑"具体的历史特质"。他说:

> 如果中国传统指的是我们才刚刚开始深入研究的广泛而繁杂的
> 经验,如果现代性所指的是一个复杂的、悬而未决的事态,这意味着我
> 们不太可能发现一个简单的发展模式,足以用来解释中国的知识阶层
> 在从一个阶段向另一阶段转型时期(在我看来,这一时期仍未结束)的
> 行为。②

历史地看,"五四运动"前后,"的确已经出现了将中国传统文化作为统
一整体而加以排斥的观念"③。具体来讲,1911 年至 1919 年间,随着政治秩
序的"崩溃","传统"的所有层面都丧失了公信力,"传统"被认为是广泛
的、停滞的、整体的沉重负担。同时,对"传统"的拒斥促使人们普遍向现代
西方寻找"答案"。然而,现代西方并没有提供统一的"答案",即,我们虽然
可以找到概括整个中国过去的"公式",但却无法同样概括西方"现代性"涉
及的所有观念。或者说,"现代性"并非已经完成的、完美的整体性,它仍然
存在着各样的思想和道德危机。因此,史华慈说:"中国知识分子不仅面临
将某种现代性用于中国情境的困难,而且面临现代性所具有的一切冲突和
无法解决的张力。"④由此来看,"传统—现代"说不足以解释近代以后中国
的发展。他说:"十分清楚地,无论 20 世纪中国反传统的冲动是多么真实
而有力,也无论过去的政治秩序与文化秩序的实际整合是多么真实,把那
个与整体性传统整个决裂的整体而辩证的图象,当做中国现代史的全面描
述,是很不正确的。"⑤正因为如此,由于中国与西方有着各自的"具体的历
史特质",故中国不能照搬西方的现代化模式,不能像从前那样盲目地接受
西方的各种趋向。他说:"在这个现代性自身尚前途未卜的世界上,无论传

---

① [美]史华慈著,王中江编:《思想的跨度与张力:中国思想史论集》,第 228 页。
② [美]史华慈著,王中江编:《思想的跨度与张力:中国思想史论集》,第 224—225 页。
③ [美]史华慈著,王中江编:《思想的跨度与张力:中国思想史论集》,第 229 页。
④ [美]史华慈著,王中江编:《思想的跨度与张力:中国思想史论集》,第 230 页。
⑤ [美]史华慈:《中国意识的危机——"五四"时期激烈的反传统主义·序》,贵阳:贵州人民
出版社 1988 年,第 3 页。

统还是现代,都无法提供中国未来的图景。"①总之,史华慈认为,应对"传统—现代"说加以修正或干脆将其"抛弃"。他说:

> 由此出发,我们要么必须丰富或扩展前述的……模式,要么甚至
> 必须抛弃这一模式,代之以更有说服力的概念。无论我们所面对的是
> 广泛的趋向、群体还是单独的个体,传统—现代的二元对立本身几乎
> 不足以解释我们所考察的主题。②

第四节　柯　　文

柯文(Paul A. Cohen),1934 年出生于美国纽约。1953 年入芝加哥大学学习,获学士学位。毕业后进入哈佛大学,于 1957 年和 1961 年先后取得硕士和博士学位。在哈佛大学求学期间,费正清和史华慈作为老师,对柯文的学术生涯产生了深刻影响。他说:"那个时候,有两个老师对我的影响很重要,一个是费正清,另一个是史华慈。"③1962—1965 年,柯文先后在密歇根大学(University of Michigan)和安默斯特学院任教。1965 年到马萨诸塞州韦尔斯利学院(Wellesley College)任亚洲研究和历史学教授,曾任历史系主任;同时兼任哈佛大学"费正清东亚研究中心"研究员。2000 年从韦尔斯利学院退休,为该校历史学荣休教授。现为哈佛大学"费正清东亚研究中心"研究员。

柯文也是费正清为首的"哈佛学派"的代表人物之一。其主要著作有:《中国与基督教:传教运动与中国排外主义的发展(1860—1870)》(*China and Christianity*: *The Missionary Movement and the Growth of Chinese Antiforeignism*, 1860 – 1870)、《在传统与现代性之间——王韬与晚清改革》(*Between Tradition and Modernity*: *Wang T' ao and Reform in Late Ch' ing China*)、《在中国发现历史——中国中心观在美国的兴起》(*Discovering History in China*: *American History Writing on the Recent China Past*)、《历史三调:作为事件、经历和神话的义和团》(*History in Three Keys*: *The Boxers as Event*,

---

① [美]史华慈著,王中江编:《思想的跨度与张力:中国思想史论集》,第 234 页。
② [美]史华慈著,王中江编:《思想的跨度与张力:中国思想史论集》,第 225 页。
③ 参见周武等《中国中心观的由来及其发展——柯文教授访谈录》,《史林》2002 年第 4 期(下同),第 33 页。

Experience, *and Myth*)、《解除疆界的中国：变换中的中国历史研究视角》(*China Unbound*：*Evolving Perspectives on the Chinese Past*)、《与历史对话：20世纪中国对越王勾践的叙述》(*Speaking to History*：*The Story of King Goujian in Twentieth*-*Century China*)等。

一、对"冲击—反应"说和"传统—现代"说的挑战

费正清和列文森作为美国"中国学"的第一代杰出代表,他们的"冲击—反应"说和"传统—现代"说对美国的"中国学"研究产生了重要影响。在20世纪50—60年代,"绝大部分学术研究如果不是按照西方挑战与中国应战的思路加以处理,就是按照'近代化'——由西方带入并由西方界说的'近代化'——如何冲击中国传统文化与社会这一思路加以处理"①。因此,同其他人一样,柯文最初也把西方影响的程度作为衡量晚清变革的"决定性尺度",把19世纪后半叶较为激进的变革大都归因于"西方的挑战"。在上述思路的影响下,柯文进而认为,中国近代史上一个未曾研究的"大课题"是沿海与内陆的差异——沿海地区在西方的影响下逐渐发展出具有"现代精神"的文化,这种文化因其与传统文化的差异从而形成对内陆的挑战。他说:这种文化"在经济基础上是商业超过农业;在行政和社会管理方面是现代性多于传统性;其思想倾向是西方的(基督教)压倒中国的(儒学);它在全球倾向和事务方面更是外向而非内向"②。在此意义下,"冲击—反应""传统—现代"具体表现为"沿海冲击"和"内陆反应"的过程,即,近代中国历史是沿海不断"冲击"内陆并促使内陆不断变革的过程。

然而,柯文后来的思想渐渐发生了变化。自20世纪中叶开始,越南战争、柬埔寨问题、"水门事件"③等使整个美国社会人心困扰。另外,科学技术的破坏力和应该控制这种破坏力的道德之间所构成的矛盾渐而凸显出来。鉴于这样两个方面的原因,20世纪70年代起,学界开始反思历史发展问题,并认为"再也不能轻易假设美国的威力必然是一件好事,再也不能轻

①　[美]柯文著,[美]林同奇译:《在中国发现历史——中国中心观在美国的兴起·序言》,第54—55页。

②　[美]柯文著,雷颐等译:《在传统与现代性之间——王韬与晚清革命》,南京:江苏人民出版社1998年,第217页。

③　"水门事件"(Watergate Scandal)或译"水门丑闻",指在1972年的总统大选中,为了取得民主党内部竞选策略情报,以美国共和党尼克松竞选班子首席安全问题顾问为首的5人闯入位于华盛顿水门大厦的民主党全国委员会办公室,在安装窃听器并偷拍有关文件时,当场被捕。由于此事,尼克松于1974年8月8日宣布次日辞职,从而成为美国历史上首位辞职的总统。

易地认为凡是'近代的'就必然是'文明的'"①。后来,随着这种反思的不断发展、深化,原来的关于"中国"与"西方"、"近代"与"传统"的思维模式不断受到"冲击"。在这种背景下,柯文开始反思"冲击—反应"说和"传统—现代"说,并对自己原来的研究模式产生了怀疑。他说:"那时我的思想已沿着新的方向突进,但是束缚它的概念上的框架,却把我拖向另一方向,结果使这本书的根本理论框架带有某种程度的紧张状态。"②为此,柯文在"新的方向"和"概念上的框架"之间常常感到矛盾和不安,而当"内心的矛盾与不安终于发展到尽头"时,便决定采取"直接迎战的态度",对"概念上的框架"即以前的研究模式进行全面的批判。③ 他说:

> 因为 60 年代末,70 年代初,在美国社会有很多很大的变迁,除了反战运动以外,也有很多其他的很重要的现象,也一块发生了。那时候,我对传统的观念和现代性的观念越来越有怀疑,我最怀疑的是传统社会和现代社会完全两回事,是没有互相的影响。④

柯文认为,自己以前的研究所遵循的是费正清的"冲击—反应"说,比较多地重视西方因素对中国的影响。他说:"此书的最大阙失在于它有这么一种倾向——把西方影响中国之制度和文人世界观的程度作为衡量晚清变革的决定性尺度,而且这种倾向贯穿了全书,并非仅见于最后一章。"⑤然而,实际情况是,"西方冲击"与"中国回应"是问题的一个方面,"中国冲击"与"西方回应"也是问题的一个方面,因为"中国冲击"对中西文化的交流也产生了重要影响。比如,因为当时中国许多绅士认为中国是世界文明的中心,故为了维护旧有传统而极力反对基督教的传播,因此传教士到达中国时碰到不少沮丧的遭遇与仇恨的眼光。这样,代表西方文化的传教士和代表中国文化的绅士阶层形成了思想文化上的冲突,而这种冲突的来源是双向的。即,它既包括传教士对绅士的怨恨,也包括绅士对传教士的敌

① [美]柯文著,[美]林同奇译:《在中国发现历史——中国中心观在美国的兴起·前言》,第44 页。
② [美]柯文著,[美]林同奇译:《在中国发现历史——中国中心观在美国的兴起·前言》,第44—45 页。
③ 参见[美]柯文著,[美]林同奇译《在中国发现历史——中国中心观在美国的兴起·前言》,第45 页。
④ 参见周武等《中国中心观的由来及其发展——柯文教授访谈录》,第34 页。
⑤ [美]柯文著,雷颐等译:《在传统与现代性之间——王韬与晚清革命》,第2 页。

视。质言之,在柯文看来,传教运动给中国带来的冲击是一个中西文化冲突问题,而这种冲突并非是单向的,即,既有"西方冲击—中国回应"的问题,亦有"中国冲击—西方回应"的问题。因此,他说:

> 如果一定要保留这些概念,则必须把我们的注意力灌注于一种远为错综复杂的冲击—回应网络——在这网络中不论冲击或回应都应该既是中国的又是西方的。只有这样我们才能对中国 19 世纪所经历的转变和在实现这些转变中西方所起的作用,取得比较切实可靠的理解。①

进而,柯文对"传统""现代"观念进行了检讨、批判。就"现代"这一概念的使用来讲,它通常"隐指""中国历史发展的主要力量来自中国社会和中国传统之外"。② 在此意义下,"传统"与"现代"被当作两种完全不同甚至相互对立的文化。在柯文看来,这是一种非常僵化、机械的认识,因为它排除了"传统"文化中某些本质上"现代"的内容,也排除了"现代"社会中某些本质上"传统"的内容。他说:"现代性是一个相对性的,而且所有社会——无论多么现代——都会保有某些传统特点……"③因此,没有理由局限于"现代"与"传统"这两个概念之间,因为每个社会总有些元素中并不"正好"符合这两个概念。他说:"问题之一是这种两分法迫使我们对现实只能严格地按两极来划分,排除任何中间的可能。"④依着柯文的理解,"传统"与"现代"二者是一种"相互渗透"的关系。他说:"这种'传统'与'革命'互相渗透的关系——在这种关系中传统不只是对革命的障碍,同时也是促进革命,给革命增添活力,提供合法依据的源泉……"⑤例如,"五四时期的文学家,尽管大力鼓吹打破偶像,实际上并未能摆脱他们力图叛离的文化传统"⑥。柯文的意思是,将"传统"与"现代"进行对照有其合理性,但将其"完全分开"是错误的。他说:

---

① [美]柯文著,[美]林同奇译:《在中国发现历史——中国中心观在美国的兴起》,第 44 页。
② 参见[美]柯文著,[美]林同奇译《在中国发现历史——中国中心观在美国的兴起》,第 65 页。
③ [美]柯文著,雷颐等译:《在传统与现代性之间——王韬与晚清革命》,第 135 页。
④ [美]柯文著,[美]林同奇译:《在中国发现历史——中国中心观在美国的兴起》,第 88 页。
⑤ [美]柯文著,[美]林同奇译:《在中国发现历史——中国中心观在美国的兴起》,第 79—80 页。
⑥ [美]柯文著,[美]林同奇译:《在中国发现历史——中国中心观在美国的兴起》,第 82 页。

　　我现在认为传统的社会有潜在的现代性的现象,相反,现代社会还延续有传统性的包含的现象。所以,50—60年代的学者的观点,传统与现代性是完全分开的,我越来越认为不对。这是一个问题。①

　　基于上述,柯文讨论了列文森"传统—现代"说的错误。他认为,其关于"传统"的观念是存在错误的,因为其中包含着这样的含义:在没有与西方社会接触前,中国没有发生根本的改变。质言之,在未经历"西方化"之前,中国不可能变得"西方化"。② 在这一观念之下,许多西方人认为中国根本没有历史,因为那么长的历史文化却没有一点变化。然而,事实上在西方冲击以前中国已经出现过许多"重要变迁"。所以,用"传统"观念来描写"充满变迁"的中国历史是有矛盾的。他说:"'传统'一词,则不论从主观上或客观上说,都没有相应的统一状况可以用它来指谓。"③为此,柯文用"过去""以往的"等概念而不使用"传统"观念来指涉19世纪以前的中国历史。同样,其关于"现代"的观念亦存在错误,错误表现为两个方面:其一,"现代"一词从根本上说是一种"封闭式"的概念,因为它认为历史严格按照直线方式向前发展,而且它亦带有浓厚的"目的论"性质。其二,"现代"一词透显出明显的"种族中心主义"。西方社会由于是第一批实现现代化的,故把自己对现代化的理解普遍化。但是,西方对现代化的理解实际上具有很大的独特性,或者说"目光"具有相当的"狭隘性"。④ 总之,"传统"观念和"现代"观念都存在错误,因为它们均以二者的完全对立为预设,故所谓的"传统—现代"说亦有明显局限性。柯文说:

　　　李文森(即列文森——引者)提供的这幅画面更加无法容纳一种看法,即中国过去文化包含着一些重要的特征,这些特征不仅绝不会阻碍中国向近代社会转化,实际上反而会帮助这种转化,并在指导转化中起重要作用。⑤

---

　　① 参见周武等《中国中心观的由来及其发展——柯文教授访谈录》,第34—35页。
　　② 参见[美]柯文著,[美]林同奇译《在中国发现历史——中国中心观在美国的兴起》,第62页。
　　③ [美]柯文著,[美]林同奇译:《在中国发现历史——中国中心观在美国的兴起》,第90页。
　　④ [美]柯文著,[美]林同奇译:《在中国发现历史——中国中心观在美国的兴起》,第90—91页。
　　⑤ [美]柯文著,[美]林同奇译:《在中国发现历史——中国中心观在美国的兴起》,第75页。

二、"中国中心观"

如前所述,20世纪70年代起,美国学术界对中国的研究发生了显著变化,变化的标志就是开始对以前的研究模式进行反思。柯文认为,流行的中国研究模式大概有三种:一种是费正清的"冲击—反应"说,这种模式认为在19世纪中国历史发展中起主导作用的是西方的"冲击",解释中国这段历史可采用"西方冲击—中国反应"为基本范式。第二种是列文森的"传统—现代"说,这种模式认为中国社会在西方入侵前停滞不前,而西方现代社会是世界各国发展的"楷模"。因此,只有在经历"现代"的西方的冲击后,"传统"的中国才能走向现代化。第三种是"帝国主义模式"。这种模式认为帝国主义是近代中国发生各种变化的主要动因,是中国百年来社会解体、民族灾难和停滞不前的祸根。① 在柯文看来,这些模式都认为西方现代化代表着世界历史发展的方向,而中国社会内部无法为实现现代化提供前提条件。很显然,这实际上是一种"西方中心论"的立场,而"中西方中心论"的实质是"种族中心主义"。他说:"研究中国历史,特别是研究西方冲击之后中国历史的美国学者,最严重问题一直是由于种族中心主义造成的歪曲。"②"它们都认为19、20世纪中国所可能经历的一切有历史意义的变化只能是西方式的变化,而且只有在西方冲击下才能引起这些变化,这样就堵塞了从中国内部来探索中国近代社会自身变化的途径……"③当然,"种族中心主义"的立场不可能正确解读中国,故需寻求"另外一种西方中心较少的方法"。对此,柯文说:

> 从这点看来,根本放弃近代化理论的整套术语(特别是"传统"与"近代"的概念),寻求另外一种西方中心较少的方法,来描绘一世纪来席卷全球的各种大规模历史过程,可能有其可取之处。④

针对"西方中心论"对中国研究所造成的"歪曲",柯文提出了一种别于

---

① 参见[美]林同奇《中国中心观:特点、思潮与内在动力(译者代序)》,[美]柯文著,[美]林同奇译:《在中国发现历史——中国中心观在美国的兴起》,第7—8页。

② [美]柯文著,[美]林同奇译:《在中国发现历史——中国中心观在美国的兴起·序言》,第53页。

③ [美]林同奇:《中国中心观:特点、思潮与内在动力(译者代序)》,[美]柯文著,[美]林同奇译:《在中国发现历史——中国中心观在美国的兴起》,第8页。

④ [美]柯文著,[美]林同奇译:《在中国发现历史——中国中心观在美国的兴起》,第92页。

上述三种模式的"中国中心观"（China – centered approach）。所谓"中国中心观"，不是从西方历史的观点出发，而是努力从中国历史的观点出发，"密切注意"中国历史的轨迹和中国人对自身问题的看法。对于这种模式，他解释说："我相信粗制滥造、为害甚烈的各种种族中心主义的表现是可以避免的，这并不是幼稚的想法。我们可以做到较多地从中国内部出发，较少地采用西方中心观点来研究中国近世史。换言之，我们至少可以把这段中国历史的起点放在中国而不是放在西方。"①具体来讲，"中国中心观"包括四个方面："（1）从中国而不是从西方着手来研究中国历史，并尽量采取内部的（即中国的）而不是外部的（即西方的）准绳来决定中国历史哪些现象具有历史重要性；（2）把中国按'横向'分解为区域、省、州、县与城市，以展开区域与地方历史的研究；（3）把中国社会再按'纵向'分解为若干不同阶层，推动较下层社会历史（包括民间与非民间历史）的撰写；（4）热情欢迎历史学以外诸学科（主要是社会科学，但也不限于此）中已形成的各种理论、方法与技巧，并力求把它们和历史分析结合起来。"②为了避免对"中国中心观"的误解，柯文还特意解释说：

> 我使用"中国中心"一词时绝对无意用它来标志一种无视外界因素，把中国孤立于世界之外的探讨这段历史的取向；当然我也无意恢复古老的"中国中心主义"（Sinocentrism），即含有世界以中国为中心的意思。我是想用"中国中心"一词来描绘一种研究中国近世史的取向，这种取向力图摆脱从外国输入的衡量历史重要性的准绳，并从这一角度来理解这段历史中发生的事变。③

很显然，依照上述四个方面的论述可见，"中国中心观"的提出是美国"中国学"研究的一个方向性转变。首先，将研究中国的出发点由"西方"转为"中国"。也就是说，在研究中国历史时，要从中国的"史境"出发，而不是从西方的"史境"出发。质言之，"中国中心观"要求从中国历史情境出发研究"中国问题"，而不是依从西方历史的"准绳"来研究"中国问题"。柯文

---

① ［美］柯文著，［美］林同奇译：《在中国发现历史——中国中心观在美国的兴起》，第170页。

② ［美］柯文著，［美］林同奇译：《在中国发现历史——中国中心观在美国的兴起》，第201页。

③ ［美］柯文著，［美］林同奇译：《在中国发现历史——中国中心观在美国的兴起》，第210—211页。

说:"第一,这些问题是中国人在中国经历的;第二,衡量这些问题之历史重要性的准绳也是中国的,而不是西方的。"①其次,将中国历史按"横向"和"纵向"加以分解,从而开展更为"精细化"的研究。"横向"研究侧重于区域史或地方史研究,"纵向"研究侧重于社会阶层研究。显而易见,无论是"横向"研究还是"纵向"研究,相较于以前的研究而言,其优点在于可以展现历史的多样性。再次,关于社会科学分析方法的应用,柯文的兴趣在于关注人类学对中国研究的意义。在他看来,人类学这门学科与历史学有着密切的联系,特别是在考察"本土文化"的社会结构时,这种联系更为密切。而且,重要的是,它少有"种族中心主义"的偏见。他说:"人类学家由于接受的训练不同,习惯于考察非西方社会,因此和大部分社会科学家相比,对种族中心主义偏见的流弊比较敏感。"②

历史地看,如果说史华慈的思想对费正清和列文森的研究模式形成"挑战"的话,那么,柯文的"中国中心观"则是对上述思想模式的颠覆。他说:"由于背离了五十年代与六十年代以西方为中心的模式,采取了更加内部的,更加从中国出发的对历史问题的理解,他们给予先前美国史学中固有的'思想上的帝国主义'以重大打击。"③正因为如此,无论是对于国外的"中国学"研究,还是对于国内的相关研究,"中国中心观"的提出都具有重要的学术价值。有学者说:"作者提出了'中国中心观',对各种有关论点进行分析批判……给处于深刻反思中的我国史学界提供了一定参考素材,具有启发思路的价值。"④之所以如此,在于"它强调历史发展中对立事物之间相互作用、相互渗透的现象"⑤。但是,"中国中心观"同时也面临着两个方面的质疑:其一,"中国中心观"过分强调对地方和底层历史的研究,对整个中国历史进行"横向"和"纵向"的区分,有丧失整个中国历史全貌的危险。其二,19—20世纪是中国与外部世界空前广泛接触的年代,而"中国中心观"过分夸大了"中国史境"的独立性;与"西方中心论"为一极端一样,它

---

① 〔美〕柯文著,〔美〕林同奇译:《在中国发现历史——中国中心观在美国的兴起》,第170页。

② 〔美〕柯文著,〔美〕林同奇译:《在中国发现历史——中国中心观在美国的兴起》,第195—196页。

③ 〔美〕柯文著,〔美〕林同奇译:《在中国发现历史——中国中心观在美国的兴起》,第202页。

④ 〔美〕林同奇:《中国中心观:特点、思潮与内在动力(译者代序)》,〔美〕柯文著,〔美〕林同奇译:《在中国发现历史——中国中心观在美国的兴起》,第6页。

⑤ 〔美〕林同奇:《中国中心观:特点、思潮与内在动力(译者代序)》,〔美〕柯文著,〔美〕林同奇译:《在中国发现历史——中国中心观在美国的兴起》,第11页。

处于另一极端,从而可能产生其他的偏颇。

三、"人类中心主义"的价值趋向

柯文认为,"历史"一词在不同的研究者笔下其实具有不同的含义。也就是说,不同的学者对于何为"历史"的理解并不相同。进而,他将"历史"划分为三类:一是"经历",即人们经历的历史,重点在于当事人亲身的"经历"。二是"事件",即历史学家笔下的历史,重点在于历史学家对历史的"理解"或"诠释"。三是"神话",即被"神话化"的历史,目的在于从历史中"汲取能量","获得政治或宣传方面的好处"。① 他以"义和团"为例对上述观点进行了说明:第一类历史指的是根据历史事实对"义和团"运动所进行的叙述;第二类历史是对"义和团"的了解和解释;第三类是被"神话"了的"义和团",这一类有特殊的解读视角。② 很显然,这三类"历史"是不相同的。柯文说:"过去的经历者不可能知道历史学家知道的过去。神话制造者虽然与历史学家一样知道事情的结果,但他们无意于了解历史的创造者经历的历史。"③在这三种类型当中,通常人们倾向于认可历史学家笔下的"事件"。其实,"经历"和"神话"两类历史亦不可轻视。他说:"了解过去的三条途径,在逻辑上或认识论上没有哪一条的地位比另外两条高。"④他还说:

> 我以前一直认为,历史在某种意义上说是一系列真实的史料。我还认为,历史学家的主要目的在于理解和解释历史。但是,关于解释历史的过程和牵扯的种种问题,我现在的看法比以前复杂得多。我现在认为,历史学家重塑历史的工作与另外两条"认知"历史的路径——经历和神话——是格格不入的。对普通人而言,这两条路径具有更大的说服力和影响力。⑤

一般来讲,大家在研究历史时很重视历史事件的结局。柯文则认为,

---

① 参见[美]柯文著,林继东译《历史三调:作为事件、经历和神话的义和团·序言》,南京:江苏人民出版社2000年(下同),第1页。

② 参见[美]柯文著,林继东译《历史三调:作为事件、经历和神话的义和团·序言》,第2—4页。

③ [美]柯文著,林继东译:《历史三调:作为事件、经历和神话的义和团·序言》,第4页。

④ [美]柯文著,林继东译:《历史三调:作为事件、经历和神话的义和团·序言》,第5—6页。

⑤ [美]柯文著,林继东译:《历史三调:作为事件、经历和神话的义和团·序言》,第1页。

实际上"结局"是一个过程,即,"结局"是"过程"的"结局"。因此,要研究"结局"应先研究它是怎么发生的、创造的。他的意思是,在历史线索不清晰时,如果采取关注"个人历史作用"的方法,复杂的历史过程就会变得清晰起来。具体来讲,强调人的"共同性"是很重要的,故应特别关注个人在历史上的作用。他说:"似乎完全有理由认定:在一定自然环境的限制下(生物上的、地理上的等等),历史恰恰是个人影响的总和。社会阶级无关紧要,政治党派不能作出决定,制度不起作用。只有那些组成此类较大集团的个人才是历史事件的最终制造者。"①在研究王韬时柯文就贯彻了这样的思路。他说,王韬既不是耶稣、毛泽东这样影响很大的历史人物,也不是什么影响都没有的小人物,但他是中国第一代改良主义者;如果没有王韬、郑观应、郭嵩焘这些人物的开创,那就可能不会有后来的严复、康有为、梁启超等。不过,需要说明的是,柯文关注个人在历史上的作用,非指具体的"个人",而是指对共同的"人"的重视。他说:

　　在此过程中(指研究义和团——引者),我常把自己当做"人种志专家",试着以同情的态度去了解普通人(如义和团和非义和团的中国人及传教士)是"怎样理解世界"的。②

　　由关注个人在历史上的作用出发,柯文就历史研究提出了"心态史学方法"。所谓"心态史学方法",是强调"心理分析"在历史解释中作用的方法。一般来讲,美国历史学家不太认可"心理分析"在历史研究中的作用。不过,在柯文看来,通过思想、感情以及梦想追求等来探讨历史人物的内心世界,可以更接近历史人物的真实面貌。因此,"心态史学方法"是非常有价值的历史研究方法。对此,他说:"我们必须抑制我们的'局外人'倾向,以了解正在研究的历史人物的意识。"③然而,柯文的方法并不是指弗洛伊德(Sigmund Freud, 1856—1939 年)关于个人的心理分析,而是指在历史研究中强调对感情方面、思想方面和直接经验方面的"兴趣"。因此,在研究历史人物时,他主张把自己置身于当时的社会、政治和文化等具体情境中去。例如,柯文对于"义和团"的研究就采用了"心态史学方法"。通常来讲,许多人把义和团看作或者是反帝的、爱国的,或者是排外的、迷信的。

---

① ［美］柯文著,雷颐等译:《在传统与现代性之间——王韬与晚清革命》,第 215—216 页。
② ［美］柯文著,林继东译:《历史三调:作为事件、经历和神话的义和团·序言》,第 4—5 页。
③ ［美］柯文著,林继东译:《历史三调:作为事件、经历和神话的义和团》,第 260 页。

柯文则认为,这些看法都把"义和团""典型化"了。其实,如果从"人"的角度研究"义和团"成员,研究他们的所思、所想、所忧、所惧,就会有与众不同的理解。他说:

> 　直接参与者对历史的看法带有不同于历史意识的个人意识(与历史学家对历史的看法大相径庭),这个特点也值得注意。……这些具有各种各样的界定和称谓的事件,是每个参与者的个人经历汇成的,个人经历既具有象征性的意义,又具观念性的意义,能使历史学家和其他历史研究者据以描述和分析"过去发生之事"。①

　　顺着关注个人在历史上的作用这样一种思路,柯文还探讨了"民族主义"的问题。关于此,柯文首先探讨了"义和团"和"五四"运动所表现的民族主义。关于"义和团",20世纪20年代之前,知识分子对"义和团"多持"负面"的评价。然而,后来中国的革命者开始"正面"评价甚至"美化""义和团"。② 尽管如此,"义和团"所表现的民族主义是一种极端的保守主义。另外,"五四"运动也表现出明显的民族主义,其特征是完全否定中国文化的价值,而这成为20世纪中国文化的主流。③ 很明显,"五四"运动的民族主义一种极端的历史虚无主义。然而,在柯文看来,民族主义并非只有上述模式。他说:"最近有相当多的美国历史学家认为,不能只谈一种中国20世纪的民族主义,因为实际存在着有("有"字疑为衍字——引者)各种各样的民族主义,而不是单单一个模式。"④他的意思是,在"义和团"运动和"五四"运动所表现的民族主义之外,王韬的民族主义则表现出"世界主义"的特征。柯文说:"王韬的民族主义是世界主义的、心灵开放的民族主义。"⑤在此意义下,王韬的民族主义是一种现代化的民族主义。总之,研究民族主义是一个很复杂的题目。柯文说:

> 　研究民族主义是一个很复杂的题目。当然中国要变成富强的国家,但是民族主义不止是富强,富强是很重要的目的,但不是一切。⑥

---

① ［美］柯文著,林继东译:《历史三调:作为事件、经历和神话的义和团》,第53页。
② 参见［美］柯文著,林继东译《历史三调:作为事件、经历和神话的义和团·序言》,第2页。
③ 参见周武等《中国中心观的由来及其发展——柯文教授访谈录》,第37页。
④ 参见周武等《中国中心观的由来及其发展——柯文教授访谈录》,第37页。
⑤ ［美］柯文著,雷颐等译:《在传统与现代性之间——王韬与晚清革命》,第211页。
⑥ 参见周武等《中国中心观的由来及其发展——柯文教授访谈录》,第38页。

在上述关于民族主义思想的影响下,柯文反对过分夸大中西文化区别的看法。如前所述,他反对将中西文化置于"传统"与"现代"的简单对立之下。他说:"对于西方过于夸大中国与西方的文化差别的立场,我愈来愈感到怀疑,这种立场往往(虽然并非一成不变)根源于西方中心的观点","不论研究什么课题,我都会认真对待文化这个问题。我从来没有否认中国和西方的文化传统有重大差别。不过,我同时也相信,那些过分强调双方的文化差别的历史研究方法,很容易产生不幸的扭曲"。① 依着柯文的理解,夸大中西文化区别会产生两个不好的结果:其一,使人们倾向于低估中国自身变革的能力,并把中国看成是静止不变的。其实,中国的变革并不全是西方"冲击"的结果。其二,使人们倾向于忽视跨文化的、人类与生俱来的特性。实际上,某个文化群体与其他文化群体的思想有许多相同之处,甚至它们是彼此互相呼应的。② 因此,柯文强调说:

> 如果我们要对中国的过去有一个更全面、更细致、眼光更广阔的认识,我们在探讨文化差异的同时,必须注意人类社会有许多共通的方面。③

在柯文看来,既然人类社会"有许多共通的方面",就必须注意不同文化的"相互理解"。他认为,现代社会是一个"超越的时代",它"超越"了中西文化的对立。既然是在"超越的时代",就应通过"问题意识"的对话实现不同文化的相互理解。比如,在谈到西方物质文明的发达时,还必须注意其人文思想的"脆弱"。同样,在论及中国人文思想的传统时,也必须注意中国物质文明的落后。总之,在谈及中西文化比较时,他非常赞同史华慈的全球视野和跨文明研究。杜维明曾评价史华慈说:"几乎仅仅是凭借个人的力量,史华慈将他所钟爱的地方性知识小心翼翼地转化成为具有全球意义的话语。"④可以看出,在对"中国学"的研究上,柯文的上述思想体现出一种从"中国中心"走到"人类中心"的价值趋向。所谓"人类中心"的价值趋向,是指在对中国历史研究时,不仅应避免"西方中

---

① 参见朱政惠《柯文教授的清史研究》,南昌:《江西师范大学学报》2004 年第 6 期(下同),第 30 页。

② 参见朱政惠《柯文教授的清史研究》,第 30 页。

③ 参见朱政惠《柯文教授的清史研究》,第 30 页。

④ ［美］杜维明:《史华慈叙事的人文主义视界——在纪念史华慈追思会上的讲话》,北京:《世界汉学》,2003 年第 2 期,第 98 页。

心主义",而且要注意对历史问题所涉及"人类共性"的探讨。例如,柯文在研究"义和团"时就贯彻了这一思想。他说:"突出义和团和其他人的共同之处",就是让中国历史"从狭隘的眼光所造成的框框里释放出来","使生活在中国境内的人的历史经验,对西方人民显得更容易理解、更有意义、甚至更重要"。①

---

① 参见朱政惠《柯文教授的清史研究》,第30页。

第五章　美国儒学研究的纵深发展

进入 20 世纪中叶以后,在美国的"中国学"渐渐兴盛的同时,美国学界的儒学研究也出现了一些新变化。这种变化主要表现在两个方面:其一,不再是以往的对儒学总体特征的描述、对比或简单化的论定,而是开始进入"精细的"、经典的或具体儒学问题的研究。从学术的角度来看,这时的研究不再是"隔靴搔痒"式的外在评述,而是已深入到了儒学的内部。其二,不再是从一般的文化意义上进行研究,而是开始从哲学的角度来研究儒学。也就是说,以前儒学多被视为一种包括宗教现象在内的文化现象而被汉学家所研究,此时之儒学则与宗教区分开来,开始被视为一种哲学思想而被哲学家所研究。这是儒学研究从中国文化研究中独立出来之后的又一次跨越。在这两个方面当中,更具意义的是第二个方面。基于这两个方面的变化,美国的儒学研究还取得了令国际瞩目的成就。而且,甚至出现了美国本土的儒家学派——"夏威夷儒学"和"波士顿儒学"。到 20 世纪后半期,由于美国学界儒学研究的深入和成就,美国已成为中国海外儒学研究的中心。

在这个时期,余英时以"哲学的突破"为视角,探讨了中国文化的渊源、中西文化的异同、现代儒学的困境及其化解。尤其需要注意的是,他提出了现代儒学之为"游魂"这一著名观点。墨子刻对古代中国思想的"预设"进行了探讨,并着重分析了宋明儒家的"困境意识"。值得注意的是,他认为儒学是中国革命取得成功的重要因素。傅伟勋不仅确立了"现代生死学"的基本义理,而且提出了"中国本位的中西互为体用说"和"创造的诠释学"的主张。林毓生基于对"五四运动"的讨论,提出著名的儒学"脱臼说",主张超越"五四思想"和"科玄论战",以实现传统文化之"创造性转化"。"夏威夷儒学"的代表人物成中英建构了"本体诠释学",并基于对中国哲学重建可能性的探讨,提出了"新新儒学"的主张。他还对西、中、印三种哲学的辩证法进行了比较。"波士顿儒家"的代表人物南乐山探讨了中国哲学"创造"观念的宗教哲学意义,主张儒学作为"活的传统"应在形而上学、哲学宇宙论、人性论和社会理论四个方面进行理论扩展。

第一节　余英时

余英时(Ying‐shih Yu),安徽潜山人,1930 年生于中国天津。1949 年考入燕京大学历史系。1950—1955 年就读于香港新亚书院、新亚研究所,师从钱穆,获硕士学位。1956—1961 年就读于美国哈佛大学,师从杨联陞,获博士学位。毕业后曾任密歇根大学、哈佛大学、耶鲁大学、普林斯顿大学(Princeton University)教授、讲座教授,香港新亚书院院长兼香港中文大学副校长。1973 年加入美国国籍。1974 年当选为台湾"中央研究院"院士。1987 年起任普林斯顿大学讲座教授。1991—1992 年任康奈尔大学(Cornell University)第一任"胡适讲座访问教授"(Visiting Hu Shih Professor of Chinese Studies)。2001 年从普林斯顿大学退休。现为普林斯顿大学荣休教授,台湾"中央研究院"院士。2006 年获得美国国会图书馆颁发的有"人文诺贝尔奖"之称的"克鲁格人文与社会科学终身成就奖"(John W. Kluge Prize for Lifetime Achievement in the Humanities and Social Sciences)。

余英时治学主张中西、古今贯通,其对儒家思想及中国文化的理解自成一家。其主要著作包括《近代文明的新趋势》《民主革命论》《汉代贸易与扩张:汉胡经济关系的研究》(Trade and Expansion in Han China:A Study in the Structure of Sino‐Barbarian Economic Relation)、《红楼梦的两个世界》《论戴震与章学诚》《历史与思想》《史学与传统》《中国近代思想史上的胡适》《从价值系统看中国文化的现代意义》《中国思想传统的现代诠释》《士与中国文化》《犹记风吹水上鳞——钱穆与现代中国学术》《中国文化的现代变迁》《历史人物与文化危机》《现代儒学论》《宋明理学与政治文化》《知识人与中国文化的价值》《人文与理性的中国》等。其著作被编为《情怀中国——余英时自选集》《余英时文集》。

一、"哲学的突破"与中国文化的渊源

在余英时看来,古代人类文明史有两个重要的里程碑:一是"文字的突破",指人类历史上文字的出现。文字的出现促生了"以文字为专业"的知识分子的形成,而知识分子是"社会的良心"。① 二是"哲学的突破",指"人

---

① 参见沈志佳编《余英时文集》第四卷,桂林:广西师范大学出版社 2004 年(下同),第 147—148 页。

对于他所属的现实世界发生了一种'超越的反省'"①，为人类古代文明进程中一个思想上的突进。具体来讲，"哲学的突破"表现为"开始有系统地追寻一些关于存在的基本问题"②。例如：宇宙是怎样创生和运行的？人在宇宙中占有什么地位？生命的意义究竟是什么？人间秩序又是怎样建立的？这个人间秩序是合理的吗？余英时认为，尽管追问方式和问题重点及先后顺序会有不同，但这些问题是出现于每一个高级文化初期的普遍性问题，故世界几个不同地区的高级文化几乎同时出现了"哲学的突破"。比如，古希腊的哲学、以色列的宗教"先知运动"、印度的印度教和佛教、中国的先秦诸子，都是"哲学的突破"的具体表现。后来，古希腊哲学和以色列的宗教合流而形成西方文化传统，而印度哲学和中国哲学则仍分别沿着原来"突破"的方向前进。这样，"哲学的突破"其实形成了代表人类智慧的"三大原型"。③ 余英时认为，"哲学的突破"具有重要意义，因为它在现实世界之外"开辟"了一个"超越世界"。他说：

> 由于"哲学的突破"，人便在现实世界之外开辟了另一个世界——理想的世界、精神的世界，或意识的世界。④

余英时认为，"哲学的突破"虽发生于古代，但"三大原型"却对人类文明的发展产生了重要影响。他说："在任何一个具体的文化系统中，因'哲学的突破'而出现的理想世界却对该文化以后的发展具有长期的支配作用、规范作用。我们今天仍然能清楚地分辨出世界上各种民族文化的传统便是这一重要事实的最好说明。"⑤正因为如此，中、西、印之不同文化类型的区别依然"清晰可见"。例如，西方人在今天仍以"自由""公平""理性""爱"等为普遍价值，其根源便是古代希腊哲学和希伯来宗教。中国人在未受到西方文化"冲击"以前，普遍价值乃"仁""义""礼""智""信"等，而这些价值起源于先秦诸子尤其是儒家。印度文化虽然受了西方文化的诸多影响，但至今以宗教为中心的特质仍显而易见。由此来看，"哲学的突破"之所以重要，在于它们分别塑造了中、西、印之文化价值系统，而价值系统并非单纯的概念问题，它乃这些民族对于宇宙、自我、社会、生死等基本问

---

① 沈志佳编：《余英时文集》第四卷，第152页。
② 沈志佳编：《余英时文集》第四卷，第152页。
③ 参见沈志佳编《余英时文集》第四卷，第152页。
④ 沈志佳编：《余英时文集》第四卷，第152页。
⑤ 沈志佳编：《余英时文集》第四卷，第152页。

题的实质看法。因此,余英时说:"文化价值代表每一民族在每一历史阶段的共同而普遍的信仰,因此才具有神圣的性质。"①关于"哲学的突破"的重要性,他还说:

> "哲学的突破"之所以如此重要,是因为一个民族的中心文化价值大体上是在这一阶段定型的,而这些价值对该民族此后的发展则起着范畴的作用……②

依着余英时的理解,"哲学的突破"之发生的根本原因在于"理性的思考",也就是说,"三大原型"之所以能够成为这些民族的价值信仰,乃源于"理性的思考"。他说:"文化价值为什么能成为一个民族的共同而普遍的信仰呢? 用西方的观念说,这是由于理性思考的结果。每一个人都是有理性的。人只要能自由地运用理性,对现实的生活经验进行系统的反省和检查,便自然可以照明现实世界上种种不合理的现象。"③不过,尽管人类具有共同的理性,但几个高级文化"哲学的突破"的路向却各有不同。之所以会有不同,根源在于几个高级文化之理性的"着力点"不同。大致说来,印度的宗教以现实世界为虚幻,故形成了"出世"的基本方向。古希腊哲学以寻求宇宙的"终极原理"及运行规律为主,故形成了西方自然科学的渊源。以色列的"先知运动"突出了"造物主"的观念,认为人间秩序来自上帝的意旨。但是后来希腊哲学与基督教合流,哲学成为神学的"婢女",从而形成了中古以宗教为主体的西方文化。因此,无论是印度文化,还是中古西方文化,精神价值都寄托在宗教之中;僧侣阶层成为价值的"卫护者",而世俗知识分子并不成为一个独立的社会群体。余英时说:

> 这恰好说明为什么西方各国一直要到宗教革命甚至启蒙运动以后才出现了现代型的俗世知识阶层。④

中国的情况却截然相异,精神价值的"卫护者"却是世俗知识分子。具体来讲,中国古代"哲学的突破"主要由儒、墨、道三派实现,而承担维护精

---

① 沈志佳编:《余英时文集》第四卷,第 153 页。
② 沈志佳编:《余英时文集》第四卷,第 152 页。
③ 沈志佳编:《余英时文集》第四卷,第 153 页。
④ 沈志佳编:《余英时文集》第四卷,第 153—154 页。

神价值主要任务的则主要是儒家和道家知识分子。巧合的是,这两派都是着眼于"人间世"的。孔子说:"未能事人,焉能事鬼?……未知生,焉知死?"①庄子说:"六合之外,圣人存而不论。"②很显然,一方面,这种态度基本切断了建立宗教之路。另一方面,这种说法又阻碍了建立思辨形而上学之路。不过,它们却用一种超越性的"道"来批判现实世界,而"道"则起到了维护精神价值的作用。所不同的是,儒家较偏重群体的秩序,道家则较偏重个体的自由;儒家较入世、较积极,道家较出世、较消极。具体来讲,儒家坚持"道"高于"势";"道"指精神世界或理想世界,而"势"指权势尤其指政治权势。孔子说:"天下有道,则庶人不议。"③他的反面意思是,因为"天下无道",故他不得不"议政"。道家则从个体自由的观点出发,通过批判现实以维护精神价值。比如,魏晋新道家用"自然"观念批判官方的"名教",提出"越名教而任自然"④的主张。总之,关于中国古代"哲学的突破",余英时说:

> 中国人把"哲学的突破"后所建立起来的精神世界或理想世界称为"道"——"道"即是人人都走的大路。但中国人的"道"基本上既不寄身于宗教,也不托庇于思辨形而上学。"道"超越现实的世界,然而并非完全脱离人间。⑤

显而易见,中西之"哲学的突破"的路向差别很大。具体来讲,西方的理想世界即所谓"彼世"与现实世界即所谓"此世"有一种"两极化"的倾向。例如,柏拉图哲学中的"理念"与具体事物、基督教教义中的"天国"与"人间",其对比都是非常强烈的。特别是在基督教成为西方文化的主流以后,"恺撒的事归恺撒管,上帝的事归上帝管"⑥则变成一种普遍的观念。这样一来,因为精神世界是属于教会的,故精神价值维护的责任完全落到了僧侣阶层;世俗知识分子根本没有存在的"余地",更不必说代表"社会的良心"了。与西方的情形不同,中国知识分子所持的"道",一方面代表"超越性"的精神世界,另一方面却又不脱离现实的"人间世"。质言之,"理想世

---

① 何晏注,邢昺疏,朱汉民整理,张岂之审定:《论语注疏》,第 146 页。
② 郭庆藩撰、王孝鱼点校:《庄子集释》,北京:中华书局 1961 年,第 83 页。
③ 何晏注,邢昺疏,朱汉民整理,张岂之审定:《论语注疏》,第 224 页。
④ 房玄龄等撰:《晋书》,北京:中华书局 1974 年,第 1369 页。
⑤ 沈志佳编:《余英时文集》第四卷,第 154 页。
⑥ 参见《中英圣经》和合本(新国际版),[美]伯克利:圣书房 1990 年,第 1230 页。

界"与"现实世界"是一种"不即不离"的关系,此乃中国思想"独特的思想背景"。余英时说:"不离世间以求出世间,这就使中国的理想世界与现实世界成为一种'不即不离'的关系。'不即'才能超越,也就是理想不为现实所限;'不离'才能归宿于人间,也就是理想不至于脱离现实。这是中国知识分子所以形成其独特传统的思想背景。"①历史地看,这样一种"背景"一直延续到今天,因此,可以说中国文化的渊源即在于此。他说:

> 总之,无论是儒家型或道家型,中国知识分子"明道救世"(顾炎武语)的传统一直延续了两千多年,至今仍在。这确是世界文化史上最独特也最光辉的一页。②

二、中西文化之异同

余英时认为,在讨论文化现象时,不仅应注重文化的"通性",而且更应注重文化的"个性"。当然,"个性"是相对的,而非绝对的。他说:"所谓个性是就某一具体文化与世界其他个别文化相对照而言的,若就该文化本身来说,则个性反而变成通性了。"③然而,在讨论文化的"通性"与"个性"时,人们往往表现出"偏见"。具体来讲,中国文化的现代转变自然受到西方文化的重大影响,但"现代化"绝不等于"西化";"西化"又有各种不同的层次,科技甚至制度层面的"西化"并不是文化的核心;后者实乃基于误解"通性"与"个性"关系而来的"偏见"。对此,余英时说:"现在一般深受西方论著影响的知识分子往往接受西方人的偏见,即以西方现代的价值是普遍性的(universalistic),中国传统的价值是特殊性的(particularistic)。这是一个根本站不住的观点。其实,每一个文化系统中的价值都可以分为普遍与特殊两类。把西化与现代化视为异名同实便正是这一偏见的产物。"④在他看来,在讨论文化的异同时,需要着眼于两个方面:一是"价值的来源";二是"价值世界与实际世界的关系"。他说:

> 我们首先要提出的是价值的来源问题,以及价值世界和实际世界

---

① 沈志佳编:《余英时文集》第四卷,第156页。
② 沈志佳编:《余英时文集》第四卷,第156页。
③ 沈志佳编:《余英时文集》第三卷,桂林:广西师范大学出版社2004年(下同),第4页。
④ 沈志佳编:《余英时文集》第三卷,第4页。

之间的关系问题。这两个问题是一事的两面，但后一问题更为吃紧。这是讨论中西文化异同所必须涉及的总关键，只有先打开这一关键，我们才能更进一步去解说由此而衍生的、但涉及中国价值系统各方面的具体问题。①

继而，余英时就上述两个方面讨论了中西文化之异同。

就第一个方面来看，余英时认为，"仅从价值具有超越的源头一点而言，中、西文化在开始时似乎并无基本不同"②。的确，西方文化认为价值源于"超越的源头"。具体来讲，古希腊致力于通过理性寻求价值之源，无论是柏拉图的"理念说"，还是亚里士多德的"第一动因"，其都意在逼出一个作为价值根源的"上帝"。③ 很显然，希腊人是通过"理性"追溯价值根源的，但人的理性并不能充分完成这个任务。不过，希伯来的宗教信仰恰好弥补了此一缺欠，因为它主张"上帝"乃价值根源。在此意义下，"西方文化之接受基督教，决不全出于历史的偶然。无所不知、无所不在的上帝正为西方人提供了他们所需要的存有的根据"④。同样，中国文化也认为价值有其"超越的源头"。例如，最初人们认为人间秩序和道德价值源于"帝"或"天"，因此才有所谓"不知不识，顺帝之则"⑤；"天生烝民，有物有则"⑥之说。不过，从子产、孔子开端以后，"帝"或"天"的"分量"减轻了，而"人"的"分量"则加重了。但是，尽管"夫子之言性与天道，不可得而闻"⑦，并不能因此说孔子否认"性与天道"的真实性。孟子之"仁""义""礼""智"虽内在于人性，但此性"乃我固有之也"⑧，故"知其性，则知天矣"⑨。就道家思想来看，它也肯定人间价值有一"超越的源头"，那便是先天地而生的形而上之"道"。如《老子》曰："道生一，一生二，二生三，三生万物。万物负阴而抱阳，冲气以为和。人之所恶，唯孤、寡、不谷，而王公以为称。故物或损

---

① 沈志佳编：《余英时文集》第三卷，第 6 页。
② 沈志佳编：《余英时文集》第三卷，第 6—7 页。
③ 参见沈志佳编《余英时文集》第三卷，第 7 页。
④ 沈志佳编：《余英时文集》第三卷，第 7 页。
⑤ 毛亨传，郑玄笺，孔颖达疏，龚抗云等整理，刘家和审定：《毛诗正义》，北京：北京大学出版社 1999 年（下同），第 1032 页。
⑥ 毛亨传，郑玄笺，孔颖达疏，龚抗云等整理，刘家和审定：《毛诗正义》，第 1218 页。
⑦ 何晏注，邢昺疏，朱汉民整理，张岂之审定：《论语注疏》，第 61 页。
⑧ 参见赵岐注，孙奭疏，廖名春等整理，钱逊审定《孟子注疏》，第 300 页。
⑨ 赵岐注，孙奭疏，廖名春等整理，钱逊审定：《孟子注疏》，第 350 页。

之而益,或益之而损。人之所教,我亦教之。强梁者不得其死,吾将以为教
父。"①总之,在中国人的观念中,价值根源并不"起于人间",而与西方文化
一样有"超越的来源"。对此,余英时说:

> 我们在此毋须详细分析"天"到底有多少不同的含义。我们所强
> 调的一点只是中国传统文化并不以为人间的秩序和价值起于人间,它
> 们仍有超人间的来源。②

就第二个方面来看,余英时认为,中西文化确有很大不同。他说:"从
超越源头和人间世之间的关系着眼,则中西文化的差异极有可以注意者
在。中国人对于此超越源头只作肯定而不去穷究到底。……西方人的态
度却迥然两样,他们自始便要在这一方面'打破沙锅问到底。'"③具体来
讲,在西方文化,"超越世界"和"超越性"的"上帝"具有无限的威力,个人
实践社会价值或道德价值须听从上帝的"召唤"。换言之,因为上帝既是
"造物主"也是价值源头,故人必须遵行上帝所规定的法则。在中国文化,
中国人知道人的理性无法把"超越世界"清楚而具体地展示出来,故将"超
越世界""人间世界"联系起来展现和认识。也就是说,中国人用"道"来代
表理想的"超越世界",以人伦日用来代表现实的"人间世界";"道"即在
"人伦日用"之中,"人伦日用"不能须臾离"道"。可见,如果说西方的"超
越世界"与"现实世界""泾渭分明",那么中国人的这两个世界则如前所述
乃"不即不离"的关系。对此,余英时说:

> 西方哲学上本体界与现象界之分,宗教上天国与人间之分,社会
> 思想上乌托邦与现实之分,在中国传统中虽然也可以找得到踪迹,但
> 毕竟不占主导的地位。中国的两个世界则是互相交涉、离中有合、合
> 中有离的。④

正因为上述,西方文化表现为"外倾性格",中国文化则表现为"内倾性
格"。就中国文化的"内倾性格"来讲,其主要表现在儒家"求诸己""尽其

---

① 朱谦之撰:《老子校释》,第174—176页。
② 沈志佳编:《余英时文集》第三卷,第6页。
③ 沈志佳编:《余英时文集》第三卷,第7页。
④ 沈志佳编:《余英时文集》第三卷,第8页。

在我"、道家的"自足"以及佛教的"依自不依他"等思想当中。客观地讲，中国文化之所以能延续数千年，主要原因在于这种"性格"。然而，中国近代的思想界却对此缺乏认识，故出现了亦步亦趋"照抄"西方模式的现象。不过，"中国的历史文化背景与西方根本不同，这就决定了它无法亦步亦趋地照抄西方的模式"①。具体来讲，西方文化为"外倾性格"，故其历史上出现了"文艺复兴"和"启蒙运动"。与此不同，"中国的古典研究从来未曾中断，自然不需要什么'文艺复兴'；中国并无信仰与理性的对峙，更不是理性长期处在信仰压抑之下的局面，因此'启蒙'之说在中国也是没有着落的"②。历史地看，忽视中西文化之差异，"照抄"西方文化的模式，给中国文化带来了严重的影响。余英时说："五四的知识分子要在中国推动'文艺复兴'和'启蒙运动'，这是把西方的历史机械地移植到中国来了。他们对儒教的攻击即在有意或无意地采取了近代西方人对中古教会的态度。换句话说，他们认为这是中国'俗世化'所必经的途径。但事实上，中国的现代化根本碰不到'俗世化'的问题，因为中国没有西方教会的传统……"③总之，余英时说：

> 中国文化的病是从内在超越的过程中长期积累而成的。这与西方外在超越型的文化因两个世界分裂而爆发的急症截然不同。中西双方的病象尽有相似之处，而病因则有别。五四人物是把内科病当外科病来诊断的，因此他们的治疗方法始终不出手术割治和器官移植的范围。④

在余英时看来，中国文化在现代化过程中实际上"可有"积极意义。一方面，中国文化与科学不存在冲突，此可利于现代化的实现。由于中国人的价值根源不寄托于"人格化"的上帝，其出于"天"落在人性之中来实现，故中国文化更容易接受现代化的观念。比如，西方因为有"创世"的神话，故达尔文的生物进化论引发强烈的抗拒，但它在中国的传播却完全没有遇到阻力。对此，余英时说："近代中国人比较容易接受西方的科学知识确与其内在超越的价值系统有关。中国文化中没有发展出现代科学是另一问

---

① 沈志佳编：《余英时文集》第三卷，第11—12页。
② 沈志佳编：《余英时文集》第三卷，第12页。
③ 沈志佳编：《余英时文集》第三卷，第12页。
④ 沈志佳编：《余英时文集》第三卷，第12页。

题,但是它对待科学的态度是开放的。"①另一方面,中国文化更重视"人的
尊严",此亦与现代化是相通的。在西方,虽然人文主义者率先提出"人的
尊严"的观念,但由于宗教和科学的"两极化",宗教界往往把人的本质举得
过高,科学界又把人性贬得过低,故"人的尊严"始终难以稳固地"树立"起
来。余英时说:"所谓'人文主义'(humanism)在西方思想界一直都占不到
很高的地位。……这是西方在俗世化过程中建立'人的尊严'所无法避免
的困难。"②与之不同,"人的尊严"的观念在中国文化中自孔子以来便牢固
地建立了,不但两千多年来很稳定,而且遍及社会各阶层。对此,余英时
说:"在中国文化的价值系统中,人的尊严的观念是遍及于一切人的。……
所以仅就人的尊严一点而言,中国文化早已是现代的,不必经过俗世化才
能产生。"③总之,基于上述两个方面,余英时认为中国文化在现代化过程中
仍是"充满着活力的"。他说:

　　　从实质方面看,中国的文化价值一直到今天也还是充满着活
力的。④

三、现代儒学的困境及其化解

　　余英时认为,儒学自产生以后虽然已传衍了数千年,但它在历史上曾
经历过三次由社会解体而导致的反儒学的"困境"。第一次困境是,孔子之
后儒学遇到了杨、墨特别是墨家的挑战。孟子说:"圣王不作,诸侯放恣,处
士横议,杨朱、墨翟之言盈天下,天下之言不归杨则归墨。"⑤第二次困境是,
汉晋之际出现了新道家"反名教"的运动,主张"越名教而任自然"⑥,而且
之后是佛教对思想界和民间信仰的长期"占领"。第三次困境是,晚明"泰
州学派"的风行引发"三教合一"运动的兴起。这场运动虽未有"反名教"
之名,但其公开宣称"不以孔子之是非为是非"⑦,故其思想"遂复非名教之

---

① 沈志佳编:《余英时文集》第三卷,第 13 页。
② 沈志佳编:《余英时文集》第三卷,第 13—14 页。
③ 沈志佳编:《余英时文集》第三卷,第 14—15 页。
④ 沈志佳编:《余英时文集》第四卷,第 152—153 页。
⑤ 赵岐注,孙奭疏,廖名春等整理,钱逊审定:《孟子注疏》,第 178 页。
⑥ 房玄龄等撰:《晋书》,北京:中华书局 1974 年,第 1369 页。
⑦ 参见李贽《藏书世纪列传总目前论》,张建业主编:《李贽文集》第二卷,第 7 页。

所能羁络矣"①。② 历史地看,这三次反儒学运动虽可称为"困境",但它们均未引发儒学的彻底解体,故儒学依然在不断传衍。余英时说:"以现代眼光来看,上述三次社会解体都没有突破中国文化传统的大格局。儒学在经验一番自我调整之后,仍能脱出困境,恢复活力。"③然而,现代儒学则遇到了"空前的"困境,其严重程度远远超过了上述困境。余英时说:

> 自 19 世纪中叶以来,中国社会在西方势力的冲击之下开始了一个长期而全面的解体过程。这个过程事实上到今天还没有走到终点。由于社会解体的长期性和全面性,儒学所面临的困境也是空前的。④

在余英时看来,现代儒学的困境经过一个积累过程后,终于在"五四"前后达到了"高潮"。具体来讲,"鸦片战争"以后,中国人最初只承认"船坚炮利"方面不如西方,所以最初向西方学习的仅限于科技。到了清末时期,中国人渐渐承认政治制度落伍了,因此才有所谓"维新变法"运动。在这种情况下,传统社会逐渐开始"解体"——最早"崩坏"的是政治制度,然后整个社会制度开始全面"动摇"。而且,社会制度的"动摇"速度是惊人的,所波及的范围也是全面的。从"维新变法"到"五四"运动不过二十年,但这二十年间中国传统制度的全面瓦解由"潜在化"迅速"表面化":从家族婚姻、乡里制度到风俗习惯再到教育制度和政治制度,没有任何一部分能够经得起冲击。需要注意的是,"五四运动"又号称"新文化运动",而所谓"新文化"乃指以"民主"与"科学"为主要内容的西方文化。在这场运动中,儒学因其特质与"民主"与"科学"不合而成为批判的主要对象,此乃现代儒学所遭遇的"空前的"困境之所指。对此,余英时说:

> 近百余年来,中国的传统制度在一个个地崩溃,而每一个制度的崩溃即意味着儒学在现实社会中失去一个立足点。等到传统社会全面解体,儒学和现实社会之间的连系便也完全断绝了。⑤

---

① 沈善洪主编:《黄宗羲全集》第七册,杭州:浙江古籍出版社 1985 年,第 821 页。
② 参见沈志佳编《余英时文集》第二卷,桂林:广西师范大学出版社 2004 年(下同),第 261 页。
③ 沈志佳编:《余英时文集》第二卷,第 261 页。
④ 沈志佳编:《余英时文集》第二卷,第 261—262 页。
⑤ 沈志佳编:《余英时文集》第二卷,第 263 页。

　　不过,这时的问题是,为什么社会解体会导致儒学的困境呢? 余英时认为,这需要从儒学的性质说起。在他看来,"儒学不只是一种单纯的哲学或宗教,而是一套全面安排人间秩序的思想体系"①;一个人自生至死到家、国、天下的构成,都在儒学的运思范围之内。他说:"在两千多年中,通过政治、社会、经济、教育种种制度的建立,儒学已一步步进入百姓的日常生活的每一角落。"②然而,儒家为什么能发挥这样巨大的作用呢? 在余英时看来,这"显然与儒家价值的普遍建制化有密切的关系"③。但是,正因为如此,随着"辛亥革命"以后这个建制开始全面解体,儒家思想不得不从各层面建制中"撤退",包括家族制度、教育制度以至政治制度等,其中教育制度尤为关键。儒家与有组织的宗教不同,它的思想传播中心不是教会而是学校,而中国传统的学校教育与科举制度连成一体。因此,1905年科举制度被废止,新式学校代之而起,儒学便失去了赖以存在的"托身之所"。不过,这种情况与西方近代的政教分离不同:基督教与政治建制划清界限之后,仍有教会建制作为"托身之所";儒家思想与传统建制"分手"以后,却完全失去了"托身之所"。余英时说:

　　　　无论儒家建制在传统时代具有多大的合理性,自辛亥革命以来,这个建制开始全面地解体了。……儒家建制不能适应现代社会是一个无可否认的事实。④

　　余英时进而认为,现代儒学的困境并未止于失去"托身之所",更严重的在于它被视为现代化的"敌人"。历史地看,全面的社会解体迫切要求中国"速变""全变"。但不幸的是,这个"变"始终未能成功。也就是说,传统秩序已随着旧制度的全面崩溃一去不返,但是中国人所追求的新秩序却迟迟没有建成。在晚清和民初,人们还能把"变而无成"的责任推到旧制度身上,但"五四运动"以后旧制度已经瓦解了,故必须找寻新的对象以"安顿责任"。因此,儒学便不得不"承担起"这份责任。余英时说:"这个对象当然不能是已崩溃的制度,而是制度后面的精神或思想。中国为什么总是产生不了'民主',为什么'科学'始终难以生根? 大家想来想去,自然只有儒学

　　①　沈志佳编:《余英时文集》第二卷,第262页。
　　②　沈志佳编:《余英时文集》第二卷,第262页。
　　③　沈志佳编:《余英时文集》第二卷,第130页。
　　④　沈志佳编:《余英时文集》第二卷,第131页。

及其残留的影响才可能是'民主'和'科学'的真正敌人,精神或观念总是在
文化或社会大变动中最后退出历史舞台的东西。"①总之,由前述可知,一方
面,儒学和制度之间的联系中断了,制度化的儒学已经"死亡",此乃儒学之
一个严重的生存危机;另一方面,"变而无成"的责任又被加在儒学身上,儒
学又成为现代化的"敌人",此对儒学更是"雪上加霜"。在余英时看来,现
代儒学之如此困境可以"游魂"概念来描述。他说:

> 儒学和制度之间的联系中断了,制度化的儒学已死亡了。……儒
> 学目前的困境也在此。让我们用一个不太恭维但毫无恶意的比喻,儒
> 学死亡之后已成为一个游魂了。……儒学与基督教不同。基督教在
> 中古时代也曾与许多俗世制度融为一体,自从经过宗教改革和启蒙运
> 动的洗礼之后,由于它是有教会组织的宗教,最后终能托身在宗教制
> 度之内。政教分离的结果是基督教与俗世制度之间划清了界线,然而
> 不必变成游魂。②

在余英时看来,我们必须首先认清儒学自 20 世纪初以来已成为"游
魂"这一无可争辩的事实,然后才能进一步讨论儒学的现代价值诠释或未
来前景。所谓认清儒学之为"游魂"这一事实,意指我们不得不承认:儒学
已失去了曾经"寄居"的体制,又没有找到新的"寄居"之所,故儒学实已成
为"孤魂野鬼"。他说:"传统儒学的特色在于它全面安排人间秩序,因此只
有通过制度化才能落实。没有社会实践的儒学似乎是难以想象的。"③他还
说:"这一儒家建制的整体自辛亥革命以来便迅速地崩溃了。建制既已一
去不返,儒学遂尽失其具体的托身之所,变成了'游魂'。所以儒学在可见
的未来似不可能恢复它以往那种主宰的地位。"④正因为如此,志于为儒家
"招魂"的人不必再在这方面枉费心力。但是,由于儒学在中国又确有两千
多年的历史,它已深入中国人的生活之中,故其"游魂"在短期内是不会散
尽的;只要儒家知识分子肯致力于儒学的现代诠释,儒家仍能"开出"新的
精神资源。对此,余英时的主张是,若要为儒学"招魂",须避开"制度化"的
传统"借尸还魂",而通过"日常人生化"以谋求儒学之"新生"。他说:

---

① 沈志佳编:《余英时文集》第二卷,第 263 页。
② 沈志佳编:《余英时文集》第二卷,第 263—264 页。
③ 沈志佳编:《余英时文集》第二卷,第 264 页。
④ 沈志佳编:《余英时文集》第二卷,第 245—246 页。

　　　　近年来我对儒家究竟怎样融入现代中国人的生活之中的问题曾反复思索。我所得到的基本看法是儒家的现代出路在于日常人生化,唯有如此儒家似乎才可以避开建制而重新发生精神价值方面的影响力。①

　　关于儒学"日常人生化",余英时认为,它在儒家其实有着悠久的传统。例如,孔子虽主张直接参政,但也肯定"修身""齐家"具有自足的价值;此一思想对于儒家价值的现代重建具有重要启示。《论语》记述:"或谓孔子曰:'子奚不为政?'子曰:'《书》云:孝乎惟孝,友于兄弟,施于有政。是亦为政,奚其为为政?'"②后来,儒家的"日常人生化"在明清儒者那里开始凸显出来,他们不再把"道"的实现完全寄托在建制上面,故对于皇帝以至朝廷的作用也不像宋儒那样重视。例如,朱熹的学说,无论是"修己"还是"治人",主要是以皇帝以至士大夫为对象。王阳明的"致良知"则大为不同,专就日常生活处指点,把"先天妙道"通贯到"日用常行",遍及于"愚夫愚妇",因为他已经认识到:普通百姓若能尽最大努力,这远比等待"圣君"的施德更为可靠。他说:"不离日用常行内,直造先天未画前。"③"良知良能,愚夫愚妇与圣人同。"④质言之,在余英时看来,"内圣"与"外王"之间在此时已不存在必然的联系,如此一种事实乃我们思考儒家现代价值的重要前提。对此,他说:

　　　　我们由此可以看出,儒家日常人生化带来一种重点的转移,以前儒者把希望寄托在上面的"圣君贤相",现在则转而注重下面的普通百姓怎样能在日常人生中各自成圣成贤。⑤

第二节　墨子刻

　　墨子刻(Thomas A. Metzger),1933 年生于德国柏林,墨子刻是其中文名字。二战期间,全家移居美国,定居波士顿。1952 年毕业于芝加哥大学,获学士学位。1956—1959 年曾在美国陆军乐队服役。1959 年毕业于乔治

---

① 沈志佳编:《余英时文集》第二卷,第 132 页。
② 何晏注,邢昺疏,朱汉民整理,张岂之审定:《论语注疏》,第 22 页。
③ 王阳明撰,吴光等编校:《王阳明全集》,第 791 页。
④ 王阳明撰,吴光等编校:《王阳明全集》,第 49 页。
⑤ 沈志佳编:《余英时文集》第二卷,第 133 页。

城大学(Georgetown University)，获得硕士学位。之后，墨子刻入哈佛大学师从费正清学习，1967 年获得历史和远东语言博士学位。1968—1969 年赴以色列希伯来大学任教。1970—1990 年任教于加州大学圣地亚哥分校(University of California, San Diego)。1990 年自该校荣休后，转任斯坦福大学胡佛研究所(Hoover Institution)资深研究员。此外，还曾兼任台湾师范大学、香港中文大学、华东师范大学、武汉大学、北京大学、中国社会科学院、清华大学客座教授。

墨子刻以《摆脱困境——新儒学与中国政治文化的演进》(*Escape from Predicament: Neo - Confucianism and China's Evolving Political Culture*)一书奠定了其在美国儒学研究领域的地位。其相关著作还包括《清代官僚体系的内在组织：合法的、标准化的、沟通的因素》(*The Internal Organization of Ch'ing Bureaucracy: Legal, Normative, and Communication Aspects*)、《伟大的中国和美国外交政策》(*Greater China and U. S. Foreign Policy: The Choice between Confrontation and Mutual Respect*)、《笼罩在太平洋上的乌云：当代中西政治理论的冲突论文集》(*A Cloud across the Pacific: Essays on the Clash between Chinese and Western Political Theories Today*)等。

一、古代中国思想的"预设"

墨子刻认为，研究近现代思想不能离开对古代思想的研究。他说："我个人认为研究近代思想史和研究近代以前的思想史是分不开的，这种看法在学术界愈来愈普遍。但是很多的研究工作者却不注意这一点，以致研究近代思想史是一个学术世界，研究古代思想史是另外一个学术世界，这种态度常常会使我们忽略一些很有意义的问题。"[1]例如，就当代美国文化来看，其价值取向与欧洲古代"轴心文明"就有密切的关系。在墨子刻看来，所谓"轴心文明"就是"转折点"的意思，指在距今 3000 年前左右，孔子、苏格拉底、释迦牟尼(Gautama Siddhartha，约公元前 623—前 543 年)等在人类思想史上实现了"突破"——开始认识"理想世界"与"现实世界"的区别，并认为两者之间存在一种"张力"，并分别对处理"张力"进行了探讨，于是形成了不同地区的"轴心文明"。[2] 因此，既然当代美国文化与古希腊哲学

---

① ［美］墨子刻：《中国近代思想史研究方法上的一些问题——一个休谟后的看法》，台湾：《近代中国史研究通讯》第 2 期(下同)，第 39 页。

② 参见［美］墨子刻《中国近代思想史研究方法上的一些问题——一个休谟后的看法》，第 40 页。

和《圣经》传统有密切关系,故要解决当代文化危机,就须以创造性的精神回到"轴心时代"的传统。质言之,研究近现代思想,必须结合历史传统。墨子刻说:

> 对历史学者而言,"变迁"是研究工作的重要课题,所谓变迁,就是"连续性"与"非连续性",所以研究近代思想应注意这些思想和传统思想有何关系? 那些部分有连续性? 哪些部分是非连续性的? 深入研究之后,可能会发现有许多的连续性,也可能发现没有什么连续性,然而无论结果如何,如果不研究传统,怎么证明哪一个答案正确?①

在墨子刻看来,若研究思想史,还须区分"思想的价值"与"思想的特点";前者为一种"肯定"的工作,指一种思想本身是否具有价值;后者为一种"分析"的工作,指一种思想与其他思想相较所具有的特性;这两个方面虽然最终不可分,但在研究时却不可将其混为一谈。② 关于"思想的价值",所涉及的相关观点主要有三种:第一种是"休谟性"的观点,指与英国哲学家休谟(David Hume, 1711—1776年)的主张相同,认为"实然"与"应然"是两回事,因为从"实然"中不能推论出"应然";"应然"由个人意见或文化取向所决定,没有客观标准可以作为依据。目前,这种看法在美国学术界最为流行。第二种是"非休谟性"的观点,指与休谟的主张相反,认为"应然"与"实然"合而为一,人们依靠理性或直觉即可决定思想的价值。这种看法是中国思想界的主流。第三种是"休谟后"的观点,指超越"休谟性"和"非休谟性"两种观点的观点。它认为,"休谟性"的观点有矛盾,因为它虽然只谈"实然"不谈"应然",但实际上它无法避免"应然"问题;而且,"非休谟性"的观点不一定完全没有道理。因此,这种观点主张,应该谈论价值的问题,但必须将"思想的价值"与"思想的特点"区分开来,并明确"价值判断"的评价标准。③ 在这三种观点当中,墨子刻比较倾向于第三者。他说:

> 研究一个时代的思想就是参加那个时代的会话,而参加这个会话

① [美]墨子刻:《中国近代思想史研究方法上的一些问题——一个休谟后的看法》,第40页。

② 参见[美]墨子刻《中国近代思想史研究方法上的一些问题——一个休谟后的看法》,第40页。

③ 参见[美]墨子刻《中国近代思想史研究方法上的一些问题——一个休谟后的看法》,第41页。

就是提到自己的道理或标准来评估那个时代的选择。换句话说，用休谟性的看法，我们只能描写那时代所出现的看法或选择，却没有比较客观的方法来评估这些选择。用非休谟性的角度，我们可以用科学或理性来很客观地评估这些选择。用休谟后的角度，我们参加会话，寻找一些标准来评估这些选择而到某程度能建立一个关于这些标准的共识；我们虽然没有办法用理性来证明这个共识正确，可是这个共识还是跟任意武断的看法不一样。①

关于"思想的特点"，墨子刻认为，它与"文化的观念"密切相关。他说："研究思想的特点，最好不要忽略文化的观念，有些学者不用文化的观念……实则仍与文化的观念大同小异。"②那么，何谓"文化的观念"呢？通常来讲，研究文化的方法很多，其中一种方法是，认为每一种文化都有一个核心，故将其他特点都环绕在这个核心之外。墨子刻却对此不以为然。他认为，文化并非"内容预定"的对象或"界限固定"的系统，它其实是一种"会话"或"辩论"的过程。他说："文化还是上述的会话。……意指文化是一个辩论的过程，而在此过程的背后有一些共有的范畴或预设（premises）。例如孔子和墨子都认为古代有圣人，这是他们共有的看法，此即共有的预设。然而此外还有两人要辩论的事情，有辩论必有共有的语言或预设，有预设必有辩论。所以在这样的 problematique 中预设与辩论是交织在一起。"③由此来讲，文化是一种永不停止的"会话"；"会话"一方面有它的历史性，此即"实然"；另一方面也涉及"价值问题"，此即"应然"。质言之，"会话"必然涉及研究主体的价值观。墨子刻说：

　　　会话这个观念有两方面，一方面就是指文化的内容，意思是文化是个会话，因为一个文化不但有共有的倾向也有共有的观念所牵涉到的辩论或选择，所以文化就是个会话或 problematigue。研究思想的特点就是把这些会话分析一下……可是会话也有另外一方面，上述的事情都是实然的事……会话中每一个信徒的看法都是个实然的东西，可是描写这个的会话之时，我们不得不参加他们的会话。……而描写那

①　[美]墨子刻：《中国近代思想史研究方法上的一些问题——一个休谟后的看法》，第42页。
②　[美]墨子刻：《中国近代思想史研究方法上的一些问题——一个休谟后的看法》，第43页。
③　[美]墨子刻：《中国近代思想史研究方法上的一些问题——一个休谟后的看法》，第43—44页。

个看法之时,我们不得不肯定或否定那个看法,而且上述信徒的道理跟我们的道理不一定一样。所以会话所指的不但是历史人物的会话也是包括研究历史人物那些学者的看法。①

　　基于上述,墨子刻讨论了古代中国思想的特点,认为其表述为八个方面的"预设":其一,以"现世性"为核心,主张人在现实世界实现最高的道德。他说:"这是中国古代思想一个根本的特点。因为按照基督教的看法,这种理想的分配在死后才能实现,而在这个世界是找不到的。"②其二,以"德治"为目标,认为"三代"已经实现过此目标。墨子刻说:"儒家对这个潜能的看法跟希腊政治思想相反。儒家有'天下可运于掌'的精神,而希腊哲学家则强调实现理想是非常困难的事。"③其三,政治结构是"比较""一元性"的。所谓"一元性",指政治活动为一个权威性的"金字塔";所谓"比较",指政治活动存在着"尊君"与"由己"或"位"与"德"之间的"张力"。④其四,"乐观主义的认识论",指"可知"的范围很广,甚至包括天地万物的道理。与此相较,西方文化则是"悲观主义的认识论",认为人们很难求得可靠的知识。他说:"在中国的现代生活中还是以乐观主义认识论为主流,所以我们可以将乐观主义认识论视为中国文化的一个很重要的预设。"⑤其五,"极高明而道中庸",指人作为万物之灵没有"原罪",可以通过"变化气质"而成为"无所不知"的圣人。所以,"儒家的工夫与基督教的工夫不一样,而为人的做法也不一样"⑥。其六,重视"形而下"的"入口",而非"形而下"的"出口"。他说:"人的经验有两次会超过形而下的生活而直接地接触到宇宙最根本的过程,即生与死。生是入口,是从宇宙内进入形而下的生活;死是出口,是从形而下的生活出来,回到宇宙的根本过程。……生生不已这个观念当然是环绕着入口,然而西洋思想,尤其是基督教思想却是环绕着出口,所以这一方面中国文化的特点也很明显。"⑦其七,"乐观主义"

---

　　①　[美]墨子刻:《中国近代思想史研究方法上的一些问题——一个休谟后的看法》,第41—42页。
　　②　[美]墨子刻:《中国近代思想史研究方法上的一些问题——一个休谟后的看法》,第44页。
　　③　[美]墨子刻:《中国近代思想史研究方法上的一些问题——一个休谟后的看法》,第44页。
　　④　参见[美]墨子刻《中国近代思想史研究方法上的一些问题——一个休谟后的看法》,第46页。
　　⑤　[美]墨子刻:《中国近代思想史研究方法上的一些问题——一个休谟后的看法》,第46页。
　　⑥　[美]墨子刻:《中国近代思想史研究方法上的一些问题——一个休谟后的看法》,第46页。
　　⑦　[美]墨子刻:《中国近代思想史研究方法上的一些问题——一个休谟后的看法》,第47页。

的资源观,认为天然资源十分充足。① 其八,家庭乃社会的"细胞",故社会须环绕"礼"而活动。②

在墨子刻,对待古代思想表现为"取舍的智慧",但就此而言,无论是现代中国,还是现代西方,学界对古代中国思想尤其是儒学之"取""舍"两个方面都存在"错误"。就"取"而言,虽然"现在很流行的继往开来精神很合理"③,但其有明显"错误":一方面,往往"夸大"儒家精神的价值;另一方面,对儒家"最根本的预设"即"乐观主义"缺乏批判。墨子刻说:"很多'取'儒学精神的中国知识分子夸大了这个精神的价值。他们所讲的是一种儒学式的乌托邦主义。这就是说,他们以为儒家精神可以使中国的现代化多半避免现代化所带来的毛病。更重要的是,他们肯定儒家精神之时,他们不会把这个精神最根本的预设挖出来而做彻底的批判,像儒家对了解宇宙本体,对把握道德智慧,以及对培养民德方面那些很强的乐观主义。"④就"舍"而言,认为中国要实现现代化,需要"舍"儒家传统;理由主要有三点:其一,儒家"乌托邦主义理想"未能在现实生活中实现。其二,民主和科学价值未能从儒家传统中"引发"出来。其三,儒家的"权威主义"形成"道德压迫"和精神束缚。⑤ 对于这三点,墨子刻分别进行了反驳。关于第一点,他说:"心口不如一、言行不一致等等的弱点,是普遍人性的问题,而不是儒家文化的问题。"⑥关于第二点,任何一种文化的"潜能"都不是无限的,因此不能以此来"苛求"儒学。他说:"按照这个标准,我们西方人又应该放弃基督教以及西方文化各种很有价值的东西。"⑦关于第三点,"权威主义"并非古代中国所独有,故不能以此作为"舍"儒学的理由。他说:"五四运动好像以为父母男人和君主的权威是中国人所发明的,而不了解这样的权威主义是一种所有20世纪国家所继承而需要修改的文化遗产。"⑧那么,如何克服上述"错误"呢? 依着墨子刻的理解,"国际性的讨论"非常重要。

---

① 参见[美]墨子刻《中国近代思想史研究方法上的一些问题——一个休谟后的看法》,第47页。
② 参见[美]墨子刻《中国近代思想史研究方法上的一些问题——一个休谟后的看法》,第47页。
③ [美]墨子刻:《孔子思想的国际性意义》,北京:《文史知识》2000年第1期(下同),第8页。
④ [美]墨子刻:《孔子思想的国际性意义》,第8页。
⑤ 参见[美]墨子刻《孔子思想的国际性意义》,第7—8页。
⑥ [美]墨子刻:《孔子思想的国际性意义》,第7页。
⑦ [美]墨子刻:《孔子思想的国际性意义》,第7页。
⑧ [美]墨子刻:《孔子思想的国际性意义》,第8页。

他说:"按照我所了解,中国也好,西方也好,一个民族能不能得到关于取舍的智慧,大概是看这个开放的国际性讨论是不是成功了。"①他还说:

> 总而言之,按照我个人所了解的,孔子思想哪一方面可"取",哪一方面可"舍",这个问题还没有解决。而为了解决它,一种国际性的讨论应该有用。②

二、宋明儒家的"困境意识"

墨子刻认为,20 世纪的中国思想倾向"不是诅咒传统就是赞扬传统"③,但事实上"传统"要远比这两种情况复杂得多。就作为"传统"之重要组成部分的"宋明儒学"来讲,相关研究大致分为"新韦伯主义""人本主义""人类学""行为主义"和"思想史家"五种研究方法。他说:"有关本课题的学术探讨……目前可以分为五种不同的处理方法,即新韦伯主义的、人本主义的、人类学的、行为主义的以及思想史家的。"④所谓"新韦伯主义",指追随马克斯·韦伯而对帝制中国知识分子的共同倾向进行研究的方法,即"把中国文化抽象为一个单一的、同质的整体"⑤的方法。所谓"人本主义",指从人本主义哲学观点出发研究古代中国思想的方法。所谓"人类学",指不注重研究知识阶层,也不注重研究经典文献,而注重通过研究村社来反映社会状况的方法。所谓"行为主义",指注重定量分析和以具体行为为对象研究的方法。所谓"思想史家"方法,是指注重钻研文献资料、注重知识分子阶层而从哲学层面研究"普遍文化倾向"的方法。⑥ 就这五种研究方法而言,它们单独使用都会引发一些问题,故墨子刻主张将几种方法综合起来使用。他说:

> 我认为正是在这个地方,我们必须把思想史家的智慧同中国的人

---

① [美]墨子刻:《孔子思想的国际性意义》,第 7 页。
② [美]墨子刻:《孔子思想的国际性意义》,第 8 页。
③ [美]墨子刻著,颜世安等译:《摆脱困境——新儒学与中国政治文化的演进》,南京:江苏人民出版社 1996 年(下同),第 9 页。
④ [美]墨子刻著,颜世安等译:《摆脱困境——新儒学与中国政治文化的演进》,第 10 页。
⑤ [美]墨子刻著,颜世安等译:《摆脱困境——新儒学与中国政治文化的演进》,第 13 页。
⑥ 参见[美]墨子刻著,颜世安等译《摆脱困境——新儒学与中国政治文化的演进》,第 10 页。

本主义者、新韦伯主义者和人类学家的智慧结合起来。①

　　在墨子刻看来，若综合采用上述方法，显而易见，尽管宋明儒家有不同派别，故不能将其概括为"单一的、同质的整体"，但它们实际上有着密切的关联。他说："当我们从这个观点来进行分析时，他们的设想和争论显然就互相关联起来了；他们学术思想上的关注也被置于共同文化倾向的背景之中；这些文化倾向现在被理解为一种活的思想，而不再是一套凝固不变的教条；而他们在思想斗争上的紧迫感，也变得更加明显了。"②墨子刻的意思是，宋明儒家虽有不同的"词汇"，但他们均遵循着共同的"语法"。在此，共同的"语法"指"生命目标"与"实存世界"的"张力"。他说："应当把新儒学看作一种十分广泛的共同'语法'，它通过设定生命目标与实存世界之间的差异，解释思想斗争的问题。新儒家的学者们正是使用这一共同的语法，以不同的词汇解决他们的问题。"③具体来讲，宋明儒家之共同的"语法"包括三个方面的内容：其一，"善的宇宙力量"；其二，"恶的宇宙力量"；其三，两种力量的"相互竞争"。他说：

　　　　这个实存的本体论系统从三种互相联系的、但各自具有不同性质的变化过程的交互作用中，能得到最充分的理解：第一，有一个善的宇宙力量使时空世界从浑沌中显现出来，并给出实现上述目的的可能性；第二，有一个恶的宇宙力量产生上面提到过的那种负面意义的现象世界；第三，存在着一个决定这两种力量相争孰胜孰负的过程。……这两种力量指的是宇宙最高意志（"天命"）及人的意志。④

　　关于宋明儒家之共同的"语法"，墨子刻进行了深入讨论。依着他的理解，宋明儒家的"生命目标"是，通过个人的道德努力，获得一种"精英主义意识"，从而实现整个世界的"和谐有序"。具体来讲，"生命目标"包括七个方面的特征：其一，目标不是僵化的教条，而是"活的东西"。他说："他们的目标是人们必须以一种'活的'的方式来把握的东西。"⑤其二，"道德净化"是"绝对主义"的。所谓"道德净化"，是指人作为"万物之灵"所固有的

---

① ［美］墨子刻著，颜世安等译：《摆脱困境——新儒学与中国政治文化的演进》，第13页。
② ［美］墨子刻著，颜世安等译：《摆脱困境——新儒学与中国政治文化的演进》，第13页。
③ ［美］墨子刻著，颜世安等译：《摆脱困境——新儒学与中国政治文化的演进》，第13页。
④ ［美］墨子刻著，颜世安等译：《摆脱困境——新儒学与中国政治文化的演进》，第78页。
⑤ ［美］墨子刻著，颜世安等译：《摆脱困境——新儒学与中国政治文化的演进》，第59页。

超然于禽兽之上的高尚德性。① 所谓"绝对主义",是指人为了实现"道德净化",须"竭尽全力"以进行道德修养。② 其三,目标在认识上是清晰的。即,认为"道德"与"知识"紧密相连,故非常重视"认识"问题。③ 其四,目标具有一致性、控制和稳定性。所谓"一致性",指在"宇宙的终极根据"下与"支离"相反的统一秩序。所谓"控制",指面对外部力量对于自我意识的"控制"。所谓"稳定性",指主宰意识作为一种"稳定力量"可以"应事之变"。④ 其五,目标存在于普遍联系之中。墨子刻说:"事物的相互联系既被阐述为最终目标,大部分新儒家思想从这个角度去理解也许最适合,因为它们无非是要阐明事物的联系性。"⑤其六,目标具有"宇宙和政治的力量"。即,人作为宇宙力量的体现者,能够影响和改造整个社会和政治生活。⑥ 其七,目标具有"欣乐性"和"社会一体性"。即,实现了"与天地万物一体",不仅可以产生身心的"愉悦"和"社会优越感",还可以达到"与团体的一体性"。⑦ 关于这些目标,墨子刻概括说:

> 新儒家的目标,是通过道德净化和对宇宙和谐一体的认识论把握,获得一种活的、直接的精神宁静以及对宇宙一体和宇宙力量的精英主义意识。达到这种精神境界,就能实现社会的和谐一体,使整个世界井然有序。⑧

在墨子刻看来,要全面准确把握宋明儒学的共同"语法",仅仅了解其"生命目标"并不够,还需了解其围绕"生命目标"而产生的困扰。他说:

---

① 参见[美]墨子刻著,颜世安等译《摆脱困境——新儒学与中国政治文化的演进》,第60页。
② 参见[美]墨子刻著,颜世安等译《摆脱困境——新儒学与中国政治文化的演进》,第60页。
③ 参见[美]墨子刻著,颜世安等译《摆脱困境——新儒学与中国政治文化的演进》,第62页。
④ 参见[美]墨子刻著,颜世安等译《摆脱困境——新儒学与中国政治文化的演进》,第66—67页。
⑤ [美]墨子刻著,颜世安等译:《摆脱困境——新儒学与中国政治文化的演进》,第68页。
⑥ 参见[美]墨子刻著,颜世安等译《摆脱困境——新儒学与中国政治文化的演进》,第74页。
⑦ 参见[美]墨子刻著,颜世安等译《摆脱困境——新儒学与中国政治文化的演进》,第76—77页。
⑧ [美]墨子刻著,颜世安等译:《摆脱困境——新儒学与中国政治文化的演进》,第77页。

"我们理解一群人的最好办法是去理解他们为什么东西所困扰。"①对此,他认为,宋明儒家的"生命目标"是非常高远的,故它与"实存世界"之间必然存在"张力",这种"张力"乃宋明儒家所面对的"困境"。或者说,这种"困境"指为理想与现实、宇宙与个人的"鸿沟"在伦理和智识上产生的"张力"。他说:"新儒学的困境表现为真理的可望而不可即。"②具体来讲,朱熹和王阳明尽管在学术理路上明显不同,但他们对"生命目标"和"实存世界"的认识却大体相同。质言之,不论是什么样的理路,他们都明白什么是"明显真实的"和什么是"大可怀疑的"。因此,面对现实社会道德失败的趋势,他们虽然决意要追求"道德净化"的理想,并且认为内在生活乃"千里之行"的第一步,但他们已切实体验到真理的"可望而不可即";此即是一种作为"终生难题"的"困境"。对此,墨子刻说:"使这种统一性在理论上成立既是采取积极道德行动的前提,也是一个永无止境的难题,实际上是他们的终生难题。……他们的哲学努力很大程度就是在为这个永无止境的难题寻找最终答案。"③他还说:

> 我论证新儒家困境意识的主要证据是他们的心目中对什么是明显真实的和什么是大可怀疑的东西所作的区别。他们的目标,追求这目标的需要,以及阻碍这种追求的力量都是真实的;他们彼此之间提出的解决难题的办法是否有效则大可怀疑。④

在墨子刻看来,宋明儒家不仅认识到"生命目标"与"实存世界"之间的"困境",而且努力寻求摆脱这种"困境"的办法;程朱理学和陆王心学等不同主张便是对这些办法的探索,这种探索所体现出来的乃一种"困境意识"。由此来看,所谓"困境意识",指对"生命目标"与"实存世界"之"张力"的洞悉及克服"张力"之努力的观念。具体来讲,"困境意识"包含两个方面的意义:其一,"生命目标"与"实存世界"之"张力"所引发的"困境";其二,"困境"可在儒者思想中促生一种"力量"。他说:"我们便发现有一种心理上根深蒂固的困境意识、不满足感和存在的不和谐感,远远超出关于财富和权力问题的工具性烦恼。我们还发现一种现代中国人对之异常

① ［美］墨子刻著,颜世安等译:《摆脱困境——新儒学与中国政治文化的演进》,第13页。
② ［美］墨子刻著,颜世安等译:《摆脱困境——新儒学与中国政治文化的演进》,第149页。
③ ［美］墨子刻著,颜世安等译:《摆脱困境——新儒学与中国政治文化的演进》,第150页。
④ ［美］墨子刻著,颜世安等译:《摆脱困境——新儒学与中国政治文化的演进》,第127页。

忠诚的人格理想和社会理想。……我们至少应该……不带偏见地注意到确实存在的、刺激着转换发生的种种内部动力。"①然而,对于"困境意识"这样一种重要问题,后世儒者却往往"视而不见"。他说:"在把新儒家作为'语法'来分析时,我认为它包含一种目前对新儒学的解释,包括唐君毅的解释,都未曾提及的'困境意识'。"②他还说:"本世纪从哲学上解释新儒学的诸大家偏偏忽视了新儒学这种同宇宙终极意义的'间隔'意识(指"困境意识"——引者)。他们大概认为这种意识没有什么价值,或只是一种附带现象……但不管从普遍的意义上看这种意识有多少'价值',它作为一个历史事实,对我们来说是饶有兴味的。"③总的看,"困境意识"作为宋明儒家之共同"语法",是具有积极意义的。墨子刻说:

> 一个没有文化危机感的社会正是一个停滞的社会。危机感的产生,乃是因为该地人民了解到有一些比当代情况更高的理想,而升起一种挑战感。④

三、"相互依赖"的精神气质与现代中国

墨子刻既研究早期儒学,也研究宋明儒学,但他的最终落脚点却是现代中国或中国的现代化问题。对此,有学者说:"墨先生长期以来对'中国往何处去'的关怀是他逐步深入探索中国思想文化的动力。"⑤在墨子刻看来,中国现代思想的重要内容是强调现代化,而现代化通常来讲包括如下几个方面的"预设":其一,"世俗化",即人与宇宙关系的"科学化"。中国和西方都经历了一个"世俗化"过程,但二者并不相同:西方的"世俗化"奠基于对"神权"的怀疑,而中国的"世俗化"则不具有这种背景。其二,文化地理的"多元化",即,世界并不存在唯一的中心,而是由多个中心组成的"大家庭"。其三,"国家主义",即更加重视关于国家主权、国家利益与国家安全问题的政治思想。其四,科学与民主,即,强调科学技术、经济发展和

　　① [美]墨子刻著,颜世安等译:《摆脱困境——新儒学与中国政治文化的演进》,第17页。
　　② [美]墨子刻著,颜世安等译:《摆脱困境——新儒学与中国政治文化的演进》,第14页。
　　③ [美]墨子刻著,颜世安等译:《摆脱困境——新儒学与中国政治文化的演进》,第149页。
　　④ 参见[美]墨子刻《台湾的"文化危机"》,《深圳大学学报》(人文社会科学版)1992年第4期,第96页。
　　⑤ 黄克武:《墨子刻先生学述》,北京:《清华大学学报》(哲学社会科学版)2001年第6期,第67页。

政治参与。① 毋庸置疑,这四个"预设"非常具有现代性,且均与"理想社会"相关联。因此,人们往往认为"现代化"是对传统社会的超越,故它与文化传统没有关系。墨子刻则认为,既然"现代化"与"理想社会"相关联,它就必然与文化传统有关系。他说:

> 无论是美国还是中国,上述现代思想的四个特点必然与理想社会的观念交织在一块。这指 good society 的观念与固有的传统一定会有关系。换句话说,这个跟现代化交织在一块的理想难免会跟固有的预设有关系,特别会跟环绕自我、群体、宇宙和知识等题目的预设有关系。②

正因为"理想社会"与"固有的传统"交织在一起,所以任何一个国家的现代化必然具有一些特殊之处。就中国来讲,为了实现现代化而建立理想社会,二十世纪中国知识分子建立或引进了多种学说,其中较重要的有"三民主义""人文主义""自由主义"与马克思主义。在墨子刻看来,尽管这些学说在内容方面有很大不同,但它们均面临着"共同的选择";因此,它们的不同只是对于"共同的选择"作出的不同回答而已。具体来讲,这些"共同的选择"涉及七个方面:其一,现代化国家的思想应该是开放的还封闭的?其二,价值应该以传统为基础,还是依靠一些诸如科学等抽象的观念?其三,现代化的实现是应该通过适当方法逐步实现,还是以"拔本塞源"的方法"一蹴而就"?或者说,是"渐变式"的改良,还是"突变式"的革命?其四,现代化国家的建立应采取和平方式,还是采取暴力方式?其五,道德的渊源是个人的良心,还是国家社会?其六,政治核心应采取怎样的构造?是美国式的民主、极权主义,还是贤人政治、万能政府?其七,经济方面应采取社会主义还是"民生主义"?③ 对于这些"共同的选择",不同学说作了不同的回答。但是,历史地看,这些学说当中,只有马克思主义在中国取得了胜利。当然,此马克思主义指"中国化"了的马克思主义。

墨子刻认为,若以宋明儒学的"困境意识"为视角考察,会发现中国现代化的主导思想是"乐观主义"。他说:"当我们依据新儒家的困境感来考

---

① 参见[美]墨子刻《中国近代思想史研究方法上的一些问题——一个休谟后的看法》,第48页。

② [美]墨子刻:《中国近代思想史研究方法上的一些问题——一个休谟后的看法》,第48页。

③ 参见[美]墨子刻《中国近代思想史研究方法上的一些问题——一个休谟后的看法》,第49页。

察现代中国思想时,这种乐观主义就显而易见了。"①所谓"乐观主义",是指中国知识分子对中国落后的共同反应不是自我怀疑或推卸责任,而是坚信个人的道德理想充分正确;认为社会变革乃"上升过程"的一个环节,一种能导向秩序良好、富有创新力目标的"震荡"。② 具体来讲,在中国,尽管外来文化的影响是一条"双轨线",但在外在变革显得非常急迫时,"乐观主义"思想最终占了上风。他说:"文化传播是一条双轨线,它同时取决于输入的观念的有效性和促成这种输入的内部刺激的广泛性。二者中任何一方都不可或缺。……我的论点是,在相当程度上,正是一种持续了几个世纪之久,希冀从形而上学的、心理的、政治的和经济的困境中摆脱出来的强烈愿望,引导许多中国人满腔热情地去献身于推翻他们原先所崇奉的制度而接受生疏的外国方式的事业。"③在墨子刻看来,这种"救世主式"的"乐观主义",最终成为中国人应付危机的"文化财富"。他说:

> 现代中国的思想领袖们一直在表达一种新的乐观主义信念,他们相信中国社会有实现自己目标的能力,无论它与传统之间有着何种意识形态上的延续性。这种乐观主义的兴起,同左、右各色思想派别交错在一起,业已构成思想发展上非连续性的一个重要环节。④

基于对"乐观主义"的认识,墨子刻分析了中国的现代革命。在许多人的眼中,中国现代革命的成功不仅是"乐观主义"的胜利,而且在于对传统的否定。墨子刻则持不同的观点。他说:"一些学者认为'毛(指毛泽东——引者)的人格中与中国传统文化模式尖锐对立的主要方面是强烈的独断因素',他们得出这一结论是由于误解了中国文化的内涵,肤浅地理解了中国人大谈中国如何抵制儒家传统的辩解。"⑤他的意思是,"中国在很大程度上摆脱了过去。但我们必须追问:导致上述转变的冲动,在何种程度上自相矛盾地依赖于固有思想渊源?"⑥客观地讲,许多改革者和思想家在

---

① [美]墨子刻著,颜世安等译:《摆脱困境——新儒学与中国政治文化的演进》,第209页。
② 参见[美]墨子刻著,颜世安等译《摆脱困境——新儒学与中国政治文化的演进》,第210页。
③ [美]墨子刻著,颜世安等译:《摆脱困境——新儒学与中国政治文化的演进》,第15—16页。
④ [美]墨子刻著,颜世安等译:《摆脱困境——新儒学与中国政治文化的演进》,第16页。
⑤ [美]墨子刻著,颜世安等译:《摆脱困境——新儒学与中国政治文化的演进》,第184页。
⑥ [美]墨子刻著,颜世安等译:《摆脱困境——新儒学与中国政治文化的演进》,第17页。

倡导改革时,在运用"传统资源"方面却失败了,故他们无法激发出上下一心的团结精神。他说:"要拔本塞源地把激烈主义和乌托邦主义的理想强加于社会,对中国的进步不可能有实际可行的帮助。"①然而,毛泽东则不同——他的"乐观主义"不是对传统的否定和抛弃,而是把现代化目标与传统文化"有机结合"起来。墨子刻说:"毛泽东教给世人的或许是:一个政府要想动员广大的农村人口,就必须继承本国道德理想的遗产,这种遗产有时能够使政府适应复杂组织的需要。"②他还说:

> 在 20 世纪的中国,这种相互依赖的精神气质不仅有力地影响了保守主义思想,而且影响了改革运动甚至革命运动,其中包括毛泽东主义的运动。这些运动不得不相当猛烈地抨击儒学传统的腐朽和病态,这一点本身并不能证明儒学传统对他们追求的理想就没有影响。我们有意识加以排斥的东西会在无意识中为我们自己接受,这种现象毕竟太普遍了。……从这个观点来看,现代中国与前现代中国之间意识形态上的连续一贯性,要远远超过为大多数历史学家的研究所已经认识的那种程度。③

墨子刻认为,"相互依赖"的"精神气质"在现代中国革命时期发挥了重要作用。他说:"对 20 世纪的许多中国人来说,坚信一个与相互依赖的德行相一致的社会在实践中能够实现的信念,比许多世纪以前要强烈得多。"④因此,他基于"本国精神"解释了"中国成功"的原因。墨子刻说:"韦伯要解释的是中国为什么要失败,而我们要解释的则是中国为什么会成功。然而颇为矛盾的是,同韦伯的解释一样,我们的解释也强调本国精神的作用,其他一些第三世界国家同样受到了世界政治和西方影响的冲击,但它们在为解决经济落后和政治统一问题而进行的斗争中,没有取得中国那样的成就,当我们把现代中国的发展和这些国家的发展进行比较时,我们怎么能忽略本国精神这一特殊因素呢?"⑤在墨子刻,所谓"本国精神",主要指"相互依赖"的"精神气质"。所谓"相互依赖",指个人德行与社会

---

① ［美］墨子刻:《乌托邦主义与孔子思想的精神价值》,上海:《华东师范大学学报》(哲学社会科学版)2000 年第 2 期,第 18—19 页。

② ［美］墨子刻著,颜世安等译:《摆脱困境——新儒学与中国政治文化的演进》,第 218 页。

③ ［美］墨子刻著,颜世安等译:《摆脱困境——新儒学与中国政治文化的演进》,第 16 页。

④ ［美］墨子刻著,颜世安等译:《摆脱困境——新儒学与中国政治文化的演进》,第 202 页。

⑤ ［美］墨子刻著,颜世安等译:《摆脱困境——新儒学与中国政治文化的演进》,第 219 页。

实践即人性与社会的相互依赖,即"宇宙、社会和'内在'的道德变革三者统一"①。具体来讲,"相互依赖"的"精神气质"展现为五个方面的内容。他说:

> 这种精神气质与儒家的宗法思想一样,都是中华帝国末期混杂活跃的文化氛围的核心部分 。……这种精神气质可以用下列五个标题来表述,这五个标题是:关于难以捉摸的内在性的本体论;强调作为认识和论证目的的普遍道德真理之可知性的认识论;影响本体论、认知论、伦理观念和社会观念的"极权主义"趋势;包含相互依赖和权威这两种概念间紧张关系的社会规范;以及由道德成功与道德失败之间危险的区分所带来的道德—心理上的生命观念。②

第三节　傅伟勋

傅伟勋(Charles Wei－Hsun Fu),1933 年生于中国台湾新竹市。1952年考入于台湾大学哲学系,先后获得学士学位和硕士学位。1960 年起先后在美国夏威夷大学、加州大学伯克利分校等校学习西方哲学,再获硕士学位。1963 年回台湾大学任教。1966—1969 年在美国伊利诺伊大学(University of Illinois)学习,获哲学博士学位。1969—1971 年任教于俄亥俄大学(Ohio University)哲学系。1971 年后长期在美国费城州立天普大学(Temple University)宗教系长期担任佛学与远东思想教授,主持佛学与东亚思想博士班的工作。晚年曾任教于台湾佛光大学。1996 年在美国圣地亚哥(San Diego)逝世。1997 年其夫人在圣地亚哥设立"傅伟勋基金会"(Charles Wei－Hsun Fu Foundation),以纪念其贡献,弘扬其学术精神,深化其相关研究。

傅伟勋中西印哲学兼修,"是当代中国哲学家中,研究领域最广、语言工具最为齐备、训练最为完整的学者之一"③。曾受业于方东美,因卓越的

---

① ［美］墨子刻著,颜世安等译:《摆脱困境——新儒学与中国政治文化的演进》,第 217 页。
② ［美］墨子刻著,颜世安等译:《摆脱困境——新儒学与中国政治文化的演进》,第 185 页。
③ 参见［美］傅伟勋《从西方哲学到禅佛教·编序》,北京:生活·读书·新知三联书店 1989年(下同),第 1 页。

学术贡献,与刘述先、成中英、孙智燊并称为"方门四大弟子"。① 其代表性
著作有《西洋哲学史》《从西方哲学到禅佛教》《批判的继承与创造的发展》
《"文化中国"与中国文化》《从创造的诠释学到大乘佛学》《中国哲学指南》
(*Guide To Chinese Philosophy*)、《死亡的尊严与生命的尊严:从临终精神医
学到现代生死学》《学问的生命与生命的学问》《佛教的现代探索》《道元》
《生命的学问》等。此外,还编有《世界哲学家丛书》(合编)、《战后世界宗
教运动及其争端》《亚洲思想文化丛书》(*Asian Thought and Culture*)、《亚洲
哲学宗教思想丛书》《西方思想家论中国》(合编)等。

一、现代生死学

傅伟勋认为,在当今社会,要想对"生命"的内涵有所阐发,仅仅在立场
上强调是远远不够的,还必须在内容上有新的拓展,在方法上有新的突破。
不过,"拓展"与"突破"需要以充分吸收当代西方哲学、心理学的成果,并与
中国传统儒、释、道的智慧有机结合为前提;唯有如此,才可能引发出一种
具有现代性意义的"生命学说"。就西方哲学和心理学来讲,他特别欣赏
"第三维也纳精神治疗学派"的创立者维克多·弗兰克(Viktor E. Frankl,
1905—1997 年)所提出的"意义治疗学"(Logotherapy)。所谓"意义治疗
学",是关于探讨人存在意义问题的"治疗学";它奠基于"生命存在"的四
大层面,即,"生理活动"(biological)、"心理活动"(psychological)、"意义探
求"(noǒlogical)和"神学"(theological)四个层面。② 对此,傅伟勋给予极高
的评价。他说:"意义治疗法是心理分析(低层次的应用)与实存分析(高层
次的应用)的结合,同时兼为傅氏(即弗兰克——引者)自己所云'医学牧师
的职事'(medical ministry),故能向上打开宗教解脱之门,但不以任何特定
信仰为终极答案。因此,意义治疗法与佛法一样,对于内在问题的探讨与
分析,很有开放性而不独断。"③而且,在傅伟勋看来,"意义治疗学"具有很
强的启发意义。他说:

> 意义治疗学虽是西方文化的产物,它与东方(尤其中国)的人生观
> 察、人性论、哲学智慧等很有衔接融通之处。④

---

① 参见王兴国《傅伟勋诠释学之思想渊源与哲学背景探要》,玉溪:《玉溪师范学院学报》
2004 年第 1 期,第 56 页。

② 参见[美]傅伟勋《从西方哲学到禅佛教》,第 475—476 页。

③ [美]傅伟勋:《从西方哲学到禅佛教》,第 354 页。

④ [美]傅伟勋:《死亡的尊严与生命的尊严》,北京:北京大学出版社 2006 年(下同),第 113 页。

　　不过,傅伟勋也认为,弗兰克"四大层面"的理论太过简略,不足以充分说明"生命存在"的复杂性。于是,他以此为基础提出了"生命的十大层面与价值取向"的理论,即,依照生命存在意义的高低层序和价值取向,将人的生命划分为十大层面:第一层:身体活动(biological);第二层:心理活动(psychological);第三层:政治社会(politico - social);第四层:历史文化(historico - cultural);第五层:知性探求(intellectual);第六层:美感经验(aesthetic - experiential);第七层:人伦道德(moral);第八层:实存主体(existential);第九层:生死解脱(soteriological);第十层:终极存在(ontological)。①相对应地看,一、二两层与弗兰克的前两层面相当;三至七层面是对其"意义探求"层面的充实扩展;八层为弗兰克理论所缺欠者;九至十层为其"神学"层面的修正与细分。② 进而,傅伟勋认为,前七个层面属于"世俗关怀",最后三个层面属于"终极关怀",对应于西方的宗教领域。所谓"终极关怀",是指积极面对生死问题,经由"高度精神性"的探索获得生死智慧,从而"安身立命"。③ 关于"世俗关怀"与"终极关怀"的区别,他说:

> 　　世俗问题即使获得圆满的解决,仍然无法保证单独的实存主体能有真实的精神寄托,并找到安身立命的归宿。为了解决世俗层次之上的生死问题,为了死亡的精神超克,……依靠这种超越世俗关怀的终极关怀,单独实存即开始涉及高度精神性的宗教探索,分别寻获有关"终极真实"(ultimate truth or reality)的答案,以作为安身立命的精神本源或源头。④

　　进而,傅伟勋从"终极真实""终极目标"和"终极承诺"三个方面对"终极关怀"进行了理论分析。所谓"终极真实"乃"终极存在",指高度精神性或宗教性所以形成的"原本根据",它具有"永恒""绝对"等性质;对于"终极真实"的"主体性体认",是保证"实存主体"在精神上彻底解决生死问题的"理据"。所谓"终极目标",是指基于"终极真实"而确定的人生的最终目标,它"关涉着死亡的精神超克和生死问题的彻底解决"。所谓"终极承诺",是指对于实现"终极目标"的宗教信念和"完全献身"的"责任担当";

---

① 参见[美]傅伟勋《从西方哲学到禅佛教》,第 477 页。
② 参见[美]傅伟勋《从西方哲学到禅佛教》,第 477—478 页。
③ 参见[美]傅伟勋《死亡的尊严与生命的尊严》,第 60 页。
④ [美]傅伟勋:《死亡的尊严与生命的尊严》,第 60 页。

由"终极承诺"而献身"终极目标"的宗教愿望,决定了人的生死态度和生活方式。关于这三个方面,傅伟勋说:"终极真实乃是高度精神性或宗教性形成的原本根据(本体实在或真理真谛),具有永恒、绝对等性质,……通过宗教(或哲学)探索,一旦发现了终极真实,就随之有了终极目标的建立……终极目标的建立方式虽各不相同,但……总关涉着死亡的精神超克和生死问题的彻底解决。一旦终极目标建立,就会随着产生单独实存承担这一目标,并完全献身于这一目标的宗教愿望,由是生死态度与生活方式彻底改变,这就是一般所谓的'新生的转机'或'人生的转折点'。"①进而,依着傅伟勋的理解,在一定意义上讲,"终极关怀"的实质乃对于"死亡品质"的关怀,而"死亡品质"与"生活品质"一样,亦是人生所须面对的重大问题。他说:

> 高龄化乃至死亡过程就不是根本问题,生死(乃是一体两面的)问题才是根本问题。……现代人天天讲求所谓的"生活品质",却常忘记"生活品质"必须包含"死亡(的尊严)品质"在内。或者不如说,"生活品质"与"死亡品质"是一体两面、不可分离的。于此,高龄化到死亡的过程,深一层来说,即不外是训练每一个人培养"生命的尊严"与"死亡的尊严"双重实存的态度的最后阶段。②

在傅伟勋看来,所谓"死亡品质",乃指在死亡面前人如何维持人生的尊严;它相对于"生命的尊严",可称为"死亡的尊严";"死亡的尊严"乃非常重要的"终极关怀"问题。对此,"世界各大宗教的终极关怀方式各有千秋,各显其独特"③。基督教的"终极关怀"乃如何洗刷"原罪"即"赎罪",从而获致"永生"。佛教的"终极关怀"乃如何"转迷开悟",通过破除"世俗迷执"的生死智慧消解"根本无明"。儒家虽不是普通宗教,但它有源于"天命"而来的"安身立命"之道,如"忧道不忧贫"④的观念便体现出强烈的"宗教性"。道家更是"彻破生死",表现出超常的生死智慧。⑤具体来讲,它们均包含"终极真实""终极目标"和"终极承诺"三个方面的内容:基督教的"上帝""天国",大乘佛教的"一切法空""诸法实相",儒家的"天命""天

---

① ［美］傅伟勋:《死亡的尊严与生命的尊严》,第62页。
② ［美］傅伟勋:《死亡的尊严与生命的尊严》,第7页。
③ ［美］傅伟勋:《死亡的尊严与生命的尊严》,第61页。
④ 何晏注,邢昺疏,朱汉民整理,张岂之审定:《论语注疏》,第216页。
⑤ 参见［美］傅伟勋《死亡的尊严与生命的尊严》,第61—62页。

道",道家的"常道""无名之道"等,都属于"终极真实"。与"终极真实"相应,基督教的"永生天国"、佛教的"涅槃解脱"、儒家的"仁道"实现、道家的"与道玄同",都是依着"终极真实"所确立的"终极目标"。基督教的背上十字架,跟着耶稣,爱人行善;佛教的"上求菩萨,下化众生"而变成菩萨;儒家的小人转成成君子等,都是"终极承诺"。在傅伟勋,这些宗教传统虽"各有千秋",但对于提升"死亡品质"均有重要意义。他说:

> 这些传统的终极关怀有一个共通点,即对生死问题的凝视与关注,面对死亡的挑战,能够凭借宗教的、道德的高度精神力量予以超克,以获得安身立命、永生或解脱。①

很显然,如果就"终极关怀"来看待宗教,宗教不仅不可称之为迷信,而且它有必须存在的理由。傅伟勋说:"生死问题既然永远存在,我们的宗教探索也就永远不会停止,这就是万物之灵的宗教命运。宗教并不是迷信……"②也就是说,假如人们的身心"永恒不朽",则根本就没有必要进行宗教探索,也就不会产生基督教、佛教、伊斯兰教。因此,佛教将其存在的意义概括为"生死大事",主张"非于生死外别有佛法,非于佛法外别有生死"③。故就此而言,无论基督教、佛教,还是伊斯兰教等,其所反映的生命意义和"救世热忱"是值得肯定的,因为就"心灵安顿""人性净化""精神治疗""境界提升"来讲,宗教所提供的智慧无其他精神资源可以取代。傅伟勋说:"只有人类是'宗教动物',因为只有作为万物之灵的人类才会永远探讨死亡问题,寻觅生命的'终极意义'(ultimate meaning),本质上完全异于没有(精神)永恒性、绝对性可言的种种世俗意义(包括经济生存、政治权益乃至文化创造)。"④正因为如此,"终极关怀"所体现的"生死智慧"乃所有宗教的相通之处,当然也是中国儒、道、佛"三教合一"的基石。他说:

> 依我管见,大乘佛教与儒道二家交流沟通的最大成果是在"心性体认本位的中国生死学与生死智慧"之形成,于此不难发现三教合一

---

① [美]傅伟勋:《死亡的尊严与生命的尊严》,第61—62页。
② [美]傅伟勋:《死亡的尊严与生命的尊严》,第60页。
③ 曹越主编,孔宏点校:《憨山老人梦游集》,北京:北京图书馆出版社2005年,第22页。
④ [美]傅伟勋:《死亡的尊严与生命的尊严》,第64页。

的真正理趣。拙论的旨趣是在……借以提示进一步能够发展成为"现代(人的)生死学与生死智慧"的理路理据。①

基于上述,为了"帮助我们早日培养生死智慧"②,傅伟勋借助于中外哲学、宗教以及心理学,提出了建立"现代生死学"的主张。在他看来,"现代生死学"可分为"广义"和"狭义"两种:前者指超越个体生命、从"整全性"上关注人的生死;后者指帮助面对死亡的个体而提供具体的学理指导。③在二者之间,他的致思更倾向于前者。他说:"生死学的首要课题是关于生命的意义与死亡的意义的探索,或深一层说,是关于生死的终极意义的探索。"④具体来讲,其"现代生死学"大致包含如下几个原则:其一,强调生命"十大层面"的最高三层,因为它们肯认人生为"高层次"的"课题",从而使人们自觉自愿地努力塑造高尚人格。其二,兼有"纯一简易的生死信念与多元开放的胸襟"。只有"纯一",才能确立坚定不移的"终极目标";只有"简易",才能应付死亡的挑战;只有"多元开放的胸襟",才能保证个体生命之间的宽容。其三,既凭借"科学知识的求实态度与哲学理性的批判工夫"克服"宗教教条的自我闭锁与独断宰制",也防止"唯科学主义"与"唯理性主义"对宗教真理的拒斥。其四,不以对未来的思虑为第一义,而重视生命的"即刻性"、生与死的辩证性,即注重追求当下和"永恒的现在"。其五,"实存的本然性态度",即"生死智慧的养成,乃是平时功夫之事",而不是病入膏肓才"临时抱佛脚"、去寻求"安身立命"之道。其六,要考虑帮助已到生命尽头而仍无"坚定生死信念"的人"自然安然地接受死亡",以"保持死亡的尊严"。⑤ 关于"现代生死学"的建立,傅伟勋充满了信心。他说:

我深信,21世纪的人类,随着高度急速的科技发展与生活改善,会更进一步关注(后)现代生死学的建立与(后)现代人生死智慧的培养这一双重高度精神性课题。⑥

① [美]傅伟勋著,商戈令选编:《生命的学问》,杭州:浙江人民出版社1996年,第203页。
② [美]傅伟勋:《死亡的尊严与生命的尊严》,第131页。
③ 参见[美]傅伟勋《死亡的尊严与生命的尊严》,第99—100页。
④ [美]傅伟勋:《死亡的尊严与生命的尊严》,第100页。
⑤ 参见[美]傅伟勋《死亡的尊严与生命的尊严》,第127—131页。
⑥ [美]傅伟勋:《死亡的尊严与生命的尊严》,第126页。

二、"中国本位的中西互为体用说"

傅伟勋认为,在以往的中西文化交流过程中,旧的思维方式严重危害了中国文化的发展。无论是"中体西用说"①"西体中用说"②,还是"全盘西化论"③,在现实中都曾起过一定的积极作用,在历史上也都产生了或大或小的影响。但是,随着社会的发展,它们均渐渐"落伍"而越来越起着消极的作用。他说:"墨守成规的保守主义或打倒传统的破坏主义,都是大大阻碍儒家思想继往开来的极端论调,必须避免。"④具体来讲,其消极作用主要表现在:其一,以"意识形态方式"引进西方思潮,不是形成对它们的片面认识,就是使它们难以"扎下根"来生存。因此,长期以来,对西方思潮的研究始终停留在"浅薄"的"概论化"层次上,没有建立起优良的学术研究。⑤ 其二,以"主观信仰"的方式"蜻蜓点水"地引介西方思潮,没能在通透其精髓的基础上把优秀成果"综合"到中国思想中来。⑥ 三是在内容的吸收上只注意到衣食住行、科技医药等"用"的方面,而往往忽略西方文化之"用"所由以形成和发展的西方文化之"体"。⑦ 在傅伟勋看来,这些情况不仅使我们对西方文化的真谛把握不住,而且亦阻碍了整个中国文化的发展;要解决这些问题,需要对作为中国文化核心的儒家思想进行反思。他说:

> 从哲学的观点去重新考察,我认为有个更重要迫切的时代课题:儒家思想(尤其伦理思想)如何谋求自我转折与自我充实,经由一番现代化之后配合经济社会政治等等其他层面的现代化(亦即科技资讯化),真正发挥正面积极的作用,而不致变成意识形态上的绊脚石呢?⑧

儒家思想之所以可能会成为"意识形态上的绊脚石",依着傅伟勋的理解,主要原因在于如下几个方面的思维方式:其一,注重"调和折中"。传统的儒家多半缺乏批评精神,却善于"笼统大体"地"调和折中",在一定意义

---

① 参见苑书义等主编《张之洞全集》第十二册,第9740页。
② 参见黄仁宇《大历史不会萎缩》,桂林:广西师范大学出版社2004年,第24—25页。
③ 参见余定邦、牛军凯编:《陈序经文集》,广州:中山大学出版社2004年,第12页。
④ [美]傅伟勋:《从西方哲学到禅佛教》,第469页。
⑤ 参见[美]傅伟勋《从西方哲学到禅佛教》,第431页。
⑥ 参见[美]傅伟勋《从西方哲学到禅佛教》,第472—473页。
⑦ 参见[美]傅伟勋《从西方哲学到禅佛教》,第472页。
⑧ [美]傅伟勋:《从西方哲学到禅佛教》,第439页。

上可以说,"中国哲学家(不论是传统的还是现代的)看来都是'调和专家'"①。其二,轻视逻辑思辩。多数儒家不仅不注重与对方的论辩,亦不注重证立己说的逻辑推演。他说:"第一流哲学家们虽有批评精神,却从未经由步步分析问题与层层澄清论辩的方式驳倒异说或证立己说。他们几乎都是以笼笼统统的两三句就想骂倒对方了事。"②其三,重实践,轻理论。傅伟勋说:"传统的中国思想家急于获得实践性的结论,故对纯理论的知性探求无甚兴致与耐性,而在建立自己的思想时,也多半抓住大体,却抛落了重要细节。所以我说,中国学者容易变成'笼统先生'。"③其四,"单元简易心态",即一元封闭的心态。他说:"主体性生命体验的偏好,与急于应用实践的思考方式,在中国思想与文化的发展上无形中构成了我所提过的单元式简易心态。"④关于这样四个方面,傅伟勋概括说:

> 以上提出几点,不外是想说明传统以来中国学者的思维方式或心态,如何负面地影响我们并阻碍我们促进现代化而有深度的中西学术研究。⑤

在傅伟勋看来,社会发展到今天,"传统儒家面临着生死存亡的紧要关头"⑥。具体说来,儒学面临着两个方面的"时代课题":一方面,如何面对科学技术的快速发展,实现传统儒学之现代意义的转折、充实;另一方面,如何通过"严格的自我批评"与"严密的哲学探讨",超克传统儒学本身的内在难题。⑦ 面对这种严峻的形势,不能再像现代新儒家那样抱着"华夏优越感"沾沾自喜,而忽视哲学研究所有而儒家却缺乏的批判精神。他说:"在日益多元复杂化与科技资讯化的今日世界,任何一个国家社会要有思想与文化的现代化突破与发展,绝对需要一批见识深远而态度忠诚的知识分子,提供建设性的且有善意的批评;没有批评,就没有进步。这就是为什么我不得不强调:'没有批判的继承,就不可能有创造的发展'。"⑧进而,傅伟

---

① [美]傅伟勋:《从西方哲学到禅佛教》,第431页。
② [美]傅伟勋:《从西方哲学到禅佛教》,第432页。
③ [美]傅伟勋:《从西方哲学到禅佛教》,第432页。
④ [美]傅伟勋:《从西方哲学到禅佛教》,第432页。
⑤ [美]傅伟勋:《从西方哲学到禅佛教》,第432页。
⑥ [美]傅伟勋:《从西方哲学到禅佛教》,第469页。
⑦ 参见[美]傅伟勋《从西方哲学到禅佛教》,第439页。
⑧ [美]傅伟勋:《从西方哲学到禅佛教》,第440页。

勋认为,儒家的当务之急是依据"时代课题"的要求,努力发现自己的"内在难题",经过"善意的批评"和"严密的哲学省察",找到超克难题、实现创造性发展的途径。只有这样,才能建立"极具理论开放性与包容性的新时代思想模型,据此大大突破传统儒家的思想框架,经由批判地继承(继往)而去创造地发展(开来)儒家思想"①。就包括儒学在内的整个中国哲学之发展,傅伟勋说:

> 中国哲学探求者必须设法打开一条中国哲学继往开来的现代理路,奠定中国哲学在整个世界哲学之中所应占有的地位,且进一步面对西方哲学的挑激试予适当的回应与反挑激,而使西方学者彻底肯认中国哲学的存在与价值。②

进而,傅伟勋认为,中国传统哲学不能对其"内在难题"视而不见,而这"内在难题"主要指"哲学性不足"。他说:"专就以儒道佛三家为主的中国哲学所具有的内在问题而言,不能不说中国哲学的'哲学性'确实不足,有待批判的检讨。"③具体来讲,在哲学内容上,"中国传统语言的过份美化,逻辑思维的薄弱,知识论的奇缺,高层次的方法论工夫不足,德性之知的偏重与闻见之知的贬低等等,都是构成中国哲学缺乏高度哲学性的主要因素"④。在思维方式上,"传统的中国哲学家多半以被动保守的注释家姿态去作哲学思维,又因急于提出实践性的结论,动辄忽略哲学思维的程序展现与哲学立场的订立工夫,而以生命体验与个人直观的笼统方式表达哲学与宗教分际暧昧的思想"⑤。那么,怎样提高中国哲学的"哲学性"呢?傅伟勋认为主要途径有三个方面:其一,在目标上,"应将中国哲学放在整个世界哲学的发展潮流中去论衡","这样才能提高中国哲学的价值与意义到高一层的世界水平"。⑥ 其二,在内容上,"必须打破'德性之知重于闻见之知'的片面看法,重视客观的经验知识,同时奠定知识论的独立研究与发展的现代基础。为此我们必须吸收大量的西方知识论(包括科学方法与科学

① [美]傅伟勋:《从西方哲学到禅佛教》,第469页。
② [美]傅伟勋:《从西方哲学到禅佛教》,第40页。
③ [美]傅伟勋:《从西方哲学到禅佛教》,第428页。
④ [美]傅伟勋:《从西方哲学到禅佛教》,第428页。
⑤ [美]傅伟勋:《从西方哲学到禅佛教》,第428页。
⑥ 参见[美]傅伟勋《从西方哲学到禅佛教》,第430页。

的哲学)进来"①。其三,在思维方式上,传统思维方式必须得到转化。他说:"我十分同意康德'哲学思维(philosophization)重于哲学(philosophy)'的说法,因哲学思想之所以具有哲学性,并不是在哲学结论的直接提示,而是在乎哲学思维的程序展现。"②对于这样三个方面,傅伟勋解释说:

> 在此所说的中国哲学现代化(modernization),并不是要全盘改变中国哲学的内容或义蕴,而是主张新的问题设定(a new way of presenting the problems),新的中国思想表达方式(a new way of expressing Chinese thought),以及中国哲学全盘性的方法论建立(an overall methodological orientation of Chinese philosophy)等,确是迫不及待的首要工作。③

基于上述,傅伟勋提出"中国本位的中西互为体用说"。所谓"中国本位的中西互为体用",实质是指以开放的心态吸纳西学,经由"严格的自我批评",谋求传统与现代间的"创造性综合",从而建立符合中国国情的现代化本土文化。他说:"我们必须建立'中国本位的(即为了创造地转化中国传统思想与文化着想的)中西互为体用论'这新时代的立场,以便充分培养多元开放的文化胸襟,进而批判地继承并创造地发展祖国的思想文化传统。"④在傅伟勋看来,传统的"体用"之分辨已无意义;不论中西何种传统,只要有价值取向的正面意义,都可熔为一炉。具体来讲,"中国本位的中西互为体用"包括如下几个方面的内容:其一,要确立一种"多元开放的胸襟",即,只要有益的理论学说,"我们应该大无畏地消化它、吸纳它,变成我们学术思想的一部分"⑤。其二,在中西文化对话与交流过程中,不能停留于只接触到"表层结构"的相似性,而须通过"深层结构"发现可靠的"沟通线索",即,"必须设法发现分别隐藏在两者的表面结构(surface structure)底下的深层结构(deep structure)"⑥。其三,要树立"严格的批评精神",培养严密分析问题的能力。傅伟勋说:"多元开放的胸襟,并不意味着漫无目的地或囫囵吞枣地引介西学。……这样……很难产生具有严密分析能力与

---

① 〔美〕傅伟勋:《从西方哲学到禅佛教》,第430页。
② 〔美〕傅伟勋:《从西方哲学到禅佛教》,第429页。
③ 〔美〕傅伟勋:《从西方哲学到禅佛教》,第224页。
④ 〔美〕傅伟勋:《从西方哲学到禅佛教》,第474页。
⑤ 〔美〕傅伟勋:《从西方哲学到禅佛教》,第433页。
⑥ 〔美〕傅伟勋:《从西方哲学到禅佛教》,第433页。

精锐批判眼光的真才实学。"①总之,他说:

> 中国文化重建课题的最大关键是在,我们能否与愿否培养多元开
> 放的文化胸襟,大量吸纳优良的西学之"体"到我们的文化传统。②

三、创造的诠释学

傅伟勋认为,"真理"与"道理"是一对不同的概念。所谓"真理",属于自然科学的探索的范畴,它以清晰的概念分析与严密的逻辑思考为思维方式,其结果具有普遍性、客观精确性和与经验的符合一致性。所谓"道理",属于人文学科探索的范畴,它建立在思想家"洞见慧识"的基础之上,故其结果的特征是"合情合理"与"共识共认"。他说:"道理的特质是在依据见识独特而又意味深远的高层次观点,重新发现、重新了解并重新阐释现前现有的经验事实对于人的存在所能彰显的种种意义。道理所能具有的哲理强制性与普遍接受性(但绝不是客观真确性),本质上是建立在相互主体性脉络意义的合情合理与共识共认。合情合理指谓道理的强制性;共识共认则指道理的普遍性,意谓相互主体的可体认性与可接受性。"③因此,"如果我们仍想套用'真理'一辞到道理上面,我们就应该说,道理乃是关涉人存在(human existence)的相互主体性真理(intersubjective truth),而非客观真理(objective truth)"④。在此意义下,无论是中国哲学,还是西方哲学,它们同是探索"道理"而非"真理"。不过,中、西方哲学却有着很大的差别。如前所述,与西方哲学相比,儒学乃至整个中国哲学其实存在着严重缺欠,处于"生死存亡的紧要关头"。因此,中国哲学必须实现"创造性转化",否则难以获得新生。他说:

> 现代中国哲学工作者必须关注哲学思想(在问题设定上)的齐全
> 性,(在问题解决上的)无瑕性,(在解决程序上的)严密性,以及(在语
> 言表现上的)明晰性。西方第一流哲学家,如亚里斯多德或康德,都能
> 注意到此,反观传统中国哲学家几无一人能设想得如此周到。⑤

① [美]傅伟勋:《从西方哲学到禅佛教》,第432—433页。
② [美]傅伟勋:《从西方哲学到禅佛教》,第475页。
③ [美]傅伟勋:《从西方哲学到禅佛教》,第242页。
④ [美]傅伟勋:《从西方哲学到禅佛教》,第242—243页。
⑤ [美]傅伟勋:《从西方哲学到禅佛教》,第430页。

那么,如何实现中国哲学的"创造性转化"呢? 在傅伟勋看来,其核心是"批判的继承与创造的发展"①,而关键则是"创造的诠释"。那么,何为"创造的诠释"呢? 为此,他探讨了"误解"与"误读"这对概念。所谓"误解",是西方诠释学中的一个重要概念,是指对原思想家意思的错误理解。按照施莱尔马赫(Friedrich Schleiermacher, 1768—1843 年)的看法,正是因为在阅读中会产生误解,才需要诠释学。因此,他将诠释学的目标规定为消除"误解"的艺术。② 很明显,"误解"是阅读过程中的一个"消极因素"。"误读"概念在形式上与"误解"有相似之处,都是一种有悖于作者原意的理解。不过,"误读"是读者"有意为之"的行为,读者凭借它来引申出新的意义,即对作者原有思想进行推演或深化。因此,"误读"乃阅读过程中的"积极因素"。正因为如此,"误解"是应该祛除的,而"误读"则构成了"创造的诠释"的必要环节。或者说,"误读"其实是就是"创造的诠释"。③ 而且,"误读"并非只是一次性的,它允许"再误读"。很显然,对于"误读"以至"再误读"的肯认乃对诠释"开放性"的确认。因此,傅伟勋说:

　　真实的诠释学探讨(必须)永远带有辩证开放(dialectical open-endedness)的学术性格,也(必须)不断地吸纳适时可行的新观点、新进路,形成永不枯竭的学术活泉。④

进而,傅伟勋区分了诠释的"表面结构"和"深层结构"。所谓"表面结构",是指"普通探求者所能知晓"的"浮泛诠释";所谓"深层结构",是指"非普通探求者所能发觉"的"深层义蕴"。他说:"一个创造的(而非平庸的)解释家在重新诠释或建构原有哲学思想时,必须能够透视并挖出隐藏在原有思想的表面结构(普通探求者所能知晓)内底的深层结构(非普通探求者所能发觉);一旦挖得出深层结构,创造的解释家理应可以摇身一变,成为开创性哲学思想家的幼苗。"⑤具体来讲,在"表面结构"这一层面上,

---

① 　[美]傅伟勋:《从西方哲学到禅佛教》,第 428 页。

② 　参见 Hans Georg Gadamer, *Truth and Method*, trans. Joel Weinsheimer and Donald G. Marshall, New York: Continuum, 2004. p. 185。

③ 　参见[美]傅伟勋《从西方哲学到禅佛教》,第 402—405 页。

④ 　[美]傅伟勋:《从创造的诠释学到大乘佛学》,台湾:东大图书公司 1990 年(下同),第 3 页。

⑤ 　[美]傅伟勋:《从西方哲学到禅佛教》,第 29 页。

可以"准许各种不同的解释可能性",可以在哲学史发展脉络中分析、比较各种解释,以"判定最客观而最可取的解释"。在"深层结构"这一层面上,"则要发掘藏在表面结构底下的深层结构,以便显现连原来思想家都意料不到的他那原本思想的哲理蕴含(philosophical implications)出来"。① 很显然,所谓"表面结构",对应的是一般的哲学史研究;所谓"深层结构",对应的是作为"创造的诠释"的哲学研究。在此意义下,对"深层结构"的发掘已不再是一种通常的"诠释",而是通过诠释以"创造"新的哲学思想,即"创造的诠释"。他说:

> 创造的解释家也可以说是独创哲学家型(而非纯粹客观型)的哲学史家。②

客观地讲,傅伟勋关于"创造的诠释"的思想深受迦达默尔(Hans Georg Gadamer, 1900—2002 年)"哲学诠释学"的影响。③ 在迦达默尔,尽管"视域"的不断"融合"意味着解释会不断变化,但这种变化并不意味着必然存在"更好"和"最好"的解释;尽管新的解释使"同心圆"变大了,但更大的"同心圆"并不意味着必然距"最好"更近。迦达默尔的意思是,任何一种解释都不是终结性的,因为任何一个解释之后仍会有晚出的解释。他说:"对文本和艺术品真正意义的挖掘是根本不会终结的;事实上,它是一个永无止境的过程。"④因此,解释实际上乃一个面向未来的无限过程,故"问题的本质就是打开可能性和保持开放性"⑤。从理论上看,上述迦达默尔"诠释的开放性"给傅伟勋提供了"方法论资粮",或者说,傅伟勋明显地继承并凸显了这种"开放性"。傅伟勋说:"我的模型建构,应许解释学的开放性与发展可能(hermenutic open - endedness),故只盼有抛砖引玉的启迪功能,而不标榜为死硬的自我闭锁性结论。"⑥基于此,他提出了"创造的诠释学"(Creative Hermeneutics)的基本原则。他说:"真实的诠释学探讨(必须)永远带

---

① 参见[美]傅伟勋《从西方哲学到禅佛教》,第 273 页。

② [美]傅伟勋:《从西方哲学到禅佛教》,第 29 页。

③ 参见[美]傅伟勋《从西方哲学到禅佛教》,第 52 页。

④ Hans Georg Gadamer, *Truth and Method*, trans. Joel Weinsheimer and Donald G. Marshall, ibid. p. 298.

⑤ Hans Georg Gadamer, *Truth and Method*, trans. Joel Weinsheimer and Donald G. Marshall, ibid. p. 298.

⑥ [美]傅伟勋:《从西方哲学到禅佛教》,第 478 页。

有辩证开放(dialectical open - endedness)的学术性格,也(必须)不断地吸纳适时可行的新观点、新进路,形成永不枯竭的学术活泉。"①不过,"创造的诠释学"并非对迦达默尔思想的"照搬",而乃一种崭新的学说。傅伟勋说:

> 创造的诠释学虽吸收了海德格(即海德格尔——引者)到伽达玛(即迦达默尔——引者)的新派诠释学理论探讨的成果,却已祛除原有的特定哲学观点(譬如海德格的存在论见地或伽达玛偏重传统的继承而缺乏批判的超克功夫的保守立场),并加以一般化的过滤之后,与他们的特定诠释学进路大异其趣。不过,正因我们能有办法将他们的诠释学理论加以一般化,反证实了他们在诠释学这门学科存有不少宝贵方法论资粮,足以启发后辈同行的思维灵感。②

具体来讲,"创造的诠释学"作为一种方法论,它包括以"五谓"为核心的五个环节:"实谓""意谓""蕴谓""当谓"和"创谓"。第一个环节是"实谓",指"原作者(或原思想家)实际上说了什么"③;主要任务是考证、训诂、版本辨析等,从而了解文本的字面意义,亦即作者实际所说的内容。第二个环节是"意谓",指"原作者真正意谓什么"④;主要任务是从背景材料、语言解析、理论贯穿、意涵彰显的研究中了解作者的原意。第三个环节是"蕴谓",指"原作者可能说什么"⑤;主要任务是发现原作者实际未说而可能说的东西,即从原有思想的发展来推断它可能的意蕴,借此体会并创造地发展原作者思想的深意。第四个环节是"当谓",指"原作者本来应该说什么"⑥;主要任务是追问:如果原作者在今天还活着,当他面对一个新的世界时会作如何思考? 是固执地坚持还是修正或放弃原先所说? 第五个环节是"创谓"或"必谓",指"作为创造的解释家,我应该说什么"⑦;主要任务是从原作者之已说导出读者之"应说";此既是对前说的继承,也是对前说的发展。傅伟勋认为,经过了上述五个环节,"创造的诠释"便会成为可能,而可能的关键在于最后一个环节,即"必谓"。因此,他说:

---

① [美]傅伟勋:《从创造的诠释学到大乘佛学》,第3页。
② [美]傅伟勋:《从创造的诠释学到大乘佛学》,第9页。
③ [美]傅伟勋:《从西方哲学到禅佛教》,第51页。
④ [美]傅伟勋:《从西方哲学到禅佛教》,第51页。
⑤ [美]傅伟勋:《从西方哲学到禅佛教》,第51页。
⑥ [美]傅伟勋:《从西方哲学到禅佛教》,第52页。
⑦ [美]傅伟勋:《从西方哲学到禅佛教》,第52页。

　　就广义言,创造的诠释学包括五个层次,就狭义言,特指"必谓"
层次。①

第四节　林毓生

　　林毓生(Yu‐sheng Lin),原籍山东黄县(今龙口市),1934 年生于辽宁
沈阳,7 岁时移居北京。先后毕业于北师附小、北师附中,1948 年随家人迁
至台湾。1954—1958 年在台湾大学历史系学习,获学士学位;就读时曾师
从殷海光。1960 年赴美,先后任教于耶鲁大学、弗吉尼亚大学(University of
Virginia)、俄勒冈大学(University of Oregon),并在芝加哥大学师从哈耶克
(Friedrich August Hayek,1899 – 1992 年)学习,1970 年获哲学博士学位。
期间,曾在哈佛大学"东亚研究中心"师从史华慈做博士后研究。1970 年开
始执教于威斯康星大学麦迪逊分校历史系。2004 年退休,任该校历史学系
荣休教授。1988 年被聘为中国文化书院导师,1994 年当选台湾"中央研究
院"院士,2002 年担任中国美术学院名誉教授。2009—2010 年担任台湾大
学特聘教授,后在香港科技大学担任讲座教授。现为台湾"中央研究院"历
史语言研究所学术咨询委员、通信研究员。
　　林毓生虽是自由主义"健将"殷海光的弟子,受到新自由主义代表人物
哈耶克的影响,但他与殷海光和哈耶克的思想倾向并不完全相同:林毓生
对中国传统文化不再持盲目反对的态度,而是希望对中国传统文化进行
"创造的转化"。林毓生的著作主要有:《中国意识的危机——"五四"时期
激烈的反传统主义》(*The Crisis of Chinese Consciousness: Radical Antitradi-
tionalism In the May Fourth Era*)、《思想与人物》《中国传统的创造性转化》
《政治秩序与多元社会》《热烈与冷静》《殷海光林毓生书信录》(合著)、《从
公民社会谈起》《中国激进思潮的起源与后果》《林毓生文集》《林毓生思想
文选》等。

一、超越"五四思想"

　　就中国近现代思想史来看,主要思潮有两类:一类是"保守主义",以
"国粹派""保皇党"和"保教派"为代表,以维护传统文化为主要特征。一
类是"激进主义",以"全盘外化论者"为主要代表,以全盘否定传统文化、全

---

　　① ［美］傅伟勋:《从创造的诠释学到大乘佛学》,第45 页。

面接受外来文化为主要特征。对于这两类思潮,林毓生均持以理性的批判态度。关于"保守主义",他认为,这种思潮其实乃一种"开倒车式"的尝试,它不能适合当时的情况和要求,因为其所鼓吹者与自由、民主、科学等现代理念不相容。具体来讲,部分"保守主义者""硬说"中国传统中有民主与科学思想,这种说法非但不能将传统发扬光大,反而损害了许多传统成分原有的价值。① 关于"激进主义",他则认为,持整体性反传统思想的"激进主义"是不可能真正推动文化发展的,因为他们对西方文化的认识和介绍是零散的而非系统的,是表面的而非本质的。而且,正由于缺乏对西方文化的足够认识,"激进主义者"并没有真正摈弃传统中所有有害的成分,亦未能真正汲取西方文化中有益的成分。② 总之,"保守主义"和"激进主义"作为近现代思潮的两个极端,均未能解决中国文化的发展问题。林毓生说:

> 过去我们的文化界呈现着没有生机的两个极端:一方面是把过去的腐朽与纤巧当作国粹宣传,愈喊愈使人觉得中国传统中好像只有这种腐朽与纤巧;另一方面则是盲目的崇洋,这样,对西洋愈崇拜,愈不能对西洋产生深切的了解,而且愈使自己失去文化创造不可或缺的自我。③

在上述两类思潮当中,林毓生重点分析了"激进主义"。在他看来,所谓"激进主义",其主要表现在两个方面:其一是"全面"接受外来文化;其二为"全盘"否定传统文化。④ 质言之,他们认为,要接受自由、民主、科学等价值观念,就非得先颠覆传统权威不可,因为"传统的权威"与"新的价值"乃"敌对"的两端。历史地看,对中国传统文化全盘否定态度的出现与持续,成为 20 世纪前半叶中国思想史的显著特征。具体来讲,近代中国的反传统思想肇始于 19 世纪末,此时中国社会涌现出第一代新知识分子,他们认为中国传统是一个"混合体"——其中包含多种不同成分与不同倾向;这些不同成分与不同倾向是彼此不能"兼容"的,故对传统的批判多指向其特定的"点""面"。可是,"五四"时期涌现出第二代知识分子,他们却把传统中

---

① 参见[美]林毓生《中国传统的创造性转化》,北京:生活·读书·新知三联书店 1988 年(下同),第 235 页。

② 参见[美]林毓生《中国传统的创造性转化》,第 234 页。

③ [美]林毓生:《中国传统的创造性转化》,第 250 页。

④ 参见[美]林毓生著,穆善培译,苏国勋等校《中国意识的危机——"五四"时期激烈的反传统主义》,贵阳:贵州人民出版社 1988 年(下同),第 284—287 页。

国看成一个"有机体"——中国传统的基本特性是陈腐而邪恶的,而属于中国传统的各部分都具有整个传统的基本特性,故应该全部摒弃包括所有"点""面"的整个中国传统。对此,林毓生认为,这种主张成为中国历史中的"一个显著而奇特"的现象。他说:

> 在二十世纪中国史中,一个显著而奇特的事是:彻底否定传统文化的思想与态度之出现与持续。……中国传统被视为每个成分都具有传统特性的、应该全部摒弃的整合体或有机体。①

林毓生认为,各国现代化过程中都多多少少出现过反传统思想,但像中国这样激烈到"毫无保留"的程度在世界上却是"独一无二"的。他说:"这种反传统主义是非常激烈的,所以我们完全有理由把它说成是全盘的反传统主义。"②"就五四反传统思想笼罩范围之广,谴责之深,与在时间上持续之久而言,在整个世界史中可能是独一无二的现象。"③那么,何以会出现这种在世界史上"独一无二"的现象呢?在林毓生看来,探究"全盘的反传统主义"的原因,是一项"颇具挑战性"的学术课题。他说:"研究五四时期在中国产生的激烈反传统主义根源和性质,对历史学家来说,是一项颇具挑战性的任务。如果要了解当前的中国历史,充分考虑这一特殊的历史经验是极为重要的。"④不过,他迎接了这个学术课题,并认为,造成这一现象的原因主要有三个:其一是外来西方文化的"冲击";其二是传统思想文化体系的全面崩溃;其三是仍然深刻支配着反传统知识分子的传统思想模式。林毓生说:"五四整体性反传统之主义之崛起,主要是由于三种因素——输入的西方文化,传统政治秩序崩溃以后所产生的后果,与深植于中国持续不断的文化倾向中的一些态度——相互激荡而成。"⑤他还说:

> 以下三点才是解释这种反传统思想本质的决定性因素,若撇开这三个因素不谈,我们简直无法想象五四反传统思想会发生在二十世纪

① 〔美〕林毓生:《中国传统的创造性转化》,第150页
② 〔美〕林毓生著,穆善培译,苏国勋等校:《中国意识的危机——"五四"时期激烈的反传统主义》,第6页。
③ 〔美〕林毓生:《中国传统的创造性转化》,第152页。
④ 〔美〕林毓生著,穆善培译,苏国勋等校:《中国意识的危机——"五四"时期激烈的反传统主义》,第7页。
⑤ 〔美〕林毓生:《中国传统的创造性转化》,第154—155页。

的初期。第一，一九一一年普遍王权（universal kingship）的崩溃，是传统政治与文化秩序终于完全瓦解的决定性因素。……第二，反传统知识分子无法分辨他们所憎恶的传统社会规范和政治运作与传统文化符号和价值之间的差异。……第三，五四反传统思想的一个极重要因素，便是笔者所称谓的"借思想、文化以解决问题的方法"（the cultural - intellecturalistic approach）。①

就第一个原因来看，指面对西方文化的"冲击"，"五四"反传统主义者对"自由的新价值"和"传统的权威"存在误解。在"五四"前后，在西方文化的"冲击"之下，"传统的权威"已失去生机，而"传统的权威"与"新的价值"被认为是"敌对"的。这里，"权威是指真正具有权威性的或实质的权威（authoritative or substantive authority）而言，不是指强制的形式的'权威'（authoritarian or formal authority）"②。因此，人们认为，只有把自己的传统全部抛弃，脑子才可"空出地方"接受"新的价值"。但是，他们不明白，"人的头脑不是仓库，这种想法犯了形式思想的谬误"③。对此，林毓生说："事实上，自由与权威是相辅相成的，合则两美，离则两伤。"④"如果我们自己没有一套活泼、创造性的思想，我们是很难了解和把握另外一套不同思想的；我们甚至连那一套不同思想的特性都看不出来。因为，对另一思想系统深刻的了解，往往需要把它与我们自己的思想的特性及自己思想中的实际问题相互比照才能获得。"⑤总之，尽管"五四"人士"尽情地"接受西方文化，甚至到了"全盘西化"的荒唐地步，但实际上他们对西方文化却存在着严重误解。他说：

　　　五四人物所接受的西方文化是十八世纪启蒙运动的主流，及其二十世纪的代表（实证主义与实验主义）。它最大的特色是基于对"理性"特质的误解而产生的两项禁不住严格批判的主张：（1）对传统权威的反抗；（2）对未来的过分乐观。⑥

---

　　① ［美］林毓生：《中国传统的创造性转化》，第166—168页。
　　② ［美］林毓生著，穆善培译，苏国勋等校：《中国意识的危机——"五四"时期激烈的反传统主义》，第363页。
　　③ ［美］林毓生：《中国传统的创造性转化》，第244页。
　　④ ［美］林毓生：《中国传统的创造性转化》，第66页。
　　⑤ 参见［美］林毓生《中国传统的创造性转化》，第244页。
　　⑥ ［美］林毓生：《中国传统的创造性转化》，第66页。

就第二个原因来讲,主要是指中国传统文化随着"辛亥革命"的爆发而全面崩溃。原因在于,传统中国的"道统"与"政统"历来高度一体:"道统"需要"政统"的"滋养"和保护,"政统"需要"道统"提供"合法性基础"。因此,"政统"的崩溃必然导致"道统"的解体。林毓生认为,"天子"为道德与文化、政治与社会中心的观念实为一种"普遍王权"观念:一方面,"天子"承受"天命"的观念使"天子"成为道德与文化的中心;另一方面,"有机宇宙论"的观念更强化了"天子"乃政治与社会中心的观念。他说:"经由'普遍王权'(universal kingship)的符号与制度的整合作用,中国道德、文化中心与政治中心是定于天子的位置之上。……'普遍王权'建基于对'天命'的信仰上,从汉代以降,更因儒家思想中产生了极为精巧的有机式宇宙论而得到增强。"①但是,"辛亥革命"导致了"政统"的崩溃,"普遍王权"亦随之崩溃了,与之一体的"道统"自然也被瓦解了。对此,林毓生说:"中国的政治秩序与道德、文化秩序是高度地整合着的。……因此,'普遍王权'的崩溃不仅导使政治秩序瓦解,同时也使文化秩序损坏了。"②对于这样一种情形,林毓生以"脱臼"来比喻;此喻被学界以"脱臼说"来概括。他说:

> 这不是说,在这种文化解体的情况下,中国人就不再持有任何传统的观念或价值,而是说经由传统的整合秩序所形成的价值丛聚(cluster of values)与观念丛聚(cluster of ideas)(一组价值或观念彼此相互连结曰丛聚)遭受腐蚀,或从原来接榫处脱臼了。……从分析的观点来说,传统政治与文化架构的解体,为五四反传统主义者提供了一个全盘否定传统论之结构的可能(structural possibility)。③

就第三个原因来看,主要是指"五四"反传统主义者未能摆脱"借思想、文化以解决问题的方法",即,预设思想、文化变迁决定社会、政治、经济变迁的方法。林毓生说:"'借思想、文化以解决问题的方法'预设思想与文化的变迁必须优先于社会、政治、经济的变迁,反之则非是。换句话说,它认为人间最根本的变迁是思想本身的变迁,而所谓最根本的变迁,是指这种变迁是其它文化、社会、政治与经济的变迁的泉源。"④不过,这种思想方法

① [美]林毓生:《中国传统的创造性转化》,第155页。
② [美]林毓生:《中国传统的创造性转化》,第155页。
③ [美]林毓生:《中国传统的创造性转化》,第155页。
④ [美]林毓生:《中国传统的创造性转化》,第142页。

背后还有深层次的原因,即传统的"整体观思想模式",指认为传统是经由根本思想所决定并联系为整体的思维模式;这种思维模式的本质乃中国传统文化的"一元论思想模式"。他说:"正在传统的思想内容解体之时,五四反传统主义者却运用了一项来自传统的,认为思想为根本的整体观思想模式(holistic - intellecturalistic mode of thinking)来解决迫切的社会、政治与文化问题。这种思想模式并非受西方影响所致,它是在辛亥革命以后政治与社会的压力下,从中国传统中认为思想为根本的一元论思想模式(monistic - intellecturalistic mode of thinking)演变而来。这里所谓的一元论思想模式,是中国文化的一个特殊倾向,是视为当然的,是横越中国许多派思想藩篱的共同特点。这种视思想为根本的整体观思想模式,认为中国传统每一方面均是有机地经由根本思想所决定并联系在一起的。"①可见,"五四"知识分子的"思想内容"虽然已不是传统的了,但他们的"思想模式"却仍然是传统的。在此意义下,他说:"笔者以上的分析应该导引出对于文化和思想变迁的两种层次的分析性了解:一为思想内容层次上的变迁,一为思想模式层次上的变迁,两者相较,后者较为基本而难以达成。"②这样,在"借思想、文化以解决问题的方法"指引之下,反传统主义者自然会"彻底而全盘"地"反旧"了。林毓生说:

> 五四人物根据他们所强调的根本思想决定一切的整体观思想模式去看许多传统成分的罪恶,他们发现这些罪恶与腐朽实与传统中的基本思想有一必然之有机关系。他们认为这些罪恶不是单独的、互不相干的个案,而是由于基本思想有了病毒之故。……所以,如要革新,就非彻底而全盘地反旧不可。③

基于上述,林毓生认为,"五四"新文化运动是中国现代思想史上的重要事件,要从"五四"遗产中获得有益启示,首要之务是要把"五四思想"与"五四精神""五四目标"加以分离。所谓"五四思想",指前述之全盘反传统的"激进主义",它认为只有通过"思想革命"才能实现中国的社会变革,而只有"全盘打倒"传统文化才能促成"思想革命"。就其形式来讲,"五四"人士高谈自由、民主、科学等,但他们对这些观念却存在许多误解。就

---

① ［美］林毓生:《中国传统的创造性转化》,第156页。
② ［美］林毓生:《中国传统的创造性转化》,第180页。
③ ［美］林毓生:《中国传统的创造性转化》,第157页。

其内容来讲,其实质是"借思想文化以解决问题的方法"所导致的"全盘否定传统主义"。① 所谓"五四精神",指"中国知识分子特有的入世使命感",它直接继承了传统儒家特有的"以天下为己任"的理想。他说:"这种入世的使命感是令人骄傲的五四精神,我们今天纪念'五四',要承继这种五四精神,发扬这种五四精神。"②所谓"五四目标",总体上说就是"使国家强盛",在这个目标之内包含了"自由""民主""法治""科学"等具体目标。林毓生说:"五四运动是在合理、合乎人道、合乎发展丰富文明的原则之下进行的爱国运动。所以它是与自由、民主、法治、科学,这些目标分不开的。……经过六十年的历史考验,五四运动所追求的目标,在今天看来,产生了更为崭新的意义。凡是真心关怀国家前途的中国人都应为实现这些五四的目标尽最大的努力。"③正因为如此,我们需要"超越""五四思想",发扬"五四精神",实现"五四目标"。他说:

> 今天我们纪念"五四",在思想上首要之务是应把五四精神、五四目标与五四思想加以分析,使之分离。如此,我们才能创造地继承五四传统而不被其所囿。……我们今天纪念"五四",要发扬五四精神,完成五四目标;但我们要超脱五四思想之藩篱,重新切实检讨自由、民主与科学的真义,以及它们彼此之间的和它们与中国传统之间的关系。④

二、超越"科玄论战"

1923—1924 年,在国内学术思想界爆发了一场"掀起波澜"的学术论战。这场论战是围绕着科学与人生观而展开的,由于人生观是"玄学"即哲学所探讨的内容,故这场论战也常常被简称为"科玄论战"。具体情况是,1923 年初,张君劢在清华大学作了一场题为《人生观》的演讲,提出人生观是"主观的""直觉的""综合的""自由意志的"和"单一性的",因此,人生观的问题是科学所无能为力的。⑤ 出乎意料的是,丁文江"读我文(指张君

① 参见[美]林毓生《中国传统的创造性转化》,第 147—149 页。
② [美]林毓生:《中国传统的创造性转化》,第 148 页。
③ [美]林毓生:《中国传统的创造性转化》,第 148 页。
④ [美]林毓生:《中国传统的创造性转化》,第 147—149 页。
⑤ 参见张君劢、丁文江等著《科学与人生观》,济南:山东人民出版社 1997 年(下同),第 38 页。

劢的演讲辞——引者)后,勃然大怒,曰,诚如君言,科学而不能支配人生,则科学复有何用"①,遂即发表《科学与玄学》一文,主张人生观是受科学的公理、定义和方法支配的。以此为起点,学术思想界围绕着科学与人生观进行了激烈论辩,并渐渐形成了相互对垒的两大阵营:以张君劢、梁启超等为代表的"玄学派"和以丁文江、胡适等为代表的"科学派"。对此,许多人认为"科玄论战"的结果是"科学主义"战胜了"人文主义"。然而,林毓生对此却另有独到的见解。他说:"从科玄论战这件事可以看出,中国知识分子对自己角色的内在反思是不够的,常弄不清楚自己该做什么事。"②在他看来,"科学主义"不仅是参与论战的一方,在某种程度上还是论战双方的"缺省配置",这种"缺省配置"导致了论战双方的自相矛盾和学理缺陷。他说:

> 有一点特别值得注意,即无论他们之间有多尖锐的分歧,有一基本论点却是相同的:他们都相信主观性(主体)与客观性(客体)是根本不可逾越的,彼此是完全绝缘地各自属于一个独立的范围;他们同时都认为归纳法是科学方法的主要部分,能对付客体范围内的问题。……丁张二人都完全误解了……逻辑和科学方法的基本论点。……科学研究过程的重点是"假设·演绎",而不是归纳。③

林毓生认为,"玄学派"代表人物张君劢坚持科学不能解决人生观问题,反对无限制地"滥用"科学权威,其目的在于反对"科学主义"。然而,他在坚持人生观问题相对独立性和道德自主性时,却极端地断定人生观必定是主观的。这样一来,他原本是"热心地"希望捍卫儒家立场,实际上却没有为这种捍卫提供"合法性基础"。或者说,他原本是为了捍卫人类价值尊严,但所得到的结果却适得其反。造成这种结果的根源在于,张君劢和"科学派"一样,也接受了"科学主义"的观点。所谓"科学主义",林毓生引用相关学者的定义并进行了补充。他说:"'科学主义'是这样的一种思想:'它把所有的实在都排放在一个自然秩序之内,而且认为只有科学方法才能理解这一秩序的所有方面,无论是生物的、社会的、物理的或心理的。'对

① 张君劢、丁文江等:《科学与人生观》,第61页。
② [美]林毓生:《热烈与冷静》,上海:上海文艺出版社1998年(下同),第176页。
③ [美]林毓生著,穆善培译,苏国勋等校:《中国意识的危机——"五四"时期激烈的反传统主义》,第311—313页。

于这一定义,我们尚添列下列一点:'科学主义',作为一项意识形态而言,是由于对自然科学的性质与方法的误解而产生的。"①林毓生的意思是,张君劢本是反"科学主义"的,但却陷入了"科学主义"的"预设",从而导致了价值领域的相对主义,而相对主义无法为人类价值尊严提供"合法性基础"。对此,他说:

> 张君劢之所以一再强调精神与道德良心的主观性来维护它们(而结果适得其反),其中原因很多;一个关键性的因素则是:他深受当时流行的,科学主义对客观性(或客体)的"理解"的影响。张氏未经深思熟虑便接受了那样的观点。……就这样,张氏在不知不觉中因深受五四时期在中国甚为流行的"科学主义"的影响,而采用了对于客体颇具实证主义色彩的观点,尽管他外表上是批评"科学主义"的。②

其实,"科学派"一方的问题更大。"科学派"的代表之一丁文江认为,归纳是科学的主要方法。但是,事实上科学方法并不是简单的归纳,"假设·演绎的方法才是科学程序的本质"③。对此,林毓生说:"对丁氏而言,科学的特性最明显的一点就是:运用归纳法,演绎法在丁氏的科学观中则没有什么地位。……(事实上,假设·演绎法并不必然与归纳而得的证据有关,而是与经由严格训练后所得到的形成问题之创造的想象力有密切的关系。……)。"④"科学派"的另一个代表胡适,由于对科学所知不多,反而"科学主义"的倾向更加严重。胡适将科学方法简单化为"大胆假设,小心求证"⑤。林毓生认为,此乃对科学本质严重的误解和"庸俗化",因为科学研究在不同阶段和面对不同境况所需要的方法是不同的,故总结出简单的公式是很"不科学"的。关于胡适所提出的具体的"科学人生观",林毓生认为其背后乃把科学当作宗教来看待,它并非真正的科学范畴。在他看来,从事科学研究更重要的是能够提出新的有价值问题;而这需要相关科学范

① [美]林毓生著,穆善培译,苏国勋等校:《中国意识的危机——"五四"时期激烈的反传统主义》,第304—305页。
② [美]林毓生著,穆善培译,苏国勋等校:《中国意识的危机——"五四"时期激烈的反传统主义》,第304—305页。
③ [美]林毓生著,穆善培译,苏国勋等校:《中国意识的危机——"五四"时期激烈的反传统主义》,第312页。
④ [美]林毓生著,穆善培译,苏国勋等校:《中国意识的危机——"五四"时期激烈的反传统主义》,第307—308页。
⑤ 欧阳哲生编:《胡适文集》12,北京:北京大学出版社1998年,第131页。

式、科学权威和传统之长期的"潜移默化"。因此，他说："胡先生对科学方法所做的解说，与科学研究及进展的情况是甚少关联的……"①他还说：

> 胡适底"科学主义"的意见实由非科学的材源所促成。更严重的是，胡适过分渲染的"科学主义"的意见带有类似宗教的格调；他似乎企图建立一个自然主义的宗教——把科学当做新的宗教——以便解除内心深处的焦虑。②

　　那么，为什么"科学主义"在近现代中国如此流行呢？林毓生认为，根本原因在于中国传统秩序的崩溃引发严重的、普遍的"文化焦虑"，它迫切需要一种无所不包的意识形态以"安慰"。在这种情形之下，"科学主义"之"自信""乐观"和"武断"的特性在很大程度上满足了这种需要，从而替代了"一元论"的文化传统。尽管这种情况在学理上难以成立，但它却获得广大知识分子尤其是青年学生的认同。从这种角度看，中国流行的"科学主义"和西方的科学主义并不尽相同：它具有鲜明的"中国特色"——"科学主义"是中国长期以来政治权力、文化秩序相结合的"大一统结构"的"现代变形"，唯一的变化不过是"独尊儒术"换成了"科学霸权"。质言之，中国近现代"科学主义"的一大特色，就是试图以科学之客观、可靠的"权威"来建立某种"大一统"的"准宗教式"意识形态。林毓生说："除了考虑中国传统文化结构的崩溃是中国'科学主义'兴起的主要因素以外，我们还必须考察传统的有机式世界观把'思想'当做最大动力的传统一元论思想模式的重大影响。"③然而，这种"准宗教式"意识形态具有很强的封闭性和独断性，与现代化进程所需要的宽容、多元、开放精神背道而驰。质言之，"科学主义"严重妨碍了对中国传统文化的正确评价，也加剧了中国愈演愈烈的激进主义思潮。他说：

> 他们把科学看成了宗教，对之产生了迷信，这种"科学迷"式的科学主义是很不科学的。最糟糕的是，许多五四人物为了提倡自由、科学与民主，认为非全盘而彻底地把中国传统打倒不可。这是与自由主

---

　　①　[美]林毓生：《热烈与冷静》，第209页。
　　②　[美]林毓生著，穆善培译，苏国勋等校：《中国意识的危机——"五四"时期激烈的反传统主义》，第320—321页。
　　③　[美]林毓生著，穆善培译，苏国勋等校：《中国意识的危机——"五四"时期激烈的反传统主义》，第325—326页。

义基本原则完全违背的。而这种"全盘否定传统主义"却直接引发了"全盘西化"那种大概只能产生在中国的怪论。①

基于上述,林毓生认为,只有准确挖掘和正确利用"科玄论战"的思想资源,才能真正实现"科学派"超越传统窠臼的理想,也才能真正实现"玄学派"捍卫人类价值尊严的理想。具体来讲,超越"科学主义"决不是指"玄学派"简单的"反攻倒算",而是指超越"科学主义"与"玄学派"双方共同的错误的"预设"。即,应该超越"科学主义"之极端偏狭的眼界,以一种"温情"和"尊重"的态度来对待中华文化传统。当然,文化传统不应被当作至高无上、神圣不可侵犯的教条"顶礼膜拜",而应作为中华文化未来发展的最切近的"地方性文化资源";通过其与西方文化传统的"张力"与互动,来避免重新堕入"一元化"之封闭的文化困境。为此,林毓生提出了超越"科玄论战"的思路:一方面,重新阐释和解读中国悠久的文化传统,"挖掘"出既适应现代生活又具有民族性格的文化资源,从而在传统的"佑护"和"滋养"之下创造新文明。另一方面,在多元化成为当今时代主旋律的今天,努力借鉴和学习西方文化的多元传统,改变中国文化传统中由于长期"普遍王权"所带来的"一元化"意识形态。他说:

> "科学主义"在中国的兴起绝不是一个偶然的历史事件。然而,当中国知识分子,懂得了他们的过去的时候,他们将不会受处罚去重复过去的错误。现在他们必须好好安排今后的工作日程。②

三、传统文化的"创造性转化"

基于对超越"五四思想"和"科玄论战"的研究,林毓生深入思考了"文化变迁"的模式。在他看来,在世界范围内,"文化变迁"可概括为三种模式:"新保守主义模式""革命模式"和"改革模式"。③ 所谓"新保守主义模式",主要是指日本所代表的文化变迁模式;其特点是通过重新肯定传统来实现现代化。他说:"日本文化变迁的模式,基本上是采用新保守主义模

---

① [美]林毓生:《中国传统的创造性转化》,第149页。
② [美]林毓生著,穆善培译,苏国勋等校:《中国意识的危机——"五四"时期激烈的反传统主义》,第330页。
③ 参见[美]林毓生《热烈与冷静》,第294页。

式。它用重新肯定旧的符号与权威(天皇)——包括其传统的非理性成分——来促进现代化的建设。"①这种模式因为重新肯定了旧有传统,故有极强的非理性成分,遂最终导致日本发动了侵略战争。所谓"革命模式",主要是指中国自"五四"以来所展现的模式;其特点是将"传统"与"现代"视为两个"对峙"的实体。他说:"这一思潮假定'传统'与'现代'是基本对峙、不相容的两个实体。要现代化,就得非把传统彻底打倒不可。"②这种模式因将"传统"与"现代"对立起来,故是一种最不稳定的变迁方式。所谓"改革模式",是林毓生所主张的一种崭新的文化变迁模式;其特点是"重组"与"改造"传统文化,使其既实现现代化又保持文化认同。他说:"那是把传统的符号、思想与价值加以重组与改造,使经过重组与改造的符号、思想与价值变成促进现代化的种子,同时在变迁中保持了文化的认同。"③这种模式因将"传统"与"现代""接榫",故其不仅利于中国文化复兴,而且利于国家现代化发展。

实际上,所谓"改革模式"即是林毓生所主张的"创造性转化"。他说:"中华'大传统'的'创造性转化'是笔者二十年来在中英文著作中所主张的变迁模式。"④所谓"创造性转化",是指对传统进行辩证"改造"基础上的"创新"。这里,"改造"的基础是传统中值得改造的、健康的、有生机的"元素"。需要说明的是,"改造"固然可以也应当受外来文化的影响,但绝不是生硬地"照搬"或"移植"外来文化,因为"硬从西方搬来一些货物,不但不能解决我们的问题,反而制造了新的危机"⑤。更重要的是,"改造"过程必须有"创新",即创造过去没有的东西。不过,所谓"创新","不是运用理性的能力在'无'中创造出'有'来,而是运用理性的能力疏导已成的事实"⑥。关于"创造性转化",林毓生说:"这种创造,除了需要精密与深刻地了解西方文化以外,而且需要精密而深刻地了解我们的文化传统,在这个深刻了解交互影响的过程中产生了与传统辩证的连续性,在这种辩证的连续中产生了对传统的转化,在这种转化中产生了我们过去所没有的新东西,同时这种新东西却与传统有辩证地衔接。"⑦他还说:

---

① [美]林毓生:《热烈与冷静》,第294页。
② [美]林毓生:《热烈与冷静》,第294页。
③ [美]林毓生:《热烈与冷静》,第294—295页。
④ [美]林毓生:《热烈与冷静》,第295页。
⑤ [美]林毓生:《中国传统的创造性转化》,第388页。
⑥ [美]林毓生:《中国传统的创造性转化》,第117页。
⑦ [美]林毓生:《中国传统的创造性转化》,第63—64页。

在这种有所根据的创造过程中,传统得以转化。这种转化因为不是要在全盘否定传统中进行,而是与传统中健康、有生机的质素衔接而进行(这里所谓的衔接,是传统的质素"转"了之后才"接"),所以一方面能使传统因获得新的意义而复苏,另一方面因的确有了新的答案而能使我们的问题得以解决。①

可见,林毓生的"创造性转化"有两个前提:其一,要对中国传统文化做深切的了解。其二,要对西方文化做深切的了解。② 具体来讲,首先,要认真地对传统文化进行一番"梳理"。在他看来,传统架构的解体并不意味着传统中所有内容都失去了意义,事实上传统中仍有许多"元素"生存了下来。也就是说,一些传统思想虽然因原有文化架构解体而"流离失所",但并不能排除一些传统思想有与现代思想进行"整合"的可能。林毓生说:"一般而言,创造新的东西并不需要彻底地摧毁旧有的事物。……在抨击传统中有害的因素时,并无需将传统和现代置于对立的地位;铲除传统中不合时宜及有害的成分,并不一定非完全否定传统不可。"③其次,要对西方文化有正确深入而非浮泛的了解。在对待西方文化时,不应是被动"接受"而应是主动"参考",因为西方思想的来源与变迁自有其故,在本质上它是为解决西方社会问题而产生的。也就是说,尽管我们实际上已经不能完全摈弃西方文化的影响,但我们并不能"全盘接受"西方文化,而是要基于理解、分析和批判前提下的"吸收"。总之,唯有在对中国传统文化和西方文化作出全面、准确、深刻把握的基础上,才有可能进行"创造性转化"。林毓生说:

> 要维系中国文化,必须建立一个新的中国文化。这新的文化必须建立在对传统中国文化及西方文化真正的了解上。④

在林毓生看来,中国当前的问题与中国文化是息息相关的。历史地看,中国近代"苦难"的历史变迁,使得许多知识分子常因自卑感转而自我

---

① ［美］林毓生:《中国传统的创造性转化》,第388—389页。
② 参见［美］林毓生《中国传统的创造性转化》,第234页。
③ ［美］林毓生:《中国传统的创造性转化》,第165—166页。
④ ［美］林毓生:《中国传统的创造性转化》,第234页。

陶醉,其实这是一种"神经衰弱"式的病态。① 对此,林毓生的主张是,对传统文化和西方文化之复杂性与独特性要有"双重"的开放心态,而深刻了解传统文化与西方文化的唯一途径是正确解读中西重要经典。他说:"如何对传统与西方文化作实际的了解呢? 我以为必须建立在对西方及传统重要经典(classics)的了解之上,别无其他捷径,我们要对中国与西方经典采取开放性的了解与批评的态度,读得愈多愈深刻越好。"②林毓生的意思是,中国文化思想界的"贫瘠"与近代以来的战乱以及政治与经济环境甚为相关。不过,这些外在因素的影响并不像许多人"想象"得那么大,关键的因素是传统文化结构解体所引发的思想混乱。然而,由中西方经典之产生可以看出,经典往往是在"政治干涉"与"经济不安"的环境中形成的。可以说,"政治干涉"与"经济不安"是对"知识良心"的"挑战",而这种"挑战"恰恰成为刺激伟大思想诞生的重要动因。在这个意义下,近代以来"苦难"的历史变迁也许并非坏事。他说:"我们既不愿意,也不可能完全做西方人,更不可能与过去传统血缘断绝……"③他还说:

> 关键不在我们是否能达到最高的目标,而是在于我们是否在创造地突破自己格局方面尽了最大的努力。④

林毓生认为,"创造性转化"并非理论上一蹴而就的事情,不是一个人、一群人甚至不是一个时代的人所能完成的,而是一个极为艰难而漫长的过程。然而,正因为这种"创造性转化"艰难而漫长,故我们没有必要对它在短时期内没有重大突破感到灰心。换言之,持续几千年的中国传统文化秩序解体以后,思想失去了基础性的出发点、依据和方向感,在几十年之内我们在这方面没有很大成就是不足为奇的。从历史的观点来看,也许现在尚未到建立一个成熟的伟大的思想系统的时机,但是,时机未成熟并不是我们妄自菲薄、放弃责任的借口。相反,"时间不成熟这种历史感,可使我们脚踏实地做我们能力所及之事"⑤。因此,目前的问题在于我们是否能确立正确的方向,并"不计收获"而奋然前行。林毓生说:"'创造的转化'是一个过程;在这个过程中,新的东西是经由对传统里的健康、有生机的质素加

---

① 参见[美]林毓生《中国传统的创造性转化》,第329页。
② [美]林毓生:《中国传统的创造性转化》,第234页。
③ [美]林毓生:《中国传统的创造性转化》,第234页。
④ [美]林毓生:《中国传统的创造性转化》,第248页。
⑤ [美]林毓生:《中国传统的创造性转化》,第280页。

以改造,而与我们选择的西方观念与价值相融会而产生的。在这种有所根据的创造过程中,传统得以转化。"①总之,对于中国文化的"创造性转化",林毓生持既不乐观又不悲观的态度。他说:

> 我虽然并不乐观,但也并不悲观。吾人确可在传统中看到不少质素可以经由"创造性转化"而成为落实自由民主的资源。……未来有许多变数,与其消耗时间与精力在无法确知的预测上,不如尽心尽力以负责的态度来探讨"如何做法"——只要此一计划确实应该推行——况且,吾人又不是确知它必然无从实现。②

第五节　成中英

　　成中英(Chung–ying Cheng),祖籍湖北省阳新县。1935年生于南京,1949年去台湾。1952—1956年就读于台湾大学外文系和哲学研究所,获学士学位。1957—1958年就读于美国华盛顿大学(University of Washington),获哲学硕士学位。1959—1964年就读于哈佛大学,获哲学博士学位。后长期任教于夏威夷大学。1970—1973年担任台湾大学哲学系主任及哲学研究所所长。现为夏威夷大学终身教授,兼任北京大学、中国人民大学、上海交通大学讲座教授等。1995年被俄罗斯科学院远东研究所授予荣誉博士学位。曾获"富布赖特"等项目的资助。成中英是《中国哲学季刊》(*Journal of Chinese Philosophy*)的创立者和主编,也是"国际中国哲学会"(International Society for Chinese Philosophy)、"国际易经学会"(International Society for the I Ching)的创立者,"国际中国管理与现代伦理文教基金会"(International Foundation for Chinese Management and Contemporary Ethics)的奠基人,是国际儒学联合会第一、第二、第三和第四届理事会副会长。

　　成中英的哲学思想以融会中西哲学的"本体诠释学"为代表。在他的带领下,夏威夷大学形成了与"波士顿儒学"相媲美的"夏威夷儒学"。对于自己的哲学探讨,成中英本人说:"在三十多年的学术生涯中,我觉得我做了两个重要的理论建树工作:一个是我提出的'本体诠释学';另一个就是本书所阐发的'C理论'。前者重于哲学思辨,后者重于管理理论,实际上

---

① 〔美〕林毓生:《中国传统的创造性转化》,第388页。
② 〔美〕林毓生:《热烈与冷静》,第33—34页。

二者是互相联系、互为体用的。"①其主要著作有《中国哲学与中国文化》
《科学真理与人类价值》《中国哲学的现代化与世界化》《中国文化的现代
化与世界化》《儒家与新儒家哲学的新维度》(*New Dimensions of Confucian
and Neo - Confucian Philosophy*)、《世纪之交的抉择——论中西哲学的会通
与融合》《文化·伦理与管理——中国现代化的哲学省思》《中西哲学的会
面与对话》《论中西哲学精神》《C 理论:中国管理哲学》《本体与诠释》《合
外内之道——儒家哲学论》《当代中国哲学》(*Contemporary Chinese Philoso-
phy*)(合编)等。其部分著作被编辑为《成中英自选集》《成中英文集》等。

一、本体诠释学

　　成中英在 20 世纪 80 年代初提出"本体诠释学"(Onto - Hermeneutics)
的构想,后其渐渐在世界范围内引起反响。② 具体来讲,所谓"本体诠释
学",有"本体"和"诠释"两个关键词。关于"本体",其根本内涵乃根源、本
源和整体的意思;它既有客观对象的含义,同时还指"体验的存在"。他说:
"'本体'一词应被看作具有由本到体的创化意义,是兼具根源意义、体系意
义与根源发展为体系的发展意义。"③"本体"之"本"与"体"虽存在区别,但
由"本"到"体"为一个发展过程。他说:"所谓人的'本体'有两义:人的体
是由本发生与发展而来;人的体的存在是有本的形而上的基础的。"④关于
"诠释",其所指乃基于理解的语言沟通。他说:"诠释是基于整体的理解进
行的语言沟通,以促进人与人之间对同一或不同事物、历史、文本、事件的
整体或部分理解。"⑤不过,"诠释"不同于"说明":"说明"导向知识,"诠
释"则导向于价值和意义。总之,成中英认为,"本体"与"诠释"乃紧密相
连的,因为"本体"必然是诠释性的,而"诠释"必然要进到本体领域。不过,
在成中英,"本体诠释学"概念的提出虽深受西方哲学的影响,但它的根基
却在中国哲学之中。他说:"本体诠释学实际上也是中国的老东西。"⑥他
还说:

　　① 李翔海、邓克武编:《成中英文集》第三卷,武汉:湖北人民出版社 2006 年(下同),第
121 页。
　　② 参见[美]成中英《近三十年中国哲学的发展与中国哲学智慧的挑战》,郭齐勇主编:《儒家
文化研究》第五辑,北京:生活·读书·新知三联书店 2012 年(下同),第 22—23 页。
　　③ [美]成中英:《近三十年中国哲学的发展与中国哲学智慧的挑战》,第 20 页。
　　④ [美]成中英:《近三十年中国哲学的发展与中国哲学智慧的挑战》,第 16 页。
　　⑤ [美]成中英:《近三十年中国哲学的发展与中国哲学智慧的挑战》,第 21—22 页。
　　⑥ [美]成中英:《中国文化的现代化与世界化》,北京:中国和平出版社 1988 年(下同),第
285 页。

　　值得指出的是,本体诠释学的看法是根植于中国哲学观念之中,尤其是根植于强调整体作用的《易经》哲学之中。①

　　具体来讲,成中英将"诠释"分为两种:一种是"本体诠释",即"自本体的诠释";一种是"诠释本体",即"对本体的诠释"。他说:"我⋯⋯提出'自本体的诠释'与'对本体的诠释'的区分。此一区别的重点在本体可以是诠释的泉源,也可以是诠释的对象。"②相较而言,西方的或古典形而上学均属于前者,它是指先"预设"一个本体概念,然后用它来解释外部世界。后者则是基于中国哲学所提出的一种崭新哲学思考,它没有任何前置性的本体"预设",而是在反思过程中形成一套世界观,世界观与人生观相结合便成为"本体";"本体"是诠释、寻找、归纳外在世界的依据,故"本体"的内涵随外在世界变化而变化。他说:"本体的诠释有两方面的进程:一在以成见方式存在的本体论进行具体的(对于一个理论或文本而言)应用与彰显,此为自本体的诠释或曰本体诠释;一在借现象与经验(见之于一个具体的经验与文本)来建立本体的具体系统,此为对本体的诠释或曰诠释本体。"③基于上述,成中英对于"本体诠释学"概念进行了解释。所谓"本体诠释学",作为"诠释本体"即"对本体的诠释"的理路,是指以建立本体意识和本体论系统作为诠释学的基础对象的学说。他说:

　　　　把诠释学同时看成本体论和方法论,这就是本体诠释学。本体诠释学本身既是一种本体哲学,同时也是一种方法哲学,更是一种分析和综合的重建(再建构)的方法。④

　　进而,成中英将"诠释本体"之"诠释"分为两大阶段:一是"本体意识的发动"阶段,二是"理性意识的知觉"阶段。他说:"诠释就是一个本体意识的发动,进而成为理性知觉的一个过程。"⑤前者包括"理的原则"和"知的原则",分为"客体独立性""客体完整性"和"知的实现性""意义和谐化"四层;后者则包括"本体""形式"和"经验",分为"现象分析""终极意义"

① 李翔海、邓克武编:《成中英文集》第四卷,第128页。
② 李翔海、邓克武编:《成中英文集》第四卷,第24页。
③ 李翔海、邓克武编:《成中英文集》第四卷,第96页。
④ 李翔海、邓克武编:《成中英文集》第四卷,第119页。
⑤ [美]成中英:《创造和谐》,上海:上海文艺出版社2002年(下同),第233页。

"逻辑""语言""历史发生""效果分析"六层。① 具体来讲,这两个阶段、十个层面又可"简单化"归结为"现象分析""本体思考""理性批判""秩序发生"四个环节。所谓"现象分析",指根据"对偶性原理",将"杂多"现象梳理、"结织"成整体现象。所谓"本体思考",是在"现象分析"的基础上,从本体角度来把握"整全",以达到"完整性"的要求。所谓"理性批判",指对掌握的"现象"和"整体"用理性的方法重予呈现,包括语言的沟通、秩序的建立和综合的了解等,以实现"一致性"的要求。所谓"秩序发生",是在理性呈现的状态下,调适、转化、发展合理性秩序,实现"完整性"和"一致性"的结合,以达到最大的"有效性"。② 在成中英看来,以上四个环节构成一次完整的"诠释本体"活动,故"本体"亦得以建构或实现。他说:

> 经过这四个阶段,本体才得到实现。这个过程我们叫本体诠释学。③

"本体诠释学"的理论前提是"本体诠释圆环"。所谓"本体诠释圆环",指整体与部分、本体与方法、知识与价值等对偶项之间的互相作用、互相诠释的整体状态。关于"整体与部分",成中英说:"'诠释圆环'乃是从部分寻找整体、决定整体;又从整体寻找部分,决定部分。由部分和整体关系来决定'诠释圆环',这中间没有任何真正的起点。"④关于"知识与价值",指二者作为"整体性本体"的一个方面,都有其范围或效果的局限性;故必须用"知识"来开拓"价值",也必须用"价值"来开拓"知识",方能显露"整体性本体"的统一性、丰富性和创造性。⑤ 在上述各对偶项中,成中英对"本体和方法"谈得最为详细,因为它是"本体诠释圆环"的直接表现,它可直接为"本体诠释学"提供理论支持。他认为,"本体"与"方法"亦是一种"诠释圆环"——"本体"的不断显露会引起"方法"的突破,"方法"的突破会强化"本体"的建构。或者说,"本体"可以将"方法"规范化,"方法"可以将"本体"条理化。在这个意义上,"方法"是"显性"的"本体","本体"则是"隐性"的"方法"。成中英说:"本体诠释学也就是面临着本体与方法之

---

① 参见[美]成中英《创造和谐》,第233—234页。
② 参见[美]成中英《创造和谐》,第234页。
③ [美]成中英:《创造和谐》,第234页。
④ 李翔海、邓克武编:《成中英文集》第四卷,第116页。
⑤ 参见李翔海、邓克武编《成中英文集》第四卷,第349—350页。

间相互排斥、相互需要的矛盾而提出的整体思考。"①"真正的方法论是本体论,本体可看成是结构;而真正的本体论是方法论,方法可看成是过程。"②他还说:

> 所谓"本体诠释学"(Onto‐Hermeneutics),即是方法论与本体来(此外"来"字应为衍字——引者)论的融合,用方法来批评本体,同时也用本体来批评方法;在方法与本体的相互批评中,真理就逐渐显露了。③

进而,就"本体诠释圆环"来看,"本体诠释学"的理论前提乃"本体即诠释"和"诠释即本体"。对此,成中英说:"本体诠释与诠释本体在本体上的同源性与同基性,同时也说明本体认知或觉知与诠释活动的互参性与互含性。可用'本体即诠释、诠释即本体'表达之……"④而且,"本体诠释学"亦可称为"本体辩证学",因为"本体"与"诠释"之间乃一种辩证关系,而这种辩证关系乃"本体诠释学"得以建构的前提。具体来讲,"诠释"是一种解释,但又不只是解释,而是一种能够产生"深度理解"的解释;"深度的理解"不但涉及外在的世界,而且也涉及内在的自我。也就是说,"诠释"以历史传统、文化现象、知识体系或哲学体系为对象,透过创造性的概念掌握对象所"含摄"的生活经验及生命真实,并最终指向"本体"的建构。质言之,"本体诠释学"的宗旨是,通过"诠释"与"本体"的双向互动寻求统一的"本体"。在此意义下,因为"本体"通常导向知识,而"诠释"通常导向价值,故"本体诠释学"不仅可以克服西方哲学对价值的忽视,同时又可以改进中国哲学对知识的忽视。总之,"本体诠释学"可以"化解"中国哲学和西方哲学的"冲突",使其交融一起进而实现"世界化"。成中英说:"我很早就经历到主体的情性与价值判断与客观宇宙的知识及存在的两大向量的冲击,而两者的冲突矛盾是难以避免的,但我感觉到两者的冲突与矛盾也必须要加以深刻的化解。……在我此后的哲学研习与思考中,乃逐渐深入到中西两大哲学传统的观点与出发点以及依此建立的体系结构。"⑤他还说:

① [美]成中英:《中国文化的现代化与世界化》,第281页。
② 李翔海、邓克武编:《成中英文集》第四卷,第118页。
③ 李翔海、邓克武编:《成中英文集》第四卷,第19页。
④ 李翔海、邓克武编:《成中英文集》第四卷,第23页。
⑤ [美]成中英:《近三十年中国哲学的发展与中国哲学智慧的挑战》,第13页。

本体诠释学在一定条件下具有把中国哲学世界化,把世界哲学中国化的意义。①

二、中国哲学的特性与重建

在成中英看来,儒学虽然是中国"土生土长"的哲学,但它所关怀的问题很多是"世界性"的。具体来讲,儒学"上知天文,下知地理,中知人事"②,将目光由本体论投向宇宙的一切现象,覆盖了人类生活历史及当下的所有内容,故其具有对整个宇宙进行"终极性解释"的框架。其关怀或旨趣可谓极其广泛和完备。正因为如此,儒学以其"包容性"和"开放性"可与世界各大文化交流、会通,且其"仁爱""和谐""中庸"等价值观念具备普世价值。因此,在儒学两千余年的历史发展中,它的空间传播和"生活渗透"是"世界性"的。他说:"从过去四千年中国哲学的发展历史来看,它的确具有其重要的价值。这不仅说明了中国文化之所以源远流长,而且也说明了中国文化在遭受困难和危机的关头,仍然能排除万难,以自强不息的精神,创造出一条美好光明的道路。……不仅如此,中国哲学甚至可以为当前世界文化的发展提供一个崭新的方向。"③也就是说,中国哲学不仅为中国文化提供了理论基础,而且亦为全人类提供了许多普遍启示。换言之,以儒学为骨干的中国哲学不仅是区域性的,它其实也具有相当的"全球普遍性格"。④ 因此,成中英说:

> 人类经济全球化极需一个具有普及性的经济伦理,也为此更需要一个具有普及性的人类社会伦理。……儒家哲学显然提供了最具普及性的社会伦理与文化伦理。⑤

具体来讲,成中英认为,与西方哲学相较,中国哲学具有四个明显的特性:第一,"内在的人文主义"。"人文主义"指人居于所有事物中心、人的价值是人类活动目的的思想。相较而言,西方哲学是"外在的人文主义",它

---

① ［美］成中英:《中国文化的现代化与世界化》,第 285 页。
② 《黄帝内经·素问·气交变大论》,文渊阁四库全书本。
③ 李翔海、邓克武编:《成中英文集》第一卷,第 343 页。
④ 参见李翔海、邓克武编《成中英文集》第三卷,第 100 页。
⑤ 李翔海、邓克武编:《成中英文集》第三卷,第 97—98 页。

"认为人与自然是不同的,因此人与自然是互相对立的"①;中国哲学则是
"内在的人文主义",它主张"自然被认定内在于人的存在,而人被认定内在
于自然的存在"②。第二,"具体的理性主义"。西方哲学属于"抽象的理性
主义",认为人之"抽象和演绎的理性能力""能为知识建立抽象和普遍的原
则"。中国哲学则属于"具体的理性主义",它关注的是事物的实在、社会和
政府的实践,主要"朝向道德与政治的目的"。③ 第三,"生机的自然主义"。
在西方哲学,自然被视为"独立的具体对象",其中蕴含着科学所探求的普
遍规律。中国哲学则认为,自然是"不断活动的历程",各部分"彼此动态的
关连在一起",共同形成一种有生机的整体。④ 第四,"自我修养的实效主
义"。个人修养不仅体现于"成己"和"成人"的"实效",而且体现于"内圣"
所导致的"外王"的"实效"。⑤ 在成中英看来,尽管这四个特性可以分别叙
述,但它们实际上是"相互关连在一起的"。他说:

> 我们指出了中国哲学的四个特征:内在的人文主义、具体的理性
> 主义、生机的自然主义与自我修养的实效主义。第一和最后特征主要
> 在处理中国思想的道德、社会与政治方面的问题。第二和第三特征主
> 要在处理中国思想的知识论与形上学方面的问题。不过我们须记住
> 的是,中国思想在道德政治社会方面是内在的、辩证的与知识论和形
> 上学交互在一起的。……中国哲学的四个特征是相互关连在一起和
> 相互支持的……⑥

就上述特性来讲,中国哲学有其优长之处,亦表现出多方面的缺欠。
概括地讲,中国哲学重"实践理性",故重价值的安顿,此为其优长之处;但
轻视"纯粹理性",故轻知识的建立,此为其缺欠之处。成中英说:"西方哲
学的问题是如何在知识宇宙中安排价值;中国哲学的问题则是如何在价值
宇宙中建立知识……"⑦因此,"整个西方哲学的发展,就是'方法'问题的

---

　① 李翔海、邓克武编:《成中英文集》第一卷,第15页。
　② 李翔海、邓克武编:《成中英文集》第一卷,第15页。
　③ 参见李翔海、邓克武编《成中英文集》第一卷,第16—17页。
　④ 参见李翔海、邓克武编《成中英文集》第一卷,第18页。
　⑤ 参见李翔海、邓克武编《成中英文集》第一卷,第20页。
　⑥ 李翔海、邓克武编:《成中英文集》第一卷,第21页。
　⑦ [美]成中英:《论知识的价值与知识的价值——代序》,第十二页,《知识与价值——和谐、
真理与正义之探索》,台湾:联经出版事业公司1986年。

发展和演进过程",而"中国哲学传统中一直缺乏对方法的自觉与突破"。①
此外,如何面对"超越"问题、"罪恶起源"等问题也是中国哲学所缺欠者。
面对上述这些缺欠,重建中国哲学成为许多海内外学者的学术抱负。对
此,成中英说:"关键是在世界的趋势之下,做出一个新的贡献,展现中国人
的智慧,同时在即将到来的 21 世纪能够给西方哲学提供一个新的方向,为
人类的提高做出它的重大贡献。这样就能够使中国文化内涵的世界性得
以实现。这就叫作中国哲学的现代化,中国哲学的世界化。"②不过,此时的
首要问题是中国哲学有无重建的可能性。对此,他认为,一方面须承认哲
学系统的成立需要具备相应的条件;另一方面亦须承认哲学系统相对于条
件具有一定的"独立性",即有不随条件的改变而改变的性质。正是因为这
种"独立性"的存在,在新的历史条件下,作为一个哲学系统,中国哲学重建
的可能性是存在的。他说:

> 一个哲学的思想在历史发展过程中有其发展条件,但发展的条件
> 不完全等于它所成就的系统。它所成就的系统愈大、愈完整,就愈不
> 等于它的发展条件;反之,它所成就的系统愈松散、愈无联系、愈粗糙,
> 就愈能为其发展条件所限制、所解释。条件是澄清系统的一个工具、
> 一个基础;但条件不等于意义解释,也不等于理解。所以,基于解释、
> 理解的需要,系统本身可作为一个重建的对象。但这并不是把一个系
> 统改头换面,而是在其所成立、所发展的条件之上,成就新的系统。③

就中国哲学的重建来讲,它实际上包含着两个层次的含义:第一个层
面是"系统和结构的再造";第二个层面是"要把以往的哲学投射到现在的
和未来的平面,使之具有现在性和未来性"。④ 就第一个层面来讲,成中英
认为,中国哲学内部存在发展的"生命潜力",故是一个可以重建的哲学系
统。他说:"中国哲学是一整体定位、机体灵活的哲学。整体与部分、部分
与部分相对定位,并密切相关,这是一个'一体多元'与'多元一体'的整体
与机体系统,它从直观的整体和机体网络中,去规范整体与各部分之间的
关系。"⑤这种特点既使内部具有较大的"活动空间",又保证了中国哲学自

---

① 参见李翔海、邓克武编《成中英文集》第四卷,第9—10 页。
② [美]成中英:《中国文化的现代化与世界化》,第285 页。
③ 李翔海、邓克武编:《成中英文集》第一卷,第329 页。
④ 参见李翔海、邓克武编《成中英文集》第一卷,第327—328 页。
⑤ 李翔海、邓克武编:《成中英文集》第一卷,第318 页。

身的完整性;不仅可以使它"消纳"外来的各种异己思想,也使其自身具有了较强的"应变力"。关于第二个层面,所谓中国哲学的重建,其实质就是中国哲学的现代化问题。成中英认为,中国哲学本身就蕴含有现代化的因素,其基本内容和方法具有现代化的意义。他说:"中国哲学代表一个精神文化很高的层次,其基本的内容和方法具有现代化的意义,也很适合现代人对宇宙、人生和社会观感所产生的需要。"①总之,关于中国哲学的重建,他说:

> 中国哲学好比一棵充满生命力的老树,它会生生不息,不断开花结果,为人类提供美好的精神食粮。②

当然,对于中国哲学的重建不能盲目乐观,因为这是一项具有"挑战性"的事业。而且,重建工作也不是一次性地可以完成的,因为"随着时间的推移,哲学思想会有不同的投射。因此,也需要不同的重建工作。所以,哲学应不断地重写"③。成中英说:"我们深深体会到,中国哲学的现代化和世界化是一项艰巨浩大的工程。"④尽管如此,现代儒家学者有责任、也有义务承担起这一"挑战"。他说:"中国哲学回复为独立的学问,不只是因回应西方之挑战而建立的,它本身就是一项挑战的学问,即对西方传统之挑战所提出的挑战,同时,也是对人类整体牵引的问题所作的挑战。"⑤具体来讲,要重建儒学乃至中国哲学,不能只问其如何与现代"接轨",应把儒家思想做"深度哲学的处理"。质言之,若能对儒家思想作"最大幅度"的哲学的理性的理解,儒家思想的现代化目标便可实现。进而,成中英提出,要重建儒家哲学乃至整个中国哲学,所谓"深度哲学的处理",必须要满足如下六个条件:

> (一)能够掌握儒家哲学体系及源流,决不闭关自守,反能推陈出新。(二)能够体认儒家哲学的智慧与精神,并能求力行实践。(三)能够发挥知解与分析的理性,在逻辑论证上思辨无碍,在观念建构上清晰明白。(四)能够面对现代人的知识、意志与行为等问题提出解释与

---

① 李翔海、邓克武编:《成中英文集》第一卷,第310页。
② 李翔海、邓克武编:《成中英文集》第一卷,第339页。
③ 李翔海、邓克武编:《成中英文集》第一卷,第329页。
④ 李翔海、邓克武编:《成中英文集》第一卷,第349页。
⑤ 李翔海、邓克武编:《成中英文集》第一卷,第313页。

解决之道。（五）能够把儒家哲学与其他中、印、西哲学体系深入比较，发挥"他山之石，可以攻错"的效果。（六）能够融和诸家之说，为儒家哲学开辟新天地。①

继而，成中英基于对儒学发展的阶段性回顾提出了"新新儒学"的主张。在他看来，儒学的历史发展大致经历了五个阶段：第一个阶段指先秦儒学发展的"原初阶段"。在这个阶段，基于"中华民族的生活智慧与宇宙认知"，孔子创立了"体用无间、持体达用"之"一以贯之"的"儒家之道"。②第二个阶段指从"古典儒学"到汉代儒学。在这个阶段，儒学以追求"经典的整合与经义的系统化路线"为特征。③第三阶段为"宋明新儒学"。在这个阶段，基于汲取玄学和佛学形上学精华的"理气心性之学才得以发挥"为儒学之特征。④第四个阶段为清代儒学。在这个阶段，特征是在批判宋明儒学流弊前提下"力图建设一个开放的本体宇宙观与历史哲学及务实的实践哲学"。⑤第五阶段指"现代新儒学"。在这个阶段，其最大的"挑战"是"如何以古典性之体发展与含容现代化之用"。⑥不过，面对这一"挑战"，现代新儒家"未能系统地掌握古典性与现代性的要点对照是一根本的缺失"⑦。对此，成中英在第五阶段的范围内提出了"新新儒学"的主张。关于"新新儒学"，其理论重点有两个方面：其一，"自我"与"宇宙本体"的"双向掌握"。其二，基于"天人一体"的整体观以解决现实之用。他说：

> 新新儒学的兴起在面对当代新儒家的盲点与弊执而进行再启蒙并回归原点而再出发。此有两重点：重点之一在掌握自我以掌握宇宙本体，掌握宇宙本体以掌握自我。……重点之二在掌握天人一体的整体以面对现实，以发现问题、分析问题、解决问题。⑧

---

① 李翔海、邓克武编：《成中英文集》第二卷，第161页。
② 参见李翔海、邓克武编《成中英文集》第二卷，第432页。
③ 参见李翔海、邓克武编《成中英文集》第二卷，第434页。
④ 参见李翔海、邓克武编《成中英文集》第二卷，第434页。
⑤ 参见李翔海、邓克武编《成中英文集》第二卷，第435页。
⑥ 参见李翔海、邓克武编《成中英文集》第二卷，第436页。
⑦ 李翔海、邓克武编：《成中英文集》第二卷，第436页。
⑧ 李翔海、邓克武编：《成中英文集》第二卷，第437页。

三、西、中、印哲学之比较

　　成中英认为,要实现儒学以至整个中国哲学的重建,进而走出一条通向"世界哲学"的道路,不仅需要"评估"和掌握中国哲学,更需要"知己知彼"而了解西方哲学和印度哲学。他说:"从哲学的观点而言,我们如欲彻底理解一套哲学系统,首先要将其与另一系统作一比较。"[1]他还说:"随着中西方哲学与文化交流的日益扩大,随着中西哲学会通与融合进程的加快,不仅中国大陆的学者,而且海外致力于中国学术研究的学者,都在关注着同一个课题,那就是:正确评估中国哲学的过去,掌握中国哲学的现在,并开拓中国哲学的未来。亦即以古见今。但同时又必须知己知彼,既借西方以了解东方,又使西方能了解东方,从而走出一条通向'世界哲学'的道路。"[2]为此,成中英对于西、中、印哲学进行了比较,并通过比较探讨了"世界哲学"的未来道路。

　　首先,成中英对西方哲学的历史发展、现代格局和未来走向进行了总体分析。他认为,在传统西方哲学中,柏拉图、笛卡尔、康德(Immanuel Kant,1724—1804 年)和黑格尔(Georg Wilhelm Friedrich Hegel,1770—1831 年)作为最重要的代表,其思想构成了西方哲学发展的主要脉络。对于这个主要脉络,他认为"对方法的重视"是一个重要特征。他说:"他们的哲学发展的历史,实际上就是方法的突破的历史。"[3]具体来讲,这四位大师分别提出了不同的哲学方法,在此基础上各自建立了各自的哲学体系。柏拉图根据苏格拉底"定义的方法",提出了思考对象即理念如何定位的问题。笛卡尔利用"怀疑的方法",提出了主观与客观的关系问题,即主体认知能力与客观对象的关系问题。康德则利用"批判的方法"回答了知识之所以可能的基础问题。黑格尔则利用"精神主体展开的辩证法",解决了本体存在是什么的问题。关于西方哲学的这样一种特征,成中英还说:

　　　　在西方哲学传统中,方法问题的重要性一直是很突出的。无论是古代或近代,对方法问题的自觉也始终是西方哲学里的一大特色。从早期的希腊文化开始,西方就有一种理性要求的突破,亦即肯定理性、

---

[1]　李翔海、邓克武编:《成中英文集》第一卷,第 313 页。

[2]　李翔海、邓克武编:《成中英文集》第一卷,第 157 页。

[3]　李翔海、邓克武编:《成中英文集》第一卷,第 163 页。

重视方法。……我们大致可以说,整个西方哲学的发展,就是"方法"问题的发展和演进过程。①

关于20世纪现代西方哲学的格局,成中英将其归纳为"九家十说",即实用主义、现象学派、现象主义学派、逻辑实证论、一般语言分析、存在主义学派、过程哲学、新实在主义学派、结构主义、新学院派即新托马斯主义。②总的看,这些派别呈现出"多元理性"的"重大特征"。他说:"所谓多元理性,是把系统、结构和过程结合在一起,这是现代哲学的一个重大特征。"③具体来讲,"多元理性"是通过"结构"和"过程"的互融而产生的:"结构"是静态的,"过程"是动态的;理性本身既是"结构"又是"过程",即,"结构"中有"过程","过程"中有"结构";最终,二者的互融产生了统一的"系统"。对此,成中英说:"在这种整体理性中,结构与过程实现了互融。……它们通过分合的过程,而形成了大系统的统一。"④关于这个统一的"系统",他说:"以形上理性作为起点,走向分门别类的知识体系,再加上主体和客体的界定、沟通理性的发展、产生相应不同的理性知识、建立理性的多元化,从而演变为多采("采"应为"彩"——引者)多姿的当代哲学,这是当代世界哲学的流向。"⑤总之,通过对这"九家十说"进行分析,不仅可以看出现代西方哲学重视方法的现状,亦能发现西方哲学重视方法的未来趋向。成中英说:"现代哲学要求方法的突破。"⑥进而,基于其"本体诠释学"的理论,他还说:

无论是英美哲学,还是欧洲哲学,都体现了诠释化倾向。⑦

其次,成中英对西、中、印哲学进行了多层面比较,其中最能反映其相关思想的莫过于他对西、中、印三种辩证法的比较。在他看来,这些辩证法的形成都有其"形上学"基础,即这些辩证法是由"形上学"所"开拓"的"分析、评价、指导生活中各种问题的途径",故它们实可代表西、中、印三种不

① 李翔海、邓克武编:《成中英文集》第四卷,第9页。
② 参见李翔海、邓克武编《成中英文集》第一卷,第163页。
③ 李翔海、邓克武编:《成中英文集》第一卷,第172页。
④ 李翔海、邓克武编:《成中英文集》第一卷,第173页。
⑤ 李翔海、邓克武编:《成中英文集》第一卷,第172页。
⑥ 李翔海、邓克武编:《成中英文集》第一卷,第164页。
⑦ 李翔海、邓克武编:《成中英文集》第一卷,第172页。

同哲学。① 具体来讲,西方哲学以黑格尔、马克思(1818—1883 年)为代表的辩证法乃可称为"冲突辩证法",即以矛盾双方"冲突"为特征的辩证法,这种辩证法指"近代西方由黑格尔到马克思所传袭的永恒进步的辩证法"②。"冲突辩证法"具有三个方面的性质:其一,肯定"实在"或历史存在"本体上真实"的客观冲突,这种冲突表现在事态之间或阶级之间。其二,解决冲突的唯一办法是,将冲突的双方在更高层次上"综合"起来。其三,辩证运动是一个不断前进的过程,而这个过程"带有深厚的直线前进的味道"③。具体来讲,"冲突辩证法"主要包括以"肯定""否定""否定之否定"即"正""反""合"为主要环节的四个命题:"(1)世界(主观上)是以一不可再断分的整体而呈现在我们面前的(正);(2)世界凭借'既有'及其反面之间的冲突与对立,来实现自身(反);(3)世界经过冲突因素之间的更高综合,达到一种更高层次的存在(合);(4)世界按照这种过程不断地向上进,愈来愈逼近理想中的完美。"④在成中英看来,西方哲学之"冲突辩证法"与中国哲学之"和谐化辩证法"有很大的不同。他说:

> 如果说,西方思维方式倾向于形式的、机械的、冲突的,那么,中国传统思维方式则倾向于整体的、辩证的、和谐的。故而,我们将中国传统思维方式的特征概括为"和谐化辩证法"。⑤

那么,何为中国哲学的"和谐化辩证法"呢?成中英认为,所谓"和谐化辩证法"指中国儒、道两家哲学的辩证法,即以对偶双方"和谐"为特征的辩证法。⑥ 总的看,"和谐化辩证法"有两个基本观点:其一,"世界本身便是一和谐或和谐历程,其中所有事物之间的差异与冲突均无本体上的真实性"⑦。也就是说,事物之差异和冲突的存在,只是为了完成生命的和谐以及创化继起的生命。其二,"冲突与对立可经过修养和配合自然来化解,这两者都是在人本身的能力之内的"⑧。也就是说,人在生活中会遭遇"冲

---

① 参见李翔海、邓克武编《成中英文集》第一卷,第 252 页。
② 李翔海、邓克武编:《成中英文集》第一卷,第 253 页。
③ 参见李翔海、邓克武编《成中英文集》第一卷,第 253—254 页。
④ 李翔海、邓克武编:《成中英文集》第一卷,第 253 页。
⑤ 李翔海、邓克武编:《成中英文集》第一卷,第 246 页。
⑥ 参见李翔海、邓克武编《成中英文集》第一卷,第 252 页。
⑦ 李翔海、邓克武编:《成中英文集》第一卷,第 252 页。
⑧ 李翔海、邓克武编:《成中英文集》第一卷,第 252 页。

突"或逆境,但是人可以通过理性和行为来克服之。具体来讲,"和谐化辩证法"主要包括六个方面的内容:万物之存在皆由"对偶"而生;"对偶"同时具有相对、互生等性质;差异皆生于或可解释为"对偶";"对偶"生成了"生命创造力"、"复"的历程以及"反"的过程;因为万物有本体上的齐一性,故"对偶"的"冲突"可在此架构中化解;人通过了解实在以及自我,可以发现化解冲突的途径。① 关于"和谐化辩证法",成中英说:

> 由于相对性和对偶性的内在动作原理的作用,当冲突与对立产生的时候,我们必须依循和谐化的辩证法,一方面做道德行为上(现实上)的转化,另方面做本体认识上(思想上)的转化(意指对世界的认识而言)。这样才可化解冲突。②

与上述两种辩证法相较,成中英将佛教的辩证法称为"超越辩证法",即以"超越"现实为特征的辩证法。在成中英,这种辩证法是指"佛学传统中提倡全然否定、全然无执的中观辩证法"③。质言之,这种辩证法认为,虽然在"常识界"中确有"冲突",但只要我们不去肯定冲突,甚至连追求"和谐"的念头都抛弃,这样便能超越冲突。也就是说,若将"和谐"与"冲突"均看成"幻象",这样"冲突"便可自然得以"化解"。对此,成中英说:"我们当注意的是,在处理和谐与冲突问题时,这种辩证法企图以超越问题来化解问题。"④具体来讲,"超越辩证法"的主要原则包括四个方面:"(1)实在的生成乃是断说之结果;(2)任何断说均含一反对,即该断说之否定;(3)虽然经由常识我们承认断说与其否定之间有冲突,且实在中有许多形式就是这种冲突的表现,但为了避开这种冲突的后果(哲学上的、逻辑上的、现实上的),以及为了掌握根本的真相,我们必须舍弃对任何断说及其否定的肯定;(4)经过这个历程,个人便会从冲突与矛盾中解放出来,而达到一种对世界真相彻悟之境地。"⑤关于"超越辩证法",成中英还说:

> 中观辩证法的特色在于否定一切对实在的肯定命题,以及对这些

---

① 参见李翔海、邓克武编《成中英文集》第一卷,第252页。
② 李翔海、邓克武编:《成中英文集》第一卷,第253页。
③ 李翔海、邓克武编:《成中英文集》第一卷,第253页。
④ 李翔海、邓克武编:《成中英文集》第一卷,第255页。
⑤ 李翔海、邓克武编:《成中英文集》第一卷,第254—255页。

命题所做的命题。依此类推，一切实在界之命题皆在否定之列。……
经过这种连续否定后，我们可以达到一种彻悟的境界(般若)和真正对
这世界的了解(菩提)……①

　　进而，成中英对上述三种辩证法的前景进行了展望。在他看来，西、
中、印三种辩证法是在不同的文化经验、需要和刺激下生成的。因此，就生
成背景而言，无法比较其优劣、功过。但是，就理论结构或思想目的来看，
三者虽然不同甚至对立，但却是可以互助、互补的。实际上，当我们有这种
意识的时候，就已在"施展""和谐化辩证法"了。这是一个方面。② 另一方
面，在未来的思想发展过程中，三者是潜在的竞争者。③ 他认为，在历史上
"和谐化辩证法"与"超越辩证法"接触交融，最终前者战胜了后者，后者被
吸纳到宋明理学中。目前，"和谐化辩证法"又遭遇"冲突辩证法"的挑战。
在这次冲突面前，成中英一方面认为这"还是一个悬而未决的问题，也是一
个最重要的问题"④；另一方面他对"和谐辩证法"的前景又充满希望和信
心。他说："就哲学观点来说，一个问题范型现在行不通，并不代表在未来
也行不通。"⑤他还说："就对人类经验的意义及思想上一贯性的要求来看，
或以人类的需要、人类的理性而言，儒、道'和谐化辩证法'与其他类型的辩
证法相比较，实具有更大的相关性与更广的包容性。因此，在与历史上其
他辩证法的未来竞争方面，儒、道的'和谐化辩证法'还是一个非常有力的
体系。"⑥关于中西哲学的竞争与发展前景，成中英说：

　　　我得出这样一个结论，中西的竞争就是谁学习对方而不丧失自
己，融合得更快、更好，谁就是胜利者。⑦

四、C 理论:中国的管理哲学

　　成中英认为，管理是一个复杂的过程，它分为不同的层次，表现为一定

---

① 李翔海、邓克武编:《成中英文集》第一卷，第 254 页。
② 参见李翔海、邓克武编《成中英文集》第一卷，第 253 页。
③ 参见李翔海、邓克武编《成中英文集》第一卷，第 255 页。
④ 李翔海、邓克武编:《成中英文集》第一卷，第 256 页。
⑤ 李翔海、邓克武编:《成中英文集》第一卷，第 263 页。
⑥ 李翔海、邓克武编:《成中英文集》第一卷，第 263 页。
⑦ [美]成中英、吕力:《成中英教授论管理哲学的概念、体系、结构与中国管理哲学》，武汉:
《管理学报》2012 年第 8 期(下同)，第 1101 页。

的发展阶段,并形成一个整体的系统,以达到一个预定的目标。① 正因为如此,管理活动需要管理哲学予以支持,管理学亦需要管理哲学予以支撑。由此来看,"管理哲学的地位是非常重要的,在整个人类经济活动、政治活动、社会活动、个人发展中占有崇高的和最根本的位置"②。他说:"科学管理最根本的问题实际上就是哲学问题……管理哲学可说是管理科学的生命源,是管理科学的一个批判者、一个监理者。"③那么,何谓管理哲学呢?"管理哲学是管理学的基础和动力,是解决基础问题的枢纽,以及认识基础问题的基本能力。"④依着成中英的理解,"管理哲学"既然是一门"哲学",它就不能停留于"管理学",而是须深入哲学层面。他说:

> 我讲管理哲学当然已经不只是讲管理哲学,实际上是一套宇宙论,一套本体论,一套伦理学,一套政治哲学。⑤

基于此认识,成中英认为,相对照于创建管理哲学这一目标,中国哲学比西方哲学具有更强的借鉴意义。或者说,相对于已经出现的西方管理哲学来讲,中国的管理哲学虽然不同,但可能更为重要。他说:"西方的管理哲学是以经济为基础的,中国的管理哲学是以伦理为基础的,这两者是有差别的。"⑥具体来讲,在成中英看来,中国哲学有着丰富的管理哲学资源,这些资源主要包括:其一,中国哲学"重视整体观念";其二,中国哲学"强调整体中个体相互依存的关系";其三,中国哲学强调事物之间的对立统一;其四,中国哲学重视"和谐";其五,中国哲学重视"天人合一";其六,中国哲学具有极强的解释力。⑦ 对此,成中英说:

> 中国哲学包含丰富的人生与社会智慧。基于其对整体思想的重视与发挥,显然能为管理科学提供一个哲学的基础,把重视技术的科学管理推向灵活的整体思想管理。⑧

---

① 参见李翔海、邓克武编《成中英文集》第三卷,第122页。
② [美]成中英、吕力:《成中英教授论管理哲学的概念、体系、结构与中国管理哲学》,第1102页。
③ [美]成中英、吕力:《成中英教授论管理哲学的概念、体系、结构与中国管理哲学》,第1101页。
④ [美]成中英、吕力:《成中英教授论管理哲学的概念、体系、结构与中国管理哲学》,第1102页。
⑤ [美]成中英、吕力:《成中英教授论管理哲学的概念、体系、结构与中国管理哲学》,第1105页。
⑥ [美]成中英、吕力:《成中英教授论管理哲学的概念、体系、结构与中国管理哲学》,第1104页。
⑦ 参见李翔海、邓克武编《成中英文集》第三卷,第248—249页。
⑧ 李翔海、邓克武:《成中英文集》第三卷,第248页。

　　成中英认为,管理哲学作为一门学问,包括"事实""知识""价值"和
"规范"四个核心概念。他说:"管理包括事实、知识、价值、规范。在事实上
面建立知识,在知识上面建立价值,在价值上面建筑规范,这是我的方法学
的几个层次。"①由此来讲,比较典型的管理哲学有"美国式"的和"日本式"
的两种形态;这两种形态分别代表两种极端形态,故前者可以英文字母"A"
来描述,后者可以英文字母"Z"来描述,因为"A"和"Z"乃英文 26 个字母的
两端。他说:"美国的 A 表现为科学精神,一种科学的知识发展。日本的 Z
代表一种群策群力的能耐,这个 Z 就是说组织能量、群体能量,不是突出个
人,是突出群体发展的一种理论。"②在成中英看来,中国的管理哲学与这
两种极端形态则明显不同,其乃基于心灵感应或认识,却感受、领会感情
或事情,从而达到道德目的,最终实现和谐秩序。质言之,"美国式"的管
理哲学是一种"机械性"的管理科学,"日本式"的管理哲学是一种"群体
性"的组织活动,而中国的管理哲学则凸显了人的"创造力"。很显然,就
上述四个核心概念来讲,"美国式"的管理哲学强调的是"事实"和"知
识","日本式"的管理哲学强调的是"规范",而中国的管理哲学强调的是
"价值"。他说:

　　　　代表中国管理哲学的 C 理论要突出一种宇宙创造力。人代表宇
　　宙的一部分的内在创造力,它要建造一个天人相通,又是知行合一,又
　　是主客互动的一种发展方式,这是一种理想的层面,怎么去实现这个
　　理想是一个重大问题。③

　　在成中英看来,决策乃管理过程中的核心,故管理哲学须首先着眼于
决策的研究。他说:"管理是一个不断决策的过程。如果说,目标是管理的
终点的话,那么,决策就是管理的起点,它是在对管理目标认识的基础上所
作的决定。…… 从这个角度来说,决策确实是管理的灵魂、管理的核
心……"④那么,何谓"决策"呢?"所谓决策就是寻求一种价值来作为改变
环境、提升生活的一种方案,这一方案必须通过一定的时间过程来完成,这
就必然牵涉到起点和终点的问题。起点和终点之间具有连续性,管理就是

　　① ［美］成中英、吕力:《成中英教授论管理哲学的概念、体系、结构与中国管理哲学》,第 1107 页。
　　② ［美］成中英、吕力:《成中英教授论管理哲学的概念、体系、结构与中国管理哲学》,第 1107 页。
　　③ ［美］成中英、吕力:《成中英教授论管理哲学的概念、体系、结构与中国管理哲学》,第 1108 页。
　　④ 李翔海、邓克武编:《成中英文集》第三卷,第 131 页。

一个连续的决策和实践的过程。"①可见，"决策"乃一个从"理性"到"意志"的过程，即从"知"到"行"或从知识到实践的过程。既然"决策"牵涉到"知"和"行"，显而易见中国哲学有一些重要理念可为基础，尤其中国经典《易经》可为"决策"提供哲学基础。他说："策略的哲学基础，应该从讲究时中整体定位、时中变通之学的《易经》中去了解。……定位是《易经》的基本观念，即天地定位的意思；时中是依时、依地作最好的变通的运用。……归纳起来，我们就可以自《易经》的哲学观点对策略与战术获得一个较深入的概念。"②质言之，中国哲学可以为管理哲学的发展做出应有贡献。成中英说：

> "C 理论"是上述管理与哲学相互诠释的产物。它以中国的《易经》哲学为基础，以阴阳五行为主干，融合中国古代哲学的诸子百家，统合现代东西方的各种管理理论与学说，从而形成一个具有中国特色与时代特色的崭新的管理哲学系统。③

基于前述认识，成中英提出了中国的管理哲学的"C 理论"。所谓"C 理论"，是指管理哲学的基本框架由五个环节构成，而这五个环节之名均以英文字母 C 开头。具体来讲，这些环节主要包括：其一，决策（Centrality）。决策为管理过程的中心，故有所谓"管理即决策"之说。其二，领导（Control）。决策的执行依赖于领导，故领导对管理具有决定性作用。其三，应变（Contingency）。应变是管理获得成功的重要因素。其四，创新（Creativity）。创新是管理的"生命力"所在。其五，协调（Coordination）。人际关系的融洽是实现管理目标的重要保障。④ 更为重要的是，之所以称之为五个"环节"，乃在于它们并非各自独立不相干，而是前后相连、循环往复的。成中英说："简单地说，我提出 5 个 C，就是从计划与决策（C1），到组织与领导（C2），到竞争与合作（C3），然后到生产与改造（C4），再到协调与沟通（C5），然后再回到决策。"⑤需要注意的是，"C 理论"所凸显的是"创造力"。成中英说："C 就是原始的创造力，创造力包括创造原始的形态能力、更新

① 李翔海、邓克武编：《成中英文集》第三卷，第 131 页。
② 李翔海、邓克武编：《成中英文集》第三卷，第 266 页。
③ 李翔海、邓克武编：《成中英文集》第三卷，第 143 页。
④ 参见李翔海、邓克武编《成中英文集》第三卷，第 176 页。
⑤ ［美］成中英、吕力：《成中英教授论管理哲学的概念、体系、结构与中国管理哲学》，第 1108 页。

的能力,是一种广泛的从无到有、从有到更新的能力。C 是中国 China,是创造力 Creativity。C 理论是中国的创造力理论或中国创造之道。"①对于这套理论,成中英充满了理论自信。他说:

> 我这一套理论是中国管理哲学最基本的模型,可以应用到中国的发展过程的说明与规划,兼用于经济上的发展与政治上的发展。当然,世界的发展也离不开这个基本模型。②

在成中英看来,"C 理论"与中国哲学之"五行"理论有所契合,或者说,"五行"理论为"C 理论"提供了哲学基础。他说:"经过诠释的五行,这是我的管理 C 理论的一个最中心的思想。"③所谓"五行"理论,指"金""木""水""火""土"五种元素,它们相生相克,从而构成生生不息的宇宙。成中英认为,"五行"理论还具有深刻的管理哲学意义,此意义分别对应于"C 理论"的五个英文单词,从而形成整体抽象的"5C 系统":"土"在五行中居中心地位,用 Centrality 表示(C1);"金"具有控制性,用 Control 表示(C2);"水"具有变动性,用 Change 或 Contingency 表示(C3);"木"具有创造性,用 Creativity 表示(C4);"火"具有协调性,用 Coordination 表示(C5)。④ 关于此系统,他说:"我们完全可以把五行理论同西方管理理论相结合,而形成一套中西交融的新的管理哲学。具体来说,就是把五行五种功能进行一步抽象,并用字母'C'开头的英文单词来表示,从而形成一种'5C 系统',使它更能够包含和说明现代的管理理论与实践,更容易为现代的管理者所理解、接受和运用。"⑤关于"C 理论"与"五行"理论之结合的意义,成中英认为,它可以为任何管理活动提供哲学指导。他说:

> C 理论五个要素的运作与中国《易经》五行相生的原理结合在一起,如此便形成一个评估、整合的系统,可对任何组织或管理运作加以分析,知其长短,并加以改善。⑥

---

① [美]成中英、吕力:《成中英教授论管理哲学的概念、体系、结构与中国管理哲学》,第1107页。
② [美]成中英、吕力:《成中英教授论管理哲学的概念、体系、结构与中国管理哲学》,第1109页。
③ [美]成中英、吕力:《成中英教授论管理哲学的概念、体系、结构与中国管理哲学》,第1109页。
④ 参见李翔海、邓克武编《成中英文集》第三卷,第151页。
⑤ 李翔海、邓克武编:《成中英文集》第三卷,第151页。
⑥ 李翔海、邓克武编:《成中英文集》第三卷,第177页。

第六节　南乐山

南乐山(Robert C. Neville),1939 年生于密苏里州圣路易斯(Saint Louis)。1960—1963 年在耶鲁大学先后取得学士、硕士和博士学位,1993 年获里海大学(Lehigh University)神学博士学位,1995 年获俄罗斯科学院荣誉博士学位。曾在纽约州立大学石溪分校(State University of New York at Stony Brook)、耶鲁大学和福特汉姆大学(Fordham University)任教。1988—2003 年在波士顿大学(Boston University)神学院任院长,兼任哲学系、宗教系教授。1988—1989 年任美国形而上学学会(Metaphysical Society of America)主席,1992—1993 年任美国宗教学术学会(American Academy of Religion)主席和"国际中国哲学会"主席。现任波士顿大学神学院哲学系、宗教系教授。在他和同事们的共同努力下,波士顿作为北美神学界发展儒家思想的"道场",成为"波士顿儒学"的重要舞台。对此,白诗朗(John Berthrong, 1946—　)评价说:"波士顿大学的南乐山教授是推动波士顿儒家最知名的人物。……南乐山的比较哲学研究中最特别的一部分就是他过去 20 年所作的有关儒家思想的研究。"①

南乐山的主要著作包括:《战士、圣人和圣徒》(*Soldier, Sage, Sain*)、《思想的重建》(*Reconstruction of Thinking*)、《作为创世主的上帝》(*God the Creator*)、《自由的宇宙论》(*The Cosmology of Freedom*)、《尺度的重新发现:解释与自然》(*Recovery of the Measure: Interpretation and Nature*)、《范式文化》(*Normative Culture*)、《创造和上帝:对过程神学的挑战》(*Creativity and God: A Challenge to Process Theology*)、《道和恶魔》(*The Tao and the Daimon*)以及《在上帝面具的背后——儒道与基督教》(*Behind the Masks of God: an essay toward comparative theology*)、《波士顿儒家:晚期现代世界中可移动的传统》(*Boston Confucianism: Portable Tradition in the Late - Modern World*)、《现代化晚期的宗教》(*Religion in Late Modernity*)、《神学的范围与真理》(*The Scope and Truth of Theology*)、《礼与敬:比较语境中的中国哲学》(*Ritual and Deference: Extending Chinese Philosophy in a Comparative Context*)等。

―――――――――――

① ［美]白诗朗文,张颖译:《波士顿儒家:全球儒学的第三次浪潮》,《儒教研究》,北京:社会科学文献出版社 2009 年(下同),第 320 页。

一、"波士顿儒家"与多元文化

"波士顿儒家"是南乐山、白诗朗与杜维明在共同举办学术沙龙的过程中逐渐形成的学术派别。1993年,南乐山在"国际中国哲学会"学术研讨会演讲时,提出了"波士顿儒家"的概念,此后他与白诗朗又多次阐述关于"波士顿儒学"的构想。2000年,南乐山出版了专著《波士顿儒家》,正式宣告这一学派的确立。"波士顿儒家"的成员主要来自位于波士顿的两所大学:一是哈佛大学,二是波士顿大学。这两所大学以查尔斯河(Charles River)为界,以北以"哈佛—燕京学社"为中心,以杜维明为代表,被称为"河北派";以南以波士顿大学神学院为中心,以南乐山和白诗朗为代表,被称为"河南派"。这两个派别的具体观点并不完全相同:"河北派"传承的是思、孟、陆、王、牟宗三的传统,它体现着儒学传统中的一条主线——心性儒学;"河南派"传承的是荀子和朱熹的传统,它体现着儒学传统中的另一条主线——程朱理学。不过,这两个派别总体上均认同儒家价值——认为儒学不仅是一种历史悠久之学说,而且可以成为当代社会重要的价值资源。不过,通常来讲,所谓"波士顿儒家"多指"河南派"的南乐山和白诗朗,其中尤以南乐山为代表。关于南乐山的儒家思想,白诗朗曾评论说:

> 就波士顿儒家而言,南乐山的主张是:广义地说,儒家传统是可移植的,也就是说,它能够从东亚的知识家乡进入到晚期现代西方的哲学论述中。……南乐山研究波士顿儒家的部分原因就是要显示现今的儒家如何移动,儒家渐增的传统又如何增进全球的哲学。①

南乐山认为,儒家传统是可以"移植"到西方国家的。当然,"移植"的一端是作为"本"的中国儒家传统,另一端则是作为"枝"的儒家思想在其他文化中的传播。② 进而,他认为,作为"枝"的"波士顿儒家",亦有"增进全球的哲学"的责任。不过,要履行这种责任,它须首先面对文化多元问题。所谓"文化",乃指传统的总和。他说:"什么是文化?它是指塑造人的禀赋

---

① ［美］白诗朗文、张颖译:《波士顿儒家:全球儒学的第三次浪潮》,《儒教研究》,第320—321页。

② 参见 Robert Cummimgs Neville. *Boston Confucianism: Portable Tradition in the Late – Modern World.* Albany: State University of New York Press, 2000. p. 6。

的所有传统的总和;它在实现自身的同时,也塑造了人类。"①所谓"多元"是指由于历史背景的差异,人类形成了多种不同的文化形态;这些文化在全球化背景下有可能"冲突",但它们也面临着诸多共性的问题。例如,"所有伟大的精神传统都正面临着后期现代性的挑战,至少面临着科学、全球伦理和生态所提出的挑战"②。基于此,南乐山认为,不同文化应进行沟通和"对话",同时亦应进行自身的创造和发展。当然,沟通与"对话"不是无原则的折中、妥协,而是一种具有创造性的发展。③ 因此,"波士顿儒家"不仅应探讨与佛教、道教、萨满教等如何共存的问题,而且也要探讨与基督教、犹太教、伊斯兰教如何共存的问题。实际上,儒家传统不仅应面对文化多元问题,而且应该在此方面为人类做出贡献。南乐山说:

> 儒学是一个活的传统,可以为当下全球性的哲学探讨与宗教的文化形成作出贡献。……我们需要从历史的角度理解过去的儒学,同时也需要从思想形式的角度理解现在的儒学,看一看当代儒学是否能够对当代的问题与当下的讨论发表见解。④

具体来讲,南乐山认为,美国文化的特征是文化的多元性,这是中国古代儒家所不曾遇到的。因此,"波士顿儒家"需要正视文化多元问题,并具体而积极地解决其问题。例如,在美国这样文化多元的地区,人与人之间如何相互包容、相互尊重,并建立相应的文明规范,应成为"波士顿儒家"的重要使命。实际上,儒家在这方面有着"丰厚"的传统,对此可提供有益的启示。他说:"对当代哲学的讨论而言,儒学确实有一些东西是有趣的和有益的。"⑤例如,儒家的"礼"即代表一种人与人之间相互包容、相互尊重的行为规范;从内容上讲,它包括三个方面的含义:其一,文化是由"礼""构造"出来的;其二,"礼"代表文明的规范;其三,"礼"创造着人类社会中的

---

① Robert Cummimgs Neville. *Boston Confucianism*: *Portable Tradition in the Late – Modern World*. ibid. p. 29.

② Robert Cummimgs Neville. *Boston Confucianism*: *Portable Tradition in the Late – Modern World*. ibid. p. 208.

③ 参见 Robert Cummimgs Neville. *Boston Confucianism*: *Portable Tradition in the Late – Modern World*. ibid. pp. 206 – 208。

④ [美]南乐山著,崔雅琴译:《当代儒家思想的扩展形态》,俞立中主编:《智慧的圣坛》,上海:华东师范大学出版社 2008 年(下同),第21页。

⑤ Robert Cummimgs Neville. *Boston Confucianism*: *Portable Tradition in the Late – Modern World*. ibid. p. 1.

和谐。① 由此来看,"波士顿儒家"的一个研究重点应是"呼唤礼的复兴"。②
关于"呼唤礼的复兴",南乐山认为,其主要包括三项理论议题:其一,个人
如何与"共同体"互动,并在其中发挥领导或"准领导"的作用。其二,人与
人之间的"友谊"如何形成。其三,家庭如何来组织。③ 总之,在南乐山看
来,面对美国文化多元问题,"波士顿儒家"不仅有阐发儒学现代意义的责
任,亦有"修正"儒家传统的义务。

关于阐发儒学的现代意义,南乐山认为,儒学作为"一个活的传统",可
以而且应该为美国乃至西方社会做出贡献。具体来讲,儒学可在如下四个
方面发挥借鉴意义。其一,"伦理语义学"(the semiotics of ethics)的意义。④
西方伦理学传统注重行为、决定、目标或价值,但没有认识到,社会活动若
没有"礼"是不可能实现的。不过,儒学在揭示"礼"如何使不同文明各得其
宜方面有深厚传统,故儒学使得我们今天对美国社会习惯、礼仪规范进行
"检讨"成为可能。其二,"文化美学"(the aesthetics of culture)的意义。⑤
西方的"启蒙运动"观念作为一种"文化工具论",所强调的"进步"观念可
能导致人性的"牺牲"。然而,儒家的"文化美学"则没有这样的缺点,它对
文化的强调可以促进人类生活的丰富与和谐。其三,"个人对文明的作用"
(the personal competence of civilization)的意义。⑥ 西方文化强调的是"大众
文化趣味",追求的是自由意志和舒适生活。荀子则认为,人并非生来就是
"文明"的,而是需要"化性起伪"⑦的,因此"文化精英"的作用便很必要。
其四,"传统的作用"(the irony of convention)的意义。⑧ 在当今时代,文化
多元、不同文明互相碰撞导致了许多社会问题,西方文化对此已有一些研

---

① 参见 Robert Cummimgs Neville. *Boston Confucianism*:*Portable Tradition in the Late - Modern World.* ibid. p. 8。

② 参见 Robert Cummimgs Neville. *Boston Confucianism*:*Portable Tradition in the Late - Modern World.* ibid. p. 7。

③ 参见 Robert Cummimgs Neville. *Boston Confucianism*:*Portable Tradition in the Late - Modern World.* ibid. p. 15。

④ 参见 Robert Cummimgs Neville. *Boston Confucianism*:*Portable Tradition in the Late - Modern World.* ibid. p. 39。

⑤ 参见 Robert Cummimgs Neville. *Boston Confucianism*:*Portable Tradition in the Late - Modern World.* ibid. p. 39。

⑥ 参见 Robert Cummimgs Neville. *Boston Confucianism*:*Portable Tradition in the Late - Modern World.* ibid. p. 40。

⑦ 参见王先谦撰,沈啸寰等点校《荀子集解》,第438页。

⑧ 参见 Robert Cummimgs Neville. *Boston Confucianism*:*Portable Tradition in the Late - Modern World.* ibid. p. 40。

究。实际上,儒家非常重视"传统"的作用,认为"传统"是文明发展的前提。对于这四个方面的意义,南乐山称之为儒学可有的"显著贡献"。他说:

> 对于当代世界哲学和强化儒学作为一种世界哲学的方法,古代中国哲学至少有四个方面的显著贡献,……它们分别称为伦理语义学、文化美学、个人对文明的作用、传统的作用。①

关于"修正"儒家传统,南乐山认为,面对美国的多元文化,"波士顿儒家"要"修正"传统儒学,须遵循如下几个原则:其一,必须接受"多元宗教性"(multiple religious identity)的选择。② 在东亚,这是一个儒教与佛教、道教、萨满教等如何和谐共存的问题;在美国及西方,这则是一个与基督教、犹太教、伊斯兰教等如何和谐共存的问题,显然这是儒学所面临的一个新课题。其二,"自我意识"要发展为"历史性自我意识"。③ 即,要面对西方哲学传统的挑战,向康德哲学、现象学派、西方逻辑学学习,就像历史上儒家曾经向佛教和道家学习一样。其三,要走向"大众化"。④ 儒学要在西方实现大众化传播甚至普及,必须要注意吸引"非严格意义的学者"。即,儒学要在美国乃至西方获得发展,不仅需要"学术造诣深厚"的专业学者,亦需要不会读儒家原典的普通民众。其四,必须强调"礼的复兴"。⑤ 公共生活对"德性"的呼唤凸显了"礼"的价值,而儒家传统即旨在"塑造"人及社会的礼仪。因此,不仅应提倡学习某种专门技艺,更应当提倡"礼"的"社会教育",以培养良好生活习惯。对于作为"枝"的"波士顿儒家"对作为"本"的传统儒学的"修正",杜维明给予了充分肯定。他说:

> 可以理解的是,当南乐山作为波士顿儒家讨论"礼"时,他对于儒家话语的性质提出了挑战性问题,同时也对儒家传统成为美国智识传

---

① Robert Cummimgs Neville. *Boston Confucianism: Portable Tradition in the Late-Modern World.* ibid. p. 38.

② 参见 Robert Cummimgs Neville. *Boston Confucianism: Portable Tradition in the Late-Modern World.* ibid. p. 22。

③ 参见 Robert Cummimgs Neville. *Boston Confucianism: Portable Tradition in the Late-Modern World.* ibid. p. 21。

④ 参见 Robert Cummimgs Neville. *Boston Confucianism: Portable Tradition in the Late-Modern World.* ibid. pp. 21-22。

⑤ 参见 Robert Cummimgs Neville. *Boston Confucianism: Portable Tradition in the Late-Modern World.* ibid. p. 22。

统整体的一部分进了展望。①

二、中国哲学"创造"观念的宗教哲学意义

在南乐山看来,就哲学的视野来讲,宗教应是其重要的内容;而对这个重要内容进行思考的"成果"就是"宗教哲学"。他说:"宗教哲学因一种假设而产生,这一假设是:哲学需要一种对上帝进行哲学思考的成果。"②就"宗教哲学"的内容来看,"本体论"和"宇宙论"是两个基础性的部分。因此,南乐山对"本体论"和"宇宙论"进行了辨析。

南乐山认为,所谓"本体论",本质"是一种从无创造的本体论"③。具体来讲,"本体论"包括三个方面:一是"被创造的世界";二是"创造的源泉";三是"创造活动本身"。他说:"从无创造是带有三个可辨认特征的创造活动,这三个特征是被创造的世界、创造的源泉、创造活动本身。"④所谓"被创造的世界",是指由具有"确定性"的事物所构成的世界。在此,"被创造的世界"的"明确"特征是"确定性"。他说:"从作为一个创造物的世界说起,被创造的明确标志就是一般的确定性。任何确定的事物都是被创造的……"⑤所谓"创造的源泉",是指创造活动所依赖的"根源"。由于"确定性"完全是"创造"的结果,故"创造的源泉"的"明确"特征必为"不确定性";否则,它就不足以超越"被创造的世界"而为"创造的源泉"。他说:"创造是它本身的原因。……除了创造以外,源泉是全然不确定的,什么也不是,它甚至不是一种创造性的潜在性。因此源泉甚至不是源泉,除了通过创造它才是源泉。这证明了神对所有事物的完全超越。"⑥所谓"创造活动本身",指"创造的源泉"对于"被创造的世界"之"从无到有"的创造活动。"创造活动本身"依"被创造的世界"而获得"确定性",这种"确定性"一方面是"永恒性",因为"整体性"本身是"暂时性"的条件;另一方面是

① Tu Weiming, foreword. Robert Cummimgs Neville. *Boston Confucianism*: *Portable Tradition in the Late-Modern World.* ibid. pp. xii–xiii.
② [美]南乐山著,辛岩等译,张西平校:《在上帝面具的背后——儒道与基督教》,北京:社会科学文献出版社1997年(下同),第68页。
③ [美]南乐山著,辛岩等译,张西平校:《在上帝面具的背后——儒道与基督教》,第6页。
④ [美]南乐山著,辛岩等译,张西平校:《在上帝面具的背后——儒道与基督教》,第6页。
⑤ [美]南乐山著,辛岩等译,张西平校:《在上帝面具的背后——儒道与基督教》,第6页。
⑥ [美]南乐山著,辛岩等译,张西平校:《在上帝面具的背后——儒道与基督教》,第8页。

"暂时性",因为"被创造物"是暂时的。①

　　在南乐山的理解中,"创造"是"本体论"的一个关键概念。基于此,他对中国哲学与西方哲学的相关内容进行了比较。就西方哲学来讲,"创造"观念来源于两个传统。其一,指西方文化的"双根源传统":一个根源是近东关于"上帝"的概念,它把"上帝"当作世界的创造者;另一个根源是希腊的哲学,它将人类社会理解为在根本上是"秩序"和"无序"的交替。② 在这一"双根源传统"中,"创造"并不是某种新事物的"创造",而是上帝提出的"限定"。其二,指西方文化的"神秘主义传统"。在这个传统之下,"上帝"超越确定事物之间以及"秩序"和"无序"之间的界限,并是它们的"源泉"。他说:"秩序和无序两者以及它们的混合物都被认为是被创造的这一点证明了一个超越的创造者的存在。"③总之,上述两个传统所"塑造"的"创造"观念体现出两个观点:"一是上帝创造了与上帝本身相异的某种新世界;二是上帝或许是具有人格特征的一种存在。"④很明显,这样两个观点肯定"上帝"的"确定性",而这种肯定透显着"创造的源泉"与"被创造的世界"的理论矛盾:若"上帝"具有"确定性"特征,则它便不会是"创造的源泉",因为"被创造的世界"的特征是"确定性"。南乐山说:

　　　　只要上帝是一个确定的存在,就一定会有比上帝和世界更为根本的东西,从而能对两者作出确定的区分。……因此就必须杜绝诉求进一步要求本体论背景支持的意义上而言,本体论背景必须是不确定的。⑤

　　就中国哲学来讲,"创造"观念则表达为另外一种理解。具体来讲,中国哲学的"创造"观念表达为"变化",而"变化"乃一个"阴""阳"交替的复杂过程。即,"阴"与"阳"的区分不仅意味着二者的对立,重要的在于二者的交替会"创造"新事物:"阴"作为一种"女性"状态,指事物由之产生、又

---

①　参见[美]南乐山著,辛岩等译,张西平校《在上帝面具的背后——儒道与基督教》,第9页。

②　参见[美]南乐山著,辛岩等译,张西平校《在上帝面具的背后——儒道与基督教》,第51—52页。

③　[美]南乐山著,辛岩等译,张西平校:《在上帝面具的背后——儒道与基督教》,第54页。

④　[美]南乐山著,杨浩译:《儒学与基督教创造力观念之比较》,《求是学刊》2008年第6期(下同),第20页。

⑤　[美]南乐山著,杨浩译:《儒学与基督教创造力观念之比较》,第20页。

向之复归的地方;"阳"指从"根据地"向外出动,即从"女性"状态向外延伸;"阴""阳"的互动不仅使旧事物得到强化,而且会创造某种新事物。①很显然,中国哲学的"创造"不是指"从无创造"新事物的活动,而是基于"本源"的"萌芽""建构"新事物的过程,而且,被"建构"的新事物又与"本源"之间具有"同一性"。南乐山说:"中国的伟大哲学传统——儒教和道教都包括了阴阳这一根本性的隐喻,只是对它的强调略有不同罢了。儒家……使自己深入于表现人类美德的人伦之中。道家强调向源泉的回归,向阴的底层基础的回归,向水和婴儿的柔弱但不屈服的力量的回归,以成功地达到自己的目的。两种传统都不否认在理解和活动中有尊重阴和阳的局限性的必要。"②质言之,中国哲学的"变化"与西方哲学的"创造"相应,但它们又有很大不同;关键的不同之处在于它没有"创造的源泉"与"被创造的世界"之间的理论矛盾。南乐山说:

> 作为一个结果,中国的创造概念把暂时的过程说成为变化,是向纵深方向的持续变化。这种变化也具有规范的力量。③

南乐山进而认为,西方哲学的"创造"观念虽然透显着理论矛盾,但它所表达的本体论层面"不对称"的观念,即"被创造的世界"与"创造的源泉"之间的"不平等性",是有价值的。相对照地看,中国哲学的"变化"观念虽不同于"创造"观念,但它同样表达了本体论层面"不对称"的观念,因为它对具有"确定性"的超越事物不感兴趣,而对事物的"内在确定性"却"极度欣赏"。他说:"问题是在承认内在确定性原则的中国传统中是否有对本体层面的不对称的有意义的说明。我相信那里有这一有意义的说明,虽然其形式与西方的形式不完全相似。"④具体来讲,与西方哲学"创造"观念所体现的"不对称"相比,中国哲学的"变化"观念乃通过"萌生方式"反映了这种"不对称"。关于"萌生方式",他解释说:"这一方式包含站在某些内在确定的事物的状态一边,以便指称一种在本体论上更基本的状态。在这个更基本的状态中,事物确定的状态开始产生。我称后一个状态为前

----

① 参见[美]南乐山著,辛岩等译,张西平校《在上帝面具的背后——儒道与基督教》,第54—55页。

② [美]南乐山著,辛岩等译,张西平校:《在上帝面具的背后——儒道与基督教》,第55页。

③ [美]南乐山著,辛岩等译,张西平校:《在上帝面具的背后——儒道与基督教》,第57页。

④ [美]南乐山著,辛岩等译,张西平校:《在上帝面具的背后——儒道与基督教》,第75—76页。

一个状态的本体论根据。除了是内在确定性状态的开始和准备产生内在确定性状态之外,它没有任何特性。虽然本体论根据的任何内涵很少积极地创造内在确定的事物,但它确实是那一确定状态的开始,因此与这一确定状态的关系是不对称的。"①例如,道家所谓"道,可道,非常道;名,可名,非常名"②之论便明确地表达了这种"不对称":不可名状的"道"是创造性的,可名状的"道"则是被创造的;除了参照后者以外,对前者不能进行任何界定。对此,南乐山说:"在这里不存在永恒的道的立足点,因为它是确定的世界过程的暂时结构的永恒创造。这是本体创造范畴的一个确切说明。"③

在南乐山看来,"本体论"的这些内容是"普遍化"的解释。④然而,若停留于这样一种解释层面,它对于人类社会不会有实际意义。他说:"从无创造的模式是如此抽象,以至它和任何确定的世界都不发生矛盾。这样一种模式如果不特殊化的话,则对我们这个世界不会有太大的帮助。"⑤南乐山的意思是,在"本体论"之外,还需要探讨"宇宙论",因为"宇宙论"是"普遍化"之"本体论"的"特殊化"即具体化。他说:"这一解释(指本体论——引者)需要被扩展,以便在许多向度上能对事物的被创造的特性进行分析,这些向度标明了它们的被创造的条件。为此种需要提供的答案是……基本宇宙论。"⑥可见,所谓"宇宙论",指基于"本体论"而在哲学层面对于"世界架构"的描述。他说:"所谓'宇宙论',是指一系列富于想象力的才智的活动,通过这些活动,人们社会地建构了他们的实在,并对这一建构进行批评。其范围从最基本的神话因素直到复杂的神学和形而上学,包括艺术和一切宗教实践形式中的智力符号表达。"⑦依着他的理解,"宇宙论"由描述"确定世界"的"有序""无序""混合""混合因"四个范畴组成。不过,在这些范畴之外,"创造"乃其根本性的范畴。在此意义下,"宇宙论"其实就是"创造"的具体表达。他说:

---

① [美]南乐山著,辛岩等译,张西平校:《在上帝面具的背后——儒道与基督教》,第76页。
② 朱谦之:《老子校释》,第3页。
③ [美]南乐山著,辛岩等译,张西平校:《在上帝面具的背后——儒道与基督教》,第76页。
④ 参见[美]南乐山著,辛岩等译,张西平校《在上帝面具的背后——儒道与基督教》,第6页。
⑤ [美]南乐山著,辛岩等译,张西平校:《在上帝面具的背后——儒道与基督教》,第10页。
⑥ [美]南乐山著,辛岩等译,张西平校:《在上帝面具的背后——儒道与基督教》,第20页。
⑦ [美]南乐山著,辛岩等译,张西平校:《在上帝面具的背后——儒道与基督教》,第165页。

这一宇宙论是创造在无序、有序、混合以及混合因方面的表达。①

为了进一步说明中国哲学的价值,南乐山具体辨析了中国传统的"宇宙论"思想。如前所述,"宇宙论"的内容不外乎"创造"所涉及的"无序""有序""混合""混合因"四个范畴。在南乐山看来,中国哲学对这四个范畴及其关系的理解比西方哲学更明确。他说:"在我看来,中国儒家、道家和中国化的佛教的完整结合以比任何其他传统更均衡、更清晰、更自觉和更和谐的方式表达了基本宇宙论的这四个基本范畴,虽然所有传统都对这几个范畴给予了某种承认。"②中国哲学的相关思想是:"地""器""气"或"阴"是"无序"的;"天""原则""理"或"阳"是"有序"的;"道"或"仁"作为"有序"的共同的、表达的和谐是"混合";"天人合一"作为伟人圣贤的"鹄的"是"混合因"。③ 具体来讲,中国哲学认为,"天"和"地"、"阴"和"阳"是一种"伙伴关系",这种"伙伴关系"体现为"有序"和"无序"的结合。即,"有序"的"天"确定事物的特性,"无序"的"地"承载事物的特性;"天"和"地"作为抽象物来说乃整全性的"混合",而"混合因"在于"天人合一"之旨。关于中国哲学这四个"宇宙论"范畴的意义,南乐山说:

> 探讨这一争论会使西方的范畴令人高兴地丰富起来,这一讨论在许多方面比西方的讨论更具有可感性。然而,正是在救世神学方面,中国传统做出了它最突出的贡献。④

基于上述,南乐山认为,就"本体论"来看,西方哲学虽有深入探讨,但其包含着理论上的矛盾,故需进一步而加以改进、"补偿"。他说:"作为一个基督徒,我确信一神论对神的态度的正确性,并参加一神论宗教的礼拜。在我的信念中不明确的是一神论方法的局限性以及它如何与其他方法发生联系,它如何对其他方法的正确性视而不见,它如何补偿它们的不足。"⑤对照地看,中国哲学虽然没有"宗教哲学"这个概念,但其独特的"本体论"可化解西方哲学理论上的矛盾,而且其关于"宇宙论"有明确的表达,故其

---

① ［美］南乐山著,辛岩等译,张西平校:《在上帝面具的背后——儒道与基督教》,第80页。
② ［美］南乐山著,辛岩等译,张西平校:《在上帝面具的背后——儒道与基督教》,第81页。
③ 参见［美］南乐山著,辛岩等译,张西平校《在上帝面具的背后——儒道与基督教》,第80—81页。
④ ［美］南乐山著,辛岩等译,张西平校:《在上帝面具的背后——儒道与基督教》,第82页。
⑤ ［美］南乐山著,辛岩等译,张西平校:《在上帝面具的背后——儒道与基督教》,第9页。

思想可引入、借鉴到"宗教哲学"中来。他说："准确地说,它(指中国哲学——引者)的贡献在于这些本体论创造的形式没有西方一神论神秘主义的分裂特征和基本宇宙论范畴的困难。而它的基本宇宙论的权威地位表明天地的范畴和它们的和谐是基本的、不难理解的人类中心说,用另一句表达这一观点就是:中国范畴的权威地位证明了那一部分基本宇宙论的合理性。"①在此,所谓"西方一神论和神秘主义的分裂特征"即是指"创造的源泉"与"被创造的世界"之间的理论矛盾。南乐山认为,此乃中国哲学对于"宗教哲学"的贡献。他说:"我不能抑制对我初步发现的嘲弄所感到的兴奋,即中国思想比西方思想更广泛更均衡地表达了从无创造和柏拉图宇宙论的本质。"②他还说:

　　中国的宗教能表达和产生一种本体论上的创造精神,这种精神能避免作为西方宗教特征的一神论和神秘主义相分裂的困难。③

三、儒学的未来扩展

　　南乐山认为,儒学不只与中国特殊的历史情境有关,它有必要参与当代世界哲学的"对话",在对话过程中实现自我的改造和发展。换言之,儒学能否成为一个"活的传统",为当代哲学发展做出贡献,取决于它与当代现实生活"相啮合"的程度。因此,"对于一个传统来说,必须不断地考察和重新解释它的过去,因而历史的研究总是很有必要。然而,这不应该是当代儒家哲学研究的全部"④。南乐山的意思是,不仅需要从历史的角度理解过去的儒学,也需要从思想的角度理解现在的儒学,更需要看儒学能否对当代和未来的问题"发表见解"。否则,便不能说儒学为一个"活的传统"。他说:"作为一名儒家主义者,我承认有必要理解和尊重传统。但与此同时,我们有责任发展传统以适应当今哲学的需要。"⑤在南乐山看

---

① [美]南乐山著,辛岩等译,张西平校:《在上帝面具的背后——儒道与基督教》,第85页。

② [美]南乐山著,辛岩等译,张西平校:《在上帝面具的背后——儒道与基督教》,第85页。

③ [美]南乐山著,辛岩等译,张西平校:《在上帝面具的背后——儒道与基督教》,第67—68页。

④ [美]南乐山著,崔雅琴译:《当代儒家思想的扩展形态》,俞立中主编:《智慧的圣坛》,第21页。

⑤ [美]南乐山著,崔雅琴译:《当代儒家思想的扩展形态》,俞立中主编:《智慧的圣坛》,第33页。

来,"作为一个活的传统,儒学能够为当下的讨论作出贡献。当然,通过参与当下的讨论,儒学自身也会发生改变——这正是所谓的活的传统。"①基于此,他认为儒学应在"形而上学""哲学宇宙论""人性论"和"社会理论"四个方面"拓展它的话语范围",从而实现儒学的未来发展。他说:

> 儒学需要在四个相关领域拓展它的话语范围:形而上学的当代话语、与科学相关的哲学宇宙论的当代话语、关于人性和经验的当代话语以及社会理论的当代话语。在这些话语中,儒学的传统主题表明了儒学应有的兴趣和立场。这些话语本身不仅产生于东亚思想,而且也产生于南亚与西方传统。它们必须有足以反映当下讨论的最佳形式。②

其一,关于形而上学。在南乐山看来,"形而上学"因为以研究"存在"为核心,故它对人生具有重要意义。他说:"形而上学无论在西方还是在南亚都是哲学的一个核心部分。它的重要性不仅在于人们对它所涉及问题的固有兴趣,而且在于这样一个事实:形而上学确定什么是最高的实在,从而为生活中最重要的东西设立模式。一个人的形而上学决定了他会形成怎样的人生方向。"③正因为"形而上学"如此重要,儒学也应把其作为重要内容来讨论。具体来讲,儒家基于其已有的理论资源,可以"涉足"以下几个形而上学"假说":第一,"存在具有特征,非存在不具有特征。这是两者之间的一个重大差异"④。如果不承认两者之间的差异,并由此否认有"非存在",那么就会否认"微妙性"和"神妙性";这显然与儒家对世界的理解相矛盾,因为儒家承认"微妙性"和"神妙性"。第二,"非存在比存在更为本源,非存在产生存在"⑤。如果"非存在"不是"存在"之源,那么就不能关注"存在"的"偶然性",而儒学对"存在"的"偶然性"是关注的。第三,"哪里存在物,哪里就存在和谐"⑥。如果否认"和谐"是物的本性,那么就等于

---

① [美]南乐山著,崔雅琴译:《当代儒家思想的扩展形态》,俞立中主编:《智慧的圣坛》,第22页。
② [美]南乐山著,崔雅琴译:《当代儒家思想的扩展形态》,俞立中主编:《智慧的圣坛》,第21—22页。
③ [美]南乐山著,崔雅琴译:《当代儒家思想的扩展形态》,俞立中主编:《智慧的圣坛》,第22页。
④ [美]南乐山著,崔雅琴译:《当代儒家思想的扩展形态》,俞立中主编:《智慧的圣坛》,第23页。
⑤ [美]南乐山著,崔雅琴译:《当代儒家思想的扩展形态》,俞立中主编:《智慧的圣坛》,第23页。
⑥ [美]南乐山著,崔雅琴译:《当代儒家思想的扩展形态》,俞立中主编:《智慧的圣坛》,第23页。

否定物与物的关联性，而儒家认为所有物都是相互关联的。第四，"和谐是有价值的"①。如果否认"和谐"是有价值的，那么"存在"的美学特征就不可能，而儒家认为"仁""义""礼""智"是具有美学特征的。第五，"存在或太极从非存在中产生出来。这是一个不能追问为什么的事实"②。如果能够对此进行进一步追问，那么"非存在"就仿佛变成了上帝，而儒家对于上帝是质疑的。依着南乐山的理解，儒学如果"涉足"这些"假说"，它定会有多方面之"积极的收获"。他说：

> 儒学如果涉足这样一些形而上学假说，它将发生怎样的变化呢？首先，和我们现在所熟悉的儒学相比，它将进入更抽象的话语系统。其次，它将得以用西方哲学争论形而上学问题的语言来表达自己主要的形而上学主题与形而上学思想，以便与西方哲学进行更清晰的比较及辩证的争论。再次，它将得以表达自己的深层信托（commitment）：宇宙与人类生活有真正的价值。……我觉得所有这些变化都是积极的收获。③

其二，关于哲学宇宙论。南乐山认为，"哲学宇宙论"不同于形而上学，它与世界的关系更加具体。在他看来，儒学传统有大量的宇宙论思想，这些思想应进一步"发掘"，以参与世界哲学的讨论。具体来讲，相关思想有如下两个方面：第一，"万物皆在变易之中"④。儒家和道家一样，均把世界看作变化过程，而变化过程乃和谐的。他说："儒家宇宙论同样把天视为秩序或样式之源，而秩序或样式允许各种过程和谐共处。……和谐意味着不同的部分在特定的时—空以特定的样式结合在一起，它的价值总是好的。"⑤第二，变化的"自发性"⑥。儒家尽管强调"变化"和"过程"，但它并非科学意义上的"决定论"，而是指一种变化的"自发性"。所谓"自发性"，不仅意味着"存

----

① ［美］南乐山著，崔雅琴译：《当代儒家思想的扩展形态》，俞立中主编：《智慧的圣坛》，第23页。
② ［美］南乐山著，崔雅琴译：《当代儒家思想的扩展形态》，俞立中主编：《智慧的圣坛》，第23页。
③ ［美］南乐山著，崔雅琴译：《当代儒家思想的扩展形态》，俞立中主编：《智慧的圣坛》，第25页。
④ ［美］南乐山著，崔雅琴译：《当代儒家思想的扩展形态》，俞立中主编：《智慧的圣坛》，第26页。
⑤ ［美］南乐山著，崔雅琴译：《当代儒家思想的扩展形态》，俞立中主编：《智慧的圣坛》，第26页。
⑥ ［美］南乐山著，崔雅琴译：《当代儒家思想的扩展形态》，俞立中主编：《智慧的圣坛》，第26页。

在"与"非存在"的关系对"过程"的作用,而且意味着人类可将自己的意图加于"过程"之中。基于上述两个方面,儒学进入"哲学宇宙论"的讨论会十分有益,它将由此找到关于"变化""当然之则"和"自发性"思想的当代表达。换言之,儒家经典与现代科学通常不可"通约",故常被冠以"非科学"之名而受诟病;如果儒学"发掘"了自己的"哲学宇宙论",就可以实现儒学与科学的"通约",从而摆脱受诟病的"窘境"。对此,南乐山说:

> 当代儒学之所以要参与时下关于哲学宇宙论的讨论,最重要的原因在于儒学可以通过这样的讨论参与现代科学。当代儒家当然可以成为自然科学家。但问题在于他们怎样把科学同儒家传统的主题联接起来。①

其三,关于人性论。在南乐山看来,"人性是传统儒学的一个深刻主题"②。不过,儒家的"性"与西方哲学的"性"并不相同:在西方哲学,"性"意味着一种静态的模式;在中国哲学,"性"乃强调变化和过程。即,西方哲学的"人性"概念来自自然科学与社会科学,而"儒家人性论强调对事物价值……的基本反映"③,即其"人性"概念来自人文科学。对此,南乐山主张,"当代儒学需要提出一种既可以与科学相联系,又可以表达传统思想的人性论"④。具体来讲,儒家应在"想象""判断""理论化"和"对责任的追求"四个方面进行新的建构,而儒家已有理论对于这些新建构是不排斥的。所谓"想象",是指"创造记号以承认事物的价值"⑤。即,"想象"可以提供观念和符号,从而使区分有价值的事物成为可能。这与儒家思想是一致的,因为儒家主张根据事物的价值特征把握事物。所谓"判断",是指"判定特定解释的真理性"⑥,而判断真理性依赖于把对象的价值带入"解释者"。

---

① [美]南乐山著,崔雅琴译:《当代儒家思想的扩展形态》,俞立中主编:《智慧的圣坛》,第26—27页。

② [美]南乐山著,崔雅琴译:《当代儒家思想的扩展形态》,俞立中主编:《智慧的圣坛》,第27页。

③ [美]南乐山著,崔雅琴译:《当代儒家思想的扩展形态》,俞立中主编:《智慧的圣坛》,第27页。

④ [美]南乐山著,崔雅琴译:《当代儒家思想的扩展形态》,俞立中主编:《智慧的圣坛》,第27页。

⑤ [美]南乐山著,崔雅琴译:《当代儒家思想的扩展形态》,俞立中主编:《智慧的圣坛》,第29页。

⑥ 参见[美]南乐山著,崔雅琴译《当代儒家思想的扩展形态》,俞立中主编:《智慧的圣坛》,第29页。

同样,儒家把对象与解释者的因果联结作为真理的前提。所谓"理论化",是指"一系列的判断或假说,它们对所涉及的主题给出一个系统的看法"①。儒家虽然不注重"理论化",但儒家理论"不会扭曲"人的价值。所谓"对责任的追求",是指"在不同的可能行动将导致不同的价值结果时,我们每个人都有责任去做应该的事情"②。在此方面,对"礼"的重视作为儒学对当代哲学最重要、最直接的贡献,与"对责任的追求"是一致的。在南乐山看来,如果儒学的人性论如此建构,它自身将获得变化和发展。他说:

> 如果儒学在关于人类本性与人类经验的话语中发展自身,那么它将发生怎样的改变呢?首先,荀子思想在地位上长期从属于孟子思想的状态将得到改变,荀子将作为儒学传统中最具原创力的思想家之一重新引起人们的兴趣。其次,儒学将把一个丰富的实用主义话语内在化。……再次,儒学将获得一种参与当代认识论讨论的哲学话语,这种哲学话语可以表达儒学关于人性、尤其是其价值要素的基本思想。这些变化都有利于促进儒学的发展。③

其四,关于社会理论。南乐山认为,通常来讲,现代重要的社会理论有两类:第一类是指"权力是社会关系的关键"的理论。④ 自霍布斯(Thomas Hobbs,1588—1679 年)以后,这已经成为很多欧洲思想的特征;马克思主义和后现代解构主义是以权力理解社会的主要代表。不过,儒家不赞同这种理论,其认为"礼"是社会关系的关键。也就是说,就一个社会来讲,权力关系当然存在,但儒家对"权力关系"的理解不同:"儒家社会理论将会以仁为标准理解权力关系;它主张从长远来看最强有力的权力体现在礼仪结构之中。"⑤第二类是"社会契约论"。⑥ "社会契约论"的基本理论是,只要不

---

① [美]南乐山著,崔雅琴译:《当代儒家思想的扩展形态》,俞立中主编:《智慧的圣坛》,第29页。
② [美]南乐山著,崔雅琴译:《当代儒家思想的扩展形态》,俞立中主编:《智慧的圣坛》,第29页。
③ [美]南乐山著,崔雅琴译:《当代儒家思想的扩展形态》,俞立中主编:《智慧的圣坛》,第30页。
④ 参见[美]南乐山著,崔雅琴译《当代儒家思想的扩展形态》,俞立中主编:《智慧的圣坛》,第31页。
⑤ [美]南乐山著,崔雅琴译:《当代儒家思想的扩展形态》,俞立中主编:《智慧的圣坛》,第31页。
⑥ 参见[美]南乐山著,崔雅琴译《当代儒家思想的扩展形态》,俞立中主编:《智慧的圣坛》,第31页。

妨碍他人做同样的为文明社会法律所确定的事情,人们就可以自由地做自己想做的任何事。与此不同,儒家则认为,每个人对社会中应该做的事情都负有责任,除非社会礼仪把责任赋予某些特定的人。① 在南乐山看来,"社会理论"是"儒家思想一开始就已经认识到的东西"②。不过,面对当代社会现实生活,面对上述两类重要的社会理论,儒家的"社会理论"依然有发展的"空间"。具体来讲,儒家应针对"社会契约论"提出一种以"仁"和"礼"为主题的"反动"理论。他说:

> 　　一种可行的当代儒家社会理论会是怎样的呢?……我认为,当代儒家社会理论的核心理论原则是对社会契约论某种观点的反动。……儒学之所以应该提出与社会契约论相反动的理论,原因在于它信奉仁道。③

---

　　① 参见[美]南乐山著,崔雅琴译《当代儒家思想的扩展形态》,俞立中主编:《智慧的圣坛》,第32页。
　　② [美]南乐山著,崔雅琴译:《当代儒家思想的扩展形态》,俞立中主编:《智慧的圣坛》,第30页。
　　③ [美]南乐山著,崔雅琴译:《当代儒家思想的扩展形态》,俞立中主编:《智慧的圣坛》,第31—32页。

第六章 后现代时期美国儒学 研究的新动向

在 20 世纪后半叶和 21 世纪初叶,美国学界对儒学的研究进一步深入。一方面,研究领域进一步扩大,不再只"扎堆"于孔孟、老庄和程朱陆王,而是扩大于思潮、流派、地域甚至师承等研究。需要注意的是,"哲学地"研究这些内容仍是美国儒学的主要特征。另一方面,由于受后现代主义的影响,相关研究表现出许多新动向。之所以谓之"新",不仅在于它是儒学史上所没有过的,而且在于它是在与后现代思潮互动下产生的。比如,儒学价值的现代诠释便是一个重要问题。在现代化大潮面前,儒学在民主、科学方面表现出"无奈"而受到诸多诟病。但是,在后现代语境下,面对西方社会的一些新问题,儒学的价值是否可以重新思考? 再如,"文明对话"和"美德伦理"等问题的提出明显表现出儒学与后现代思潮的互动,从而成为后现代时期美国儒学的重要内容。质言之,在后现代社会儒学是否可以有一个崭新未来,成为许多美国儒学研究者热衷的课题。

具体来讲,杜维明探讨了中国哲学的"基调",将其概括为"存有的连续""有机的整体"和"辩证的发展"三个方面。此外,他基于儒学"三期说"讨论了儒学的第三期发展,并以此为背景讨论了"新轴心时代"的可能性。郝大维、安乐哲比照西方神话对于"塑造"西方文化所发挥的作用,认为"汉神话""塑造"了中国文化,而"汉神话"的核心乃儒学。他们还将中西哲学之差异归结为"理性秩序"与"审美秩序"、"超越"与"内在"、"本质"与"典范"三个方面。此外,他们关于"儒家民主"之可能和形态的思考颇有新义。艾尔曼对于考据学兴起、特征和意义、常州今文经学的兴起和影响等进行了探讨。包弼德否定西方学界所持的"一个不变的中国"的观念,并提出以"道"反"文"乃宋明儒学兴起的真正原因。艾文贺以"美德伦理"为切入点探讨了儒家传统的价值,并基于对中国哲学核心特征的探讨,提出保持独立的儒家传统的主张。

第一节 杜维明

杜维明(Wei – ming Tu),祖籍广东南海县,1940 年生于昆明,1949 年随父母迁往台湾。1957—1961 年在台湾东海大学学习,获学士学位。1962
年获"哈佛—燕京奖学金"赴美留学,1963 年获哈佛大学东亚研究硕士学
位,1968 年获哈佛大学历史与东亚语言博士学位。1968—1971 年任教于美
国普林斯顿大学,1971—1981 年任教于加州大学伯克利分校,1981 年起任
哈佛大学中国历史和哲学教授,曾担任该校宗教研究委员会(The Commit-
tee on the Study of Religion)主席和东亚语言与文明系主任。1988 年当选美
国艺术与科学院院士。1990—1991 年在位于夏威夷大学的美国"东西方中
心"(East – West Center)担任文化与传播研究所(Institute of Culture and
Communication)所长。1996—2008 年担任"哈佛—燕京学社"社长。2000
年被授予里海大学荣誉博士学位。1999—2010 年任哈佛大学东亚语言与
文明系教授。2009 年荣获中国首届"孔子文化奖"。2010 年从哈佛大学荣
休。现任北京大学人文高等研究院院长,哈佛大学"哈佛—燕京"中国历史
及哲学与儒学研究讲座教授。曾担任国际儒学联合会第一届理事会副理
事长和第二、第三、第四届理事会副会长。

　　杜维明的现代新儒学研究不仅直接影响了美国儒学研究,而且将儒学
研究推拓到西方哲学领域。这种影响和推拓的直接结果,是以他为重要代
表人物之一形成了美国本土的儒家学派——"波士顿儒学"。其主要著作
包括:《行动中的新儒家思想——青年王阳明》(Neo – Confucian Thought in
Action:Wang Yang – ming's Youth)、《仁与修身》(Humanity and Self – Culti-
vation)、《新加坡的挑战:新儒家伦理与企业精神》(Confucian Ethics Today:
The Singapore Challenge)、《儒家思想新论——创造性转化的自我》(Confu-
cian Thought:Selfhood as Creative Transformation)、《"中"与"庸"——儒家的
宗教性》(Centrality and Commonality, An Essay on Confucian Religiousness)、
《历史视角下的儒学》(Confucianism in A Historical Perspective)、《道、学、
政——论儒家知识分子》(Way, Learning, and Politics:Essays on the Confu-
cian Intellectual)、《现代精神与儒家传统》《东亚价值与多元现代性》《思孟
学派新探》《儒教》等。其部分著作被编辑为《杜维明文集》。

一、中国哲学的基调

　　杜维明认为,中华民族的哲学传统是波澜壮阔、气象万千的"思想大
江":它不仅有着悠久的历史,自春秋战国时代即已出现了"百家争鸣"的盛
况;而且在宋元时代,承接孔孟"极高明而道中庸"①的身心性命之教,创造

---

① 郑玄注,孔颖达疏,龚抗云整理,王文锦审定:《礼记正义》,第 1455 页。

了后来居于中国明清、朝鲜李朝和日本德川"三大文明"主流的思想；更为重要的是，近百余年来，在饱经欧风美雨的"冲击"之后，中国哲学开始展现出"大开大合"的新形势。① 当然，对历史如此悠久、内容如此丰富的思想传统很难使用简单的叙述表达。不过，若站在哲学史的角度看，可以发现有贯穿其中的清晰的"基调"，这些"基调"决定了中国哲学发展的方向。他说："一个汇集了千百支流、穿过高山峻岭和草原平野浩浩荡荡地继续了几十个世纪的思想长江，即使迂回曲折，变幻多端，但其一泻千里，挟泥沙而下，从西到东注入大海的方向则大体可寻。"② 在杜维明看来，以这些"基调"为基础，中国哲学才为中国哲学；以这些"基调"为基础，对中国哲学的把握才可能恰当。具体来讲，中国哲学的"基调"包括"存有的连续""有机的整体"和"辩证的发展"三个方面，而这三个方面分别反映着中国哲学本体论、宇宙论和方法论的特征。

关于"存有的连续"，在杜维明看来，这是中国哲学本体论的基本特征。③ 他认为，瓦石、草木、鸟兽、生民和鬼神这一序列存有形态的关系是本体论的重大课题。围绕这一课题，中西哲学表现出明显不同的理路：古希腊哲人因探索宇宙"根本元素"而致力于唯物思想和逻辑方法的发展；基督教神学家也因"苦参"上帝存在的意义，在开辟唯心主义和形而上学方面有独到的贡献。因此，西方哲学经常把唯物与唯心、主观与客观、凡俗与神圣"割裂"开来。质言之，西方哲学本体论的理路大致可归结为"归约主义"（reductionism）。所谓"归约主义"，又称"简化论"，是一种把具体而复杂的现象用抽象而单纯的观念表示的方法。④ 例如，把宇宙万物的根源定义为水、火等某种元素，就具有"归约"的倾向。然而，中国哲学反对"归约主义"，其本体论常以"既属物又属心、既属主又属客，既属人又属天"之"存有的连续"的形式呈现。⑤ 杜维明说："中国古代思想家不追求第一原因或最终本质等抽象答案，不向超越的、外在的上帝观念致思，而把用心的交点集中在生命哲学的本身……"⑥ 总之，关于"存有的连续"，他说：

中国哲学的基调之一，是把无生物、植物、人类和灵魂统统视为在

---

① 参见郭齐勇、郑文龙编《杜维明文集》第五卷，第 3 页。
② 郭齐勇、郑文龙编：《杜维明文集》第五卷，第 3 页。
③ 参见郭齐勇、郑文龙编《杜维明文集》第五卷，第 4 页。
④ 参见郭齐勇、郑文龙编《杜维明文集》第五卷，第 11 页。
⑤ 参见郭齐勇、郑文龙编《杜维明文集》第五卷，第 4 页。
⑥ 郭齐勇、郑文龙编：《杜维明文集》第五卷，第 4 页。

宇宙巨流中息息相关乃至相互交融的实体。这种可以用奔流不息的
长江大河来譬喻的"存有连续"的本体观,和以"上帝创造万物"的信仰
把"存有界"割裂为神界、凡界的形而上学截然不同。①

在杜维明看来,这种"存有的连续"的本体论观念,在历史上确曾阻碍
了科学认识论的发展,但与此同时也防止了神学的"泛滥"。所以,对其价
值的评价不能简单化。而且,若站在当今科学高度发展的角度来看,中国
哲学这个"基调"并不落伍,反而它在"宏观"和"微观"两方面都有"明显"
的优越性。具体来讲,在宏观层面,一些现代科学家主张用"道"的观念来
分析基本粒子的动作方式;这种主张具有突破"二分"推理而倾向"存有的
连续"的观念。对此,杜维明说:"这对我们重新检讨中国哲学的特质应有
所启发。"②在微观层面,中医以"经脉气血"等观念来解释人的健康状况,
这套诊断方式与西医"九大系统"的理论颇不相类。表面上看,后者是基于
长期实验而形成的客观理论,前者则好像是靠"望""闻""问""切"而形成
的主观理论。因此,中医的结论往往需要在西医去寻找科学根据。但是,
实际上,从对某些生理或病理的解释和处理看,"九大系统"在理论和实践
上并不一定比"经脉气血"高明。③ 质言之,中国哲学"存有的连续"的本体
论在现代仍具有不容否认的价值。杜维明说:

> 这种以"存有连续"为基础的提法,究竟在现代哲学和科学上有没
> 有解释力和说明力,要经过严谨的全面分析。假若只因为和流行的西
> 医观点不尽相同而加以抛弃,那就和王阳明所谓"抛却自家无尽藏,沿
> 门托钵效贫儿"的格调相去不远了。④

关于"有机的整体",主要是指中国哲学宇宙观方面的基本特质。⑤ 在
杜维明看来,"有机整体观"有时被视为"泛神论"或"自然崇拜",甚至被认
为是主观迷信。实际上,这乃一种误解,因为"有机的整体"的宇宙观,不仅
有理论基础,而且亦有科学意义。他说:"以'有机整体'为基调的宇宙观,
在哲学上既有深厚的理论基础,在科学上又有深刻的含意,绝非靠肤浅的

---

① 郭齐勇、郑文龙编:《杜维明文集》第五卷,第4页。
② 郭齐勇、郑文龙编:《杜维明文集》第五卷,第5页。
③ 参见郭齐勇、郑文龙编《杜维明文集》第五卷,第5页。
④ 郭齐勇、郑文龙编:《杜维明文集》第五卷,第6页。
⑤ 参见郭齐勇、郑文龙编《杜维明文集》第五卷,第6页。

客观主义即可窥破的一偏之见。"①具体来讲,中国哲学"有机的整体"的宇宙观表现为三个方面的内容:首先,"有机的整体"构建在多层次和多元素的相互作用上。即,多层次、多元素的作用是交互影响的,任何一个层次或元素如果"失灵"或减退,最终必然会损及整体的状况。其次,"有机的整体"内部大小、上下、左右、本末、内外之间的"连续"皆互为因果。因此,尽管可以"割裂地""片面地"分析某一个方面,但它们之间更有彼此的、整体的"适应",故"综览全局"乃"不二法门"。再次,"有机整体"含有"生动活泼"的意思,因为其组成条件多少"皆属变数"。因此,需要从"动态"的观点来洞察"发育""生长""成熟"和"衰退"之变化。② 总之,杜维明说:

> 李约瑟(J. Needham)在其《中国科学技术史》的巨著中,指出了"有机"观念在中国思想里的重要性……李氏的论点……虽然只代表了一大流派的意见,而且他对中国科学和技术发展的解释也还有不少值得商榷的地方,但他强调"有机整体"是中国宇宙观的特色,确有深长的意义。③

在杜维明,中国哲学"有机的整体"的宇宙观与西方哲学明显不同,因为它始终没有变成"神圣"的教条,而西方哲学的宇宙观却充斥着"神圣"的教条。他说:"由于中国哲学强调以复杂的有机观点来认识宇宙和人生,以地球为中心的宇宙论或以人为万物主宰的人生观,在中国文化中从来没有变成神圣不可侵犯的教条。"④然而,中国哲学这样一种宇宙观可以具有崭新的时代意义。具体来讲,其时代意义可包括两个方面:一个方面,以复杂的、"有机的"观点来认识宇宙和人生。依着"有机的整体"的宇宙观,人乃"存有的连续"中的一个环节与天地万物发生有机关联,而不是独立于自然之外由上帝创造的特殊灵魂。既然如此,"我们都是化生而来,因此宇宙万物都是赐予我们生命的父母,我们应当以敬畏的心情对待大自然"⑤。另一方面,人为万物之灵。在"有机的整体"的存有世界中,人既"得天地之秀而最灵",故具有一般动物所不可比的"精微处"。因此,"人禽之辨"乃中国哲学的重要课题。杜维明说:"'人禽之辨'成为中国哲学的重大课题绝非

---

① 郭齐勇、郑文龙编:《杜维明文集》第五卷,第6页。
② 参见郭齐勇、郑文龙编《杜维明文集》第五卷,第11—12页。
③ 郭齐勇、郑文龙编:《杜维明文集》第五卷,第6页。
④ 郭齐勇、郑文龙编:《杜维明文集》第五卷,第8页。
⑤ 郭齐勇、郑文龙编:《杜维明文集》第五卷,第8页。

偶然。不可否认,在三教中只有儒学堪称'哲学的人学'(Philosophical an-
thropology);然而,即使在释、道两家,人的问题——如何体无、如何成佛之
类仍居于主导的地位。"①

关于"辩证的发展",主要是指中国哲学之"采取全面的观点"即"从对
立统一的辩证关系"入手的认识论。② 这样一种认识论包括"对立"和"统
一"两个方面:一方面,"对立"是发展的必要条件。杜维明说:"没有对立就
不可能有根本的变化,因此也无所谓真正的发展。"③因此,"阴""阳"观念
及由其派生的"刚柔""翕辟""动静"等对立观念,是了解"易"之为"变易"
的重要线索。另一方面,"统一"亦是发展的必要条件。既然天地万物由
"阴""阳"发展而来,此即意味着对立双方亦有统一性。具体来讲,"阴"
"阳"虽属对立,却并非矛盾:矛盾只能相胜相克,而无所谓相辅相成;"阴
阳"既可以相胜相克,亦可以相辅相成。质言之,"阴阳"对立超越了"矛
盾"对立,属更高一层的"辩证关系"。④ 杜维明认为,这样两个方面构成了
"辩证的发展"的完整含义。他说:"易道所提示的发展观念,不是由甲变
乙,而是由一个事物本身变化而来。阴阳之间如果只有对立没有统一,它
们连并列同一事物之中的可能性都不存在,更谈不到什么发展了。"⑤关于
"辩证的发展"之认识论,杜维明说:

> 所谓全面的观点,在这里意指自觉地、认真地、灵活地运用对立统
> 一的分析方法,来认识宇宙中万事万物相互转化的复杂关系以及各自
> 发展的内在理由。先秦思想中所出现的既对立又统一的变易理念,最
> 能在这方面显示中国哲学思考的特殊性格。⑥

的确,"辩证的发展"是中国哲学的"特殊性格"。杜维明说:"不向静
态的、抽象的理念世界致思,而究心于动态的、具体的生命历程,是中国哲
学的特质之一。……只有采取全面的观点,从对立统一的辩证的关系着
手,才能真切地掌握其实义。"⑦在此,所谓"特殊性格",主要是相对于西方

① 郭齐勇、郑文龙编:《杜维明文集》第五卷,第8页。
② 参见郭齐勇、郑文龙编《杜维明文集》第五卷,第9页。
③ 郭齐勇、郑文龙编:《杜维明文集》第五卷,第9页。
④ 参见郭齐勇、郑文龙编《杜维明文集》第五卷,第9—10页。
⑤ 郭齐勇、郑文龙编:《杜维明文集》第五卷,第10页。
⑥ 郭齐勇、郑文龙编:《杜维明文集》第五卷,第9页。
⑦ 郭齐勇、郑文龙编:《杜维明文集》第五卷,第9页。

哲学来讲的:寻求"第一推动力"是西方哲学的重大课题,因此厘定因果关系是西方哲学的基本方法;由此,"演绎推理"和"直线进步"等观念遂成为西方哲学认识论的重要特质。然而,中国哲学由于特定的本体论和宇宙观,故其表现为"有机联系"和"对立统一"的认识论特质。对于这样一种特质,既不能"滞泥于"特殊个体的"并列平铺"来领会,亦不能依"动而无静"的"单线递增"来理解。即,不能用西方哲学的思维方式来理解。他说:"如果过早地用一套'相异的'范畴强行批判'中国人的思维方法',对于全面而深入的了解是毫无裨益的。"①在杜维明看来,"辩证的发展"作为中国哲学的"基调",既含有深长的历史意义,也含有与日俱新的时代意义。他说:

> 对立统一的有机联系,确是……华夏民族的形象思维中层出不穷的泉源活水。不脱离异而谈同、不脱离动而谈静、不脱离多而谈一都和不脱离对立而谈统一的认识论有密切的关系。②

二、儒学的宗教性

在中西文化交流日益深入的背景下,儒学的宗教性问题渐渐凸显并受到越来越多的关注。在杜维明看来,儒学显然不是典型的宗教,因为它不像基督教有一个作为"全然的他者"的上帝。他说:"的确,有神论的上帝观念,更不必说所谓的'全然他者',在儒家传统中是完全没有这类符号资源的。"③但是,却不能因此而否认儒学的宗教性,因为儒学确有自身的"超越性"观念。他说:"尽管儒家很难设想出一个作为'全然他者'的超越概念,但它对终极自我的承诺却必然包含着某种超越层面。"④"儒家倡导的人文主义……必须有'一种对超越者的诚敬的对话性的回应'。"⑤实际上,杜维明不仅肯定儒学的宗教性,而且认为其有"充分的表达"。他说:"儒家思想作为哲学人类学的一种形式,充满了深刻的伦理宗教的意蕴。它对人的宗教性的唤起和它对人的理性的表达一样充分。"⑥依着杜维明的理解,在儒学的思想脉络中,"天""天道""诚""圣人"等形而上观念虽然与"上帝"不

---

① 郭齐勇、郑文龙编:《杜维明文集》第五卷,第10—11页。
② 郭齐勇、郑文龙编:《杜维明文集》第五卷,第9页。
③ 郭齐勇、郑文龙编:《杜维明文集》第三卷,第481页。
④ 郭齐勇、郑文龙编:《杜维明文集》第三卷,第325页。
⑤ 郭齐勇、郑文龙编:《杜维明文集》第三卷,第463页。
⑥ 郭齐勇、郑文龙编:《杜维明文集》第三卷,第366—367页。

同,但它们所代表和反映了未停留于现实层面的"超越性"。关于儒学"超越性"的存在,杜维明说:

> 我们之所以表现出来对天的敬畏进而对地与万物的敬畏,乃是因为我们依赖于它们供养我们的生存。而且,也因为我们在其间所取得的安身立命之所,并不只是我们的成就,而且也是它们的赐予。[①]

但是,杜维明认为,儒学所体现的"超越性"又确不同于基督教之"全然他者",因为"超越性"同时具有"内在性"。在基督教传统下,"超越性"与"内在性"属于两个不同的层面:"超越性"仅仅用于描述上帝的属性,"内在性"却仅仅用于描述人类、社会等的属性。但是,在儒学,"内在性"与"超越性"在内容上实是同一的,因为其所指乃人之无限与有限的对立统一:人的无限性即"超越性",指人具有成为神圣的可能;人的有限性即"内在性",指人本身所具有的种种限制。相较而言,基督教等的"造物主"与创造物有本体论的"鸿沟",而儒家之"天道"与"人道"在本体论上则是相通的。因此,可以用"内在超越"来说明儒学的宗教性特点,并以此对照于基督教等"外在超越"的特点。具体来讲,在儒学,"天""天道""诚""圣人"等不是外在的,它们均内在于人性之中。因此,一方面,"我们有可能把超越体察为内在";另一方面,"人性的内在性获得了一种超越的意涵"。[②] 正因为如此,单方面地说"内在性"或"超越性",都不能详尽儒家宗教性的完整内涵,故"在探究儒学宗教性中的超越问题时",不能"把一种外来的解释模式强加上去"。[③] 关于儒学之"内在超越",他说:"儒家的宗教性就是要在这个所谓凡俗的世界里面体现其神圣性,把它的限制转化成个人乃至群体超升的助源,把 conditionality 变成 resource。"[④]他还说:

> 它的真实本性不在于一种彻底的超越,而在于一种具有超越层面的内在。归根到底,儒家的超越是它的包容的人文主义的一个有机的组成部分。[⑤]

---

① 郭齐勇、郑文龙编:《杜维明文集》第三卷,第 473 页。
② 参见郭齐勇、郑文龙编《杜维明文集》第三卷,第 463 页。
③ 参见郭齐勇、郑文龙编《杜维明文集》第三卷,第 481 页。
④ 郭齐勇、郑文龙编:《杜维明文集》第四卷,第 536 页。
⑤ 郭齐勇、郑文龙编:《杜维明文集》第三卷,第 485 页。

　　在杜维明看来,正因为"内在超越"的宗教性特色,故儒学关于成为"宗教的人"的"路径"与基督教不同;它不是"终极的外在转化",而是"终极的自我转化"。他说:"由于我们束缚在大地上,所以我们是有限的。……然而,我们之嵌陷于某一特定的尘世处境,并不妨碍我们参与群体的,而且事实上也是神圣的终极的自我转化的工作。"①"儒家的终极关怀是自我转化。这种转化……是一种对超越的诚信的对话式的回应。"②在此,所谓"自我转化",指随着修身养性的不断深化,人们可以达到"圣人"境界。所谓"终极的",意指人性最大限度的实现,也意指"对超越的诚信的回应"。但是,它却并非指人类可以完全"终极地"体现"超越者",否则便"会被看做是亵渎神明"③。事实上,并没有一个一旦达到后便可一劳永逸的"圣人"目标。因此,即使是圣人也须注意保持应有的品质,否则圣人也可能"退回"到凡人。质言之,"终极的自我转化"是一个永无止境的过程,而这个过程的实质在于"实现人性"。杜维明说:

　　　　儒家坚持认为:终极的自我转化,不是超离人性,而是实现人性。儒家这种看法,是一种具有实质的伦理宗教意义的宣称。……在这种脉络中,"终极"意味着人性的充分实现:既是它的最大限度的完成,又是它所能上达的顶峰。④

　　杜维明认为,儒家之"终极的自我转化"的重心落实于群体行为。在他看来,"终极的自我转化"涉及个人、社群以及"超越者"三个相互关联的层面:个人与社群关联、社群与"超越者"关联、个人与"超越者"关联。⑤ 不过,依着儒学的传统,个人只有通过社群才能与"超越者"进行有效的沟通,否则,便会对个人和社群均产生不利的后果。⑥ 对此,杜维明说:"儒家的终极关怀是自我转化。这种转化既是一种社群行为……"⑦"一个人只有在社群中才能充分地成为人。儒家相信,一般说来,我们最好通过社群参与,同超越者进行富有成果的沟通。只有在异常的情势下,如在屈原那种'众人

---

①　郭齐勇、郑文龙编:《杜维明文集》第三卷,第468页。
②　郭齐勇、郑文龙编:《杜维明文集》第三卷,第367页。
③　郭齐勇、郑文龙编:《杜维明文集》第三卷,第463页。
④　郭齐勇、郑文龙编:《杜维明文集》第三卷,第462页。
⑤　参见郭齐勇、郑文龙编《杜维明文集》第三卷,第460页。
⑥　参见郭齐勇、郑文龙编《杜维明文集》第三卷,第462—463页。
⑦　郭齐勇、郑文龙编:《杜维明文集》第三卷,第367页。

皆醉我独醒'的情势下,我们才能够直接地上诉于天。"①在此,所谓"社群"并非政治学、社会学的概念,而是指儒学传统下的"信赖社群"。即,所谓"信赖社群",不是指一种基于对政治构想而组成的社群,而是指具有儒家伦理宗教特质的社群。因此,人只有把家庭、邻里、宗族、民族等所有社群层面"融进"自我,并把这些不同层面都转化成"自我转化"的资源,才能实现"终极的自我转化"的目标。正是在此意义下,对"信赖社群"的强调是儒学宗教性的一个"规定性特征"。他说:

> 即使我们设想一条地下河单独地流向大洋,我们也必须设定它从别的水源获得了益处。强调信赖社群为终极的自我转化中一种不可消解的终极的真实,乃儒学宗教性的一个规定性特征。②

三、儒学的第三期发展

20 世纪中叶,美国学术界流行一种关于儒学传统现代命运的悲观结论。列文森曾提出,儒学现在只不过是一种"博物馆哲学"而已,它已不具有任何的现代价值了,其只有类似于"文物"和"化石"的考古价值。③ 杜维明不赞成列文森的观点。他说:"列文森判定儒教中国的没落,但他似乎忽视了没落的儒教中国在中华民族的文化心理结构中尚潜存着无比的威力。"④他认为,列文森之所以认为儒学是一种"博物馆哲学",在于他将"儒家传统"与"儒教中国"两个概念混为一谈。关于二者的区别,杜维明说:"'儒教中国'可以理解为以政治化的儒家伦理为主导思想的中国传统封建社会的意识形态及其在现代文化中各种曲折的表现"⑤,人们通常所说的"封建遗毒"便是就"儒教中国"而言;"儒家传统"则是"由孔子以来用全部生命在现实人生中体现儒学精义的知识精英通过群体的、批判的自我意识

---

① 郭齐勇、郑文龙编:《杜维明文集》第三卷,第 462 页。
② 郭齐勇、郑文龙编:《杜维明文集》第三卷,第 462 页。
③ 列文森认为,儒学在现代中国已退出了历史,成为博物馆中的陈列品。他说:"就博物馆的意义而言,陈列品都只有历史的意义,它们代表的是既不能要求什么,也不能对现实构成威胁的过去。或者说他们只具有'审美'的意义,只能用价值的而不能用历史的眼光来欣赏。……虽然共产党的中国仍然保留了孔子和传统价值,但它们只是博物馆中的陈列品。"见[美]列文森著,郑大华等译:《儒教中国及其现代命运》,第 372—374 页。
④ 郭齐勇、郑文龙编:《杜维明文集》第一卷,第 413 页。
⑤ 郭齐勇、郑文龙编:《杜维明文集》第一卷,第 414 页。

而创造出来的"、塑造中华民族奋斗不息、宽广胸襟和坚毅性格的"源头活水"。① 总之,两者"既不属于同一类型的历史现象,又不属于同一层次的价值系统"②。当然,两者并非没有任何关联,因为"儒教中国"是对"儒家传统"的"滥用"。即,"儒家传统"本来要求"政治的道德化",但它却被"滥用"为"道德的政治化",即"伟大的道德和精神理想""被用来维护非创造性的、压抑的意识形态"。③ 就此区别与关联,杜维明说:

> 儒家传统基本上是通过教育的影响、道德的影响来行使它的权威,而不只是通过政治的权力。因此,用政治的权力或权威政治的方式来理解儒家,是对儒家的曲解。④

具体来讲,"儒教中国"包括三个方面的内容:就经济而言,表现为"重农轻商",导源于"自然经济的保守思想";就社会而言,表现为"重礼轻刑",导源于"家族社会的近亲繁殖";就政治而言,表现为"重人轻法",导致了"权威政治的官僚主义"。⑤ 正因为如此内容,"儒教中国的现代命运极为悲惨,这已可以说是不刊之论"⑥。但是,它的"余威却像一条死而不僵的百足之虫,紧紧缠住苦难的中国,使它不能腾飞"⑦。很显然,"儒教中国"不仅是历史的糟粕,也是阻碍中国发展的障碍。关于"儒家传统",尽管它指正面意义的"儒学精义",但有几个问题亦需要厘清:其一,"儒家传统"作为中国文化的"构成要素",在人伦日用中起着决定性作用,故它是中国文化的主流。其二,"儒家传统"虽是中国文化的主流,但绝不能以儒学来涵盖整个中国文化,因为"中国文化"的外延比"儒家传统"的外延要大。其三,"儒家传统"不仅是中国文明的体现,也是东亚文明的体现,甚至可说它亦属于东南亚、欧美和澳洲。⑧ 基于前述,杜维明进而认为,当前的任务应是祛除"儒教中国"的"封建遗毒",而要做到这一点,需要依靠"儒家传统"的主动批判、自觉反思以创造新的人文价值。他说:

---

① 参见郭齐勇、郑文龙编《杜维明文集》第一卷,第418页。
② 郭齐勇、郑文龙:《杜维明文集》第一卷,第415页。
③ 参见郭齐勇、郑文龙编《杜维明文集》第二卷,第115页。
④ 郭齐勇、郑文龙:《杜维明文集》第二卷,第609页。
⑤ 参见郭齐勇、郑文龙编《杜维明文集》第一卷,第413页。
⑥ 郭齐勇、郑文龙:《杜维明文集》第一卷,第413页。
⑦ 郭齐勇、郑文龙:《杜维明文集》第一卷,第414页。
⑧ 参见郭齐勇、郑文龙编《杜维明文集》第一卷,第416—417页。

　　清除封建遗毒的利器不仅来自西方的现代文化,而且来自儒家传统本身。……如果封建遗毒的确是儒教中国惹的麻烦,那么这个症结还是要靠儒家传统来解决。①

　　为了创造新的人文价值,杜维明强调了儒学历史发展的"三期说";当然,"三期说"主要是就"儒家传统"而言的:第一期是从先秦到汉代之儒学。汉代以后一直到唐代,主要是佛教和道家思想的传播,儒学的发展相对处于低潮。第二期是从宋代到明清之儒学。这个时期,儒学对佛教的"挑战"有了一个"创建性回应",并在一定意义上成为整个东亚社会的"文化内核"。"鸦片战争"以后,儒学有无第三期发展的可能,取决于它能否对西方文化的"挑战"有一个创建性回应。② 显而易见,杜维明的"三期说"是对牟宗三"三期说"③的继承,不过,他在内容上有相当多的推进。在探讨儒学分期时,包括牟宗三在内,大多仅从时间意义上来理解,杜维明却将儒学的分期融进了空间意义。具体来讲,在杜维明,第一期指由先秦至两汉之儒学。在此期间,儒学从鲁国的一种地方文化扩展为整个华夏文明的思想主流。第二期指宋明清之儒学。在此期间,儒学从中国的民族文化扩展为整个东亚文明的体现。第三期则是民国以来现当代之儒学。在此期间,儒学面临的任务将是如何走向世界,从而成为世界性多元文化的一元。④ 然而,对于儒学第三期之发展,杜维明并非认为它已为事实,而只是提出了一个问题。他说:

　　我提出儒学发展的前景问题,我是把它当作一个问题提出来的,并不是说它一定能发展,更不认为它会一枝独秀。⑤

　　依着杜维明的理解,关于儒学的发展,既不能"含情脉脉"地迷恋过去,

　　① 郭齐勇、郑文龙编:《杜维明文集》第一卷,第415页。
　　② 参见郭齐勇、郑文龙编《杜维明文集》第二卷,第603—604页。
　　③ 牟宗三说:"今天我从历史上纵贯地把中国文化的重要观念讲一讲,即讲儒家学问三期的发展。使大家对于中国文化的发展有一个大体的了解。这三期是大的分期,小的分期不讲。(1)第一期,由春秋战国的孔子、孟子、荀子到汉董仲舒造成汉大帝国。(2)第二期,宋明理学。(3)第三期,现在。"牟宗三主讲、蔡仁厚辑录:《人文讲习录》,桂林:广西师范大学出版社2005年,第75页。
　　④ 参见郭齐勇、郑文龙编《杜维明文集》第五卷,第420页。
　　⑤ [美]杜维明:《现当代儒学的转化与创新》,上海:《社会科学》2004年第8期,第79—80页。

也不能"一厢情愿"地憧憬未来,而应"从一个忧患意识特别强烈的人文传统的现代命运来认识"。① 具体来讲,儒学要获得第三期发展,取决于三个前提条件:其一,要为中国人的现实需要提供价值的"源头活水"。② 当前中国的现实需要是实现现代化,而实现现代化的前提是要超越"保守主义""权威主义"和"因循苟且的心理"。因此,为实现这种超越提供价值的"源头活水",是儒学进一步发展的关键条件。其二,要以"高水平"和"广视野"来探究儒学的价值取向。③ 尽管儒学在今天东亚的学术界已"蔚然成风",但如何摆脱"政治化的枷锁"和狭隘的实用观点,以"高水平"和"广视野"来探究儒学传统的价值取向,是儒学能否进一步发展的先决条件。在此,所谓"政治化的枷锁",是指作为"少数既得利益者控制人民的官方意识形态"④。其三,要对国际学界的大问题作出"创建性的反应"。⑤ 不可否认,儒学研究在和现实牵连较少的"象牙塔"里推展,不失为一种"养精蓄锐""隔离沉思"的机缘。可是,儒学要想获得与时代相应的发展,就必须"摆脱"不深扣哲理、不探求价值、不研究宗教之传统汉学的"窠臼"。对此,杜维明说:"严格地说,儒学能否对今天国际思想潮中提出的大问题有创建性的反应,是决定其能否在欧美学术界作出贡献的重大因素。"⑥

进而,杜维明将上述三个条件概括为两个方面:其一,要解决儒学和当前中国文化的"相关性问题"。他说:"儒家传统能不能进一步发展,有没有第三期发展的可能性,在面对西方作出回应之先,还要看它和今天中国文化这个课题是否相干。……如果不相干,那就没有任何发展的可能性。"⑦ 在此,所谓"相干",是指儒学要面对中国、东亚等的现实问题"设思",当然也包括"从西方文化发展到现在人类所碰到的危机和困境处设思"⑧。唯有如此,儒学才可具备"生存条件"与"再生契机",进而也才可与其他"精神传统"进行"对话"。其二,要对西方文化的重大课题作出"创建性的回应"。他说:"儒学有没有进一步发展的可能性这个问题,是建构在一个基本设准上的。这个基本设准是,儒学能否对西方文化所提出的重大课题作

① 参见郭齐勇、郑文龙编《杜维明文集》第一卷,第425页。
② 参见郭齐勇、郑文龙编《杜维明文集》第一卷,第425页。
③ 参见郭齐勇、郑文龙编《杜维明文集》第一卷,第426页。
④ 郭齐勇、郑文龙编:《杜维明文集》第一卷,第426页。
⑤ 参见郭齐勇、郑文龙编《杜维明文集》第一卷,第426—427页。
⑥ 郭齐勇、郑文龙编:《杜维明文集》第一卷,第427页。
⑦ 郭齐勇、郑文龙编:《杜维明文集》第二卷,第618页。
⑧ 郭齐勇、郑文龙编:《杜维明文集》第二卷,第618页。

出创建性的回应。因为儒学不能只是停留在中国文化的范畴里,也不能只是停留在东亚文化这个范畴里,儒家传统一定要面对西方文化的挑战,而西方文化是指现代的西方文化。"①在这两个方面当中,对西方文化作出"创建性的回应"乃关键;而这个"关键"包括"科学精神""民主运动""宗教情操"和"深层意识"四个方面的内容。他说:

> 科学精神、民主运动、宗教情操,乃至弗洛伊德心理学所讲的深层意识的问题,都是儒家传统所缺乏的,而又都是现代西方文明所体现的价值。这是中国现代化所必须要发展、必须要掌握的价值。如果儒家传统不能对其作出创建性的回应,乃至开出一些类似的崭新价值,那么连健康的传统价值都可能因异化而变质,更不会有进一步发展的可能性。也许有人认为,儒家传统有它自己的价值,它可以充分地发展,自己走出一条路来。但我认为,如果儒家传统不面对西方所提出的这些课题做创建性的回应,也就没有办法进行创造转化的工作,以建立新的价值。这是我们对中国的传统文化进行反思的时候所不能回避的挑战。②

关于上述四个方面,其实又可归结为三个层次:一个层次是"社会政治经济的层次",包括"科学精神"和"民主运动"两个方面。历史地看,"科学精神"和"民主运动"均为儒学所缺乏,故儒家对此应有一些"创建性的回应"。对于"科学精神"的回应是,"在了解儒家传统这个生命形态的时候,应强调它在人与人交通问题上的全面合理性,并以这个合理性为基础重新建构、定位儒家传统在新的人文世界中间应该体现的价值和扮演的角色"③。对于"民主运动"的回应是,正视"民主运动"建构的理论基础——"敌对抗衡"。④ 另一个层次是"超越宗教的层次",即上述所引之"宗教情操"。客观地看,儒家虽然有"终极关怀",但它对"宗教情操"并不重视。杜维明说:"儒家传统最健康的是它的涵盖性很强的人文主义。它不要形式的宗教,而居然能发挥宗教的功能,这是它的优越性。但在现代看来,特别是从现代宗教的发展看来,它的优越性及其说服力已经很不够了。"⑤因

---

① 郭齐勇、郑文龙编:《杜维明文集》第二卷,第612页。
② 郭齐勇、郑文龙编:《杜维明文集》第二卷,第615—616页。
③ 郭齐勇、郑文龙编:《杜维明文集》第二卷,第613页。
④ 参见郭齐勇、郑文龙编《杜维明文集》第二卷,第614页。
⑤ 郭齐勇、郑文龙编:《杜维明文集》第二卷,第615页。

此,就这个层次而言,问题是"对西方基督教所提出的问题,儒学能不能有回应"①。第三个层次是"心理的层次",即上述所引之弗洛伊德心理学之"深层意识"。在弗洛伊德看来,人性恶乃人性的实质。然而,儒家人性论则认为人性本善,故也相信政治领导是好的。显而易见,"面对复杂的现代文明,这种设想当然很幼稚"②。因此,对于此类心理学问题儒学亦应作出"有创建性的回应"。总而言之,基于上述三个方面,杜维明的期待是一种作为"新人文主义"的儒学的出现。他说:

> 儒家传统的资源,在多元文化的背景下,应可为最近才涌现的"地球村"找到一个大家共同的关切。这个共同的关切,即是人文的全面反思。这是一个大课题,可以提出很有说服力的理论,也可以说儒家传统能不能有第三期发展,和这种新人文主义能不能充分体现有密切的关系。假如没有这个新人文主义的出现,儒家传统的进一步发展是很有限的。③

四、"新轴心时代"

对于整个人类历史的发展,雅斯贝斯(Karl Jaspers, 1883—1969 年)曾将其分为四个"起步"阶段:第一个是"普罗米修斯时代",指史前时代;第二个是古代文明时代,指人类最初的文明产生时期;第三个是"轴心时代",指"人在精神上展现出丰富的人性潜力"的时期;第四个是科技时代,指目前人类所处的科学技术时代。④ 以此划分为前提,他对于"轴心时代"非常看重。所谓"轴心时代",指公元前800—200 年这一时期是一个"巨人时代",世界各地同时出现了灿烂文明,这些灿烂文明"塑造"了人类文明史,故这个"巨人时代"可以称为人类文明的"轴心时代"。进而,雅斯贝斯还提出了"第二个轴心时代"的设想:第一,"普罗米修斯时代"经过"古代文明"通向了"轴心时代";第二,科技时代"通过与古代文明的规划和组织相类似的建设","或许会进入崭新的第二个轴心期",从而"达到人类形成的最后过程"。不过,"这个过程仍十分遥远","隐而不露"。⑤ 对于雅斯贝斯的设

---

① 郭齐勇、郑文龙编:《杜维明文集》第四卷,第362 页。
② 郭齐勇、郑文龙编:《杜维明文集》第二卷,第615 页。
③ 郭齐勇、郑文龙编:《杜维明文集》第二卷,第618—619 页。
④ 参见[德]雅斯贝斯著,魏楚雄等译《历史的起源与目标》,第32—33 页。
⑤ 参见[德]雅斯贝斯著,魏楚雄等译《历史的起源与目标》,第33—34 页。

想,杜维明非常赞赏,因为它相信人类之美好的未来发展。对于这样一个"新轴心时代"的特质,杜维明说:

> 新轴心文明时代不再是由少数精英或全体男性所塑造的时代,而是属于每一个人的时代。也许一种符合生态原则,能满足女性主义的基本需求、充分肯定宗教多元性而且还能建构全球伦理的人文精神,才是新轴心时代的特质。①

杜维明认为,现代社会所暴露的主要问题有:第一,个人自我之中"身体""心知""灵觉"与"神明"四个层次如何有机整合;第二,个人与社群乃至社群与社群之间如何健康互动;第三,人类与自然如何持久和谐;第四,人心与天道如何相辅相成。② 对于这样一些问题,完全依靠"启蒙心态"是无济于事的,而须"继承启蒙精神"而又"超越启蒙心态"。所谓"继承启蒙精神",是指继承"自由""理性""法治""人格"和"个人尊严"等基本价值;所谓"超越启蒙心态",是指超越"人类中心主义""工具理性"和"进化论"的现代性观念。③ 在他看来,这样一种思路不仅可正确解决上述几个主要问题,而且可因此开创一个崭新的"轴心时代"。对于这样一种思路的可行性,杜维明充满了自信。他说:"继承启蒙并超越启蒙是否具体可行值得深思,我以为这似乎是较为现实的道路。"④具体来讲,在现代社会,针对人类社会所暴露的主要问题,任何一种文明必须面对其他文明形态;不同文明形态展开积极的"对话","对话"可能促生又一个伟大的多元文明的时代;这个时代就是第二个"轴心时代"。杜维明说:

> 轴心时代的各种不同文化源头聚在一起,肯定可以灌溉出新的奇花异草。⑤

进而,杜维明探讨了"文明对话"问题。他认为,现代社会文化交流愈来愈频繁,因此,不同文明的"对话"就显得极其必要。他说:"摆在眼前的现状是全球化并未达到东西南北整合融汇的大同世界,正好相反,异化、分

---

① 郭齐勇、郑文龙编:《杜维明文集·自序》第一卷,第11页。
② 参见郭齐勇、郑文龙编《杜维明文集·自序》第一卷,第11页。
③ 参见郭齐勇、郑文龙编《杜维明文集·自序》第一卷,第11页。
④ 郭齐勇、郑文龙编:《杜维明文集·自序》第一卷,第7页。
⑤ 郭齐勇、郑文龙编:《杜维明文集》第二卷,第638页。

离、差别和歧视的情况日趋严重。亘古以来,人类全体同舟共济的必要没有比今天更迫切,而国际社会的分歧也没有比当前更严峻。"①不过,若要开展"文明对话",需要先突破一些传统的"两分法"观念,因为这些观念是"文明对话"的障碍。他说:"我们一定要突破三个排斥性的两分法,才能了解这个问题的复杂景象。"②这三个排斥性的"两分法"分别是:第一个"两分法"是"传统与现代"。有人认为,要实现现代化就意味着传统社会的消失。杜维明则认为,实际上,要"塑造"现代性,传统的作用是很大的,因为"传统在现代性之中"。第二个"两分法"是"全球化与地方化"。他认为,不应把二者看作非此即彼的关系,事实上它们是"即此即彼"的关系。第三个"两分法"是"西方和西方之外"。在杜维明看来,这种观点背后的"预设"是西方与西方之外不可相容,实际上情况并非如此。③ 关于"文明对话",杜维明说:

> 冷战结束后,美国看起来一枝独秀,但世界绝对是走向多元。各种政治经济中心不断出现(军事上美国或许还能维持优势),曾经风行一时的"历史终结论"(福山提出)、"文明冲突论"(亨廷顿提出)看来都是昙花一现。福山现在提出"Trust"(信赖)作为国际社群重组的关键,"文明冲突"也将被"文明对话"所取代。冲突在许多地方不能避免,其大方向仍然是对话。④

在"文明对话"的框架下,因为宗教在文化中的重要地位,杜维明着重探讨了不同宗教的"对话"。他认为,在此问题上学界通常有三种态度:一种态度是"排外主义"。任何一门宗教都有"原教旨主义"倾向,即认为只有本教才是唯一的真理代表者,其他宗教则被斥为"异端"。另一种态度是"接纳主义"。它对人类其他宗教采取全面容纳的态度,试图以自身价值为"轴心"将其他价值吸收进来;这种态度的实质是把自身价值置于核心地位,而将其他宗教价值置于辅助地位。第三种态度是"多元主义"。这种态度主张,面对其他宗教,宗教应主动、积极地与之"对话",并在"对话"中进行自我反思和自我发展。在杜维明看来,在这三种态度之间,只有"多元主

---

① 郭齐勇、郑文龙编:《杜维明文集·自序》第一卷,第 1 页。
② [美]杜维明:《儒家与自由主义》,北京:生活·读书·新知三联书店 2001 年(下同),第 16 页。
③ 参见[美]杜维明《儒家与自由主义》,第 16—17 页。
④ 郭齐勇、郑文龙编:《杜维明文集》第五卷,第 479 页。

义"才真正有利于宗教的发展,因为,一方面,"多元主义"有自身的标准和立场;另一方面,"多元主义"对于其他宗教采取"开放"的态度。① 在此,所谓"开放"的态度,主要指如下三个方面:对其他宗教表现出充分的尊重、同情的关切;对其他宗教采取积极"对话"和深入理解之态度;其三,不否认自身向其他方向发展的可能性。② 因此,任何一种宗教都应摒弃"唯我独尊"的心态,充分理解不同宗教对人类文明发展的重要性。对此,杜维明说:

> 事实上,文明的几个"大块"之间,如基督教、儒家、伊斯兰教、佛教之间,有着很多健康的交流。其中最有意思的,就是中国的佛教化和佛教的中国化,中、印之间以和平共存的方式进行着正常的文化交流。……中国有儒、释、道"三教",从现在的情况看,我认为有"五教",还要加上基督教和伊斯兰教。这"五教"是和平共存的。③

在"新轴心时代"的语境下,杜维明还提出了"文化中国"的概念。他说:"从轴心时代看儒学复兴,正是我们运思的起点。"④"……我发展了两个论域:文化中国和文明对话。它们之间的关系非常密切。"⑤在他看来,中国文化的"再生"有一个前提条件,就是能否建立一个"文化中国",以团结分散于世界各地的知识分子,养成一种"群体批判"的自我意识,以回应中国文化现代化这一严肃课题。⑥ 具体来讲,所谓"文化中国"大略包括三个"意义世界":第一,大陆、台湾、港澳和新加坡的华人所组成的世界;第二,东亚、东南亚、南亚、太平洋地带和北美、欧洲、拉丁美洲及非洲等世界各地的华人社会;第三,国际上从事中国研究及关切中国文化的学人、教师、媒体从业人员、作家乃至一般读者和观众。⑦ 在这样一个"文化中国"的"意义世界"范围内,因其具有共同的儒家文化传统或精神骨干,学术界、知识界和文化界应就"开发"传统资源、创新中国文化形成共同的意愿和目标。杜维明说:"我深信,重新确认儒家传统为凝聚中华民族灵魂的珍贵资源,

---

① 参见郭齐勇、郑文龙编《杜维明文集》第一卷,第8—9页。
② 参见方朝晖《学统的迷失与再造:儒学与当代中国学统研究》,西安:陕西师范大学出版总社有限公司2010年(下同),第114页。
③ [美]杜维明:《"对话文明"始于"文明对话"》,北京:《中国教育报》2008年1月8日。
④ 郭齐勇、郑文龙:《杜维明文集》第一卷,第498页。
⑤ [美]杜维明:《从轴心文明到对话文明》,深圳:《深圳大学学报》(人文社会科学版)2014年第3期,第39页。
⑥ 参见郭齐勇、郑文龙编《杜维明文集》第五卷,第411—412页。
⑦ 参见郭齐勇、郑文龙编《杜维明文集》第五卷,第409—410页。

是学术、知识和文化界的当务之急。"①不过,需要注意的是,"文化中国"这一概论固然有地域、国籍、种族和语言的意义,但其目的却是建构超越地域、国籍、种族和语言之具有普遍价值的"意义世界"。因此,不能对"文化中国"进行狭义的理解;如果由此反而助长狭隘的民族主义,那就违背了"文化中国"提出的初衷。杜维明说:

> "文化中国"的提出固然是为中华民族的文化生命开拓价值领域,发掘精神资源,但这并不基于狭隘的民族主义,也不植根于单元的文化沙文主义。……"文化中国"是一个以沟通理性为方式的、从想象逐步落实日常生活中的"话语社群"。②

第二节　郝大维与安乐哲

郝大维(David L. Hall),1937 年生。先后就读于芝加哥大学和耶鲁大学,在耶鲁大学获得博士学位,专业是美国哲学及中西比较哲学。生前任得克萨斯大学(University of Texas at Austin)哲学系教授,曾长期在夏威夷大学任客座教授。2001 年逝世于得克萨斯州(State of Texas)。主要著作有:《经验的文明:一种怀特海式的文化理论》(*The Civilization of Experience: A Whiteheadian Theory of Culture*)、《多变的凤凰——朝向后文化感性的探索》(*The Uncertain Phoenix: Adventures toward a Post - Cultural Sensibility*)、《爱欲与反讽——哲学无政府主义绪论》(*Eros and Irony: A Prelude to Philosophical Anarchism*)、《理查德·罗蒂:新实用主义的导师、诗人》(*Richard Rorty: Prophet and Poet of the New Pragmatism*)等。

安乐哲(Roger T. Ames),1947 年生于加拿大多伦多(Toronto)。1970 年获美国英属哥伦比亚大学(University of British Columbia)哲学和中文荣誉双学士,1973 年获该校哲学硕士学位,1978 年获英国伦敦大学(University of London)亚非学院博士学位。1978 年起任夏威夷大学哲学系教授,1990 年起担任美国"东西方中心"亚洲发展项目主任。1987 年起任《东西方哲学》(*Philosophy East and West*)主编,1992 年起任《国际中国书评》(*China Review International*)主编,1991—1999 年任夏威夷大学中国研究中

① 郭齐勇、郑文龙编:《杜维明文集》第二卷,第651页。
② 参见郭齐勇、郑文龙编《杜维明文集》第五卷,第428页。

心(Center for Chinese Studies)主任。1999 年获英属哥伦比亚大学荣誉博士学位。著有《孔子的论语:一种哲学翻译》(合著)(*The Analects of Confucius*:*A Philosophical Translation*)、《主术:中国古代政治思想研究》(*The Art of Rulership*:*A Study in Ancient Chinese Political Thought*)等。

郝大维和安乐哲通力合作数十年,对中国哲学进行解释性研读,进而展望中国的未来发展。他们说:"我们试图在一个明显的历史参照框架中,在中西两个文化间穿梭比较。这样,我们就像其他从事思想考古的学者一样,试图通过把中国传统与西方文化历史发展相对应,来正确估价这一传统。"①二人合作推出了六本在国际汉学界有影响的专著,主要包括《先贤的民主》(*The Democracy of the Dead*)以及中西思想"比较三部曲",即《孔子哲学思微》(*Thinking Through Confucius*)、《期待中国:探求中国和西方的文化叙述》(*Anticipating China*:*Thinking through the Narratives of Chinese and Western Culture*)和《汉哲学思维的文化探源》(*Thinking from the Han*:*Self, Truth and Transcendence in Chinese and Western Culture*)。此外,二人还合译了《中庸》。

一、儒学之为"汉神话"的核心

在郝大维和安乐哲看来,西方人倾向于把形成"民族性"的神话进一步解释,甚至解释为一般的宇宙论。他们说:"所有这些神话式的说法……这种叙述本身又可以被看做是更一般的宇宙论传统的一种具体表现,这种传统来自我们的希腊—希伯来的过去,它宣布了秩序对于无序力量的胜利。"②然而,中国文化传统则显然不同,它对中国"民族性"的叙述不依赖于对世界根源的思辨;代表中华民族"民族性"的"中国性",并不源于"超越性",而是源于"现实性"的"汉文化"。他们说:"儒家传统不需要从某种超越的根源寻找一种最初的开始。儒家中国的、形成其民族性的'神话'是这样一种叙述:它显示了汉朝(公元前206—公元220 年)的统一的文化这一构造。"③本来,"汉"是一个地理概念,最初指"汉水",后来指楚国的一块领土"汉中"。在刘邦在战胜项羽成为开国皇帝时,他借用发祥地"汉"命名新建立的朝代。依着郝大维和安乐哲的理解,汉朝对中国文化的影响非常

① [美]郝大维、安乐哲:《可否通过孔子而思?》,北京:《读书》1996 年第 5 期(下同),第53 页。

② [美]郝大维、安乐哲著,施忠连译:《汉人:叙述的理解——中文版作者自序》,《汉哲学思维的文化探源》,南京:江苏人民出版社 1999 年(下同),第 1 页。

③ [美]郝大维、安乐哲著,施忠连译:《汉人:叙述的理解——中文版作者自序》,第 1 页。

巨大,可以说"汉文化"是"中国性"的现实根源,因为"中国性"是在汉代时期确立下来的。他们说:

> 在汉朝期间,中国在社会、政治和文化上的同一性巩固下来了。这个文化母体是中国人所依靠的根源,他们称自己为"汉人"。……在汉代前期,规范的著作确定了下来,儒学成为帝国的意识形态,后来它由科举考试加强了,这种制度不断产生政治和文化上的精英,直到20世纪早期帝国制度灭亡为止。①

既然"汉文化"是"中国性"的现实根源,那么,就须"找出称为'汉'的文化叙述的核心"②。在郝大维、安乐哲看来,"汉文化"的核心需要在哲学尤其是中国哲学中去寻找。他们说:"哲学家一直是、现在仍然是社会的思想指路人。因此,以中国人自己的眼光对中国哲学的思索,必定首先是切合实际的。这就是说,它必定关涉这样一种思想话语,即一直在促进和形成社会、政治和文化的发展的话语。"③寻找的结果是,"儒学"代表着"汉文化"的核心:"在中国语言中,到处使用'汉'字,用以表示这样一种东西的独特的文化核心:这种东西在英语中换一种说法,称为'儒学',推而广之,称为'中国性'〔Chineseness〕。然而,重要的是,它不是一种静止固定的本质核心,而是一系列意义的能动的汇聚,并随着时代而变化。因此,探寻'汉神话',就是弄清'儒学的能动内核是什么?'"④他们的意思是,因为"汉文化"对"中国性"具有"塑造"作用,故"汉文化"可相较于西方文化而称为"汉神话"。既然"汉神话"的核心是儒学,故可以说"儒学"是"汉人"的"同一性",那么就需要进一步弄清楚"儒学"的主要特征和发展脉络。关于作为"汉神话"的"儒学"的特征和脉络,他们说:

> 关于中国的任何一种负责任的看法,都必须考虑汉神话在中国人的文化自我意识形成中的中心地位。与此同时,重要的是要注意,这个神话在当代历史时期是怎样受到来自其疆域之内部和外部的挑战的。此外,理解当代中国的最好的方法是注意,它在对这些相当严重

① 〔美〕郝大维、安乐哲著,施忠连译:《汉人:叙述的理解——中文版作者自序》,第2页。
② 〔美〕郝大维、安乐哲著,施忠连译:《汉人:叙述的理解——中文版作者自序》,第5页。
③ 〔美〕郝大维、安乐哲著,施忠连译:《汉人:叙述的理解——中文版作者自序》,第7—8页。
④ 〔美〕郝大维、安乐哲著,施忠连译:《汉人:叙述的理解——中文版作者自序》,第2—3页。

的挑战的回应中,是如何在政治上和文化上重塑自己的。①

在郝大维和安乐哲看来,与西方传统不同,"儒学"不是"抽象思想"和"本质功用"的表达,而是通过共同的、合理性的实例进行的"历史的叙述"。他们说:"这种'实际知识'是在某人于此特殊地点顺利地、无阻碍地前进中获得证实。认知者坚持实现这些关系,而不是想象世界的真实。同样,'文化'是人们的成功地创造的、此特定的历史的型式,它通过人民的生活表现出来。……这样,'汉神话'作为一种叙述,是由形成时期的典范的故事构成的。"②因此,"儒学"可以称为一种"历史主义"的"美学传统";要解释这样一种传统,不能依赖于"本质"的理解和分析的方法。他们说:"对于'儒学'或'汉'这些词,我们不能把它们当成专门术语,以避免把它们本质化[essentializing]。在探讨关于'汉'的同一性的认识时,我们不可能期望这样的精确性。……中国传统一般总是将每一个情境的关系型式的独特性作为其基本前提,它从根本上说是美学传统,因而,阐释这样一个传统,分析不是适当的方法。……与西方哲学传统主流相比,中国传统是历史主义的,它呈现为系统。就此而言,它抵制以理论的和概念的语言来表达……"③质言之,对于"儒学"只能进行"叙述的理解"。他们说:

> 我们必须看到,它(指"儒学"——引者)不同于任何一组特定的规诫,或任何与世事相脱离的意识形态,后两者被视为中国不同时期或时代的文化叙述产生的结果。儒家不是一种可以孤立理解的学说,也不是某种信仰构造,实际上它是人类一个特定社群的、持续发展的叙述,是一个不断发展的思想和生活的"方式",或者说是一条不间断的思想和生活之道。④

正因为如此,儒家所赞颂和推崇的不是西方代表"秩序"的"神",而是历史上代表理想人格的祖先名人、文化豪杰等。更为重要的是,儒家传统要求哲学家是"示范式"的人物,其责任是作为先驱为后人探索"道"。当然,此"道"不是通常的理论学说或某种信仰,而是一种关于"生活途径"的

---

① 〔美〕郝大维、安乐哲著,施忠连译:《汉人:叙述的理解——中文版作者自序》,第14页。
② 〔美〕郝大维、安乐哲著,施忠连译:《汉人:叙述的理解——中文版作者自序》,第6—7页。
③ 〔美〕郝大维、安乐哲著,施忠连译:《汉人:叙述的理解——中文版作者自序》,第4—5页。
④ 〔美〕郝大维、安乐哲著,施忠连译:《汉人:叙述的理解——中文版作者自序》,第8页。

"连续叙述"。郝大维和安乐哲说:"实际上中国文化是一个社群的人民的连续不断的叙述,是正在展开的、思想和生活的途径,在汉语中这种途径被称为'道',英语通常译为'the way'。"①具体来讲,在儒家,"道"并非指"路径"的意义,而是指"方法"和"对策"的意义,即如何卓有成效地生活并取得成就的"方法"和"对策"。不过,由于生活是连续不断的变化过程,故"道"亦为一个"行进中的系统"。正因为如此,"儒学"常常是意义模糊和"不可捉摸"的,它常可被从很多不同方面加以描绘。但是,依着儒家的理解,这个"行进中的系统"乃"道"的展示。他们说:"这种'行进中的系统'规定了这一始终在变化、始终是暂定的文化的视野——在哲学文献中,这一变动中的系统是'道'的展示,道是在行走中造成的⋯⋯"②关于这样一种儒家传统的形成原因,他们说:

> 中国文化之所以会产生叙述性,是因为在这个传统中不时出现这样的文化主导因素:过程和变化优先于静止⋯⋯缘此,是那些独特的榜样,为成为一体的社群确定方向。③

不过,在郝大维、安乐哲看来,儒家思想是"疏松的",因为它对其他思想具有"开放性"。他们说:"它们(指儒家——引者)是疏松的,并将它在其特殊的历史时期的兴盛所需要的任何一种思想吸收到自身中来,在分裂的时期尤其如此。儒学的这种疏松性使它成为一种不断比较的传统。"④历史地看,这种"疏松性"决定了儒家在不断地、创造性地运用自己的传统。西周初年,出现了关于政治和文学的记录,它们在后世受到推崇而成为"经典";"经典"渐渐作为开端演化出后来的中国文明。在战国时代,在政治上形成了基于不同哲学、制度和机构之众多相互争霸的诸侯国。相应地,在思想上出现了"百家争鸣","各家"都力图成为文化上的主导力量。后来,汉朝将争霸、争鸣的"活力"摄取到自身,并利用这种"活力""创造"出作为"汉文化"中心的儒学。他们说:"以国家意识形态出现的汉代儒学,不是先秦的儒学,而是强化了的、综合性的儒学,它摄取了道家、法家、墨家,以及可能与之竞争的任何一种其他学派的诸成分,加以消化吸收。"⑤当然,后世

---

① ［美］郝大维、安乐哲著,施忠连译:《汉人:叙述的理解——中文版作者自序》,第11页。
② ［美］郝大维、安乐哲著,施忠连译:《汉人:叙述的理解——中文版作者自序》,第9页。
③ ［美］郝大维、安乐哲著,施忠连译:《汉人:叙述的理解——中文版作者自序》,第7页。
④ ［美］郝大维、安乐哲著,施忠连译:《汉人:叙述的理解——中文版作者自序》,第8页。
⑤ ［美］郝大维、安乐哲著,施忠连译:《汉人:叙述的理解——中文版作者自序》,第12页。

儒家始终保持着"开放性",仍在不断地创造性地运用自己的传统。关于"儒学"的这样一种传统,他们说:

> 这一疏松的传统是怎样展开的,对此坚持不懈地进行思索,正是在现代世界确定同中国的适当关系所需要的。在一个正在筑"道"的世界……诸如"真"和"正义"这类排他性的、经常是强制性的观念,不能很好地发挥作用。①

总之,郝大维和安乐哲认为,"儒学"所"塑造"的"汉文化"具有六个方面的特征:其一,"汉文化"产生于一定的历史时期,而不是产生于神话传说。② 也就是说,它不同于西方文化源于对神话的宇宙论诠释,而是基于"历史的叙述"而进行的"叙述的理解"。其二,"汉文化"作为中华民族文化"同一性",可以代表整个中华民族的文化。③ 尽管"汉文化"是一种"叙述的理解",它由于"开放性"而不断创造性地运用传统,但它依然具有可以确认的文化特征,这种特征可以代表整个中国文化。其三,就与西方文化比较而言,"汉文化"具有"文化精英主义"的"色彩"。他们说:"从最值得尊敬的意义上说,汉人传统是智识传统,是圣贤传统,这不能不使它具有文化精英主义的色彩。"④其四,经典在"汉文化"中具有非常重要的地位。"由于它重智识的特点,汉人的同一性的一个源泉是经书,精通了经书就能使一个人有资格成为汉文化的传播者。"⑤其五,"汉文化"是"疏松的""开放的",它能够对来自内部和外部的挑战灵活地作出反应。⑥ 正因为如此,"汉文化"不断处于变化过程之中。其六,"汉文化"同时具有一定的"排他性"。他们说:"汉人是一个排他性的大家庭,其成员对外人的反应带有不同程度的猜疑和不放心。"⑦

---

① [美]郝大维、安乐哲著,施忠连译:《汉人:叙述的理解——中文版作者自序》,第13—14页。
② 参见[美]郝大维、安乐哲著,施忠连译《汉人:叙述的理解——中文版作者自序》,第14页。
③ 参见[美]郝大维、安乐哲著,施忠连译《汉人:叙述的理解——中文版作者自序》,第14页。
④ [美]郝大维、安乐哲著,施忠连译:《汉人:叙述的理解——中文版作者自序》,第14页。
⑤ [美]郝大维、安乐哲著,施忠连译:《汉人:叙述的理解——中文版作者自序》,第14页。
⑥ 参见[美]郝大维、安乐哲著,施忠连译《汉人:叙述的理解——中文版作者自序》,第14页。
⑦ [美]郝大维、安乐哲著,施忠连译:《汉人:叙述的理解——中文版作者自序》,第14页。

二、中西哲学之差异

郝大维与安乐哲认为,哲学不应该是纯粹的和专业性的,而应该研究和回应人类社会的现实问题。一般来讲,典型的传统哲学有一套基础的哲学设定;通常以"本体论"为中心,对一切问题有比较一贯的价值标准。正因为如此,"西方哲学界一直都'无视'中国哲学,而且是纯粹意义上的'无视',至今仍然如此"①。实际上,哲学离不开文化,不能离开文化来谈哲学。因此,哲学不能预设教条,也不能以"本体论"为中心,而应特别关注现实生活表现出来的思想观念。② 正因为如此,他们非常重视中国哲学,因为中国哲学即"远非只指对由哲学系统和理论组成的范型与传统的专业性讨论、扩展"③。具体来讲,中国哲学与西方哲学代表了两种文化系统,二者之间有同有异;与同相比,异是更基本的、更值得关注的方面。在他们看来,"中国文化作为一种人类社会秩序迥然有异于西方文化"④,因为"哲学"一词在中国和西方具有"不同含义"。⑤ 基于此,他们展开中西哲学的"比较哲学"研究,而且着重于其间的差异性。他们说:

> 在比较哲学事业中,差异性比相似性更有意义。这就是说,正如我们即将阐明的那样,中国和盎格鲁—欧洲文化传统种种截然不同的预设,较诸某些共同思想来说,更是目前哲学反思富有意义的主题。……我们坚持认为,只有以承认差异性为前提,才会提供互有增益的机遇,为解决单一文化内部一直无法完满解决的问题提供另一解答方案。⑥

在郝大维和安乐哲看来,中西哲学之差异主要表现在如下三个方面:

其一,"理性秩序"与"审美秩序"之别。在他们看来,中西哲学具有不同的思维规则,即,西方哲学以追求"理性秩序"为首要特征,而中国哲学以考虑"审美秩序"为优先性。所谓"理性秩序",是指根据"既定"的规则来

---

①　[美]郝大维、安乐哲著,何金俐译:《通过孔子而思·中译本序》,北京:北京大学出版社2005年(下同),第 I 页。

②　参见[美]郝大维、安乐哲著,何金俐译《通过孔子而思·中译本序》,第 I—II 页。

③　[美]郝大维、安乐哲著,何金俐译:《通过孔子而思·中译本序》,第 I 页。

④　[美]郝大维、安乐哲著,何金俐译:《通过孔子而思·中译本序》,第 VII 页。

⑤　参见[美]郝大维、安乐哲著,何金俐译《通过孔子而思·中译本序》,第 I 页。

⑥　[美]郝大维、安乐哲著,何金俐译:《通过孔子而思》,第 6 页。

实现"秩序",它借助于概念或理念对周围世界认知。所谓"审美秩序",是指通过"创造"新的规则来实现"秩序",它借助于"体认""亲知"对周围世界认知。他们说:"第一与第二两种问题框架的思维之间的对立,实际上是关于秩序的不同概念之间的对立,在另一处我们称之为'美学的'和'理性的'秩序。"①"如果我们的社会关系因对某种先行建立的关系模式的吁求而受到限制……那么,我们就是为一种'理性'或'逻辑'秩序所建构。而如果我们的彼此影响不必然借助规则、理念或原理,而且种种体现我们团结一致的秩序都因其独特性而建构了秩序永久的特殊性,我们就是'审美'秩序的创造者。"②进而,郝大维和安乐哲以"圆的方形化"来形容"理性秩序",以"方的圆形化"来形容"审美秩序"。所谓"圆的方形化",意谓使模糊与混沌的东西变得确定与明晰的过程。所谓"方的圆形化",是指力图把确定和明晰的东西变为一个"未完成"的过程。他们说:

> 西方思想家长期以来的浪漫念头之一就是"使圆方形化"。在西方所见的这一把圆加以方形化的做法,在中国也有与其相应的表现。中国人力图把方形如同圆形那样视为最终是无边际、未完成的东西。③

其二,"超越"与"内在"之别。郝大维和安乐哲认为,在西方哲学,"超越"是具有严格的含义的,即,上帝创造并影响着世界万物,但它绝不受世界万物的影响。亦即,上帝超越、独立并外在于世界万物,而世界万物的存在和价值依赖于上帝。关于这样一种"严格的超越"的含义,他们说:"'超验'(在此即指"超越"——引者)在严格的意义上应这样理解:一种原理。如果说 A 是这样的'超验'原理,那么,B 就是它作为原理用来验证的事物。B 的意义或内涵不借助于 A 就不可能获得充分分析和说明,但反之却不成立。益格鲁—欧洲哲学传统诸原理的支配意义都需要此严格意义上的'超验'定义。"④在西方哲学的"冲击"下,现代新儒家曾提出中国哲学属"内在超越",以区别于西方哲学的"外在超越"。关于"内在超越",牟宗三的解释可为代表:"天道"是超越的,但它内在于"人性"则为内在的,故"天道"

---

①　[美]郝大维、安乐哲著,施忠连等译:《期望中国:对中西文化的哲学思考》,上海:学林出版社 2005 年(下同),第 138 页。

②　[美]郝大维、安乐哲著,何金俐译:《通过孔子而思》,第 163—164 页。

③　[美]郝大维、安乐哲著,施忠连等译:《导言:期待论证》,《期望中国:对中西文化的哲学思考》,第 11 页。

④　[美]郝大维、安乐哲著,何金俐译:《通过孔子而思》,第 14 页。

是"既超越又内在"的。① 对此,郝大维、安乐哲持批判态度。他们说:"我们将继续否认在中国主流文化中有严格的'超越'这样的东西。"②他们认为,"内在超越说"有两点错误:其一,"天"不具有超越性。在中国哲学,"'天'就不是一个生成了独立于自己的世界的先在创造性原理。它更确切地说是一个自然产生的现象世界的总称。'天'完全是内在的,所有建构它的成分都不会独立于它而存在"③。其二,"内在超越说"是一元论,不是二元论。他们说:"从传统的角度概括而言,对创世主和人类的二元论,古典中国给出的是另一种解释:人是这样一个连续统一体——他在努力实现自身时成为神。"④因此,他们认为,西方哲学是"超越"的,而中国哲学是"内在"的;对此,不能混淆。他们说:

　　　　不规范地、随意地使用超越的概念,来表述中国的感悟方式,多半会导致严重的混乱,因为这样做,就允许不加鉴别地将比较严格的意义上的超越,引进到人们的论述中来。正是这种做法发生于对中国儒家和道家的常见解释之中。⑤

　　其三,"本质"与"典范"之别。他们认为,在伦理、政治及其他领域,西方哲学关注的是事物的"定义"和"本质";中国哲学强调的则是诉诸"典范"和"历史传统"。历史地看,西方哲学对"定义"和"本质"的偏好与执着,起源于苏格拉底—柏拉图主义传统。在柏拉图笔下,苏格拉底在探讨伦理问题时,必先寻求事物的定义。关于定义,郝大维和安乐哲说:"……定义,它提供了对我们称之为 X 的外延性质和内涵性质的一种说明。"⑥很显然,这是通过寻找"杂多"背后的"统一性"来界定事物的本质。然而,中国先秦诸子没有哪一派对其所探讨的问题试图下定义,他们所关注的主要问题是事物如何产生的、该如何应付及解决这些实际问题。质言之,儒、墨、法甚至道家所体现的均是强烈的"现实关怀",其思想学说具有明显的"实践品格"。恰是因此,儒家所关注的是"圣贤""典范",而不是"定义""本质"。对于这种区别,郝大维和安乐哲说:"在一个依靠实例而不是形式

①　参见牟宗三著,罗义俊编《中国哲学的特质》,上海:上海古籍出版社 2007 年,第 20 页。
②　[美]郝大维、安乐哲著,施忠连译:《汉哲学思维的文化探源·前言》,第 9 页。
③　[美]郝大维、安乐哲著,何金俐译:《通过孔子而思》,第 255 页。
④　[美]郝大维、安乐哲著,何金俐译:《通过孔子而思》,第 297 页。
⑤　[美]郝大维、安乐哲著,施忠连译:《汉哲学思维的文化探源》,第 194 页。
⑥　[美]郝大维、安乐哲著,施忠连等译:《期望中国:对中西文化的哲学思考》,第 113 页。

的定义、依靠历史的榜样而不是抽象的原则的传统中,我们不可能期望有一种方法将知识规整得与我们的逻辑分类极为类似。"①他们还说:

　　　　中国人大多求助值得仿效的典范和事例,而不是严格的定义,来唤起理解能力。知识在这种情形下包含着意义丰盈、无限的模糊的要素,它与西方"对确定性的追求"形成反差。②

三、"儒家民主"之可能及其形态

　　郝大维、安乐哲认为,如何实现中国政治现代化是一个非常重要的现实问题。不过,在他们看来,在讨论这个问题时,必须事先要避免三种"谬论":第一种是"单一视角谬论"(the fallacy of the single perspective),它"主张最终只有一种合适的方式来构想自己的目标"。③ 事实上,跨文化的思索和分析常常是必要的。第二种是"误导比较谬论"(the fallacy of misguided comparison),它"导致人们把一种社会或文化的理想与另一种社会或文化的实际情况进行比较"。④ 很明显,这种"谬论"在比较的标准上不一致。第三种是"善良原则谬论"(good principles fallacy),它是指"脱离相关行为的伦理和人文原则比只有具体行动而不是喊得响亮的原则具有更大的价值"。⑤ 很显然,这样一种"谬论"将原则而不是行动置于优先地位。依着二人的理解,若避开这样三种"谬论",会发现,民主其实不止一种模式。具体来讲,除了"自由主义民主"模式之外,还存在一种"社群主义民主"模式。所谓"自由主义民主",指建立在"个人主义"基础上的民主模式;所谓"社群主义民主",指建立在"沟通的共同体"基础上的民主模式。⑥ 既然如此,中国的政治现代化不必要走西方式的民主道路,因为"自由主义民主"不适

　　① [美]郝大维、安乐哲著,施忠连等译:《期望中国:对中西文化的哲学思考》,第306页。
　　② [美]郝大维、安乐哲著,施忠连等译:《导言:期待论证》,《期望中国:对中西文化的哲学思考》,第12页。
　　③ 参见[美]郝大维、安乐哲著,何刚强译,刘东校《先贤的民主——杜威、孔子与中国民主之希望》,南京:江苏人民出版社2004年(下同),第11页。
　　④ 参见[美]郝大维、安乐哲著,何刚强译,刘东校《先贤的民主——杜威、孔子与中国民主之希望》,第12页。
　　⑤ 参见[美]郝大维、安乐哲著,何刚强译,刘东校《先贤的民主——杜威、孔子与中国民主之希望》,第13页。
　　⑥ 参见[美]郝大维、安乐哲著,何刚强译,刘东校《先贤的民主——杜威、孔子与中国民主之希望》,第14页。

合中国的国情,中国可以从自己的文化中发展出一种"儒家民主"模式,这种模式可归为"社群主义民主"。他们说:

> 我们将论证的是:第一,以权利为基础的自由主义这种核心传统不适合中国的国情;第二,我们将提出这样的观点,即传统的儒学包含了若干完全可以转化为一种社群社会的民主形式的成分。①

在郝大维和安乐哲看来,就"社群主义民主"而言,儒家思想中具有丰厚的相关资源。具体来讲,这些资源主要包括:其一,"民为邦本"所体现的"大众政府"的思想。② 例如,《尚书》中有"民惟邦本,本固邦宁"③"天视自我民视,天听自我民听"④的思想。其二,"学而优则仕"⑤所体现的"知识贤人制度"。⑥ 所谓"知识贤人制度",指以能力和实绩为原则来使用读书人。其三,"规谏"与"革命"所体现的抗议精神。⑦ "规谏"指批评"越轨"的政府和官员,"革命"指废除"不合法"的统治者。其四,"德治"所体现的"道德先于刑罚"。⑧ 此作为确保社会和谐的主要手段,是"社群主义民主"价值观的"基石"。其五,"无为而治"所体现的"有限政府"观念。⑨ 即,政府要尽可能少管,而由"沟通的共同体"来自我维持秩序。其六,"价值观的综合"所建构的宗教和谐。⑩ 儒教、道教和佛教之"价值观的综合",为"容忍"与"服从"的发展模式奠定了基础。其七,以"自我秩序"为目标的"自治共

---

① ［美］郝大维、安乐哲著,何刚强译,刘东校:《先贤的民主——杜威、孔子与中国民主之希望》,第11页。

② 参见［美］郝大维、安乐哲著,何刚强译,刘东校《先贤的民主——杜威、孔子与中国民主之希望》,第98页。

③ 孔安国传,孔颖达疏,廖明春等整理,吕绍纲审定:《尚书正义》,第177页。

④ 孔安国传,孔颖达疏,廖明春等整理,吕绍纲审定:《尚书正义》,第277页。

⑤ 何晏注,邢昺疏,朱汉民整理,张岂之审定:《论语注疏》,第259页。

⑥ 参见［美］郝大维、安乐哲著,何刚强译,刘东校《先贤的民主——杜威、孔子与中国民主之希望》,第98页。

⑦ 参见［美］郝大维、安乐哲著,何刚强译,刘东校《先贤的民主——杜威、孔子与中国民主之希望》,第98页。

⑧ 参见［美］郝大维、安乐哲著,何刚强译,刘东校《先贤的民主——杜威、孔子与中国民主之希望》,第98页。

⑨ 参见［美］郝大维、安乐哲著,何刚强译,刘东校《先贤的民主——杜威、孔子与中国民主之希望》,第99页。

⑩ 参见［美］郝大维、安乐哲著,何刚强译,刘东校《先贤的民主——杜威、孔子与中国民主之希望》,第99页。

同体"观念。① 即,通过"调停"家庭与社区关系建立繁荣、自治的共同体,
体现了儒家"自我秩序"的目标。其八,"自我修身"所体现的"公民"或"公
共个人"。② 儒家"自天子以至于庶人,壹是皆以修身为本"③的主张,确定
了对"公民"或"公共个人"的崭新解释。关于儒家所具有的"社群主义民
主"资源,他们说:

　　　　很重要的一点是,要注意到在中国的传统里存在这样的支持民主
　　化的资源,因为至少,这些资源可以帮助将民主的概念变为更与中国
　　人传统相吻合的条件,而这些概念又是从外部的资源派生而来的。同
　　样重要的是,这些资源为民主化的倡导者们提供了重大的支持,他们
　　正在跟自己社会中更为保守和更为专制的民主反对派进行辩论。④

　　基于上述资源,郝大维、安乐哲从"个人""共同体""人权"三方面构建
了一个作为"社群主义民主"模式的"儒家民主"形态。
　　其一,"中国式的个人"——"人的焦点/场域模式"。⑤ 就"自由主义民
主"来讲,重要"设定"是对于"身份者"的确定——"现代的自我是一个独
立的自主的个人"⑥。因此,"自由主义民主"可谓奠基于"个人主义"之上。
与之不同,"中国式的个人"则"设定"人是某个"行为者",而不是某个"身
份者"。对此,郝大维和安乐哲提出了"焦点/场域"的概念。他们说:"个人
秩序与社会秩序是相互包含的。……要有效领会这种儒学……的假定,可
以借助于对个人与社会关系的焦点/场域(focus/field)的理解。"⑦所谓"焦
点/场域",强调的是"自我"与"环境"即个人与社会之关系之关联。他们
说:"个人的定义绝对是社会性的,它当然排除了自主的个人性。……个人

　　① 参见[美]郝大维、安乐哲著,何刚强译,刘东校《先贤的民主——杜威、孔子与中国民主之
希望》,第99—100页。
　　② 参见[美]郝大维、安乐哲著,何刚强译,刘东校《先贤的民主——杜威、孔子与中国民主之
希望》,第100页。
　　③ 郑玄注,孔颖达疏,龚抗云整理,王文锦审定:《礼记正义》,第1592页。
　　④ [美]郝大维、安乐哲著,何刚强译,刘东校:《先贤的民主——杜威、孔子与中国民主之希
望》,第97页。
　　⑤ 参见[美]郝大维、安乐哲著,何刚强译,刘东校《先贤的民主——杜威、孔子与中国民主之
希望》,第111—118页。
　　⑥ [美]郝大维、安乐哲著,何刚强译,刘东校:《先贤的民主——杜威、孔子与中国民主之希
望》,第111页。
　　⑦ [美]郝大维、安乐哲著,何刚强译,刘东校:《先贤的民主——杜威、孔子与中国民主之希
望》,第118页。

的具体性是在奉行仪规化的角色与实践中得以实现的。"①具体来讲,如果说"自由主义民主"认为"自我"与"环境"是"部分/整体"的关系,那么,儒家则认为"自我"与"环境"是"焦点/场域"的关系。即,在"部分/整体"模式下,"个人"指单一的、独立的、不可分割的存在,"环境"是由所有"自我"构成的整体;在"焦点/场域"模式下,"个人"指处于社会关系中的具体的"焦点",家庭、社会、国家甚至天下则是"焦点"的"场域"。因此,在后一种情况下,"和谐"是评价"个人""场域"的"支配性"标准;"自我实现"从根本上讲是一种社会任务。总之,"人的焦点/场域模式"乃"儒家民主"的重要组成部分。郝大维和安乐哲说:

> 儒学……证实,个人自主性并不一定有益于人的尊严。事实上……个人性的夸大就可能成为保护和培育人的尊严的最终目标的可恶之敌。……儒学信奉者……有关人的社群主义概念可能会非常有用,它能起的作用是重振我们所有人对促进自我实现的承诺。②

其二,"一个沟通的共同体"——"既非个人主义,也非集体主义的仪规共同体"。③郝大维和安乐哲认为,儒家社会是一个通过"仪规"实践达到有效沟通的"仪规共同体"。具体来讲,"仪规"的作用非常广泛,它既涵括个人层面,指交流个人经验所借助的礼仪规范;亦涵括"共同体"层面,指从家庭到政府的社会与政治制度。他们说:"作为共同体的论说的仪规概念包括所有不同的角色、关系与制度。这些东西固定并培育了共同体,它也包括了任何形式化了的、赋予意义的行为表现。这些行为表现把共同体内的人组织了起来。"④在他们看来,"仪规"并不只是提供合适的标准,"仪规"实践还有"个人创意"的一面。而且,"仪规"的属性是"规劝性"而不是"禁止性"。因此,"仪规"实际上有一种"开放性"和"弹性",它可以被重新构造来适应每个参与者,用以承载、发展和展示每个人的特性。他们说:

① ［美］郝大维、安乐哲著,何刚强译,刘东校:《先贤的民主——杜威、孔子与中国民主之希望》,第119页。
② ［美］郝大维、安乐哲著,何刚强译,刘东校:《先贤的民主——杜威、孔子与中国民主之希望》,第123—124页。
③ 参见［美］郝大维、安乐哲著,何刚强译,刘东校《先贤的民主——杜威、孔子与中国民主之希望》,第125—128页。
④ ［美］郝大维、安乐哲著,何刚强译,刘东校:《先贤的民主——杜威、孔子与中国民主之希望》,第125页。

"它是有教化功能的人们将真知灼见具体化的载体,它使得人们能从个人自己的独特角度来改革共同体。仪规授权给那些参与共同体生活形式的人,而共同体反过来也得到这些人的授权。"①总之,这种"仪规共同体"既非"个人主义",亦非"集体主义"。郝大维、安乐哲说:

> 儒学对社会秩序的理解认为,个人与共同体的实现是相互依赖的。正因为这样,社会秩序不能以个人主义或集体主义两者必居其一的古典形式来理解。在西方支撑这两种观点的主要思想在中国几乎没有任何影响可言。②

第三,"社群社会环境中的人权"。③ 就西方的"自由主义民主"来看,它强调个人"自主性"优于共同体,而这种个人"自主性"依靠法律来保护。然而,在郝大维和安乐哲看来,依靠法律远非实现人的尊严的理想手段,因为它从根本上会使人丧失人性,导致相互适应的"弱化",从而损坏"共同体"所应承担的具体责任。相反,中国人对权利的"社群主义的理解"会促进整个社会的利益,而不是单纯的个人权利。儒家传统认为,"权利"是由社会给予的,故个人应认识到自己对于社会的责任。因此,在传统中国,从法律上强调严格施行权利的倾向不明显。他们说:"权利绝对是以道德原则来界定的,而利益是与实用和社会福利相联系的。一旦社会福利得到重视,多数人的利益得到维持,少数的利益则被放在了第二位。权利有时起的作用是保护少数人而不顾多数人。……在一个以利益为基础社会里,目标不是保护个人,而是将个人的利益与群体的利益融合起来……"④很明显,中国人关于"人"的概念本身就包含了"共同体"的承诺。这种情况下,"自由主义民主"所谓的"人权"便不被视为一种理想,而是被视为一种"病态"。⑤ 质言之,郝大维、安乐哲反对抽象地讨论人权,而是主张更多地关心

---

① [美]郝大维、安乐哲著,何刚强译,刘东校:《先贤的民主——杜威、孔子与中国民主之希望》,第126页。
② [美]郝大维、安乐哲著,何刚强译,刘东校:《先贤的民主——杜威、孔子与中国民主之希望》,第129页。
③ 参见[美]郝大维、安乐哲著,何刚强译,刘东校《先贤的民主——杜威、孔子与中国民主之希望》,第142页。
④ [美]郝大维、安乐哲著,何刚强译,刘东校:《先贤的民主——杜威、孔子与中国民主之希望》,第143页。
⑤ [美]郝大维、安乐哲著,何刚强译,刘东校:《先贤的民主——杜威、孔子与中国民主之希望》,第146页。

人权的实施。他们说：

> 当今人权问题争论的一个令人悲哀的特点是，人们花大量的精力试图去证明权利的精确地位与（或者）内容之所在。……至于我们如何去确保实施这些权利的机会，这些理论家们所剩的精力就比较少了。……我们越多地关注权利的实施，越少地对关于人权的地位与内容作抽象的思索，那么就越会对我们有好处。①

第三节　艾尔曼

艾尔曼（Benjamin A. Elman），1946 年出生于德国慕尼黑。1966—1967 年在位于夏威夷大学的美国"东西方中心"学习，1968 年在汉密尔顿学院（Hamilton College）获学士学位。1973—1974 年在台湾的斯坦福大学"汉语中心"（Inter – University Center for Chinese）学习，1976—1977 年在日本的斯坦福大学"日语中心"（Inter – University Center for Japanese）学习。1980 年，毕业于宾夕法尼亚大学东方学系，获博士学位。之后曾在部队服役、担任政府官员，在科尔比学院（Colby College）、莱斯大学（Rice University）任教。1986—2002 年任教于加州大学洛杉矶分校（University of California, Los Angeles）历史系。其中，1997—1999 年担任该校中国研究中心（Center for Chinese Studies）主任。1999—2001 年作为"梅隆客座教授"（the Mellon Visiting Professor）在普林斯顿高等研究院（Institute for Advanced Study）从事传统中国文明研究。2002 年起任普林斯顿大学历史学和东亚研究教授。2007 年被复旦大学聘为"长江学者讲座教授"。

艾尔曼的主要研究领域为中国思想文化史、中国科学史。主要著作有《从理学到朴学：中华帝国晚期思想与社会变化面面观》（*From Philosophy to Philology：Intellectual and Social Aspects of Change in Late Imperial China*）、《经学、政治和宗族：中华帝国晚期常州今文学派研究》（*Classicism, Politics, and Kinship：the Chang – chou School of New Text Confucianism in Late Imperial China*）、《晚期中华帝国科举文化史》（*A Cultural History of Civil Examinations in Late Imperial China*）、《以他们自己的方式：科学在中国，1550 –

---

① ［美］郝大维、安乐哲著，何刚强译，刘东校：《先贤的民主——杜威、孔子与中国民主之希望》，第 146—147 页。

1900》（*On Their Own Terms*：*Science in China*，1550 – 1900）、《中国现代科学文化史》（*A Cultural History of Modern Science in Late Imperial China*）等。

一、考据学的兴起、特征及意义

艾尔曼对清代的考据学进行了专题研究。他不赞成传统的过于狭隘的思想史研究，而主张将社会史纳入思想史研究的内容；他将这种"扩大"后的思想史研究称为"新文化史"。他说："欧美最近出现的'新文化史'方法，这种方法摒弃了传统学界将思想史与社会史割裂开来的做法。"①基于此，他认为，学术界以往笼统地将中国古代知识概括为"儒学"，仿佛"儒学"是一个有机的整体，其实儒学内部有很多不同的内容。比如，清代考据学就是一个很特别的内容。而且，以往通常以考据学来代表"清学"的说法是经不起推敲的，因为考据学只盛行于长江中下游地区，且人数只占读书阶层的很小部分。或者说，考据学所依赖的基础只是一个"江南学术共同体"，一个"乾嘉"时期地域性的、学术性的"共同体"。② 因此，将一小部分人的学问名之以"乾嘉汉学"并不恰当，因为这个名称不仅意味着考据学"笼罩"了整个乾嘉时代，也意味着它乃一种全国性的学术。基于此，艾尔曼"力图透过政区和地方史的视角"③来研究"考据学派是如何从其自身所处的社会、政治环境中发展出来的"④，并通过实证分析揭示它所产生的历史影响。他说：

> 要研究清代考据学运动的广泛影响，就必须了解它赖以形成、发展的学术共同体。清代，太平天国运动爆发之前，长江下游地区已存在着一个统一的学术共同体。……这个群体影响巨大，意义深远，聚集着当时最优秀的学者。他们通过知识传播的组织与机制走到一起，就寻找、发掘知识的途径达成共识。⑤

---

① ［美］艾尔曼著，赵刚译：《从理学到朴学——中华帝国晚期思想与社会变化面面观·著者中文版序》，南京：江苏人民出版社 1995 年（下同），第 2 页。

② 参见［美］艾尔曼著，赵刚译《从理学到朴学——中华帝国晚期思想与社会变化面面观》，第 41 页。

③ ［美］艾尔曼著，赵刚译：《从理学到朴学——中华帝国晚期思想与社会变化面面观·著者中文版序》，第 2 页。

④ ［美］艾尔曼著，赵刚译：《从理学到朴学——中华帝国晚期思想与社会变化面面观》，第 177 页。

⑤ ［美］艾尔曼著，赵刚译：《从理学到朴学——中华帝国晚期思想与社会变化面面观》，第 2 页。

学界通常认为,考据学的兴起与"文字狱"有密切关系,即清代中前期的"文字狱"迫使文化精英们转向考据。艾尔曼则从"新文化史"的角度认为,"江南学术共同体"的形成、儒学学术本身的"内省"两个方面才是考据学兴起的主要原因。关于第一个方面,指考据学兴起的外因。具体来讲,包括如下几个方面:其一,江南地区的经济发展。明清两朝,由于士、商身份之间"无障碍","商人可以变成儒士,儒士也可以转为商人"①,故经济发展对学术产生了直接影响。其二,未能科举入仕的庞大的儒士群体。清朝前期,朝廷严格限制科举考试中举人数,限制了许多儒士的科举功名,而江南地区这样的儒士群体又相对集中,从而为考据学的兴起提供了社会基础。② 其三,满汉八旗贵族制度。清朝开国后建立的满、汉八旗贵族子弟垄断了相当数量的官职,这种情形给普通儒士进入上层社会带来了障碍,迫使很多儒士不得不专心于学术。③ 其四,教职的吸引力。教职不仅是收入的来源,还是获得学术声望的来源和著述研究的依托,故对儒士群体产生了巨大吸引力。④ 基于这样四个方面,江南地区的知识阶层渐渐形成为一个"学术共同体"。艾尔曼说:"18世纪,大批学者抛弃显赫的科举功名,到书院及教学级别较低的学堂任教,在那里度过人生最宝贵的时光,他们就是江南专业化学术团体形成的例证。"⑤在此基础上,考据学作为一门学问渐渐兴起了。他说:

　　士人的职业标准已发生重要变化……清代士绅渴望成为考据学家。……对清代许多士人来说,学术成为一种谋生手段。⑥

　　关于第二个方面,指考据学兴起的内因。具体来讲,包括如下几个方

---

① ［美］艾尔曼著,赵刚译:《从理学到朴学——中华帝国晚期思想与社会变化面面观》,第64页。
② 参见［美］艾尔曼著,赵刚译《从理学到朴学——中华帝国晚期思想与社会变化面面观》,第92页。
③ 参见［美］艾尔曼著,赵刚译《从理学到朴学——中华帝国晚期思想与社会变化面面观》,第93页。
④ 参见［美］艾尔曼著,赵刚译《从理学到朴学——中华帝国晚期思想与社会变化面面观》,第94页。
⑤ ［美］艾尔曼著,赵刚译:《从理学到朴学——中华帝国晚期思想与社会变化面面观》,第93页。
⑥ ［美］艾尔曼著,赵刚译:《从理学到朴学——中华帝国晚期思想与社会变化面面观》,第66页。

面:其一,传统儒学经典的权威性受到"挑战"。此时,经典不再是不容怀疑、不能批评的"圣经",其真实性和神圣性也须经考证才可获得。"六经皆史"的主张成为这种"挑战"的概括,即,"六经"乃"三代"典章政教的历史记录,并非圣人为垂教立言而作。① 其二,知识阶层对宋明理学的"空疏之风"渐生不满。艾尔曼说:"当时学人把明亡归因于道德沦丧、伦理秩序崩溃,并认为它是由空洞浅薄的理学思辨引发的。"②"考据学者不仅从事严格的考证研究……理学家的空疏,以及他们提出的无法验证的形而上学课题受到考据学者的嘲笑。"③基于上述两个方面,"义理心性之学"渐渐转向"训诂考据之学","文献考证取代道德反省"④成为这一时代重要的学术变化。或者说,考据学的出现意味着儒学学术理路发生了重要变化,自此宋明儒学被考据学所"终结"。对此,艾尔曼说:"汉族士大夫冲破了元以来尊为官方意识形态的学术话语形式的束缚,结束了新儒学的正统学说以及它的钦定理论体系和强烈的形式主义对学术事业的垄断。"⑤关于这种学术理路的变化,他还说:

　　作为思想学术事件,实证性朴学话语特点的逐步形成是基本学术观念变化的反映。后者同时还引发了对传统认知和理解的更重大的基本变革。从前公认的学术范式受到了致命的挑战。⑥

　　在艾尔曼看来,考据学具有明显的"知识性认同"即"专业化"特征。就当时的情形来看,音韵、训诂、考据远远超过了"辅助性工具"的意义,而是成为"充满魅力"的"纯学术"课题。重要的是,这种"纯学术"课题的出现不仅意味着由宋明理学转到考据学,即由"道德话语"转向"考据话语",而且意味着"由追求道德理想人格的完善转向对经验性实证知识的系统研究"⑦。在艾尔曼看来,儒学"博闻明辩传统"本来体现了明显的"知识性认同",但它始终未居于中心地位,而考据学的出现意味着儒学"知识性认同"地位的上升。他说:"17、18世纪,儒学话语出现了一种向知识主义的转变。学者们

① 参见章学诚《文史通义》,上海:上海书店1988年,第1页。
② [美]艾尔曼著,赵刚译:《从理学到朴学——中华帝国晚期思想与社会变化面面观》,第36页。
③ [美]艾尔曼著,赵刚译:《从理学到朴学——中华帝国晚期思想与社会变化面面观》,第120页。
④ [美]艾尔曼著,赵刚译:《从理学到朴学——中华帝国晚期思想与社会变化面面观》,第121页。
⑤ [美]艾尔曼著,赵刚译:《从理学到朴学——中华帝国晚期思想与社会变化面面观》,第177页。
⑥ [美]艾尔曼著,赵刚译:《从理学到朴学——中华帝国晚期思想与社会变化面面观》,第2页。
⑦ [美]艾尔曼著,赵刚译:《从理学到朴学——中华帝国晚期思想与社会变化面面观》,第27页。

力图运用考证方法,重构古典文化无与伦比的纯洁性及其理论和表达方式的精确性。"①质言之,考据学的出现意味着"专业知识"的形成,也意味着"专业学者"的出现。他说:"他们作为学者,仍扮演专业化角色……他们掌握了外行无用的特殊知识,属于自己研究领域的专家。他们作为研究者和教师,其专业活动具有社会影响,他们的职业也是社会组织和结构的具体组成部分。"②他还说:

> 从明代的"业余性研究"到清代"专业化"的转变展示了儒家学者地位和角色的重大变化。③

在艾尔曼看来,考据学已不再是"业余性研究",而是具有明显的"职业性认同",即"职业化"特征。所谓"职业化",它包含"职业范围"和"相应程序"两个方面的内涵。他说:"确切或规范的职业范围,进入并取得职业身份所需程序是职业化在字面意义上包含的两个主要内容。"④基于此,他对考据学者的"职业化"进行了具体分析:其一,考据学者是经过知识训练的特定专业成员。他们因有特定的专业知识,通过提供"专业服务"获得经济支持,因此,"他们的学术角色和社会作用已实现职业化"⑤。其二,具有崭新的"行业标准"。从理学、心学向考据学的转变意味着"行业标准"的变化。艾尔曼说:"这是它向职业化转变的标志。"⑥其三,考据学专业知识具有明确的"学科界限"。因此,"考据学者通过掌握这些知识把自己和官僚、绅士和外行区分开来"⑦。其四,考据学是"自由"探讨的学术。考据学的内容和方法没有政治色彩,因而能够避免局外人和意识形态的评判。艾尔

---

①　[美]艾尔曼著,赵刚译:《从理学到朴学——中华帝国晚期思想与社会变化面面观》,第177页。

②　[美]艾尔曼著,赵刚译:《从理学到朴学——中华帝国晚期思想与社会变化面面观》,第69页。

③　[美]艾尔曼著,赵刚译:《从理学到朴学——中华帝国晚期思想与社会变化面面观》,第48页。

④　[美]艾尔曼著,赵刚译:《从理学到朴学——中华帝国晚期思想与社会变化面面观》,第68页。

⑤　[美]艾尔曼著,赵刚译:《从理学到朴学——中华帝国晚期思想与社会变化面面观》,第69页。

⑥　[美]艾尔曼著,赵刚译:《从理学到朴学——中华帝国晚期思想与社会变化面面观》,第69页。

⑦　[美]艾尔曼著,赵刚译:《从理学到朴学——中华帝国晚期思想与社会变化面面观》,第69页。

曼说:"一种职业需要的不是自由市场的企业家,而是自由。"①就上述四个方面来看,它们反映了"职业化"之"职业范围"和"相应程序"两个方面。就考据学者的"职业化"特征,他说:

> 一批受过严密的语言、历史和天文学系统方法训练的学者出现了。他们在江南形成一个特殊的共同体,其成员相互交流彼此的论著。他们致力研讨的课题多半与社会问题无关,主要是由儒学博闻明辩传统的内在刺激引发的。②

艾尔曼认为,上述"专业化"和"职业化"特征具有重要意义。一方面,学术"专业化"的形成不仅是知识阶层关怀对象的转变,而且是知识阶层人生态度的转变。以前,知识阶层所推崇的是"君子不器"③的"通儒",而自此则代之以"专精一门"的"专才"。另一方面,考据学的出现意味着一种深刻的学术变革,而这种变革创造出一种新的"学术话语"。他说:"考据学就是一种话语,一种学术性谱系和意义。实证方法的形成、流行,展示了17、18世纪中国在语言使用和意义上的剧烈变化。"④具体来讲,"江南的文献考证在唤起对传统科学的重新重视上发挥了重要作用"⑤。在艾尔曼看来,这种"学术话语"体现出"实证科学"的特征;对它加以改造,可贡献于中国现代科学的发展。他说:"在中华帝国晚期,学术机构是作为研究场所而存在并发挥作用的,它具备了实证科学的许多特征。它们经过适当调整(20世纪成为现实)即可满足现代科学的需要,进行这样的调整,要比我们设想的容易。"⑥而且,历史地看,现代中国学术话语实际上与清代考据学存在着连续性。艾尔曼说:"他们(指考据学者——引者)汲取、重构并革新了儒家的学术研究传统。迄今为止,中国学仍受到他们建立的研究方法的影响。"⑦总之,清代考据学对于中国乃至东亚学术文化的发展做出了重要贡献。艾尔曼说:

---

① [美]艾尔曼著,赵刚译:《从理学到朴学——中华帝国晚期思想与社会变化面面观》,第70页。
② [美]艾尔曼著,赵刚译:《从理学到朴学——中华帝国晚期思想与社会变化面面观》,第41页。
③ 何晏注,邢昺疏,朱汉民整理,张岂之审定:《论语注疏》,第19页。
④ [美]艾尔曼著,赵刚译:《从理学到朴学——中华帝国晚期思想与社会变化面面观》,第2页。
⑤ [美]艾尔曼著,赵刚译:《从理学到朴学——中华帝国晚期思想与社会变化面面观》,第49页。
⑥ [美]艾尔曼著,赵刚译:《从理学到朴学——中华帝国晚期思想与社会变化面面观》,第98页。
⑦ [美]艾尔曼著,赵刚译:《从理学到朴学——中华帝国晚期思想与社会变化面面观》,江苏人民出版社1995年,第6页。

现代中国学术固然深受西方学术和科学的影响,但是我们不应忘记,中国现代的社会史、文化史研究人员曾受惠于清代学者的考证成果……清代考据学的许多特点常使我们想起18世纪欧洲启蒙运动的众多思想家和学者。此外,17、18世纪的考据学、实学思潮还东传日本、朝鲜,推动了18世纪朝、日两国实学的兴起。[1]

二、常州"今文经学"的兴起及其影响

就"今文经学"在近代的复兴来说,许多学者将原因归之于"鸦片战争"后西方的"冲击"。因此,对"今文经学"的研究重点主要集中于"鸦片战争"后的相关思想。艾尔曼则认为,西方入侵固然对中国形成了巨大"冲击",但要公正评价西方"冲击"对中国的影响,就必须要探讨"鸦片战争"前中国的社会、经济和思想状况。质言之,他反对过分强调西方对中国的影响的观点,而主张研究中国思想文化发展的"内在理路"。他说:"过分强调外部的政治因素已妨碍我们对鸦片战争以前中国学术话语内部发生的巨大变化以及形成这种变化的学术共同体的范围的认识。"[2]具体来讲,学术界关于"今文经学"在近代兴盛的研究,基本理路是从康有为、梁启超上溯至龚自珍、魏源,而忽视对于18世纪"常州学派"的相关追溯。与这种研究理路不同,艾尔曼则将研究"今文经学"的重点放在"常州学派"的庄存与和刘逢禄。他认为,龚自珍、魏源、康有为等都是阐发"公羊学派"的"微言大义",重在"经世致用"和"托古改制";这些思想均直接受启于"常州学派""今文经学"大师庄存与、刘逢禄。因此,研究"常州学派",对于把握今文经学的发展脉络具有更重要的意义。他说:

现代中国的学术史论著对一些重大事件和关键人物的论述含有某些未经检验的假设,它们最为经常地反映于康有为追溯至魏源、龚自珍的直线型历史论述之中。……尤值得注意的是,与中华帝国晚期正统学说相对立的儒家学说并非出现于鸦片战争之后,而是最早兴起于明末。18世纪后期,今文经学在经历许多世纪的湮没之后,又重新

---

①　[美]艾尔曼著,赵刚译:《从理学到朴学——中华帝国晚期思想与社会变化面面观·著者中文版序》,第3页。

②　[美]艾尔曼著,赵刚译:《从理学到朴学——中华帝国晚期思想与社会变化面面观》,第26页。

崛起,它的倡导者重新提倡 17 世纪兴起的政治学说。[①]

在艾尔曼看来,庄存与作为"开拓者"乃今文经学崛起的标志。他说:庄存与是"一位出众的常州今文经学的开拓者……因此,不应低估庄存与对今文经学重建的意义"[②]。具体来讲,是庄存与倡导对一直被儒家冷落的《春秋公羊传》进行研究,并把《春秋》看作孔子阐明"经世之志"的著作,认为其"微言大义"就是"托古改制"。庄存与不仅研究《春秋公羊传》,而且依其义理解释其他经典。对此,艾尔曼评价说:"不应低估庄存与对今文经学重建的意义。庄存与没有预见到,他的大胆开端将会导致一种对经典政治学说激进式的重新发挥……"[③]历史地看,庄存与的学术理路被后来者继承了下来,尤其在外孙刘逢禄那里得到了发扬。他与庄存与一样,视《春秋公羊传》为儒家核心典籍,认为孔子乃借历史宣示"经典真理"的圣人。不过,比庄存与进一步的是,刘逢禄注重运用考据学的实证方法,以为阐释"公羊学"经典提供"知识论依据"。艾尔曼说:"在刘逢禄手中,今文经学从一种独特的理论学说转变为公认的汉学形式。刘逢禄运用考据为公羊学对经典的解释提供了知识论依据。他为今文经学赢得学界的完全承认开辟了道路。"[④]因此,刘逢禄的学术以"既贯通大义,又无琐碎之弊"[⑤],而为"常州今文经学发展至顶峰的象征"[⑥]。对此,艾尔曼说:

> 刘逢禄成功地将其外祖父不甚系统的公羊学研究转变成为今文学派。[⑦]

进而,艾尔曼认为,"常州学派""今文经学"的复兴,并不是一个限于经典本身的纯粹学术问题,而是有着外在深层次之目的的政治问题。他说:"他们触及的不是一个无关痛痒的文献学课题,他们是在重建一种学术性

① [美]艾尔曼著,赵刚译:《经学、政治和宗族——中华帝国晚期常州今文学派研究·序论》,南京:江苏人民出版社 1998 年(下同),第 1—2 页。

② [美]艾尔曼著,赵刚译:《经学、政治和宗族——中华帝国晚期常州今文学派研究》,第 127 页。

③ [美]艾尔曼著,赵刚译:《经学、政治和宗族——中华帝国晚期常州今文学派研究》,第 127 页。

④ [美]艾尔曼著,赵刚译:《经学、政治和宗族——中华帝国晚期常州今文学派研究》,第 155 页。

⑤ [美]艾尔曼著,赵刚译:《经学、政治和宗族——中华帝国晚期常州今文学派研究》,第 156 页。

⑥ [美]艾尔曼著,赵刚译:《经学、政治和宗族——中华帝国晚期常州今文学派研究》,第 149 页。

⑦ [美]艾尔曼著,赵刚译:《经学、政治和宗族——中华帝国晚期常州今文学派研究》,第 168 页。

的、实质上又是政治性运动的前途,这场运动曾为其他学术运动所取代。"①
在艾尔曼看来,"常州学派"虽然还未达到政治革命的高度和理解社会进步
的程度,但他们变革现实制度的观念却深深影响了后来者,甚至成为之后
"今文经学家"倡导变革的理论基础。历史地看,他们的思想经过龚自珍、
魏源的继承和发展,成为"鸦片战争"后人们要求变革的思想基础。更重要
的是,到19世纪90年代康有为、梁启超、谭嗣同等将其"运用于政治参与
意识和变革思潮"②。例如,龚自珍根据"公羊学""据乱——升平——太
平"的"三世说",提出了"治世——乱世——衰世"的"新三世说"。③ 康有
为则继承"公羊三世说",认为"六经"皆孔子"托古改制"、寄托政治理想的
作品,并提出由"君主专制"到"君主立宪"再到"民主共和"的维新变革主
张。④ 由这样一个学术脉络不难发现,19世纪中后期中国的"今文经学"之
渊源在"常州学派"。因此,不能忽视对"常州学派"的研究。艾尔曼说:

> 正是基于迄今所能见到的文献,我认为有必要从研究"康梁"转为
> 研究"庄刘",从而掌握清朝今文经学兴起的完整意涵。一旦观察视角
> 转变,一系列新问题将随之出现。⑤

关于"常州学派"兴起的原因,艾尔曼从一个独特角度进行了解释。他
认为,中国地方上的宗族制度对学术思想有着重大影响,故宗族是"常州学
派"兴起的一个重要背景。他说:"常州今文经学是一种家族学术理念的体
现,它的传衍仰赖于特定社会、政治环境中的宗族纽带。"⑥具体来讲,其一,
宗族在清朝晚期作为一种"理想制度"和"社会典范",继续得到国家的保护
甚至强化。当时,当非血缘性"党社"被宣布为"私党"时,以血缘性为纽带
的宗族仍作为"公党"受到保护,因为"宗族秩序的道德影响作为地方社会

---

① [美]艾尔曼著,赵刚译:《经学、政治和宗族——中华帝国晚期常州今文学派研究·序
论》,第5页。
② [美]艾尔曼著,赵刚译:《经学、政治和宗族——中华帝国晚期常州今文学派研究》,第
210页。
③ 龚自珍著,王佩诤校:《龚自珍全集》,上海:上海古籍出版社1975年,第6—7页。
④ 参见康有为撰,姜义华等编校《康有为全集》第六集,第313页。
⑤ [美]艾尔曼:《乾隆晚期和珅、庄存与关系的重新考察》,上海:《复旦学报》(社会科学版)
2009年第3期,第62页。
⑥ [美]艾尔曼著,赵刚译:《经学、政治和宗族——中华帝国晚期常州今文学派研究·序
论》,第7页。

的建设性基石,被国家认为是有益的"①。由此来看,作为当地具有重要影响的宗族,庄、刘两族的政治文化资源为"今文经学"兴起提供了社会基础。其二,宗族传统是解释庄存与转向今文经学的一把"钥匙"。庄、刘两族是明清时期江南的豪族,但庄存与有过弃官从学的经历,而弃官从学的目的在于,借经学的"掩护"间接表达对社会的批判。艾尔曼说:"庄存与的经学研究,尤其是其公羊学,很可能是寻找儒学政治语言,创立一个合法批判乾隆晚期政治混乱的尝试。"②其三,姻亲关系使"常州学派""今文经学"的影响不断扩大。即,庄、刘两家的姻亲关系亦是"常州学派"之所以兴起的重要原因。他说:"常州今文经学的学术发展受惠于庄、刘两族传统及其姻亲关系。"③总之,艾尔曼说:

> 常州今文经学的崛起,某种程度上是一个江南显族的故事,它的学术传统,与其土地、族产、财富都是家族兴旺的象征。④

三、儒学及其现代命运

20 世纪下半叶,由于新加坡、台湾、韩国、香港"四小龙"经济的快速发展,学界渐而形成了一种观点,认为 21 世纪将是"太平洋世纪",欧美将依附于由中国和日本所支配的东亚和东南亚"新兴市场"。在这种背景之下,学界不仅将儒学价值与东亚、东南亚经济发展进行了"积极关联",而且将儒学价值视作这个地区进一步民主化的"先驱"。甚至,亚洲民族主义者还"断定东方将在物质和精神上都超出西方"⑤。对此,艾尔曼说:"此地的'新儒家'有关儒学的文化重造,自豪地示意儒学文化堡垒在亚洲资本主义核心的再生。"⑥很显然,这种情形与历史形成了明显反差——一个世纪以

---

　　① ［美］艾尔曼著,赵刚译:《经学、政治和宗族——中华帝国晚期常州今文学派研究》,第18 页。
　　② ［美］艾尔曼著,赵刚译:《经学、政治和宗族——中华帝国晚期常州今文学派研究》,第76 页。
　　③ ［美］艾尔曼著,赵刚译:《经学、政治和宗族——中华帝国晚期常州今文学派研究》,第48—49 页。
　　④ ［美］艾尔曼著,赵刚译:《经学、政治和宗族——中华帝国晚期常州今文学派研究》,第68 页。
　　⑤ ［美］艾尔曼著,复旦大学文史研究院译:《经学·科举·文化史:艾尔曼自选集》,北京:中华书局 2010 年(下同),第234 页。
　　⑥ ［美］艾尔曼著,复旦大学文史研究院译:《经学·科举·文化史:艾尔曼自选集》,第229 页。

前,中国的激进分子认为儒学是维护落后文化和专制政治的"老朽偶像",日本、朝鲜和越南的知识分子也呼吁新的文化和政治。很显然,儒学的命运在一个世纪之中经历了巨大变化,以至于人们对儒学的认识有明显差异。对此,艾尔曼说:"非专业人士往往对儒学作出简单归纳:或者积极地肯定宋明新儒学是亚洲现代化进程中的道德软件,或者消极地指责它给父权制社会关系和专制政治习惯赋予了合法性。"①正因为如此,"重新审视""儒学及其现代命运"是非常必要的事情。他说:

> 20世纪儒学面貌的明显变化——从1900年亚洲落后的老朽偶像到2000年文化和经济团结的积极象征——提示我们应该重新审视过去关于"儒学及其现代命运"的结论……对亚洲儒学的重新思考……可以促成一种更加精当和自审的考察儒学复兴问题的方式。②

学界认为,儒学之所以会在20世纪下半叶重受重视,乃因为它适应东亚和东南亚经济和政治需要。具体来讲,从经济方面看,"儒学适应了某种精神价值体系(像欧洲的新教),这种价值体系既是自由的,又能够促进道德实践,能够支持需要信用、勤劳、理性主义以及注重教育的倾向资本主义的经济体系"③;从政治方面看,"其新型新制的'儒家'政权据称已经为'后社会主义'的中国、越南和柬埔寨提供了政治模型"④。不过,对于这两个方面的理由,艾尔曼均持有异议。从经济方面看,他不赞同儒学可以促进经济增长。他说:"那些用儒学来解释经济增长的人,通常……都没有透彻理解。旨在发展经济的国家控制根本有悖于儒学……"⑤"我也并不同意'从现代早期新儒学就和市场资本主义相容'的观点。"⑥从政治方面看,他认为,儒学与民主潮流是不相契合的,因此,这个地区的政治民主化进程不能归功于儒学。实际上,尽管儒学作为"前现代"亚洲政权"国家声音"的政治功能在20世纪发生了改变,但"儒学价值、理想、社会准则的政治实用性

---

① [美]艾尔曼著,复旦大学文史研究院译:《经学·科举·文化史:艾尔曼自选集》,第232页。
② [美]艾尔曼著,复旦大学文史研究院译:《经学·科举·文化史:艾尔曼自选集》,第229页。
③ [美]艾尔曼著,复旦大学文史研究院译:《经学·科举·文化史:艾尔曼自选集》,第239页。
④ [美]艾尔曼著,复旦大学文史研究院译:《经学·科举·文化史:艾尔曼自选集》,第231页。
⑤ [美]艾尔曼著,复旦大学文史研究院译:《经学·科举·文化史:艾尔曼自选集》,第239页。
⑥ [美]艾尔曼著,复旦大学文史研究院译:《经学·科举·文化史:艾尔曼自选集》,第232页。

继续吸引着当今亚洲的'专制政权'"①。

　　既然如此,东亚和东南亚为什么还要"复兴"儒学呢? 具体来讲,在这些国家和地区,主张"复兴"儒学的情况大致有如下几种:其一,因反对欧洲"启蒙运动"的"机械理性主义"及对"历史进步观念"的"沉迷",故呼吁在21 世纪复兴"注重和谐"、持守"循环史观"的儒家"有机哲学"。其二,主张通过复兴儒家价值来消解"资产阶级自由化"、西方的道德衰败以及犯罪率上升的毒害。其三,通过儒学价值来寻求政权的"合法性"或政治理念的"合法性"。② 在艾尔曼看来,这些"复兴"儒学之种种主张的思想逻辑,均是将某些社会和政治弊病归因于外来的西方文化,故要求重新采取"儒学手段"来克服这些弊病。在此意义下,只能说,"当今对儒学价值的重新维护是对文化全球化加速发展的一种防御性反应"③。他说:"中国和越南在猛烈地抛弃了传统文化之后,如今却又在向它复归。他们对现代化的反动不是西方后现代的变种,而是针对面临的新一阶段现代化的催化剂和抗毒药,向儒学尝试性谨慎回归。同样地,韩国也在体验着经过改造的儒学社会伦理,这成为儒学的一个民族伦理的版本。"④进而,艾尔曼认为,儒学在这些国家和地区的"复兴",乃一种对"民族认同"和"文化认同"的吁求。他说:

　　　　东亚最近对儒学重新焕发的兴趣,反映了他们要把儒学抬升为泛东亚认同以及具体民族文化认同的核心要素。⑤

　　艾尔曼进而认为,也应该"重新审视"一种过于简单化的陈述——儒学是"指向西方式自由主义的不断展开的统一话语"⑥。实际上,作为"统一

---

① ［美］艾尔曼著,复旦大学文史研究院译:《经学·科举·文化史:艾尔曼自选集》,第236 页。

② 参见［美］艾尔曼著,复旦大学文史研究院译《经学·科举·文化史:艾尔曼自选集》,第234 页。

③ ［美］艾尔曼著,复旦大学文史研究院译:《经学·科举·文化史:艾尔曼自选集》,第234 页。

④ ［美］艾尔曼著,复旦大学文史研究院译:《经学·科举·文化史:艾尔曼自选集》,第233 页。

⑤ ［美］艾尔曼著,复旦大学文史研究院译:《经学·科举·文化史:艾尔曼自选集》,第234 页。

⑥ ［美］艾尔曼著,复旦大学文史研究院译:《经学·科举·文化史:艾尔曼自选集》,第231 页。

话语"的儒学是不存在的。他说:"我们应该在言及儒学在东亚和东南亚的
作用之前,首先追问,在中、日、朝、越,'什么是儒学?'"①依着他的理解,东
亚、东南亚各自的社会模式不仅是"非历史的",而且儒学在这些地区"并没
有合成一种统一性的叙事"②。例如,日本德川早期的许多儒家拒绝思考
"普遍人性"问题,而这构成了日本文化对儒学正统的"消解"。类似地,14
世纪之前的越南轻视儒学,18 世纪及以后的越南则"恭维"儒学。艾尔曼的
意思是,"为了适应其社会精英和政治领导的利益,每个国家也总在改写着
儒学"③。具体来讲,就国外的情况来看,历史上日本和朝鲜的儒学都有不
同的表现方式,儒家经典以及圣人地位被这些国家按照自己的文化"重新
改写"。同样,就中国的情况来看,汉人统治并没有贯穿整个历史,故有理
由"对中国在蒙古和满族这些非汉民族军事征服与统治时期的'中国'中心
性以及'儒学'传承提出质疑"④。由上述可见,儒学在这些国家和地区实
际上呈现出相当大的异质性和多样性。他说:

　　　　我并不愿意提供任何铁板一块的范式,而想指出东亚和东南亚知
　　识文化和大众文化的多变领域构成了一个复杂的舞台,它被 1900 年前
　　具有世界影响的士大夫的作品刻画和告知为"儒学"。儒学涵括的国
　　家和社会方面的内容,随空间和时间变动不居。即使在中、日、朝、越
　　四地也并不存在现在的统一规整的"理想型"儒学。⑤

　　最后,艾尔曼对于儒学的前景进行了展望。在他看来,对于这个问题
的思考,须以正视两个方面的实情为前提:其一,须正视儒学的"终结"问
题,即西学的"冲击"引发了儒学危机。20 世纪初期,在西方文化的"冲击"
下,东方文化被看作是"古老的",西方文化被看作是"全新的";"古老的"
必然被"全新的"所取代,故西方文化成为改造甚至替代儒学的模式。其

---

　　①　[美]艾尔曼著,复旦大学文史研究院译:《经学·科举·文化史:艾尔曼自选集》,第
231 页。
　　②　[美]艾尔曼著,复旦大学文史研究院译:《经学·科举·文化史:艾尔曼自选集》,第
245 页。
　　③　[美]艾尔曼著,复旦大学文史研究院译:《经学·科举·文化史:艾尔曼自选集》,第
231 页。
　　④　[美]艾尔曼著,复旦大学文史研究院译:《经学·科举·文化史:艾尔曼自选集》,第
243 页。
　　⑤　[美]艾尔曼著,复旦大学文史研究院译:《经学·科举·文化史:艾尔曼自选集》,第
230 页。

二,须正视儒学"复兴"的实质乃儒学对西学的"防御性反应"。例如,梁启超曾认为,西方文化物质上优先,而精神上却破产了。① 张君劢则"对西方的物质主义实行现代主义兼社会主义的攻击"②。③ 基于这样两点,艾尔曼认为,20 世纪以前,东亚、东南亚均优先采用了儒学的国家治理方式。但是,20 世纪初叶以后,当这些帝国和王国衰落时,曾经为其提供理论支持的儒学也随之衰落,于是出现了种种"非儒化"的现代主义主张。尽管如此,儒学实际上仍"深深扎根于社会"。他说:"20 世纪中国两次文化革命(1915—1919 年的新文化运动和 1966—1976 年的"文化大革命")的剧烈性告诉我们,即使在革命者掌权后,儒术仍然被认为深深扎根在中国社会。"④正因为如此,儒学的前景虽然不十分美妙,但还会曲折地向前发展。他说:

> 我们有理由设想在 21 世纪,儒术以及它最近作为亚洲一种普遍的人权话语的变形,将继续向前崎岖地演进。⑤

第四节　包弼德

包弼德(Peter Kees Bol),1948 年生于丹麦,包弼德是其中文名字。1971 年和 1974 年先后获荷兰莱顿大学汉学研究所中国语言文学学士学位和硕士学位。1972—1975 年曾在台湾师从爱新觉罗·毓鋆接受过系统的国学训练。1982 年获美国普林斯顿大学历史学博士学位。1982—1984 年先后任教于加州大学圣地亚哥分校、霍巴特和威廉姆·史密斯学院(Hobart and William Smith Colleges)。1985 年起历任哈佛大学东亚语言与文明系中国历史助教授、副教授、教授。1997—2002 年任哈佛大学东亚语言与文明系主任。2000 年春季赴台湾"中央研究院"历史语言研究所担任首届"新史学讲座"主讲人。现为哈佛大学副教务长、东亚语言与文明系"卡斯韦尔

① 梁启超:《饮冰室合集》专集之二十三,北京:中华书局 1989 年(下同),第 12 页。
② [美]艾尔曼著,复旦大学文史研究院译:《经学·科举·文化史:艾尔曼自选集》,第 247 页。
③ 参见[美]艾尔曼著,复旦大学文史研究院译《经学·科举·文化史:艾尔曼自选集》,第 247 页。
④ [美]艾尔曼著,复旦大学文史研究院译:《经学·科举·文化史:艾尔曼自选集》,第 248 页。
⑤ [美]艾尔曼著,复旦大学文史研究院译:《经学·科举·文化史:艾尔曼自选集》,第 252 页。

教授"（Carswell Professor）、"地理分析中心"（Center for Geographic Analy-sis）主任、"中国历史地理信息系统"（China Historical Geographic Informa-tion Systems）管理委员会主任、"中国历史人物数据库"（China Biographical Database）项目主任。

包弼德对儒家有很深的研究,他侧重对宋明理学尤其是二程的研究,把宋明理学与社会文化史相结合提出了很多独特的观点。其主要著作包括:《〈周易〉在宋代的用法》（Sung Dynasty Uses of the I – Ching）（合著）、《宋史研究指南》（Guide to the Study of Sung History）、《斯文:唐宋思想的转型》（"This Culture of Ours"：Intellectual Transitions in T'ang and Sung Chi-na）、《语词之道:关于中国早期阅读文本的作品》（Ways with Words：Writing about Reading Texts from Early China）（合编）、《历史上的理学》（Neo – Con-fucianism in History）等。

一、不存在"一个不变的中国"

历史地看,古代中国发展出一套独特而有效的体制:在没有现代技术的情况下,大多数人团结在一起;它强调家庭观念,强调个人通过社会关系与他人相连;它创造了一套人才选拔体系,使最有才能的人从政;它使政府负责教授共同遵循的道德观。在此意义下,中国比人类历史上其他任何国家都成功,而成功的原因在于"它对社会和谐的重视甚于对个人利益的追求"①。但是,在中国现代化过程中,许多人将中国与西方和日本进行对比、参照,因此而改变了对中国传统的看法。包弼德说:"最简单的负面看法可以归纳为:中国与世界的其他部分隔离,中国文化是从位居顶部的皇帝和朝廷向下贯彻,帝国政府是独裁和专制的,其教育体制建立在对指定的典籍进行死记硬背的基础上,它使得个人服从群体,因而根本上中国文明是没有能力改变自身的。"②他还说:"竞赛中'失利'的意识在中国获得回响,而中国的历史则变为垂死的'封建社会'的记录③;"一些人甚至认为,中

---

① 参见［美］包弼德《论停滞与失败——思想意识形态与历史:两个初步的问题（之一）》,北京:《清华大学学报》（哲学社会科学版）2006 年第 2 期（下同）,第6 页。

② ［美］包弼德:《论停滞与失败——思想意识形态与历史:两个初步的问题（之一）》,第6 页。

③ ［美］包弼德:《论停滞与失败——思想意识形态与历史:两个初步的问题（之一）》,第9 页。

国在整个帝国时代几乎都没有什么变化"①。与这种看法相应,诸如"帝国""封建""前现代"或"传统中国"等成为描述中国的概念。关于这种看法,包弼德认为其以存在"一个不变的中国"为预设。他说:

> 每一个叫法都是指,中国在开始与西方竞争之前就已经是持续了很多世纪的一个整体,或者说中国是一个持久的社会——政治——文化的体系。来自西方以及中国国内的声音都坚持,要进步就要与传统决裂……②

不过,包弼德反对关于中国传统的这种看法。他说:"今天可以说,那种关于中国在 12 世纪之后进入长时期停滞阶段的看法,历史学家们一般都不赞成了,但在历史学界之外,在通俗读物以及群众印象当中,有关停滞的想法还是比较强烈。因此,仍然有必要质疑这些还普遍、但我认为对中国历史早已过时了的想法。"③在他看来,研究"地中海文明"的学者,极少有人主张"西方"在现在或过去曾经是一个统一体系,但是研究中国的学者却"设想"存在一个"统一的传统中国"。这种"设想"作为近代的"发明",它体现了两个目的:其一,将"历史的中国"与处在"现代化过程中的中国"区分开来。其二,在世界历史中为"历史的中国""创造"一席之地。④ 深一层讲,这种观点的"预设"是:"一方代表的是历史发展的真正道路,另一方则脱离了轨道,代表了失败。"⑤当然,"一方"是指西方,"另一方"是指中国。在包弼德看来,这种"预设"会带来两个方面的"危险":其一,将历史看作是一条单一"跑道"的设想是行不通的,因为世界不同地区有着不同的历史。其二,它会引发一系列错误的"二元论",其中中国代表"被动的""精神的""偏重家庭的""专制的""封闭的";西方则代表"主动的""物质的"

---

① ［美］包弼德:《论停滞与失败——思想意识形态与历史:两个初步的问题（之一）》,第6 页。
② ［美］包弼德:《论停滞与失败——思想意识形态与历史:两个初步的问题（之一）》,第9 页。
③ ［美］包弼德:《论停滞与失败——思想意识形态与历史:两个初步的问题（之一）》,第6 页。
④ 参见［美］包弼德《论停滞与失败——思想意识形态与历史:两个初步的问题（之一）》,第9 页。
⑤ ［美］包弼德:《论停滞与失败——思想意识形态与历史:两个初步的问题（之一）》,第8 页。

"个人主义的""民主的""开放的"。① 为了避免这些"危险",他主张:

> 对思想体系,我们要在其本身的历史背景下理解,而不是根据生活在今天的我们对善恶是非的看法进行评价。②

在包弼德看来,"一个不变的中国"这种观点之所以盛行,在于一种特定的史学理论,这种理论认为历史有其"既定"的发展方向。他说:"从欧洲来说,一个简要的答案是:这发生在史学理论遇到一个特殊的历史状况之下。在西欧从耶稣会士那里得知中国以前很久,西欧历史学家已经赞同旧基督教所信奉的'定理':历史是朝着既定的方向行进,有其预先注定的进程。"③具体来讲,人们认为,近代西欧社会取得非同寻常发展的根本原因在于"理性的质疑",而历史则被看作是"进步"的记录。因此,至少最近两个世纪以来,是欧亚大陆的西端及其延伸的"新大陆"在决定着世界的进程。然而,包弼德却对此有着自己的理解。他说:"虽然欧洲人相信他们代表着通向未来的唯一真正道路,这并非没有原因,不过要确信他们自 12 世纪或者甚至上古时代就已经行进在那条道路上,其理由则不充分。"④他的意思是,西方思想家根据欧洲历史"拟出"一套理论,不仅依它解释西方历史变革,而且依它解释其他国家的历史。然而,设想一个国家在"跑道"上向着另一个国家所认定的目标前进,并以此作为对这个国家的历史进行评判的"标准",这样一种做法是错误的。他说:

> 这并不是说不应该比较,而是反对仅仅依据一个历史或者一个当今的社会作为标准来比较其他不同的历史。……那我要反问,假使终止是在 16 世纪,那么我们是否也能以欧洲作衬托来解释,为什么中国富裕得多、组织得也好得多呢?⑤

---

① 参见[美]包弼德《论停滞与失败——思想意识形态与历史:两个初步的问题(之一)》,第 8 页。

② [美]包弼德:《论停滞与失败——思想意识形态与历史:两个初步的问题(之一)》,第 5 页。

③ [美]包弼德:《论停滞与失败——思想意识形态与历史:两个初步的问题(之一)》,第 6 页。

④ [美]包弼德:《论停滞与失败——思想意识形态与历史:两个初步的问题(之一)》,第 7 页。

⑤ [美]包弼德:《论停滞与失败——思想意识形态与历史:两个初步的问题(之一)》,第 7—8 页。

　　最后,包弼德透过对相关问题的检讨谈了自己对传统中国的观点。其一,中国文化是否仅有"一个起源"?① 通常认为,中国文化始于新石器时代的黄土高原,经过几个阶段的发展最终形成了一种"共同文化"。事实上,"中国从一开始就具有包容性,地区间在社会与经济实践、宗教等方面都分歧甚大"②。其二,是否"中国是与外界隔离并拒绝外界影响"?③ 一种说法是,"中国"作为"中央之国"意指"统治天下"的帝国,故中国有理由不接受外来影响,否则就是承认还有一个更大的世界。事实上,中国从印度文明接受了很多影响。更能说明问题的是,中国曾长时期部分或全部被其他民族占领。因此,"中国的对外关系很实际,也很实用,很难说是孤立主义的"④。其三,中国的政治体制是否"独裁"?⑤ 常有人说,这个体制的原则是集一切权力于统治者一身。然而,与"越来越独裁"相伴生的是,国家机器相对于人口来讲在缩小,私营商业经济也渐渐成长起来了。⑥ 其四,有没有一个"正统"或"道统"?⑦ 人们常认为中国是"儒教的",教育体系的基础是科举制度,而科举制度的核心内容是儒家经典。事实上,对经典的解释在历史上发生过数次根本性变化,且最重要的科举考试内容是赋诗作词。而且,佛教典籍和道家文献也是中国文化的重要部分。⑧ 其五,"个人"是什么?⑨ 通常认为,在中国没有"自主的""完整实体"的"自我"观念,因为"自我"处在社会关系网络中,而"关系"被设定成天生的等级制,故不可想象在中国有人权。事实上,在中国存在着"个人价值"及"个人权利"的位置,也

---

　　① 参见[美]包弼德《论停滞与失败——思想意识形态与历史:两个初步的问题(之一)》,第10页。

　　② [美]包弼德:《论停滞与失败——思想意识形态与历史:两个初步的问题(之一)》,第10页。

　　③ 参见[美]包弼德《论停滞与失败——思想意识形态与历史:两个初步的问题(之一)》,第10页。

　　④ [美]包弼德:《论停滞与失败——思想意识形态与历史:两个初步的问题(之一)》,第10页。

　　⑤ 参见[美]包弼德《论停滞与失败——思想意识形态与历史:两个初步的问题(之一)》,第11页。

　　⑥ 参见[美]包弼德《论停滞与失败——思想意识形态与历史:两个初步的问题(之一)》,第11页。

　　⑦ 参见[美]包弼德《论停滞与失败——思想意识形态与历史:两个初步的问题(之一)》,第11页。

　　⑧ 参见[美]包弼德《论停滞与失败——思想意识形态与历史:两个初步的问题(之一)》,第11页。

　　⑨ 参见[美]包弼德《论停滞与失败——思想意识形态与历史:两个初步的问题(之一)》,第11页。

存在很多可以取代独裁的其他选择。① 通过对这五个方面的检讨，包弼德
进一步强调，并不存在"一个不变的中国"，故重要的课题是研究"中国长期
以来是怎样变化的"。他说：

> 我的结论是，上述五个较大的议论对中国文明总结出来的特征，
> 无一能够说得上是具有历史的正确性。我们不必费力将中国的制度
> 定为前现代的、传统的、儒家的还是封建的，而是应该问一问：中国长
> 期以来是怎样变化的，这样我们会学到很多东西。②

二、以"道"反"文"与宋明儒学的兴起

关于中国学术思想的变化，余英时认为，不能单从外在社会环境即"外
缘影响"的角度来理解，因为学术思想本身有一个"自主性"的"内在理
路"；思想史研究如果仅从"外缘影响"着眼而不深入"内在理路"，则会"舍
本逐末"而不能"尽其曲折"。③ 包弼德则反对这种观点。他说："我不同意
这种观点。这种内在理路为什么应该有，怎么证明？说那个时代的人跟他
们的社会背景没有什么关系，我不相信。……说有内在理路，那只是他自
己的构想，不一定有。如果真正有的话，每个社会应该同样发展。"④例如，
中国人总希望把复杂的问题"一分为二"，以为这样就可以自然地把复杂问
题解决了，可是事实未必是这样的。而且，这样一种理路会导致历史问题
的丧失，因为一切都"自然而然"。因此，他说："如果用内在理路说来解释
历史变迁，意思就是不用去做什么研究。"⑤质言之，包弼德不相信思想史存
在所谓的"内在理路"，而是主张"谈思想史，要与时代特征和社会特征联系
起来考察"⑥。他说："如果社会就是所有人之间的做法与行为，那么他们的
行为和做法总是对他们有意义的，这种意义就是思想。正像王阳明讲的

---

① 参见［美］包弼德《论停滞与失败——思想意识形态与历史：两个初步的问题（之一）》，第
11—12 页。
② ［美］包弼德：《论停滞与失败——思想意识形态与历史：两个初步的问题（之一）》，第
12 页。
③ 参见［美］余英时《中国思想传统的现代诠释》，南京：江苏人民出版社 1989 年，第 209 页。
④ 周武：《唐宋转型中的"文"与"道"——包弼德教授访谈录》，上海：《社会科学》2003 年第 7
期（下同），第 96 页。
⑤ 周武：《唐宋转型中的"文"与"道"——包弼德教授访谈录》，第 96 页。
⑥ 张冠梓：《探寻历史与现实之间的脉络——包弼德教授专访》，北京：《国际社会科学》（中
文版）2009 年第 2 期（下同），第 46 页。

‘质’与‘形’不可分开一样，社会与思想也不可以分开。"①他还说：

> 我不相信历史有规律性……我认为历史是以变迁为主的，我们应
> 该注意大的变迁，看这种变迁究竟导致了什么样的结果，到了什么时
> 候开始出现新的现象，把以前的制度彻底改变。②

基于上述，他对中国唐代到宋代的社会结构"变迁"进行了考察。在他
看来，这种"变迁"体现在如下几个方面：其一，经济方面。唐朝的首都是典
型的政治中心，而宋朝的首都则是典型的经济中心；宋朝的人口是唐朝的
两倍，货币数量是唐朝的二十倍；这都反映了商业经济的发展。而且，宋代
土地所有权不属于国家而属于私人。其二，技术方面。宋朝有了印刷、火
药、指南针，这三项技术都是非常重要的。其三，社会方面。唐朝人的社会
地位取决于血统、身份，而宋朝人的社会地位则取决于教育文化，科举制度
在社会中越来越重要。而且，社会中涌现出地方士人精英，文化呈现出多
元化的倾向。其四，政治方面。宋代的政府比唐代变小了，中央政府在各
方面的"领导性"减弱，首都只是行政中心而非文化中心。而且，南方商业
经济发达、繁荣，实际上成为全国的中心。其五，外交关系。在唐朝，其北
方没有国家，只有少数民族；到了宋代，则是宋、辽、夏、金多个政权并存的
局面。③ 包弼德认为，宋朝与唐朝相比所出现的这些"变迁"，为宋明新儒家
的发展创造了条件。他说：

> 在思想史上，我注意到一个很重要的问题，就是为什么宋明会出
> 现理学。我认为首先是社会现实的改变。……思想的变迁与社会的
> 变迁有关。④

包弼德进而认为，在上述诸项"变迁"因素当中，北宋成熟的科举制度
是宋明儒学兴起的重要条件。具体来讲，科举制度"摧毁"了唐代以门阀和
血缘为基础的社会结构，为缺乏血统或身份方面优越性的社会阶层进入仕
途创造了条件。因此，大量人才涌入科举考试。但是，结果却只有极少数

---

① 周武：《唐宋转型中的"文"与"道"——包弼德教授访谈录》，第96页。
② 参见周武《唐宋转型中的"文"与"道"——包弼德教授访谈录》，第99页。
③ 参见周武《唐宋转型中的"文"与"道"——包弼德教授访谈录》，第99页。
④ 张冠梓：《探寻历史与现实之间的脉络——包弼德教授专访》，第45页。

人被录用,大量不能录用的考生不得不自寻出路。可以想象,这些饱读诗书的落榜生对人生价值的定位高于一般人,而社会主流价值也是这么看待他们的。在这样一种情况下,宋明理学自然受到了"欢迎",因为它为落榜生的人生提供了"崭新"思路。也就是说,按照宋明理学的义理,个人天生就具备了良好的天性,只要能充分发挥自己的天性,就可以成圣成贤,而不一定要在朝廷出仕为官。包弼德说:"宋明理学给这些人的人生自我定位提供了崭新的思路,极大地满足了他们的心理需求。这大概是宋明儒学受到欢迎的重要社会原因之一。……宋明理学把一个社会真正的权威看作是道德而不是官位。而宋代社会结构的变化为他们这样做提供了相应的条件……"①关于科举制度对于宋明儒学兴起的影响,他还说:

> 科举制度与新儒家的理论无关,但是它标志宋代的任人制度与唐代相比有了本质变化,我们必须认真地看待这一制度给宋代社会结构带来的巨大变化。②

学术界长期认为,宋明儒学的兴起乃源于回应佛教的"挑战"。包弼德认为,这种观点起源于清儒——清儒为了"颠覆"宋明儒学的权威,"声称"宋明儒学受到了佛道的影响,其对经典或上古的认识也不正确。实际上,虽然宋明儒者有时也研究佛教思想,而且在许多场合与僧人进行交流,但宋明儒家只是和禅宗一样关注"反躬内省"。因此,这种共同关注只是一种"巧合"。包弼德说:"理学对佛教观点的哲学借用,巧合多于有意。"③他的意思是,宋明儒家明白其与佛家之间有条"界线";超越"界线"会破坏对于自己文化的担当,也会被指责对自己的文化"不忠"。因此,他们更大的任务是,证明理学学说与儒学传统是一致的,而并非"格格不入"的。在包弼德看来,如果说宋明儒学的兴起源于回应佛教的"挑战",那么,为什么在隋唐时期没有回应这种"挑战"呢?宋代的社会制度与唐代有很大不同,社会制度方面的因素有没有发生作用呢?若考虑这些因素,就不会肯定宋明儒学与佛教之间的关系了。因此,他说:"我不认为单从哲学上就能解释理学的兴起。"④他还说:

---

① 张冠梓:《探寻历史与现实之间的脉络——包弼德教授专访》,第46页。
② 参见方朝晖《学统的迷失与再造:儒学与当代中国学统研究》,第168页。
③ [美]包弼德著,[新加坡]王昌伟译:《历史上的理学》,杭州:浙江大学出版社2010年(下同),第93页。
④ [美]包弼德著,[新加坡]王昌伟译:《历史上的理学》,第92页。

从思想史方面来讲,一个很大的问题就是为什么到了宋朝会出现理学。通常的解释认为,到宋代佛学很兴盛,是不是儒学传统不行了,需要重新振兴? 我觉和这个说法是讲不通的。[1]

既然如此,就需要另寻途径以解释宋明儒学的兴起。在包弼德看来,宋明儒学的理路确实与汉唐的传统不同,这种不同的实质乃"在旧有的文化传统之外的另一种选择"。他说:"从 12 世纪开始,理学家就重新诠释现有的文献,使之与自己的思想结合,同时也加入新的元素。这么做的结果不是把过去的传统连根拔起,而是在汉唐时期的文化生产与论述之上添一层新的意义。这同时是在旧有的文化系统之外的另一种选择,也是一个把不能兼容的思想学说过滤掉的管道。对理学家而言,这是给人类另一次把问题处理好的机会。"[2]具体来讲,就士人的思想而言,如果说唐代居主导地位的是"文",即"古文之学",那么宋朝居主导地位的则是"道",即"天地之道"。由"古文之学"到"天地之道"的转变反映了宋明儒学兴起的"轨迹"。他说:"我的看法是宋代道学反对的其实是古文之学,古文学者对'道'的理解是以'道'为历史现象,而不是天地之道。他们讲的道可以说是古道而不是天地之道,而在道学家那里,古道就基本上是天地之道,是以大自然为道德基础。所以我说宋代道学本来不是反对佛教而是反对古文,反对古文学者对古道的看法。"[3]质言之,以"道"反"文",而非"以儒应佛",乃宋明儒学兴起的真正原因。对此,包弼德说:

第一,我们应该将唐宋士人的思想变迁了解成从文学转变到道学而不是从佛学转变到儒学;第二,道学在士人中得到的胜利和宋代全国性精英的社会转型有关。[4]

三、对宋明儒学之疏解

包弼德认为,自程颐以后,一些儒者开始使用"道学"作为表达方式,以

[1] 周武:《唐宋转型中的"文"与"道"——包弼德教授访谈录》,第 93 页。
[2] [美]包弼德著,[新加坡]王昌伟译:《历史上的理学》,第 93—94 页。
[3] 周武:《唐宋转型中的"文"与"道"——包弼德教授访谈录》,第 94 页。
[4] 参见周武《唐宋转型中的"文"与"道"——包弼德教授访谈录》,第 94 页。

把理学家与其他儒者区别开来。需要注意的是,他们将这种区别通过历史"分期说"表达出来。通常来讲,传统历史分期的依据是朝代的兴衰,而评价兴衰的标准在于"一个理想世界就是一个政治统一的世界"①。但是,宋明儒家不以朝代为依据,而是以"道"的体现与否为标准,对历史进行重新分期。具体来讲,他们把历史分为三个阶段。第一个阶段,指由"圣王"统治时期所创立的夏、商、周"三代"。那时,"圣王"以"正道"即"道"治天下,"正学"即"圣人之学"也获得提倡。② 第二个阶段,指"道"不被施行于政治、也不被学者理解的汉唐时代。虽然汉唐在政治上是成功的典范,但其却没有重振作为政治基础的"圣人之学"。③ 第三个阶段,指宋明儒学所代表的新时期。在这个时期,"道"再度被学者所理解和提倡。④ 关于这种分期法,包弼德说:"对理学家而言,上古则是理想的时代,第二个时期是个衰落的时期,而且人们在未来也不一定能够获得救赎。第三个时期……不一定会往好的方面发展;它的命运,就掌握在知识分子手中。"⑤他还说:

> 理学的内部历史是一场关于失去与重新发现的叙述。对朱熹而言,"道"在孟子之后就失传了,但是周敦颐和二程却在 11 世纪重新发现了它。……这种论述不仅仅是一个思想学派的内部历史,它还是中国历史一个新的分期法。⑥

具体来讲,在包弼德看来,宋明儒家之所以进行如上分期,在于他们认为自己拥有对上古的正确理解。而且,他们从"文化"与"哲学"两个层面对于这种理解进行了论证:就"文化"层面来讲,他们重新解释了文明在上古的起源及相关文献。⑦ 虽然在当时和后代始终有人质疑他们的观点,但他们的观点一直到 17 世纪始终被多数人认同。就"哲学"层面来讲,他们提出了一套完整学说,以解释人类社会、心理经验和天地运行之间的"合一"。这套学说认为,在宇宙创化的过程中,"天地之理"已经存在于人类万物之中。因此,真理不需要依靠文献而成为真理,即使没有人知道它是真实的,

---

① ［美］包弼德著,［新加坡］王昌伟译:《历史上的理学》,第 89 页。
② 参见［美］包弼德著,［新加坡］王昌伟译:《历史上的理学》,第 89 页。
③ 参见［美］包弼德著,［新加坡］王昌伟译:《历史上的理学》,第 89—90 页。
④ 参见［美］包弼德著,［新加坡］王昌伟译:《历史上的理学》,第 90 页。
⑤ ［美］包弼德著,［新加坡］王昌伟译:《历史上的理学》,第 90 页。
⑥ ［美］包弼德著,［新加坡］王昌伟译:《历史上的理学》,第 89 页。
⑦ 参见［美］包弼德著,［新加坡］王昌伟译:《历史上的理学》,第 90 页。

也完全不损害它的真实性。①　关于这样两个方面,包弼德说:"简言之,理学家的主张,一方面是文化的(他们已经从历史上找到了"我们"的上古与"我们"的文明的基础),同时也是哲学的(这个文明之所以成功,是因为它和生命的基本原则一致)。用理学家的话说,他们找到了天人合一的方法,也就是说,他们发现了自然过程与人类社会政治活动的联系。"②在包弼德看来,宋明儒家从"文化"和"哲学"两个层面的论证有其各自的合理之处,但将二者放在一起则是矛盾的:承认"文化"层面的根据,"哲学"层面的根据就失去了意义;承认"哲学"层面的根据,"文化"层面的根据就失去了意义。他说:

> 如果哲学方面的主张是对的,那么从理论上说,人们其实不需要去复原古代的文献与典范,因为……那是一个与当代十分不同的时代。……如果上古是后世建立一个和谐仁义社会的唯一依据,那人们需要做的,就是尽量把上古的模式还原……那哲学的主张就不是必需的了。③

其实,包弼德认为,宋明儒家的问题远不止于此,更严重的问题是,他们认为自己和汉唐时期的"儒者"不一样。具体来讲,宋明儒家认为"儒家"应该注重对义理的追求,并把这种追求与两种对"儒家"的理解——经典研究和文学创作一一对立起来。例如,在程颐看来,儒者有别于其他思想家的地方是对"道"的追求。关于"道",包弼德说:"所谓'道',我们可以理解为,'所有人都应该共同遵循的价值观'。"④因此,程颐把汉代的经师与唐代的文人都排除在"儒家"之外,因为他们关注的不是"道"之本身,而是"道"的"载体"。他说:"今之学者,歧而为三:能文者谓之文士,谈经者泥为讲师,惟知道者乃儒学也。"⑤由此来看,如果经师和文人"被看作""儒家"的话,最多也只是"失败"的"儒家"。但是,包弼德认为,判定一个人是否"儒家",并不需要看他接受"儒学是什么"的定义,而只需要看他从事事业的性质。他说:"我们其实只要承认,所谓的'儒学',不过就是某一个时

---

①　参见[美]包弼德著,[新加坡]王昌伟译:《历史上的理学》,第91页。

②　[美]包弼德著,[新加坡]王昌伟译:《历史上的理学》,第91页。

③　[美]包弼德著,[新加坡]王昌伟译:《历史上的理学》,第91页。

④　[美]包弼德著,[新加坡]王昌伟译:《历史上的理学》,第71页。

⑤　程颢、程颐著,王孝鱼点校:《二程集》,第95页。

代,那些自称为'儒者'的人正在从事的事情:'儒学'就是'儒者'的事业。"①他还说:

> 与其在义理上为儒学下定义,我们不如作这样的区分:把历史上一些对特定的问题持有相似假设与关注的人归为一类,然后把他们和其他持不同看法的人区分开来。那些自称为儒者的人一般都会把这些特定的问题当成核心课题……因此,所谓的"儒家导向",基本上就是一种入世的务实的态度,而这在许多文化中都可找到。②

包弼德认为,尽管很难为"儒学"下一个严格的定义,但儒学还是具有核心课题的。具体来讲,这些核心课题包括五个"假设":其一为政治,指"政府和君主的存在是不可避免的"。③ 因此,儒家主张,必须思考如何改善政治并且处理与政府的关系;若认为权力不存在或与成德无关,实际上是一种不负责任的行为。其二为家族,指"亲属关系和家族是重要的"。④ 对儒者而言,如何安排家庭以及家族内部的关系、家族与家族之间的关系以及如何平衡家族、社群与国家利益,乃非常重要的问题。其三为经济,指"人类社会必然会出现分工"。⑤ 儒者认为,"劳心者"与"劳力者"的区别以及贫富差距是必然的,因为没有一个人能脱离人群而独立存在。因此,问题的关键在于如何看待分工和贫富差距。其四为文化,指"经过历史累积的,作为人们沟通管道的文化形态是不能被忽略的"。⑥ 因此,儒者必须要思考文献与现象的关系、文字诠释的规则以及作者的思想表达等问题。其五为自然,指"一些和人类生活发生关系的事物,其实不受人类意图控制"。⑦ 因此,儒者也必须要思考人类社会与自然界的关系问题。关于这五个"假设",包弼德说:

> 大多数宋元明时期的士人、儒者与理学家都接受这些假设,并且对与之相关的政治、家族、经济、文化与自然等课题备感关注。他们继

---

① ［美］包弼德著,［新加坡］王昌伟译:《历史上的理学》,第74页。
② ［美］包弼德著,［新加坡］王昌伟译:《历史上的理学》,第72页。
③ 参见［美］包弼德著,［新加坡］王昌伟译:《历史上的理学》,第72页。
④ 参见［美］包弼德著,［新加坡］王昌伟译:《历史上的理学》,第73页。
⑤ 参见［美］包弼德著,［新加坡］王昌伟译:《历史上的理学》,第73页。
⑥ 参见［美］包弼德著,［新加坡］王昌伟译:《历史上的理学》,第73页。
⑦ 参见［美］包弼德著,［新加坡］王昌伟译:《历史上的理学》,第73—74页。

承了前人对这些课题的书写传统。理学家能在他们同时代的儒者中脱颖而出,不单是因为他们回应这些课题的方式,也因为他们有意成立一个以师生关系为纽带的"学派"。①

基于上述,包弼德认为,应该区分宋明理学作为"学说立场""身份认同"与"社会运动"的不同情况。所谓"学说立场",意指采取某些哲学观点对事物进行解释。就理学作为一种"学说立场"看,是指士人可以从文本或者老师那里学习理学学说,而且许多人都接受这是讨论道德问题时应该采取的立场。但是,这并不表示他们必须根据理学的要求生活,或者个人道德应该是他们首要关心的课题。② 就理学作为一种"身份认同"来看,有些知识分子把理学学说当成自己的"身份",以表示他们尽力根据他们所理解的理学学说生活。当然,在此意义下,只有那些公开把理学视为身份基础的人可以称为"理学家";而如果"理学家"聚集了足够的追随者,他们则会被视为儒学权威的"传承者"。③ 就理学作为一种"社会运动"看,指"理学家"成功"说服"了其他人加入他们的集体活动,同时也影响地方政府乃至朝廷的决策。即,士人关心的不只是改造自己,同时也关心改造国家乃至天下。④ 关于这样三个方面,包弼德认为区别它们会有助于了解宋明理学的具体情况。他说:

> 这三种关于"学说立场"、"身份"、"社会运动"的区别提醒我们,一个人懂得如何运用理学词汇并不表示他就一定会根据理学的理想规划自己的生活,而那些试图如此规划自己生活的人,却未必会和其他人合作以创立社会组织。⑤

第五节　艾文贺

艾文贺(Philip J. Ivanhoe),1954 年生。1972—1976 年在斯坦福大学学习,获学士学位。1974—1982 年曾两次在美国部队服役。在获斯坦福大

① [美]包弼德著,[新加坡]王昌伟译:《历史上的理学》,第 74 页。
② 参见[美]包弼德著,[新加坡]王昌伟译:《历史上的理学》,第 96—97 页。
③ 参见[美]包弼德著,[新加坡]王昌伟译:《历史上的理学》,第 97—98 页。
④ 参见[美]包弼德著,[新加坡]王昌伟译:《历史上的理学》,第 98 页。
⑤ [美]包弼德著,[新加坡]王昌伟译:《历史上的理学》,第 98 页。

学硕士学位后,继续在斯坦福大学学习。1987 年获斯坦福大学博士学位。在斯坦福大学学习期间,曾师从倪德卫。毕业后在斯坦福大学任教多年,担任过亚洲语言、哲学及宗教研究的助理教授及副教授。1998—2002 年在密歇根大学亚洲语言、文化及哲学系任副教授。曾在圣塔克拉拉大学(Santa Clara University)担任杰出讲座教授。2003 年获"芬德雷访问教授"(Findlay Visiting Professor of Philosophy)资格,开始在波士顿大学哲学系任教。2007 年起为香港城市大学公共政策系东亚与比较哲学和宗教讲座教授,担任"东亚哲学和比较哲学研究中心"(Center for East Asian and Comparative Philosophy)主任。艾文贺懂中文、日文、韩文及德文等多种外语,主要研究领域为儒家哲学与伦理学,对老子、庄子亦有比较深入的研究。

艾文贺在中国哲学方面有大量著述,主要著作包括《儒家传统中的伦理学:孟子和王阳明的思想》(*Ethics in the Confucian Tradition：The Thought of Mengzi and Wang Yang - ming*)、《儒家道德修养》(*Confucian Moral Self Cultivation*)等。译著包括《道德经》、《中国古典哲学选读》(*Readings in Classical Chinese Philosophy*)(合译)、《伦理学和历史:章学诚论文及书信集》(*On Ethics and History：Essays and Letters of Zhang Xue - cheng*)。此外,还编著有《工作德性:美德伦理学与当代道德问题》(*Working Virtue：Virtue Ethics and Contemporary Moral Problems*)(合编)、《〈荀子〉中的德、性与道德》(*Virtue, Nature and Moral Agency in the Xunzi*)(合编)、《反理性之识见:庄子与克尔凯郭尔的宗教思想》(*The Sense of Anti - rationalism：Zhuangzi and Kierkegaard's Religious Thought*)(合著)等。

一、"美德伦理"与儒家传统

艾文贺认为,作为两种颇具代表性的道德理论,"道义论"和"效果论"长期左右着伦理学界。关于这两种理论,他说:"道义论的特点是经常关注行为和行为意图的对与错,而效果论的特点则是关注行为结果的好与坏。"[1]不过,从 20 世纪中叶起,在"道义论"和"效果论"之外,"美德伦理"作为第三种道德理论开始"复兴"。之所以如此,在于"效果论和义务论者的理论可以包括一种美德理论解释,但它们在促成美德伦理的方面却是失败的"[2]。那

---

① Rebecca L. Walker and Philip J. Ivanhoe：*Working Virtue：Virtue Ethics and Contemporary Moral Problems.* New York：Oxford University Press, 2007. p. 2.

② Rebecca L. Walker and Philip J. Ivanhoe：*Working Virtue：Virtue Ethics and Contemporary Moral Problems.* ibid. p. 4.

么,什么是"美德伦理"呢? 有人强调它与"道义论"和"效果论"的区别,认为"美德伦理"是对"美德"的关注。艾文贺认为,这样一种认识是"太宽泛"的理解,它应该有一个更为清晰明确的"身份"。他说:"可以认为,不是对人性的本质评价造就了美德伦理理论,而是对于德性的关注成就了美德伦理理论。但是,这种观点也太宽泛……"①"在现代语境下,美德伦理学成为了一个'新生事物'。因此,为了获得认可,她必须以某种方式建立一个清晰和易于识别的身份。"②不过,这个"身份"不是单一的,而是一个"家庭"。他说:"像道义论和功利主义论的观点一样,美德伦理不是一种单一的伦理学方法,而是由专注于美德作为核心伦理分析方法所组成的家庭。"③关于"美德伦理"作为一个"家庭"的含义,艾文贺说:

> 美德伦理通常被认为是可以帮助个体及周围人过上美好生活的品质性情和特征。④

如果把"美德伦理"界定为一个"家庭",这是否意味着"美德伦理"没有标准与规范呢? 艾文贺的答案是否定的。在他看来,虽然我们不能、也不应该为"美德伦理"贴上一个"定义标签",但其所具有的共性却像一把"覆盖"了多种道德理论的"伞"。他说:"我们采用多元化方法的美德伦理作为伦理探讨的一般范畴,而且对于形成一个美德伦理观点不采取特定立场。相反,我们将美德伦理作为一把覆盖多种伦理理论甚至反理论(至少当代道德理论涉及)方法的'伞'。"⑤具体来讲,所谓"美德伦理",不是一般的本质性定义,而是一个包括多种理论的"家庭"。就"美德伦理"的理论结构看,它可能是"一元论",也可能是"多元论";就"美德"与美好生活的关系来看,它可以是幸福完满的,亦可以是非幸福完满的;就其学术理据来看,它可以是"基础主义"的,亦可以是"非基础主义"的;就其现实表现来

① Rebecca L. Walker and Philip J. Ivanhoe: *Working Virtue*: *Virtue Ethics and Contemporary Moral Problems*. ibid. p. 2.

② Rebecca L. Walker and Philip J. Ivanhoe: *Working Virtue*: *Virtue Ethics and Contemporary Moral Problems*. ibid. p. 3.

③ Rebecca L. Walker and Philip J. Ivanhoe: *Working Virtue*: *Virtue Ethics and Contemporary Moral Problems*. ibid. p. 2.

④ Rebecca L. Walker and Philip J. Ivanhoe: *Working Virtue*: *Virtue Ethics and Contemporary Moral Problems*. ibid. p. 35.

⑤ Rebecca L. Walker and Philip J. Ivanhoe: *Working Virtue*: *Virtue Ethics and Contemporary Moral Problems*. ibid. p. 3.

看,它可以是被普遍地"信奉"的,亦可以与现代道德理论相拒斥。① 然而,就这个"家庭"而言,其下的各种理论必是有共性的,而这共性便是"美德伦理"的特征。关于"美德伦理"的特征,艾文贺说:

> 通常来讲,"美德伦理"把人性评价作为理解行为对错、生活好坏的主要方式,把性格视为在恰当或不恰当语境下行为和感受的稳定性情,把理解美德和恶习作为评价品质的重要方式。②

依着艾文贺的认识,"美德伦理"的"复兴"具有重要的理论意义和现实意义,而且这些意义远远超出了其作为第三种道德理论的贡献。具体来讲,其意义包括:其一,"美德"问题越来越受到学界关注。"美德伦理"不仅在提倡者的范围内引起关注,而且亦引起持其他理论者的关注,甚至成为伦理学界共同的关注对象。③ 其二,对于"美德"的研究扩大了当代伦理学的研究范围。④ 例如,伦理学不仅仅应关注"什么是善",而且应注重在现实生活中的"为善"。同时,"美德伦理"不仅关注受教育者的美德,还引发了对教育者自身美德的关注。另外,榜样在道德教育中的作用开始受到关注。其三,"美德伦理"的"复兴"使一些哲学家提出关于道德认识论和道德价值本体论的思考。例如,约翰·麦克道尔(John McDowell, 1942—　)认为,道德价值乃第二位的品质,第一位的品质是所获得的"美德"感觉。⑤ 总之,艾文贺说:

> 在当代伦理学中,美德伦理正在不断施加它的广泛影响。⑥

① 参见 Rebecca L. Walker and Philip J. Ivanhoe：*Working Virtue：Virtue Ethics and Contemporary Moral Problems.* ibid. p. 3。

② Rebecca L. Walker and Philip J. Ivanhoe：*Working Virtue：Virtue Ethics and Contemporary Moral Problems.* ibid. p. 4.

③ 参见 Rebecca L. Walker and Philip J. Ivanhoe：*Working Virtue：Virtue Ethics and Contemporary Moral Problems.* ibid. p. 4。

④ 参见 Rebecca L. Walker and Philip J. Ivanhoe：*Working Virtue：Virtue Ethics and Contemporary Moral Problems.* ibid. p. 4。

⑤ 参见 Rebecca L. Walker and Philip J. Ivanhoe：*Working Virtue：Virtue Ethics and Contemporary Moral Problems.* ibid. p. 5。

⑥ Rebecca L. Walker and Philip J. Ivanhoe：*Working Virtue：Virtue Ethics and Contemporary Moral Problems.* ibid. p. 5.

不过,"美德伦理"的"复兴"也在学界引发了一些异议。大致来讲,这些异议包括三种:其一,认为"美德伦理"与关于人性的真理不一致。这种异议认为,心理学研究证明,处于伦理学理论核心的"稳定和可靠"的品格特征根本不存在,而"美德伦理"恰是奠基于这种"稳定而可靠"的品格特征之上的。在艾文贺看来,这种异议是错误的,因为通过阅读儒家经典可知,这些"稳定而可靠"的品格特征显而易见。①其二,"美德伦理"没能成功回应历史的挑战。这种异议认为,西方伦理学历史反映出诸多"美德伦理"失败的情形,故"美德伦理"并非一个可行的伦理学理论"表演者"。②对此,艾文贺认为,这种情况并不能"提供"拒绝"美德伦理"的"哲学原因"。他说:"不管如何看待……令人印象深刻的对于西方伦理学史的重建和'美德的不幸',传统美德伦理没能以令人信服的方式回应某些历史挑战并没有提供拒绝这种理论的哲学原因。"③其三,质疑哲学理论资源是否对"美德伦理"有效。例如,"美德伦理"不能充分解释对于"正义"的要求,也不能为道德行为提供明确的指导等。对于这种异议,艾文贺认为,只要提供足够有效的"美德伦理"的例证,便可动摇这种批评的根基。④总之,关于这三种异议,他反驳说:

> 美德依次显示它的实际价值。美德对我们有用。有美德是人之美好生活的必要部分。我们不能预设有德性会引发我们人类的繁荣景象,但是美德伦理会同意美好生活需要美德。我们作为道德存在,美德对我们有用。⑤

艾文贺认为,"美德伦理"并不是崭新的伦理学理论,而是一种传统伦理的"复兴"。之所以谓之为"复兴",在于"美德伦理"实际上是"最古老"的"新生事物"。所谓"古老",是指古代东方和西方均有着丰厚的理论资

---

① 参见 Rebecca L. Walker and Philip J. Ivanhoe：*Working Virtue*：*Virtue Ethics and Contemporary Moral Problems.* ibid. pp. 6 – 7。

② 参见 Rebecca L. Walker and Philip J. Ivanhoe：*Working Virtue*：*Virtue Ethics and Contemporary Moral Problems.* ibid. p. 7。

③ Rebecca L. Walker and Philip J. Ivanhoe：*Working Virtue*：*Virtue Ethics and Contemporary Moral Problems.* ibid. p. 7.

④ Rebecca L. Walker and Philip J. Ivanhoe：*Working Virtue*：*Virtue Ethics and Contemporary Moral Problems.* ibid. p. 7.

⑤ Rebecca L. Walker and Philip J. Ivanhoe：*Working Virtue*：*Virtue Ethics and Contemporary Moral Problems.* ibid. p. 8.

源,当代"美德伦理"理论有很多"灵感"来自这些古代资源。他说:"当我们考虑美德伦理的起源时,通常会想到柏拉图和亚里士多德,但我们不能忽略或忘记诸如孔子、孟子、荀子等古典儒家,以及禁欲主义者、阿奎那、哈奇森、休谟甚至尼采。"①这里,艾文贺所强调的是,中国儒家传统有更多有价值的资源,这些资源可助于"美德伦理"的理论完善。当然,反过来讲,"美德伦理"理论也是理解传统中国思想的途径。他说:"近些年来,很多哲学家使用'美德伦理'理论去探讨非西方伦理学观点。这证明美德伦理是理解其他伦理传统的一个强有力的概念工具。"②所谓"新生事物",指"美德伦理"仍面临着许多理论问题甚至"挑战"。例如,不同文化对于不同伦理的强调便形成对"美德伦理"的"挑战",因为"美德伦理"假设存在单一的理想的"一套美德"。③ 在此意义下,艾文贺认为,"美德伦理"在理论上仍"处于进程中"。他说:

> 正如我们所见,当代重新兴起的美德伦理是处于进程中的工作。在这个新理论领域展开、奠基和修正的过程中,依然还有许多问题存在,也出现了许多争论。这在一个令人尊敬的理论历史上,是令人激动和具有挑战性的时期。④

二、中国哲学的发生及核心特征

在艾文贺看来,学界通常的看法是,中国哲学起源于孔子和墨子的争论,故多将研究重点置于孔、墨之时期。实际上,对这个时期之前的中国思想进行研究也是必要的,因为它会助于了解孔、墨等哲学家的思想。他说:"就一般意义来讲,中国思想的渊源要早于这个时期。对这个时期之前的中国思想进行研究会助于深入地了解这些思想家的思想。"⑤他认为,甲骨

---

① Rebecca L. Walker and Philip J. Ivanhoe: *Working Virtue: Virtue Ethics and Contemporary Moral Problems*. ibid. p. 3.

② Rebecca L. Walker and Philip J. Ivanhoe: *Working Virtue: Virtue Ethics and Contemporary Moral Problems*. ibid. p. 5.

③ 参见 Rebecca L. Walker and Philip J. Ivanhoe: *Working Virtue: Virtue Ethics and Contemporary Moral Problems*. ibid. p. 5。

④ Rebecca L. Walker and Philip J. Ivanhoe: *Working Virtue: Virtue Ethics and Contemporary Moral Problems*. ibid. p. 36.

⑤ Philip J. Ivanhoe, Bryan W. Van Norden, Introduction, *Readings in Classical Chinese Philosophy*. New York: Seven Bridges Press, 2001. p. XI.

文和青铜器铭文作为中国最早的书写文献,共同反映了早期中国社会文化。甲骨文记载的是王室尤其是国王通过占卜寻求建议和帮助的内容;青铜器铭文记载了中国早期精英文化尤其是关于宗教方面的内容。总的看,这些文字记载所描绘的是一个"不确定"的世界以及"难以预料"的"精神力量"。不过,其中一条线索很清晰——统治者向神灵的献祭和祈祷反映了人与神之间存在交互作用。或者说,"上帝"虽是强有力的控制自然力量和决定人类命运的神灵,但它"距离"人类关怀和人类理解非常遥远。因此,人对"上帝"的接近和祈求需要借助于其他神灵特别是"祖先神灵"。关于人与神的这种相互作用,艾文贺说:

> 这种信仰、态度和实践的另一个有趣且有效的方面是早期占卜者对与神灵世界交互作用的关注。……通过研究这些记载,可以识别清楚富有成效的人—神交互作用的可靠模式。这些深深影响了中国对于历史特别是历史先例价值和角色的态度。①

具体来讲,一方面,其他神灵特别是"祖先神灵"作为向"上帝"吁求的"代表",在神灵与人类之间架起了一座"桥梁"。正因为如此,在早期中国文化中没有"基本的""形而上学破裂"。对此,艾文贺说:"这确立了早期甚至稍晚的中国宗教思想有特色的'现世'倾向,这对于以后的哲学思想类型的塑造产生了深远影响。……关于祖先神灵角色的信念与历史先例为塑造并传衍整个中国传统尤其是儒家的信念和态度共同奠定了基础。"②另一方面,这些内容透显出对于"崇拜者""内在心灵"的关怀。因为要让神灵接受祭品,不仅作为"外在行为"的献祭品,而且须同时有相应的作为"内在行为"的敬畏态度和情感。当然,这些"内在行为"是可以培养的。③ 总之,上述两个方面透显出这样的观念:通过牢记祖先和过去的教训,人们可以发现贯穿于"不可预知世界"的"道"。就"道"来讲,它不仅保存了过去"黄金时代"的基本信念,而且捍卫了历史上祖先的"权威力量"。在艾文贺看来,前述这样两个方面对后世中国文化产生了重要影响。他说:

---

① Philip J. Ivanhoe, Bryan W. Van Norden, Introduction, *Readings in Classical Chinese Philosophy*. ibid. pp. XII – XIII.

② Philip J. Ivanhoe, Bryan W. Van Norden, Introduction, *Readings in Classical Chinese Philosophy*. ibid. pp. XII – XIII.

③ 参见 Philip J. Ivanhoe, Bryan W. Van Norden, Introduction, *Readings in Classical Chinese Philosophy*. ibid. p. XII。

　　祖先在人类世界和神灵世界所扮演的调停者的独特角色创造了一种生活形式,在其中人们发现并履行自己特定的家庭和社会角色,无论在什么样的特定情形下——允许人们在一个为了人类共同利益而设计的和谐的宇宙中扮演合适的角色。①

　　在艾文贺看来,随着商朝的被推翻和周朝的建立,中国文化发生了进一步的变化。其一,作为最高神的"天"与"上帝"本来是同一的,但后来"天"变为宇宙本身的结构或"性情",而不再是拥有意识和意志的实体或存在。② 这种变化在《论语》中是明确而具体的——从中可以发现"天"作为一个"活跃的""代理人"和作为事物"自然秩序"两种观念并存。其二,在商朝,神灵世界不仅超越人的存在,也超越人的理解;在周朝,"天"则变为既能够理解又能够利用的"伦理力量"。③ 例如,"天命"即"天的命令"的意思是,"天"为了人民将命令授予最能代表其兴趣和利益的统治者。这说明,个人的行为会直接影响与神灵的关系。因此,当后期商朝的国王堕落为自私自利、醉生梦死的暴君时,便被剥夺了所授权统治的"命令"。艾文贺说:"后期商朝国王的命运说明,个人的故意的行为和所选择的生活方式直接规定了人与神灵世界的关系,决定了谁保护和维护'天'的喜好。……到了周朝,其世界观认为,每个人都有理解和运用'天'的伦理力量的潜能。"④质言之,上述两个方面的变化揭示出,商周文化变化的实质乃从注重"天"转向注重"人",而这个转变奠定了中国哲学的特征。对于这个轨迹,艾文贺说:

　　　　由此我们可以看出,自我放纵削弱了统治者的权威,而且最终会导致失去"天"的统治授权。政治上的失败与道德的堕落紧密相关,而二者都被认为在个体掌控能力之下。周朝这些宗教、伦理和政治思想

---

　　① Philip J. Ivanhoe, Bryan W. Van Norden, Introduction, *Readings in Classical Chinese Philosophy*. ibid. p. XIII.

　　② Philip J. Ivanhoe, Bryan W. Van Norden, Introduction, *Readings in Classical Chinese Philosophy*. ibid. pp. XIII – XIV.

　　③ Philip J. Ivanhoe, Bryan W. Van Norden, Introduction, *Readings in Classical Chinese Philosophy*. ibid. p. XIV.

　　④ Philip J. Ivanhoe, Bryan W. Van Norden, Introduction, *Readings in Classical Chinese Philosophy*. ibid. p. XIV.

的明显特征后来成为中国哲学的核心特征。①

　　艾文贺认为,从现在的视角来看,东周乃中国哲学的"古典时期"。这个时期中国涌现出大批思想家,"百家"概念明确反映了这个事实。其中,有多位探讨美好生活愿景的思想家,既包括认为唯有良好社会才可保障人们美好生活的思想家,他们主张积极努力;也包括强调追求美好生活的努力必然被"伪善"的自我意识破坏的思想家,他们主张放弃努力,回归自然和谐。具体来讲,作为前一种观点的代表,孔子、孟子、荀子开创了后来被称为"儒家"的传统;作为后一种观点的代表,老子、庄子开创了后来被称为"道家"的学派。此外,还出现了强有力的、高度组织化的和有吸引力的墨家以及深邃的、雄辩的、有影响力的法家。很显然,这些学派的观点各不相同。艾文贺说:"'百家争鸣'时期的思想家不仅在理论上不一致,他们之间也互相争执。这是说,他们不仅相互冲突,他们之间也经常互相争论。这样一种交流更导致了哲学思想的复杂化,在回应对方思想与互相调整的过程中,他们也强化了自己的观点。"②不过,这些不同学派仍有共同的核心特征,即基于对以前中国文化特征的继承,共同表现出对"人性"的关注。艾文贺说:

　　　　这些不同的观点均依赖于或明确的或暗含的人性观点特征,而在此我们又明显看到了这种多样性。③

　　在艾文贺看来,中国哲学"古典时期"非常重要,它开创了作为一种"独立文化形态"的中国哲学,而且这种文化形态一直发展传衍着。他说:"由早期哲学家所代表的思想的多样性……并未止于第一个'古典时期'。在接下来的历史当中,中国思想家不断地提出富有魅力的、原创性的哲学见解。"④具体地看,在随后的历史中,中国思想家以其原创性的哲学见解,为中国文化乃至人类文化发展做出了贡献。在历史长河中,尽管有些原创性

　　① Philip J. Ivanhoe, Bryan W. Van Norden, Introduction, *Readings in Classical Chinese Philosophy*. ibid. p. XV.

　　② Philip J. Ivanhoe, Bryan W. Van Norden, Introduction, *Readings in Classical Chinese Philosophy*. ibid. p. XVI.

　　③ Philip J. Ivanhoe, Bryan W. Van Norden, Introduction, *Readings in Classical Chinese Philosophy*. ibid. p. XVI.

　　④ Philip J. Ivanhoe, Bryan W. Van Norden, Introduction, *Readings in Classical Chinese Philosophy*. ibid. p. XVI.

的哲学学说湮没了,但它们的影响因保留在竞争对手的思想中而实际上保留了下来。当然,随着时间的推移,有些国外的思想传统传入中国,也深刻影响了中国的哲学传统。例如,佛教在公元 1 世纪左右传入中国,便对中国哲学学派产生了重要影响,以至于传统中国思想在宋明时期发生了"转型"。总之,艾文贺认为,中国哲学乃一种"活的传统";这种传统不仅在历史上发挥了作用,而且以后还会发生影响。当然,在以后的人类社会发展过程中,中国哲学自身也需要变化和发展。他说:

> 丰富和复杂的"中国哲学"中所呈现的与其说是单一的理论、思想家或传统,不如说是一种已经传衍了 2500 多年的多样的、活泼的会话,这种会话至今仍是活跃的并处于演化过程之中。[1]

三、保持独立的儒家传统

历史地看,在儒学史上,"道统"观念长期居于统治地位,很少有人公开质疑其合理性。所谓"道统",韩愈有言:"尧以是传之舜,舜以是传之禹,禹以是传之汤,汤以是传之文武周公,文武周公传之孔子,孔子传之孟轲,轲之死,不得其传焉。"[2]根据朱熹的说法,这个孟子死后"不得其传"的"道统",直到二程兄弟才得以"续夫千载不传之绪"。[3] 据此,宋明儒家似乎得到了代表儒学"唯一正统"的地位。历史上,这一说法影响很大,以至于许多儒者唯恐偏离"正统"而被诟病。在现代,人们也往往认为宋明儒学最具"哲学特征",因为其"抽象""思辨""深刻"。不过,艾文贺对此不以为然。在他看来,一方面,如果按照韩愈、朱熹关于"道统"的说法,儒家的精神传统早在"三代"时期即已成型,那么后人的工作只是传承而不是发展。很显然,这不符合历史的实际情况。另一方面,儒学之所以富有"生命力",是因为它丰富多彩、内容广博,并且能够随着时代变化而不断发展。因此,在几千年历史上如果只有几个人代表"儒学正统",那么儒家许多丰富多彩的思想就会被忽略。[4] 对此,艾文贺举例批评说:

---

① Philip J. Ivanhoe, Bryan W. Van Norden, Introduction, *Readings in Classical Chinese Philosophy*. ibid. p. XVII.

② 韩愈撰,马其昶校注,马茂元整理:《韩昌黎文集校注》,上海:上海古籍出版社 1986 年,第 18 页。

③ 参见朱熹《四书章句集注》,第 15 页。

④ 参见方朝晖《学统的迷失与再造:儒学与当代中国学统研究》,第 149 页。

　　比如,现代新儒家学者或者中国哲学研究者,常常重视孟子而忽视荀子,重视程朱陆王而忽视戴震、章学诚、颜元等一批清代思想家,这是非常不应该的。①

　　为此,他对于孟子和荀子分别进行了疏解,以反驳宋明儒家的"道统观"。关于孟子,他认为,在解释孟子人性论时,涉及三个至关重要的方面:人性论的"内容""结构"和其"合适的发展过程"。② 关于第一个方面,孟子的"赤子之心"被许多人理解为人性"固有的善",从而构成了人性的本源。但艾文贺认为,它的实际含义是指"善良人性的开端","是一个没有充分发展的部分——一种刚刚开始的事物"。③ 也就是说,这种"善良人性"还没有完全形成,它的最终实现取决于以后持续的"积极作为"。关于第二个方面,"善良人性"的开端包括"仁""义""礼""智""四端",此"四端"乃指人性中四颗"善的萌芽";人所需要做的就是"呵护"并促进这些"萌芽"的发展。④ 关于第三个方面,孟子所说的"大人者,不失其赤子之心者也"⑤,并不是指"大人"即"完人"可以始终保持"赤子之心",而是指"完人"通过个人努力可以确保"赤子之心"的持续发展。因此,"不失"中的"失"不是指"失去"已经完整的人性,而是指人性没有得到继续发展。⑥ 显而易见,这样三个方面就对孟子思想的理解而言颇具新意。

　　关于荀子,艾文贺批驳了两种观点:一种观点认为,孟子与荀子的人性论无本质区别,只是侧重点不同而已,故可以互补;另一种观点认为,荀子的人性论为专制开了"方便之门"。⑦ 关于第一种观点,艾文贺认为,荀子的人性论会导致对社会制度等因素的重视,体现为"重礼""重教育""重经典

————————

　　① 参见方朝晖《学统的迷失与再造:儒学与当代中国学统研究》,第 149 页。

　　② 参见 Philip J. Ivanhoe, *Ethics in the Confucian Tradtion: The Thought of Mencius and Wang Yang - ming*, Atlanta, Georgia: Scholars Press, 1990. p. 29。

　　③ 参见 Philip J. Ivanhoe, *Ethics in the Confucian Tradtion: The Thought of Mencius and Wang Yang - ming*, ibid. p. 30。

　　④ 参见 Philip J. Ivanhoe, *Ethics in the Confucian Tradtion: The Thought of Mencius and Wang Yang - ming*, ibid. p. 30.

　　⑤ 赵岐注,孙奭疏,廖名春等整理,钱逊审定:《孟子注疏》,第 220 页。

　　⑥ 参见 Philip J. Ivanhoe, *Ethics in the Confucian Tradtion: The Thought of Mencius and Wang Yang - ming*, ibid. pp. 30 - 31。

　　⑦ 参见 P. J. Ivanhoe, Human Nature and Moral Understanding in the Xunzi, in *Virtue, Nature, and Moral Agency in the Xunzi*, edited, with introduction, by T. C. Kline III and Philip J. Ivanhoe, Indianapolis/Combridge: Hackett Publishing Campany, Inc. ,2000, p. 243。

阐释""重圣贤"等。相比之下,孟子的人性论会导致注重"挖掘"人性中先天的道德,而忽视礼乐制度、经典阐释和教育方式等。很显然,二者的侧重点并不相同,故不能说孟子和荀子的人性论无差别。关于第二种观点,他认为,荀子的人性论并不假定人有先天的道德意识,而是认为人的道德意识乃环境发展的产物;这种观点其实是非常正确而且重要的。从经验论的角度来看,人确是从具体环境中认识什么是道德并建立起道德感的。换言之,正是在人与环境的互动中,人们感受到快乐与痛苦,进而才有了"道德"与"不道德"的观念。因此,如果脱离社会现实来谈论先天的道德意识,其实是没有意义的。由此来看,简单地认定荀子的人性论为专制开"方便之门"并不恰当。[1] 这里,通过对上述两种观点的批驳,艾文贺所强调的是,荀子之人性"后天可塑"观点是重要的,而这种重要性却被"道统"说忽略了。

此外,艾文贺还详细分析了孟子与王阳明的区别。对此,他的基本观点是:尽管王阳明自称是孟子的继承者和捍卫者,但实际上二人之间的差别极大。在他看来,恰是这种差别对"道统说"形成了强有力的挑战。具体来讲,王阳明受到佛教思想的"挑战",故需要从儒学内部"回答"来自佛教的"挑战",而恰是这种"回答"使儒学在内容上产生了"戏剧性"变化。即,从原来的以人性论为基础的道德哲学"过渡"到以形而上学为基础的道德哲学。因此,无论在范围上还是在性质上,王阳明都表现出与孟子很大的差别。他说:"他们的道德哲学是有联系的,但也有着明显的区别。"[2]"王阳明不仅在范围上,也在性质上,拓展了孟子的道德哲学。"[3]在他看来,当王阳明是透过佛教这个"过滤器"来理解孟子的,因此,他通过佛教义理重新塑造了孟子的道德哲学。[4] 艾文贺的意思是,在这一变化中,宋明儒家的理论给人们"塑造"了一种印象:宋明儒学从佛家和道家吸取了许多有益成分;这些成分本是儒家所没有的,但却被描述成儒学"道统"所本存在的。然而,这种说法不仅从哲学理论上看是错误的,而且从历史事实上看也是

---

① 参见 P. J. Ivanhoe, Human Nature and Moral Understanding in the Xunzi, in *Virtue*, *Nature*, *and Moral Agency in the Xunzi*, edited, with introduction, by T. C. Kline III and Philip J. Ivanhoe, ibid. pp. 243 – 246。

② Philip J. Ivanhoe, *Ethics in the Confucian Tradtion*: *The Thought of Mencius and Wang Yang - ming*, ibid. p. 2.

③ Philip J. Ivanhoe, *Ethics in the Confucian Tradtion*: *The Thought of Mencius and Wang Yang - ming*, ibid. p. 26.

④ 参见 Philip J. Ivanhoe, *Ethics in the Confucian Tradtion*: *The Thought of Mencius and Wang Yang - ming*, ibid. p. 3。

错误的。总的看，之所以会出现这些错误，根源就在于"道统说"。

　　基于对"道统观"的批驳，艾文贺进而回过头来分析了"儒家传统"。从研究的特点来看，艾文贺非常注重对思想、概念的细致分析，但他的思想并没有局限于分析哲学。对此，南乐山说："他（指艾文贺——引者）也主要关注伦理学，但是并不局限于此。他的西方哲学观比分析哲学传统要宽一些……"[1]历史地看，虽然近代以来西方哲学脱离了日常生活，但是最初的古希腊、罗马哲学却是将哲学当作一种"生活方式"。艾文贺认为，与古希腊、罗马哲学一样，"儒家传统"也非常注重哲学与生活的联系，而这种特点对于思考当代哲学问题大有裨益。在他看来，所谓"儒家"，乃指以儒家价值资源"安身立命"的人。[2] 因此，"儒家传统"虽由不同的学科组成，但"儒家传统"是一个不可分割的整体。质言之，艾文贺反对从学科分割的角度研究"儒家传统"，尤其反对将儒学归于某一个学科，因为这样会将整体的"儒家传统""五马分尸"，从而不能把握儒家思想的真义。他说："在我看来，儒家观点是一种道德回应，而不是一种道德理论。"[3]"人类没有也不能生活在关于'世界'的抽象观念当中，而是必须生活在传统影响下的实际社会当中。"[4]因此，如何保持独立的"儒家传统"是一个非常重要的问题。他说：

　　　　事实上这些传统在历史上本来就是相互交融、难分难解的。如果我们只知其一而不知其二，很可能只见树木、不见森林，不能对相关问题作出正确、全面的判断。[5]

　　基于对"儒家传统"的界定和认可，艾文贺对于儒家的"修身学说"非常感兴趣。他认为，"修身"思想作为儒学最重要的部分，有着源远流长的历史，其许多思想仍具有现实意义。[6] 不过，艾文贺所理解的"修身"与宋明儒家的"修身"有所不同。他从"儒家传统"出发，认为现代人"修身"包括两

---

　　① Robert Cummings Neville, *Boston Confucianism*, *Portable Tradition in the Late - Modern World*, New York: State University of New York, 2000, p. 45.

　　② 参见方朝晖《学统的迷失与再造：儒学与当代中国学统研究》，第 150 页。

　　③ Philip J. Ivanhoe, Confucian Cosmopolitanism, *Journal of Religious Ethics*, Volume42, Issue1, March 2014. p. 41.

　　④ Philip J. Ivanhoe, Confucian Cosmopolitanism, *Journal of Religious Ethics*, ibid. p. 39.

　　⑤ 参见方朝晖《学统的迷失与再造：儒学与当代中国学统研究》，第 150 页。

　　⑥ 参见方朝晖《学统的迷失与再造：儒学与当代中国学统研究》，第 147 页。

个方面：一是音乐；二是穿着。① 关于前者，现代人认识不到"乐"对于生活的巨大作用，因此常常忽视孔子的思想。孔子说："兴于诗，立于礼，成于乐。"②孔子认为，"乐"是人情的表达，对于人的修身养性作用极大：好的音乐让人感受和追求和谐，坏的音乐则易把人引向堕落。故此，孔子主张要"放郑声"③，阻止坏的音乐流行。关于后者，人们也许以为，穿着纯粹是个人的事情，不需要把它看得太重。事实上，穿着在现代人生活中非常重要，得体的服饰不仅表示关心自己，也表示尊重别人。关于"修身"的这两个方面，艾文贺说："这些尽管不是孔子直接说过的东西，但是我们完全有理由相信这方面的思想在孔子的有关道德修养的思想中早已存在。"④他认为，虽然"修身"在现代生活中非常重要，但令人遗憾的是，人们往往认为不应干预私人生活领域，因此而忽视了音乐和服饰对于"修身"的重要意义。对此，艾文贺感叹道：

　　　在美国，道之衰，久矣！⑤

---

① 参见方朝晖《学统的迷失与再造：儒学与当代中国学统研究》，第 147 页。
② 何晏注，邢昺疏，朱汉民整理，张岂之审定：《论语注疏》，第 104 页。
③ 何晏注，邢昺疏，朱汉民整理，张岂之审定：《论语注疏》，第 211 页。
④ 参见方朝晖《学统的迷失与再造：儒学与当代中国学统研究》，第 148 页。
⑤ 参见方朝晖《学统的迷失与再造：儒学与当代中国学统研究》，第 148 页。

参考文献

一、直接文献

1. *Chinese Repository*. Reprinted by Tokyo：Maruzen Co.，Ltd. 1941.

2.［美］裨治文：《美理哥合省国志略》，中国社会科学院近代史研究所近代史资料编辑部编：《近代史资料》（总92号），北京：中国社会科学出版社1997年。

3.［美］卫三畏著，陈俱译：《中国总论》，上海：上海古籍出版社2005年。

4.［美］卫斐列编，顾钧等译：《卫三畏的生平与书信：一位来华传教士的心路历程》，桂林：广西师范大学出版社2003年。

5.［美］丁韪良著，沈弘等译：《花甲记忆——一位美国传教士眼中的晚清帝国》，桂林：广西师范大学出版社2004年。

6.［美］丁韪良著，［日］中村正直训点：《天道溯原》，1875年版本。

7.［美］丁韪良著，沈弘等译：《汉学菁华》，北京：世界图书出版公司2010年。

8.《教会新报》，台湾：华文书局1968年影印本。

9.《万国公报》，台湾：华文书局1968年影印合订本。

10.［美］林乐知辑译，吴江、任保罗译述：《全地五大洲女俗通考》，上海：华美书局1903年。

11.［美］明恩溥著，秦悦译：《中国人的素质》，上海：学林出版社2001年。

12.［美］明恩溥著，午晴等译：《中国乡村生活》，北京：时事出版社1998年。

13.［美］Arthur H. Smith：*The Uplift of China*，New York：Eaton & Mains，1907.

14.［美］Berthold Laufer. *Sino – Iranica：Chinese Contributions to the History of Civilization in Ancient Iran*. Chicago：Field Museum of Natural History，1919.

15.［美］Homer H. Dubs. *Hsüntze：The Moulder of Ancient Confucianism*. London：Arthur Probsthain，1927.

16.［美］Homer H. Dubs. *The History of the Former Han Dynasty/by Pan Ku. A Critical Translation with Annotations*，Baltimore：Waverly Press. 1938 – 1955.

17.［美］德克·博德著，洪菁耘等译：《北京日记——革命的一年》，上海：东方出版中心2001年。

18.［美］Derk Bodde. *Essays on Chinese Civilization*. Charles Le Blanc and Dorothy Borei eds.，New Jersey：Princeton University Press. 1981.

19. 中外关系史学会编：《中外关系史译丛》第一辑，上海：上海译文出版社1984年。

20. ［美］杨联陞：《中国文化中报、保、包之意义》，贵阳：贵州人民出版社 2009 年。

21. ［美］杨联陞：《国史探微》，北京：新星出版社 2005 年。

22. 方东美等著，东海大学哲学系编译：《中国人的心灵：中国哲学与文化要义》，台湾：联经出版事业股份有限公司 1984 年。

23. ［美］顾立雅著，高专诚译：《孔子与中国之道》，郑州：大象出版社 2000 年。

24. ［美］Herrlee. G. Greel. *Shen Pu – hai*：*A Chinese Political Philosopher of the Fourth Century B. C.*，Chicago and London：University of Chicago Press，1974.

25. ［美］狄百瑞著，黄永婴译：《儒家的困境》，北京：北京大学出版社 2009 年。

26. ［美］狄百瑞著，李弘祺译：《中国的自由传统》，香港：中文大学出版社 1983 年。

27. ［美］狄百瑞著，何兆武等译：《东亚文明——五个阶段的对话》，南京：江苏人民出版社 2012 年。

28. ［美］倪德卫著，周炽成译：《儒家之道：中国哲学之探讨》，南京：江苏人民出版社 2006 年。

29. 陶文钊编选，林海等译：《费正清集》，天津：天津人民出版社 1992 年。

30. ［美］费正清著，陆惠勤等译：《费正清对华回忆录》，北京：世界知识出版社 1991 年。

31. ［美］费正清著，张理京译：《美国与中国》第四版，北京：世界知识出版社 2006 年。

32. ［美］费正清著，张沛译：《中国：传统与变迁》，北京：世界知识出版社 2002 年。

33. ［美］费正清著，傅光明译：《观察中国》，北京：世界知识出版社 2002 年。

34. ［美］列文森著，郑大华等译：《儒教中国及其现代命运》，北京：中国社会科学出版社 2000 年。

35. ［美］史华慈著，王中江编：《思想的跨度与张力：中国思想史论集》，郑州：中州古籍出版社 2009 年。

36. ［美］柯文著，林同奇译：《在中国发现历史——中国中心观在美国的兴起》，北京：中华书局 2002 年。

37. ［美］柯文著，杜继东译：《历史三调：作为事件、经历和神话的义和团》，南京：江苏人民出版社 2000 年。

38. 沈志佳编：《余英时文集》，桂林：广西师范大学出版社 2004 年。

39. ［美］墨子刻著，颜世安等译：《摆脱困境——新儒学与中国政治文化的演进》，南京：江苏人民出版社 1996 年。

40. ［美］傅伟勋：《从西方哲学到禅佛教》，北京：生活·读书·新知三联书店 1989 年。

41. ［美］傅伟勋：《死亡的尊严与生命的尊严》，北京：北京大学出版社 2006 年。

42. ［美］傅伟勋：《批判的继承与创造的发展》，台湾：东大图书股份有限公司 1986 年。

43. ［美］林毓生：《中国传统的创造性转化》，北京：生活·读书·新知三联书店

1988 年。

44. ［美］林毓生著，穆善培译，苏国勋等校：《中国意识的危机——"五四"时期激烈的反传统主义》，贵阳：贵州人民出版社 1988 年。

45. ［美］林毓生：《热烈与冷静》，上海：上海文艺出版社 1998 年。

46. 李翔海，邓克武编：《成中英文集》，武汉：湖北人民出版社 2006 年。

47. ［美］Robert Cummimgs Neville. *Boston Confucianism：Portable Tradition in the Late – Modern World.* Albany：State University of New York Press，2000.

48. ［美］南乐山著，辛岩等译，张西平校：《在上帝面具的背后——儒道与基督教》，北京：社会科学文献出版社 1997 年。

49. 俞立中主编：《智慧的圣坛》，上海：华东师范大学出版社 2008 年。

50. 郭齐勇、郑文龙编：《杜维明文集》，武汉：武汉出版社 2002 年。

51. ［美］杜维明著：《对话与创新》，桂林：广西师范大学出版社 2005 年。

52. ［美］杜维明著，彭国翔编译：《儒家传统与文明对话》，石家庄：河北人民出版社 2006 年。

53. ［美］郝大维、安乐哲著，施忠连译：《汉哲学思维的文化探源》，南京：江苏人民出版社 1999 年。

54. ［美］郝大维、安乐哲著，何金俐译：《通过孔子而思》，北京：北京大学出版社 2005 年。

55. ［美］郝大维、安乐哲著，施忠连等译：《期望中国：中西哲学文化比较》，上海：学林出版社 2005 年。

56. ［美］郝大维、安乐哲著，何刚强译，刘东校：《先贤的民主——杜威、孔子与中国民主之希望》，南京：江苏人民出版社 2004 年。

57. ［美］艾尔曼著，赵刚译：《从理学到朴学——中华帝国晚期思想与社会变化面面观》，南京：江苏人民出版社 1995 年。

58. ［美］艾尔曼著，赵刚译：《经学、政治和宗族——中华帝国晚期常州今文学派研究》，南京：江苏人民出版社 1998 年。

59. ［美］艾尔曼著，复旦大学文史研究院译：《经学·科举·文化史：艾尔曼自选集》，北京：中华书局 2010 年。

60. ［美］包弼德著，［新加坡］王昌伟译：《历史上的理学》，杭州：浙江大学出版社 2010 年。

61. ［美］包弼德著，刘宁译：《斯文：唐宋思想的转型》，南京：江苏人民出版社 2001 年。

62. ［美］Rebecca L. Walker and Philip J. Ivanhoe. *Working Virtue：Virtue Ethics and Contemporary Moral Problems.* New York：Oxford University Press，2007.

63. ［美］Philip J. Ivanhoe, Bryan W. Van Norden, *Readings in Classical Chinese Philosophy.* New York：Seven Bridges Press 2001.

64. ［美］Philip J. Ivanhoe. *Ehics in the Confucian Tradtion：The Thought of Mencius*

and Wang Yang – ming, Atlanta, Georgia：Scholars Press, 1990.

65. ［美］T. C. Kline III and Philip J. Ivanhoe edited. *Virtue*, *Nature*, *and Moral Agency in the Xunzi*, Indianapolis/Combridge：Hackett Publishing Campany, Inc. ,2000.

66. ［美］Philip J. Ivanhoe, *Confucian Moral Self Cultivation*, 2nd ed. Indianapolis：Hackett, 2000.

二、间接文献

67. 顾长生：《传教士与近代中国》,上海：上海人民出版社 1981 年。

68. 中国社会科学院情报研究所编：《美国中国学手册》,北京：中国社会科学出版社 1981 年。

69. 沈福伟：《中西文化交流史》,上海：上海人民出版社 1985 年。

70. 杨焕英：《孔子思想在国外的传播与影响》,北京：教育科学出版社 1987 年。

71. 施忠连：《现代新儒家在美国》,沈阳：辽宁大学出版社 1994 年。

72. 侯且岸：《当代美国的"显学"——美国现代中国学研究》,北京：人民出版社 1995 年。

73. 王立新：《美国传教士与晚清中国现代化》,天津：天津人民出版社 1997 年。

74. 李学勤主编：《国际汉学著作提要》,南昌：江西教育出版社 1996 年。

75. 李学勤主编：《国际汉学漫步》,石家庄：河北教育出版社 1997 年。

76. 张立文、李甦平主编：《中外儒学比较研究》,北京：东方出版社 1998 年。

77. 陈君静：《大洋彼岸的回声——美国中国史研究考察》,北京：中国社会科学出版社 2003 年。

78. ［美］黄宗智主编：《中国研究的范式问题讨论》,北京：社会科学文献出版社 2003 年。

79. 姜林祥编著：《儒学在国外的传播与影响》,济南：齐鲁书社 2004 年。

后　记

　　近十年来,笔者的学术研究有一个基本思路:以牟宗三哲学为轴心,上溯于乃师熊十力的哲学思想,下委于弟子"鹅湖学派"的哲学思想。经过多年的努力,研究设想一步步实现,相关成果也相继面世。首先,《牟宗三哲学研究——道德的形上学之可能》2009 年在牟宗三诞辰百年时由人民出版社出版。此著作是 2006 年教育部人文社会科学研究项目(06JA720007)的成果,出版后的著作 2010 年获得河北省第十二届社会科学优秀成果一等奖。其次,《熊十力哲学研究——"新唯识论"之理论体系》2013 年由人民出版社出版。该著作属于自选课题,研究的目的有二:一是为了疏解熊十力"新唯识论"的理论体系,二是为了寻求牟宗三哲学的问题意识。出版后的著作 2014 年获得河北省第十四届社会科学优秀成果一等奖。再次,关于牟门弟子所形成之台湾"鹅湖学派"的哲学思想研究。此研究主要是探索牟宗三哲学之后续的迁延、变化和发展,以此来透显现时代儒学的理路及未来走向。对于这一探索,笔者于 2009 年申请了河北省社会科学基金项目"牟门弟子研究"(HB09BZX001)、2013 年申请了教育部人文社会科学规划基金项目《台湾"鹅湖学派"研究——牟门弟子之儒学思想》(13YJA720004)。该书稿于 2015 年 4 月由人民出版社出版。此著作的出版恰逢牟宗三逝世 20 周年,故亦可视为对牟宗三冥诞的纪念。

　　很明显,从上述这样一个基本思路的角度看,笔者研究美国儒学史并没有关联性。的确,此一研究确属偶然,产生这一想法的最初机缘是2003—2004 学年我在美国肯塔基大学哲学系的学习。不过,当时的想法实很朦胧,只是由于接触到了美国一些华裔或非华裔学者,他们对儒学或有浓厚兴趣或有较深研究。比如,肯塔基大学哲学系的 Ronald Bruzina 教授。作为讲授和研究东方哲学的教授,他对于印度哲学、儒家哲学和道家哲学有深入研究,并以西方哲学的视角与笔者进行了诸多探讨。后来,随着相关阅读的增多,笔者渐渐认识到,美国儒学实是美国学界的一个重要组成部分,尽管这个部分处于美国学术的"边缘化地带"。同时,也认识到,美国儒学也应是中国学界的一个重要组成部分,尽管这个部分不可能成为中国儒学的核心。近年来,国内学界开始重视美国儒学的研究,相关的成果也层出不穷。不过,在这些成果当中,系统地疏解整个美国儒学史的著作还未见。因此,对美国儒学史进行系统研究也许应该提上日程了。出于这样的考虑,2006 年笔者曾申请了河北省社会科学基金项目"美国儒学史"(200608017),项目于 2009 年结项。但是,由于资料不足、内容不成熟以及资金欠缺等原因,结项的书稿自己并不满意,故当时并未出版。不过,项目虽然结项,相关的研究并未停止。几年来,我继续购买、搜集、研读相关原著,不断修订、深化自己的理解,数遍通篇增删、修改原稿。增删、修改后的书稿获批 2014 年国家社会科学基金后期资助项目(14FZX037)。

　　具体来讲,笔者研究美国儒学史的目的有二:一是将百多年来的美国儒学史进行疏解,通过历史维度以彰显其特定的学术特色和理路,从而促进美国儒学的下一步发展。在美国学术界,儒学研究虽称不上"显学",但它毕竟是美国学术界这座"百花园"中的一朵"奇葩";它不仅在历史上为美国学术的繁荣增添了"色彩",而且也对美国当代学术的发展起着很大的作用。其二,研究美国儒学史更有益于中国儒学的发展,进而亦有益于世界儒学的发展。美国儒学的形成、发展以至壮大,是在与中国完全不同的异质文化背景下实现的。客观地讲,美国的儒学研究不仅超越了其曾经"追随"的"欧洲汉学",而且已然成为海外儒学研究中心。随着经济全球化进程的加快,中美文化交流也日益频繁。在这种背景下,研究美国儒学史发展的线索及理路,对于思考中国儒学乃至世界儒学的发展定会有不少助援意义。实际上,美国儒学历经现代化和后现代社会,对于正在现代化道路上前进的中国儒学研究来讲,无疑是一种借鉴资源。

　　傅伟勋曾将西方哲学史方法论概括为三个特点:第一,西方哲学家基本上是从问题出发,以解决哲学问题而结束。因此,哲学史研究须注重"体会"哲学家从发现问题到解决问题的整个思维历程,重新发掘原有问题或课题的核心所在。第二,西方哲学家注重严密的概念分析与逻辑推演。因此,哲学史研究的任务在于"批判地继承与创造地发展":一方面,要以明晰易懂的哲学语言"重现"原哲学思想的逻辑,同时发现其中所存在的观念矛盾;另一方面,要设法"彰显"原哲学思想所含藏的内在意涵,并进一步发掘其中的新课题或新理路。第三,西方哲学史本质上是其哲学之"绝对预设"不断修正的历史。因此,哲学史研究的一大任务便是发掘各家各派的理论奠基点即"绝对预设",进而通过公平、客观的评判,寻求超越"绝对预设"的可能性。① 在笔者看来,傅伟勋的概括非常有见地,这些方法不仅会助于西方哲学史研究,而且会助于中国哲学史研究,尤其对于美国儒学史的研究

---

① 参见[美]傅伟勋《从西方哲学到禅佛教》,第 23—26 页。

有借鉴意义。客观地讲,美国儒学与中国儒学虽有相同处,但它更多地受到了西方哲学的影响。因此,在本书的写作过程中,作者充分注意了美国儒学的这一特点,也充分汲取了傅伟勋上述关于哲学史方法论的思想。

然而,尽管本著作的写作有明确的目的,亦有明确的方法论,但由于此写作之前少有现成体例及内容可资借鉴,且由于作者水平所限,书中差错或疏漏定所难免。因此,敬请专家学者不吝赐教,以便修正。不过,诠释是主体的诠释,任何一种著述都是作者自己的理解。在此意义下,本著作乃作者的一家之言,故它定然有许多见解与众不同。同时,本著作在写作过程中,参考了许多专家学者的著述。在此,借用辜鸿铭的一段话表达谢意。他说:"常言道,一个站在巨人肩上的侏儒,容易把自己想象成比巨人更加伟大。但尽管如此,必须承认,那个侏儒,利用他位置的方便,将必定看得更加宽广。因此,我们将站在前辈们的肩上,对中国学的过去、现在和未来作一个鸟瞰。"①但是,与此同时,在参考有些著述尤其是译著时,它们所提供的并非都是"巨人的肩膀",因为有些译著的水平实在不敢恭维:所译内容或者与原作不符,或者悖于儒家传统,或者文字表达蹩脚。关此,郝大维和安乐哲曾经以"非哲学家的翻译"来指称。他们说:"我们由此陷入了一种恶性循环。西方哲学家对中国传统的那种矛盾心理,哲学界不愿视其为哲学的态度,至少可以部分地归咎于非哲学家的翻译,他们没有能力发现中西文化间的根本差异并加以重视,其结果是翻译语言贫困化。"②对于这种情况,作者只能抛开译本,回到原著中去寻找答案。因此,研究和写作的工作量增加了许多。当然,作者自己的理解和翻译也可能存在错漏,此亦不得不说明之情况。

南乐山曾将西方世界研究中国哲学的学者分成三类:第一类是"解释型学者"(interpretive philosophers),指致力于翻译和解释经典文本的学者;代表人物包括陈荣捷、狄百瑞等。第二类是在中学与西学之间的"架桥型学者"(bridging philosophers),指致力于对中、西哲学思想进行比较研究,并通过研究"挖掘"中国哲学对西方哲学之裨益的学者;代表人物包括倪德卫、柯雄文(Antonio S. Cua, 1932—2007年)以及艾文贺。第三类是"规范型学者"(normative philosophers),他们以中国哲学为主要资源,针对当代哲学问题进行创造性的探索,建立了一套自身的话语;代表人物包括郝大维、

---

① 辜鸿铭:《辜鸿铭评〈中国人的素质〉》,[美]明恩溥著,秦悦译:《中国人的素质》,第331页。

② [美]郝大维、安乐哲:《可否通过孔子而思?》,第56页。

安乐哲、成中英等。尽管这种划分不是绝对的,但他们的研究领域、切入视角以及研究方法等确实存在诸多不同。① 因此,从研究美国儒学史的角度看,如何在这些不同当中寻求并保持一种一贯的哲学诠释,亦是本著作所不得不面对的一个难题。对于此难题,作者所掌握的原则是,以"儒家哲学"为切入点来化解上述多方面的不同。也正因为如此,一些不以儒家哲学为主要研究对象的美国学者未列入本书,一些学者的非儒学思想也没有列入研究内容,一些学者的非哲学思想则被笔者进行了"哲学的诠释"。就未列入本书的学者来讲,包括芮沃寿(Arthur Frederick Wright, 1913—1976年)、孟旦(Donald Jacques Munro, 1931—　)、柯雄文、张灏、艾恺(Guy Salvatore Alitto, 1942—　)等一批在中国学界颇有影响的人物。此为不得不说明的一个问题。

　　本著作能够得以完成,要感谢杖朝之年的父亲的支持和鼓励。对于我在学术上的探索,父亲始终予以极大的精神支持——每年不多的几次面谈总会涉及学术上的问题。此著作的完成还得感谢我的妻子,是她给了我默默的支持和无私的奉献,使得我在繁忙中挤出一些时间,在嘈杂中寻得一份安静。另外,正在美国路易斯安那州立大学什里夫波特健康科学中心攻读博士学位的犬子也非常关心我的研究,因为他对"国学"亦表现出浓厚的兴趣。从中学时代起他就时常与我进行一些"学术探讨",比如关于儒学的现代意义、佛家思想的主旨甚至"本体"概念的含义等。这些,也是促使我不断深化相关研究的动力。当然,在本著作即将付梓之时,还要感谢全国哲学社会科学规划办公室,其立项给了作者以激励,其资助保证了本书的出版。还要感谢人民出版社的邵永忠编辑,他深刻的学术见地,给了笔者以很多启迪;他认真负责的态度,保证了本书的出版质量。

程志华

2019 年 6 月 28 日

于河北大学无为斋

---

　　① 　参见 Robert Cummings Neville, *Boston Confucianism*, *Portable Tradition in the Late - Modern World*, New York: State University of New York, 2000, pp. 43 - 47。

责任编辑：邵永忠

封面设计：毛 淳 徐 晖

责任校对：吕 飞

图书在版编目（CIP）数据

美国儒学史／程志华 著 . —北京：人民出版社，2019.10

ISBN 978 - 7 - 01 - 021481 - 8

Ⅰ.①美… Ⅱ.①程… Ⅲ.①儒学—思想史—研究—美国 Ⅳ.①B712

中国版本图书馆 CIP 数据核字（2019）第 240031 号

美国儒学史

MEIGUO RUXUESHI

程志华 著

人民出版社 出版发行

（100706 北京市东城区隆福寺街 99 号）

北京中科印刷有限公司印刷 新华书店经销

2019 年 10 月第 1 版 2019 年 10 月北京第 1 次印刷

开本：710 毫米×1000 毫米 1/16 印张：24.5

字数：380 千字

ISBN 978 - 7 - 01 - 021481 - 8 定价：78.00 元

邮购地址 100706 北京市东城区隆福寺街 99 号

人民东方图书销售中心 电话（010）65250042 65289539